法科生的明天

16+N种职业可能

郑丹妮 主编
赖斐然 何思萌 副主编

北京大学出版社
PEKING UNIVERSITY PRESS

寄　语

妙言至径,大道至简。与这个多元世界一样,法律职业发展道路多种多样。如何拨云见日,找到心之所属,度过无悔一生,不仅是直面年轻法律人的课题,也是困惑芸芸众生的恒久不衰的议题。《法科生的明天》以简洁的语言为法律行业的职业选择带来了难得一见的全景视角,新颖、有趣而不失严谨。希望年轻人能站在前人的肩膀上,凭借更加开阔的视野,志存高远、勇攀高峰!

——刘大群,联合国国际刑事法庭余留机制法官 / 国际常设仲裁法院仲裁员 / 国际法研究院院士

在法律就业市场竞争日趋激烈、法学毕业生所面临的职场挑战十分严峻的今天,《法科生的明天》一书以生动活泼的文笔与详实的数据材料,为志在法律职业的同学们深入浅出地展示了职业生涯的各种可能性。这是一本汇集了诸多法律从业者和法律学者经验之谈的书,值得今天和未来的法科生们参考。

——刘思达,香港大学法律学院教授、社会学系礼任教授

《法科生的明天》让读者看到,年轻法律人事业发展的空间十分广阔。本书通过邀请法律工作领域的多名资深法律前辈,为大家深入解析法律人的各种职业可能性。我深信这本书能帮助年轻读者拓宽法律择业思维,寻求契合自身特质的职业。

——徐景德,上海交通大学凯原法学院实务教授 / 美国贝克麦坚时国际律师事务所前亚太地区主席

从学校到职场,从毕业到就业,《法科生的明天》以一个法科生小 D 的第一视角,不仅为我们广泛介绍了外部市场的不同职业可能性,更难能可贵地提供了法律人自我探索内心需求的理念与工具。全书文笔轻松又严谨,内容丰富又扎实,主编、副主编、志愿者们与诸多业界导师将诚心正念与实务体验汇聚于此书,希望与您一起开启一段知己知彼、有觉知有收益的精彩人生路!

——周欣如,法嘉 LAWPLUS 创始人兼 CEO / 复旦大学法学院实务导师 / 曾担任世界 500 强外资企业大中华区法务总监兼合规官

目 录

序：梦回启航楼 …………………………………………… 001

壹　志在四方：你愿意在哪类"单位"高就？

法律职业中的"单位"有何不同？ ………………………… 003
内资律所的两个半球 ……………………………………… 012
内资律所之发展路径 ……………………………………… 021
外资律所在华发展面面观 ………………………………… 026
外资律所之进入与发展路径 ……………………………… 040
公共事业的脊梁 …………………………………………… 054
企业法务与合规 …………………………………………… 067
法律职业新天地 …………………………………………… 077

贰　众里寻他：法律职业的16种热门选择

甲　律师事务所

内所： ……………………………………………………… 090
内所业务类型：总有一类感兴趣 ………………………… 091
内所工作内容：中国法的实操场 ………………………… 103
内所组织架构：揭秘公司制与合伙制 …………………… 112
内所进入路径：从象牙塔到职场 ………………………… 120
内所薪酬待遇：聚光灯下的快车道 ……………………… 131
内所工作环境：哪些因素吸引你 ………………………… 139
外所： ……………………………………………………… 146
美国律所：不止于百万年薪 ……………………………… 147
英国律所：英伦范儿的本地化 …………………………… 162

欧洲律所:低调的细分市场领导者 …… 179
离岸律所:揭开神秘的面纱 …… 189

乙 公共事业单位

法院:在这里读懂"审判" …… 201
检察院:立检为公的正义使者 …… 212
公安:替你负重前行的人 …… 226
仲裁:商事仲裁的多种可能 …… 239
公证:守正求真的别样之旅 …… 254
国际组织:国际公务员的世界情怀 …… 264
学术科研:独立之精神,自由之思想 …… 280

丙 企业法务合规

TMT:创新热土的前沿法律人 …… 311
金融创投:为投融资护航 …… 322
生命科学:朝阳行业的门槛 …… 330
电子商务:寻常生活中的不寻常 …… 342

丁 法律交叉领域

法律培训:"互联网+"的弄潮儿 …… 359
法律科技:技术驱动法律? …… 365
投行·咨询:法律与商业的十字路口 …… 372

叁 九九归一:拥抱人生的 N 种可能

知我探索:积极心理学工具箱 …… 389
MPS 导航:你适合哪种职业生涯? …… 399
时光别溜:简历意识与在校规划 …… 404
境外深造:读万卷书,行万里路 …… 411
启航指南:法律求职简历与求职信 …… 427

附录1 法律求职简历模板 …… 434
附录2 法律求职信模板 …… 436
附录3 英文简历动词参考表 …… 438
跋 …… 441

序：梦回启航楼

九月，北回归线上。阳光正好，洒在波光粼粼的海面。

船身在轻轻地晃动。乘客们陆续上船，熙熙攘攘，好不热闹。

"这个暑假真长啊。"小 D 不由地想着，迎着微微的海风，望向远处的大桥与海天一色。

掐指一算，挥别高考，已经两年了。犹记得放榜时，小 D 大哭了一场。学校与专业，总得做出选择吧？可是，鱼与熊掌难以兼得；哪怕选定学校后，分院帽的决定，也带有几分运气。更何况，那一系列熟悉而又陌生的专业名称背后，分别意味着怎样的大学生涯或职业道路？未来的模样，如此朦胧。

几经咨询，小 D 最终将经世致用的法学列为自己的第一志愿。所幸，命运关照，录取的学校虽然不在全国最繁华的京沪，好歹是知名学府，坐落在经济相对发达的海滨城市。而且，法学院所在的校区，是一个需要搭轮渡过海、上山才能到的，手可摘星辰的风景胜地。

这段星辰大海的征途起点，是两年的自由博雅探索与充实专业学习。如今，第三年蓄势待发，毕业不再遥不可及。又到了选择的十字路口，下一步何去何从？

"呜——"轮渡缓缓地驶离了码头，画面在后退，小 D 的思绪也被带到了一年前的山顶之上。

这是一座用花岗岩打造的冬暖夏凉的石屋，也是法学院引以为傲的院楼。院楼的正前方，有一座由毕业校友们捐赠的扬帆雕塑，名曰"启航"。虽然有院楼，法学院学生日常上课的地点却与其他学院的学生一样，在平凡无奇的公共教学楼。只有特别的法学院大课或需要用到活动教室时，才会动用院楼。

小 D 最喜欢的一门课，就是在启航楼上的。那是法学院的王牌课程，面向法学院在读的所有本科生和研究生开放，但是竞争非常激烈。倒不是因为课程考核严格，而是因为教室容量实在有限，需要照顾学生们的体验。除大一学生必须以绩点结课外,大二以上的学生都可以自由选择以绩点结课或以"合格/不合格"的形式结课。由于后者不计入排名,而且课程本身轻松、有趣又实用,自然在学生选课时受到追捧。

那门课的名字叫"法科生的明天"。主讲老师喜欢自称为"魔法师",虽然年纪看起来也就三十岁左右,却能看得出来是个有故事的人。更重要的是,魔法师很乐意分享自己对法律职业的观察,还能够邀请到在各个法律职业领域深耕多年的过来人现身说法,为大家的职业规划指点迷津。

学校每学期总共 20 周,前 19 周上课,这门课每周两节课。除去开学第一课,前 8 节课为魔法师亲自授课,为同学们宏观讲解法律职业;中间 24 节课为实务交流课,分别由一位业内的资深人士作为特邀嘉宾,针对各个法律职业展开 30 分钟的深入介绍,并与同学们进行 10 分钟的问答互动;最后 5 节课又回归魔法师主导的课堂,带来职业规划的不同视角。

学期的最后一周为考试周,但这门王牌课程并没有严格意义上的考试。同学们只需要每节课都出勤,积极参与课堂讨论,并结合个人情况和职业规划分别针对自己最感兴趣的 5 次实务交流课各撰写 1000 字的课后研讨心得,便可以顺利过关。表现优秀者还有机会获得魔法师或特邀嘉宾引荐的实习机会。

不过,"魔法师"这个名头自有其道理。小 D 暗暗想着,嘴角扬起一丝神秘的笑。

思绪闪回至启航楼的大二开学第一课。小 D 坐在石屋二楼的扇形阶梯教室前排,身旁和身后的座位早已被抢占一空,目光所及约 200 名学生。魔法师便站在讲台正中央,饶有兴趣地等待台下同学们的回答。

"最后 30 秒,"魔法师说,"如果有同学正确猜中法科生的职业有多少种,便可获得一件神秘礼物。"

"8 种!""16 种!""24 种!"台下的抢答声此起彼伏。

魔法师轻轻地摇摇头,微笑着。

"N 种。"

话音刚落,魔法师眼前一亮,顺着声音望向小 D。

"回答正确!"小 D 心中一喜,原本只是抖个机灵,没想到歪打正着。

"至于为什么,等课程结束你们就知道了。不过,这不是标准答案,而是我的答案。"魔法师说,"好了,下课!最后回答的这位同学,你过来一下吧。"

小 D 兴奋地凑到讲台前,只见魔法师从口袋里拿出了一个精巧的沙漏。

"每学期只有一位幸运儿,可以从这门课进一步获得体验式学习。这学期,你就是这个沙漏的主人。记住,最多使用 24 次,只在见到特邀嘉宾后才使用,最好先听完嘉宾分享,在最后的 10 分钟互动环节使用。沙漏每翻转一次计时 10 分钟,可以把你带到暑期的平行时空,在特邀嘉宾的工作单位实习一个月。也就是说,你有最多 24 个月的实习体验时间。注意沙漏的开关按钮。这是咱俩之间的秘密,其他人不会注意到异常。"魔法师眨了眨眼睛。

"呜——"轮渡的汽笛声突然响起,惊起了一群扑扇着翅膀的水鸟,低低地从小 D 的眼前飞过。小 D 盯着被徐徐拍打的蓝色海水,心想,或许应该在选择方向之前,复盘启航楼的这段奇妙之旅?

壹

志在四方

你愿意在哪类"单位"高就?

法律职业中的"单位"有何不同？*

魔法师大步流星地踏上讲台。9月初，天气稍微转凉，魔法师的一袭杏色风衣吸引了小D的目光。很少有学生能在大二时便幸运地抽中"法科生的明天"这门课的选修机会，小D已打定主意以"合格/不合格"的形式结课，让自己更好地享受学习过程。

如果说开学第一课只是以聊天互动的形式进行酝酿与铺垫，那么这节课终于真正进入了正题。魔法师亲自授课，虽然暂时无须也无法使用神奇的沙漏，仍然令小D备感期待。

"同学们好！今天我们来对法律职业进行宏观概览。在接下来的7节课中，我还会分别对律所、公共事业、企业法务合规、新兴法律职业进行宏观介绍。正如开学第一课所提及，学期中会安排24节实务交流课，由特邀嘉宾来分享；最后5节课再由我来给大家进行收尾讲解。"魔法师说道。

一、"单位"的概念变迁

家长们常常敦促学生们好好学习，希望自家孩子将来找个好"单位"。那么，在求职时，"单位"究竟意味着什么？

《现代汉语词典》对单位的定义是"机关、团体等或属于一个机关、团体等的各个部门"[①]；其中，"机关"指"办理事务的部门"[②]，常用于"行政机关"，"团体"则指"有共同目的、志趣的人所组成的集体"[③]，常用于"人民团体"。可

---

* 本部分公益导师：郑丹妮，美国哈佛大学、上海交通大学法学硕士、中山大学法学学士，现任哈佛华南校友会副会长，先后任职于知名外所、内所，在法院、英美律所、券商、世界银行均有实务经历。社会企业"缔璞"创始人、缔璞法律奖学金发起人，旗下运营知名法律职业生涯教育平台"D调魔法学园"，笔名D调魔法师，曾主持"哈佛法律人"职业发展系列公益访谈。

志愿者：张浩婷，上海交通大学法律硕士（法科特班），西北政法大学法学学士，曾于江西省人民检察院、君合律师事务所实习，现任上海市政法岗公务员。

[①] 中国社会科学院语言研究所词典编辑室：《现代汉语词典》，商务印书馆2016年版，第254页。

[②] 同上书，第599页。

[③] 同上书，第1329页。

见,在大众传统观念中,对单位的理解通常是公务员或事业单位,共同特征是服务于公共事业、职业预期稳定、收入稳定,即所谓的"铁饭碗"。

随着中国市场经济的发展,人们的观念逐步开放,不少人从公共事业转向商业,工作稳定性也未必是求职者最看重的因素。鉴于职业选择越来越多元化,"单位"的传统概念也在慢慢淡化。从广义角度来讲,"单位"如今可理解为任职的雇主。

对于法科生而言,常见的法律职业雇主有四类:律所、公共事业单位、公司法务合规部门、法律交叉领域的雇主。这四类雇主的热门程度往往根据市场情况动态调整。在2010年之前,受传统观念影响,公务员是不少家长首推的职业选择,无论专业是否对口。2014年员额制改革全面铺开后,伴随着律所涨薪、企业法务合规需求增加,体制内与体制外的待遇差距扩大,且国际视野日益打开,许多法科生求职时转而优先考虑律师、法务等市场机会,有些法科生还考虑或主动谋求相对小众的职业选择,比如国际组织、创业。不过,2020年后,受经济周期等因素影响,"公务员热"又重归大众视野。

就我个人观察,新一代法科生的自主意识比以前觉醒得更早了,职业选择和发展空间也比以前更大了;一代人有一代人的机遇和挑战,有能力和有勇气迎浪而上,才能成为时代的弄潮儿。接下来,让我们从宏观上看看法律职业中的"单位"有何不同。

二、律师事务所

"在座同学中有多少人听说过'红圈所''金圈所''魔圈所''白鞋所'等说法呢?"魔法师略带笑意地环视阶梯教室,只见同学们纷纷举起了手,约占80%。

2014年9月,英国杂志 The Lawyer 发布了 China Elite 2014: A report on the PRC legal market。该报告以律所2013年度总收入为划分标准,划定了"Red Circle"的范围,包括金杜、君合、方达、中伦、海问、竞天公诚、环球、通商八家律所。自那时起,"红圈所"这一译名开始在业内流传。2017年,内资律所开启涨薪潮,从而有了"两万元俱乐部"的说法,即指应届生起薪为税前工资每月两万元以上的若干律所。

2021年,领先内资律所进行了新一轮涨薪,涌现出"三万元俱乐部",坊间俗称"金圈所",其基础工资表见表1。目前,这一概念包括了达辉、汉坤、方达、世辉等。可见,与"红圈所"是基于约十年前的数据划定的固定范围不同,"两万元俱乐部""三万元俱乐部"或"金圈所"是动态更新的概念。尽管一年级律师的起薪并不能全面地反映最新的内资律所发展状况,却能在一定程度上反映律所的创收能力及一体化程度。

表1 达辉律所的基础工资表④

年级	月薪(人民币/元)
一	30,000
二	35,000
三	45,000
四	55,000
五	65,000
六	75,000
七	85,000

"魔圈所"的概念同样与英国杂志 *The Lawyer* 密切相关。2004年,该杂志将五家以伦敦为总部、业务国际化程度高、创收高的都市律所(City Firm)冠以"Magic Circle"之名;2005年,该杂志又将五家以伦敦为总部、专注于英国本土市场的都市律所纳入"银圈所"(Silver Circle)。2017年,其进一步更新了这两个概念下的律所名录,见表2。

表2 魔圈所与银圈所名录

魔圈所	银圈所
Clifford Chance (英国高伟绅律师事务所)	Slaughter and May (英国司力达律师事务所)
Allen & Overy (英国安理国际律师事务所)	Macfarlanes LLP
Freshfields Bruckhaus Deringer (英国富而德律师事务所)	Travers Smith LLP
Linklaters (英国年利达律师事务所)	Mishcon de Reya LLP

"白鞋所"则是一个动态更新的概念,泛指声名显赫的顶级美国律所。这是

---

④ 达辉律师事务所自2022年1月1日起执行的基础工资表(奖金另计)。通常,应届毕业生入职定为一年级,此后逐年晋升一级,八年级及以上的职位晋升取决于个人表现等多种因素。特殊情况下(例如转换业务领域、从法务跳槽到律所),存在年级打折的操作。

由于20世纪50年代,美国常青藤盟校的学生流行穿着学院风的白色牛津鞋,其毕业后就职的雇主也是业内佼佼者。目前权威的美国律所排名之一是Vault[5],该机构每年会参照以往律所排名、法律期刊及法律从业者印象等列出律所清单,再由各律所的律师进行打分并统计名次。

事实上,在这些聚光灯下的概念之外,无论是中国律所,还是外国律所,都存在规模大小、创收高低、声誉优劣之分,也都存在不少具有地域优势的本地所,需要大家在求职过程中综合多种因素予以研判。律师业的结构分化是个复杂的现象,我们在下一节课会进一步介绍"两个半球"的概念。这节课中,我们以领先内所与领先外所为例进行横向比较,见表3,供大家参考。

表3 领先内外所的在华对比表

	领先内所	领先外所
业务类型	• 均包括公司并购、外商投资、资本市场、私募基金与股权投资、银行金融、知识产权、税法、生命科学、房地产、建筑工程、娱乐法、反垄断、合规调查、国际仲裁等	
	• 执中国法,业务类型不受限,项目规模可大可小	• 执所获律师执照对应法域的法律,禁止执中国法; • 争议解决业务受限,无法以律师身份在中国境内参与诉讼活动,执业重心为非诉业务; • 项目规模通常较大,较少承接早期风险投资等规模较小的业务
工作内容	• 非诉业务的低年级律师/律师助理主要负责法律研究、撰写备忘录和法律意见书、尽职调查、会议记录、整理交易文件、翻译或修改合同等; • 争议解决业务的低年级律师/律师助理主要负责法律研究、撰写法律文书、合规尽职调查、会议记录、整理证据清单等	
	• 视律所及团队的风格,低年级律师/律师助理有机会直接对接客户,邮件可能直接对外发出,人手不足时甚至可能承担中年级主办律师的工作,成长速度较快,但也可能野蛮生长	• 低年级律师/律师助理通常不对接客户,统一由资深律师或合伙人对接客户; • 低年级律师/律师助理起草的邮件可能需经上级审阅方可对外发出; • 工作内容的深度与执业年限挂钩,低年级律师/律师助理通常不会负责起草交易文件、谈判等

---

[5] Firsthand Co., "2022 Vault Law 100", https://firsthand.co/best-companies-to-work-for/law/top-100-law-firms-rankings, last visited on May 24, 2022.

(续表)

	领先内所	领先外所
人员背景	• 重视教育背景,外语水平较高者具有优势,但国外留学经历、境外律师执照并非必需,相当一部分团队在实际业务中较少涉及外语	• 重视教育背景,对于外语水平的要求更高,以英文为工作语言,大多具备国外留学经历,从律师助理晋升为律师通常要求具备境外律师执照
进入与发展路径	• 校园招聘通过宣讲会、内推、网申、律所奖学金、向 HR 或合伙人发邮件投递简历等; • 社会招聘通过猎头、内推、网申、向 HR 或合伙人发邮件投递简历等 • 有机会通过短期实习确定是否留用,主要取决于个人表现及所在团队合伙人的业务量、招聘名额; • 应届生入职后排队挂实习律师证,通常一年半至两年拿中国律师证; • 拿中国律师证之前对内视同律师逐年晋升(每两三年实现低年级、中年级和高年级律师的定位升级); • 晋升至合伙人级别不存在客观障碍	• 内地应届生通常需实习一年半载才有留用机会,法学硕士(LLM)及职业法律博士(JD)主要通过校园招聘会或网申录用,取决于总部是否发放及发放多少指标; • 没有海外学位者工作两三年后会遇到"瓶颈",往往会选择此时攻读美国 LLM 并考取美国律师执照,有机会由律所赞助部分或全部学费; • 拿律师证之前对内对外均为律师助理,具体称谓因所而异(如 Legal Assistant、Legal Consultant、Legal Manager 或 Paralegal),可能会区分 International Associate 和 Associate,前者未取得律师证、薪酬比后者低; • 内地人士较难晋升至合伙人级别
薪酬待遇	• 一线城市有少数律所迈入"三万元俱乐部"(即应届入职的一年级律师月薪可达税前三万元或以上),一部分领先者处于"两万元俱乐部",其余知名内所的起薪跨度较大,取决于团队合伙人,应届生起薪从税前数千元到万元不等	• 美国大所实行薪资锁步(Lock-step)制度,即相同年资的律师给同样的薪酬;从领先美国律所 Cravath, Swaine & Moore LLP 所确定的薪资标准(俗称 Cravath Scale)来看,目前美国办公室的一年级律师(Associate)起薪为税前年薪 22.5 万美元,此后每年涨幅为 4.4%－19.2%,七年级律师为年薪 42 万美元,年终奖视年级而异,区间为 1.5 万－10.5 万美元;部分美所会为其海外办公室的律师提供全球统一薪资(Global Pay),通常要求是美国 JD 并在美国办公室工作一年以上后被派至海外办公室,个别美所也向通过美国律师执业考试的 LLM 提供 Global Pay;此外,少数美所还向海外办公室的律师提供海外生活补贴(Cost of Living Allowance,简称 COLA); • 英国大所的香港办公室 Associate 以上职位采用全球统一薪资(London Pay),低于美所的 Global Pay,一年级律师起薪为税前月薪 9.3 万－10 万港元,律师助理级别则采用 Local Pay,内地办公室的同职级薪资略低于香港办公室

(续表)

	领先内所	领先外所
薪酬待遇	• 起薪较高的律所中,非北京、上海办公室的起薪会相应打折扣(如七折甚至更低,视当地经济水平和业务量而定)	• 欧洲律所在华办公室的低年级律师助理或顾问年薪为税前 30 万-50 万元人民币,高年级律师年薪为税前 80 万-140 万元人民币,涨幅优于领先内所,结合工作时长强度,与英美大所相比具有较高的性价比; • 离岸律所的香港办公室薪酬待遇与英国魔圈所看齐
工作环境	• CBD 高档写字楼,通常有专门的 IT 部门,有统一的 IT 系统; • 定期内部培训、团建活动,加班是常态	
	• 内部数据库完备程度因所而异; • 部分律所会统一配备办公电脑、显示器; • 通常无专门的翻译团队,律师助理负责翻译,律师审校; • 工作日志的严格程度因所而言,通常要求每年 1500 个工作小时或以上,下班时间早晚主要取决于业务类型及项目周期	• 内部数据库比较完备,可以轻松在内部数据库中找到法律文件的格式模板、培训资料; • 通常统一配备办公电脑、显示器; • 业务量比较大的律所会配备专门的翻译团队; • 严格记录工作日志,美所通常要求每年 2000 个工作小时或以上,英所通常要求每年 1700 个工作小时,通常晚上 10 点后下班

总体上,对于积极进取、勤奋踏实的年轻法律人而言,领先内所与领先外所都是可以开阔眼界和培养能力的难得平台。过去,由于外所的大中华区办公室主要在香港、北京、上海,外所奖学金机会也只面向特定法学院校开放,绝大多数法科生对外所一无所知。近些年来,得益于新媒体的发展与信息分享,外所逐渐步入法律行业求职者的视野,但仍然只有少数佼佼者有机会跻身其中。

随着内资律所的发展进入快车道,领先内所与外所给予职场新人的薪酬差距进一步缩小,外所向内所的人才流动(尤其是资深阶段)亦愈发常见。若能在领先内所收获较快的成长速度,则从这一维度而言,内所在中年级和高年级阶段与外所的薪酬差距亦得以弥补。

在传统的授薪律师路径之外,也有越来越多的在领先内所工作的年轻法律人会在具备独当一面的能力时将目光投向独立执业这一选项,从而切换晋升合伙人的赛道,这在某种程度上与聚光灯外的内资律所发展路径殊途同归。不过,与一线城市的律所生态不同,在二线及以下的城市,律师的专业分工并不那么精细,工作强度通常不太高;客户往往会更加注重律师个人的业务能力,而非律所品牌或团队规模。

因此，对于有志于在律所长期发展的同学们来说，外所与内所、大所与小所的选择各有优劣。在通过后续课程进一步了解律师行业后，最重要的是选择契合自己的模式与方向，尽快锤炼自己的执业技能，有能力为客户提供优质的专业服务，这样才能早日抵达晋升路径中的塔尖，实现个人价值与社会价值的相统一。

三、公共事业单位

"想必不少同学的家长都曾建议将来报考公务员。'依法治国'的政策意味着几乎各个公共事业单位都欢迎法律人加盟。"魔法师端起水杯抿了一口，继续侃侃而谈。"法科生关注的公检法无疑属于公共事业单位，但在这门课中，我们的视野将不限于公检法，还涵盖其他公务员单位、类公务员单位、高校及研究所、国际组织。"

大家或许已听说，公检法的平均薪资水平比同级的普通公务员稍高。在员额制下，入额的法官、检察官的薪资水平又比同单位的同级同事稍高。与之相应的是更高的工作强度、更大的责任。除公检法外，监察系统、外交部、商务部、司法部、全国人大常委会法工委、国家金融监督管理总局、中国证券监督管理委员会、国家市场监督管理总局、国家知识产权局及其地方分支机构等公务员单位也提供法律专业对口岗位。总体而言，大多数公务员单位的工作强度低于律所，人员流动性不大，薪资涨幅不高但较为稳定、福利较好。

近年来，也有不少同学选择在公务员考试中报考事业单位，或者通过市场化招聘加入证券交易所。事业单位的薪资待遇与公务员单位相差不大，证券交易所的薪酬待遇则更加市场化。这类单位通常需要法律与财经等复合专业知识，与投行、律所相比能更好地平衡工作和生活。

此外，仲裁机构、公证机构也格外需要具备法律职业资质的人士。这两类机构的管理通常比较扁平化，工作内容紧贴法律实务前沿，工作强度没有律所那么高。有学术梦想的同学们也可以考虑进入高校及研究所，个人时间相对自由，但可能面临较大的科研压力，需要能静下心来坐冷板凳。联合国系统、世界银行集团等国际组织对外语水平要求较高，国际公务员的薪资不及外所，但有机会在更高的平台上为公共事业贡献来自中国的智慧与力量。

四、企业法务合规

同学们或许已经通过新媒体了解到，不少律师在执业若干年后，基于工作与生活的平衡等考虑,会选择跳槽至企业法务合规部门。与律师属于律所的创收人员不同,法务合规人员通常属于企业的支持人员,主要职责是降低企业面临的风险、规避损失。

尽管部分企业会将法务和合规归为一个部门,事实上,二者的定位略有不同。法务岗位往往会要求法律职业资格,大家可以将其理解为公司内部的律师;合规岗位则面向法律、审计等多种专业人士,负责内部反腐败、进出口管制合规、财税合规、产品安全合规等。

律师倾向于从专业、保守的角度出具法律意见,而法务则更侧重站在企业的立场上,结合商业目标、企业内部政策,确保法律解决方案不仅合法合规,且对于业务部门具有可操作性、经济性,能够为企业创造效益。优秀的法务不仅应精通法律,更应把所在行业特点与法律紧密结合;法务对所在企业和行业的深层了解使其成为律师和业务团队的桥梁。合规专员亦类似。法务合规岗位的薪酬水平多与企业效益、规模及其对法务合规的重视程度挂钩,总体上略低于律所相同年资的人士。

目前,TMT(电信、媒体、科技)行业大厂、金融创投机构、创业公司都属于法务合规岗位的热门雇主。腾讯、阿里巴巴、华为等各行各业的头部企业吸引了大量中高年级的律师,法务合规部门规模庞大、业务细分程度不亚于律所。此外,券商、基金等金融创投机构,以及前景好的创业公司(例如当前火热的生命科学行业、电子商务行业)亦成为新一代法律人的职业优选项。

五、法律交叉领域

除了上述三类常见法律职业,少数有想法的法律人还会选择投身法律与其他行业交叉的领域。例如,在法律与传媒交叉领域,报社、杂志期刊社和出版社都欢迎法律人的加盟,整体强度远低于律所,薪资大致与公共事业单位持平;法律新媒体的媒体编辑、法律调研、平台运营等岗位也与法律专业对口,薪资更加市场化。在法律与科技交叉领域,法律数据库、法律人工智能的相关企业比较适合具有好奇心、快速学习能力、热爱创新的法科生。在法律与商科交叉领域,投行、战略咨询公司、会计师事务所的专业性较强,工作强度与领先律所相当,也能收获具有市场竞争力的薪资待遇;近年兴起的诉讼融投则打造了法律与商科相结合的新模式,值得大家保持关注。在法律与人力交叉领域,法律培训、法律猎头、法律留学比较适合喜欢与人打交道、而非埋头于案牍工作的法律人。

事实上,在与法律专业对口的职业之外,还有诸多的职业可以选择,人生的精彩正在于它的丰富性。比如,我身边也有转型创业做教育、服装品牌设计、美食、花艺等自己感兴趣的领域的法律人。在我看来,新一代法律人更加追求职业价值感、成就感,对新鲜事物、跨行业的接受度和包容性更高,更注重职业与个人特质的契合度。从这一角度而言,法律人的职业发展有无限可能性。

小 D 速记

在大众传统观念中,对单位的理解通常是公务员或事业单位,共同特征是服务于公共事业、职业预期稳定、收入稳定;从广义角度来讲,"单位"如今可理解为任职的雇主。

常见的法律职业雇主可分为四类:律所、公共事业单位、公司法务合规部门、法律交叉领域的雇主。这四类雇主的热门程度往往根据市场情况动态调整。

在"红圈所""金圈所""魔圈所""白鞋所"等概念之外,中国律所、外国律所都存在规模大小、创收高低、声誉优劣之分,也都存在不少具有地域优势的本地所,需要在求职过程中综合多种因素予以研判。

"依法治国"的政策意味着几乎各个公共事业单位都欢迎法律人加盟。法科生可考虑的公共事业单位不限于公检法,还包括其他公务员单位、类公务员单位、高校及研究所、国际组织。

法务岗位可理解为公司内部的律师,合规岗位则面向法律、审计等多种专业人士。法务合规岗位的热门雇主包括 TMT 行业大厂,券商、基金等金融创投机构,以及前景好的创业公司(例如生命科学行业、电子商务行业)。

法科生还可以选择投身法律与其他行业(如传媒、科技、商科、人力)交叉的领域;在与法律专业对口的职业之外,也有诸多的职业可以选择。

新一代法科生的自主意识比以前觉醒得更早,更加追求职业价值感、成就感,对新鲜事物、跨行业的接受度和包容性更高,更注重职业与个人特质的契合度。法律人的职业发展有无限可能性。

内资律所的两个半球*

"今天课前先进行一个互动。"魔法师问:"说到内资律所,大家脑海中都能想到哪些关键词呢?"

阶梯教室里的气氛非常活跃,同学们纷纷回答"红圈所""精品所""非诉业务"等。

"那大家有没有考虑过,你们毕业之后从中小所开始成长,从事刑事辩护,代理婚姻继承、人身侵权、交通肇事这类业务呢?"

教室里静悄悄的,没有人回答。魔法师说道,"这两个问题和我们今天的主题有关:内资律所的两个半球。"

小D举手提问:"魔法师好,请问什么叫作两个半球?"魔法师解释说:"两个半球是西方法律职业研究中的一个经典理论,是用社会科学方法研究律师业的里程碑式突破,对于理解和分析中国律师业的社会结构也有重要借鉴意义。"

一、中国律师业的历史

要了解"两个半球",分析内资律所的现况和未来,让我们先来回顾一下中国律师业的历史。① 当代中国律师业自 1980 年恢复重建以来,虽然只有四十多年的历史,却经历了翻天覆地的历史变迁。全国律师人数从 1979 年的 212 人增长到 2022 年的 65.1 万多人,律师事务所数量增至 3 万多家,②事务所的组织

---

* 本部分公益导师:刘思达,芝加哥大学社会学博士、北京大学法学学士,现任香港大学法律学院教授、社会学系礼任教授,主要研究方向为法律社会学,多年来一直致力于对当代中国法律职业的经验研究。曾著有《失落的城邦:当代中国法律职业变迁》《割据的逻辑:中国法律服务市场的生态分析》《中国的刑事辩护:律师工作中的政治》(Criminal Defense in China: The Politics of Lawyers at Work)等学术著作。

志愿者:曹湘宸,英国剑桥大学法学硕士、美国宾夕法尼亚大学法学硕士、北京大学法学学士,现任美国凯易国际律师事务所驻上海代表处外国法律顾问,曾于美国达维律师事务所、方达律师事务所实习,曾担任《剑桥法律评论》助理编辑。

① 刘思达:《割据的逻辑:中国法律服务市场的生态分析》,上海三联书店 2011 年版。
② 《2022 年度律师、基层法律服务工作统计分析》,载中国政府法制信息网,http://www.moj.gov.cn/pub/sfbgw/zwxxgk/fdzdgknr/fdzdgknrtjxx/202306/t20230614_480740.html 访问日期:2023 年 8 月 15 日。

形式经历了由司法行政机关直属的"法律顾问处"到20世纪80年代后期的"国办所""合作所",再到90年代"脱钩改制"后的以合伙制为主,国资所、个人所并存的变化过程,律所的业务类型和组织结构逐渐多元,律师业的对外开放程度也逐渐扩大。

1980年8月26日,全国人大常委会颁布了《律师暂行条例》,正式开始重建销声匿迹二十多年的律师制度。律师的工作机构也沿袭了20世纪50年代苏联式的"法律顾问处"的称谓,直到1984年才改称"律师事务所",这些律师事务所都是国办所,业务范围局限于刑事辩护和婚姻家庭案件的代理等。从1988年起,中国律师业开始了长达十几年的私有化过程,以适应对外贸易和国际合作的发展。北京、深圳等几个大城市出现了合作制律所,遵循"两不四自"的原则(不占行政编制、不靠财政经费,自收自支、自负盈亏、自我发展、自我约束),由所内律师而非国家出资设立。

1992年邓小平南方谈话之后,律师业务大幅增长,新兴非诉业务逐渐出现。同时,司法部于1992年颁布规定,正式允许外国律师事务所在中国设立办事处。1996年,《律师法》正式颁布,1997年开始实施。在国家政策的引导下,大多数国办所与合作所从20世纪90年代中期开始进行改制,向合伙所转型。2000年以来,我国的律师事务所以合伙制为主,多种组织形式并存。2001年中国加入世界贸易组织之后,外国律师事务所大量涌入中国市场,新设立了上百个驻华代表机构,进一步加剧了涉外法律服务市场的竞争。2007年修订并于2008年生效的《律师法》开始有限度允许个人执业。

其实,我国历史上并不存在类似于西方国家高度组织化、精英化的法律职业,因此当代中国律师业的发展没有太多本土制度和伦理基础作为依托,几乎是"摸着石头过河"。虽然已经发展了四十多年,但迄今为止,诸多执业者、管理者、研究者对这一职业的发展方向都还缺乏良好的预期。只有真正理解法律职业的社会结构与运作逻辑,我们才能更好地把握中国律师业的过去、现在和未来。

"接下来,就让我们看看,神秘的'两个半球'理论到底是什么。"魔法师俏皮地眨了眨眼。

二、"两个半球"理论与中国律师业

20世纪80年代初,两位美国学者海因茨(John P. Heinz)和劳曼(Edward O. Laumann)基于美国律师基金会(American Bar Foundation)1975年对芝加哥律

师业的大型问卷调查完成了《芝加哥律师——律师业的社会结构》一书。书中的分析表明,芝加哥律师在收入、组织资源、流动性与声望等方面都存在着巨大分化,其中一个根本性分化,则是律师的客户类型,即为企业、政府等大型组织服务的律师与为个人和小企业服务的律师之间的分化——这便是著名的律师业的"两个半球"理论(two-hemisphere thesis)。海因茨和劳曼的分析显示,芝加哥律师业根据不同的客户类型分化成两个彼此缺乏关联的"半球",从某种意义上讲,几乎已经成了两个律师业。③

"两个半球"理论细致地分析了律师业的内部结构及其与客户、国家、社区之间的关系,对研究法律职业具有奠基性意义。然而,大家需要注意,这一理论并不一定适用于所有社会语境。④ 比如在美国,律师业的结构分化在经济发达的大城市(纽约、芝加哥、洛杉矶、华盛顿等)十分明显,而在人口较少、发展相对落后的地区则并不显著。又比如在英国,律师业的两个半球是"大律师"(barristers)和"事务律师"(solicitors),分化以法律工作的内部劳动分工为基础;"大律师"的工作专注于出庭辩论,"事务律师"则直接面对客户,将客户的问题转换为法律问题再呈现给"大律师",同时也处理非诉业务。在中国,根据美国学者麦宜生(Ethan Michelson)在2000年所做的对中国律师业的第一项大型实证研究,自20世纪90年代"脱钩改制"以来,中国律师业的社会结构也出现了类似于两个半球的分化,但分化的基础和美国、英国都有所不同,体现为律师与行政、司法机关中的国家官员的关系,与国家关系密切的律师和关系不密切的律师在法律服务市场上的处境截然不同。⑤ 例如,在非诉项目中,与商务部、国资委、国家发展改革委等中央部委关系密切的事务所和律师在市场竞争中占据了有利的生态位置;在许多省份,律师事务所虽然已经私有化,但还是按照原来的行政级别受到规范管理,例如省属所提供省级政府机关和国有企业的法律服务,而市属所大多从市级机关和企业获得案源。

近年来,随着律师业市场化步伐的逐渐加快,按照客户类型的分化也越来越明显,在北京、上海、深圳等大城市以及广东、浙江等东部沿海省份,为企业服

---

③ John P. Heinz, Edward O. Laumann, Robert L. Nelson, Ethan Michelson, "The Changing Character of Lawyer's Work: Chicago in 1975 and 1995," Law & Society Review 32, (1998): 751-775.

④ 刘思达:《分化的律师业与职业主义的建构》,载《中外法学》2005年第4期。

⑤ Liu Sida, Lily Liang, Ethan Michelson, "Migration and Social Structure: The Spatial Mobility of Chinese Lawyers," Law & Policy 36, No.2 (2014):165-194.

务和为个人服务的律师在地位和收入上也开始有了明显差别。⑥ 由于我国社会主义市场经济的特殊性,中国律师业的社会结构分化更加多元化,并不像英美国家那样以客户类型或者法律领域作为唯一的决定性因素。律师业"脱钩改制"后,律师与国家之间的关联开始隐性化,且公平竞争的市场秩序逐渐发展,以与国家关系为基础的结构分化也有所削弱。所以我们今天的课程,主要以客户类型为主要分化方式,分析中国律师业"两个半球"的生态格局。

三、个人半球:从"万金油"到"精品所"

"还记得课前做的互动吗?好像大家都不太倾向于去中小所求职,作为职业生涯成长的起步点。这个现象和我们这里提到的'个人半球'的特点非常有关。"

根据司法部发布的数据,截至 2022 年底,在全国范围内,律师人数在 100 人(含)以上的律所有 500 多家,占 1.29%;律师人数在 50 人(含)至 100 人的律所有 784 家,占 2.03%;律师人数在 50 人以下的中小型律所占比达到 96.68%。⑦ 你会惊讶地发现,其实中小型律所才是中国律师行业的主体,而不是大家脑海中常常想到的"红圈所""精品所"等。因此,中小所的发展其实关乎整个行业的未来。事实上,在世界上的几乎所有国家,包括律师业最发达的美国,律师总人数超过 50 人的大型事务所都是少数,绝大多数事务所都是中小所,我国的情况并不特殊。

结合各地律协的调研报告、研讨会纪要、律所管理者文章等材料,⑧我国中小型律所的发展现状具有以下特征:

(1)规模小决定了其大多采用"作坊式"的运作模式。虽然很多事务所的组织形式为合伙制,但并未形成有效的合伙事务执行机制,造成事务所管理松

---

⑥ 林戈:《重磅!谁是中国最赚钱的律师事务所?》,载微信公众号"智合",https://mp.weixin.qq.com/s/y2SIii-x3rZuhMO2rLTIhg,访问时间:2020 年 2 月 20 日。

⑦ 《2022 年度律师、基层法律服务工作统计分析》,载中国政府法制信息网,http://www.moj.gov.cn/pub/sfbgw/zwxxgk/fdzdgknr/fdzdgknrtjxx/202306/t20230614_480740.html 访问日期:2023 年 8 月 15 日。

⑧ 《关注中小律所,推动行业发展》,载广州市律师协会网,http://www.gzlawyer.org/info/49ef105f82744fd9b099e58f8f3f36a9,访问时间:2020 年 2 月 21 日;陈宜:《我国中小型律师事务所发展初探(上)——以北京地区律师事务所为蓝本》,载《中国司法》2009 年第 11 期;蔺存宝:《中小律所的管理困局——以三四线城市律师所为例》,载微信公众号"律所管理资讯",https://mp.weixin.qq.com/s/ExRxQH_ZGaG3PhAhZMKPqA,访问时间:2020 年 2 月 19 日。

散的局面，没能建立有效的商业运作模式。

（2）专业化程度不高。事务所的业务构成集中在低端市场，由于没有形成专业分工和所内业务分工，律师单打独斗为主要业务模式，具有"万金油"特征，大部分中小型律所没有形成核心竞争力，无法与大型律所进行竞争。

（3）组织结构表现为单一、直线的业务单元。即主任律师是事务所的"主人"，直接领导所内其他律师，每个律师即具体的业务单元。

（4）业务构成以诉讼业务为主。客户类型主要是个人和小型企业，业务集中于刑事、民事诉讼等传统业务类型，缺乏开拓新型法律业务的机遇和能力。

（5）人员在教育背景和专业训练上有所不足。这不仅制约了律师团队的整体发展，使对年轻律师的发展培养重视也不够，间接导致人才流失严重，成熟的律师更愿意到大型律所去执业。

（6）律所品牌意识不强。多数中小型律所不注重营销和宣传，社会认知度不高。

上面这些现状可能是同学们在求职选择中顾虑的一些因素。但是，随着律师执业竞争激烈和经济下行压力逐渐加大，许多律所管理者都在思考中小律所未来的发展出路。比如，我们观察到，在发展战略上，中小律所正在尝试以下几个方向：[9]

（1）提升专业化、精品化水平，通过为客户提供优质高效的法律服务，以形成律所的品牌和核心竞争力。[10] 其中，业务领域的选择是重中之重。近几年一些"精品所"频登各大榜单，在部分业务领域诞生的一些极具影响力的律所也都证明律所专业化道路的可行性，以及业务领域选择的重要性。这些律所对于天时（政策导向）、地利（区域优势）、人和（自身核心竞争力）等因素的综合考量值得中小型律所去学习。律所的业务领域定位不应来源于律师的主观臆断，而需要深入剖析自身情况，对过往服务客户情况和服务经验进行总

---

[9] 刘阳：《复盘2019：九大趋势，看中国律所的破局选择》，载微信公众号"众垒新律动"，https://mp.weixin.qq.com/s/A72io9tWoJbunHpptRdwHw，访问时间：2020年2月18日；刘宗梅：《鸡西地区律师事务所发展战略研究》，载《北方经济》2012年第6期。

[10] 刘阳、李磊：《中小型律所"精品化"的业务领域选择》，载微信公众号"众垒新律动"，https://mp.weixin.qq.com/s/b202GxK295hv-vbQPn8APg，访问时间：2020年2月21日；董宇洲：《除了北上广深，哪4个区域法律市场也被钱伯斯重点关注？》，载微信公众号"智合"，https://mp.weixin.qq.com/s/9-y1b7CqhB7BXtzDPdL0gg，访问时间：2020年2月20日。

结,再结合市场的识别能力、市场的容量、竞争风险、可触及性、政策导向来综合梳理。

（2）争取更广阔的业务范围。举例来说,2019 年,广东省人民政府国有资产监督管理委员会宣布取消广东省国资委系统法律服务专业机构库,正式踏出取消中介机构备选库制度的第一步。⑪ 基于早期中国法律服务机构发展的不平衡,当年建立律所备选库制度是基于效率优先、简化遴选流程的考量。近几年,国内律所的整体服务能力得到提升,相对固化的律所备选库制度开始显露弊端。对于中小型律所来说,取消律所备选库制度让其有机会切入以往近乎封闭、垄断的国企法律服务需求市场,凭借更具性价比的报价和服务质量来获得案源。

（3）整合区域律所,达成战略合作,通过合并突出重围。⑫ 近年来,各省省内的律所合并与合作越来越普遍。例如,新疆百丰天圆与新疆恒瑞合并成立新疆百丰恒瑞律师事务所,成为自治区首家百人大所;江苏省的漫修与植德两家律所达成战略合作,借助大所的品牌和资源优势实现自身突破。

（4）充分适应互联网环境,发展人工智能、区块链等板块,积极接受、开拓新型的业务类型。例如,2019 年,瀛和律师机构推出 KindleLaw 数字化法律服务系统,利用区块链技术和数字化方法实现降成本、提效率、增收益。⑬

四、企业半球:从"规模化"到"国际化"

了解了"个人半球",接下来我们看看同学们比较向往的"企业半球"。在中国加入世界贸易组织后的近二十年里,律师业企业半球的生态可谓"日新月异"。大型事务所的执业律师人数从一两百人发展到几千人,分所的设置也从几个沿海主要城市延伸到全国各地,大成、盈科等规模最大的事务所几乎在每个省份都设有分所。与此同时,处于企业半球最高端的若干涉外商务律所也类似于英国的"魔圈所"（Magic Circle firms）那样,越来越像一个具有排他性的精

---

⑪ 《广东省人民政府国有资产监督管理委员会关于取消省属企业会计审计、资产评估、法律咨询备选库的通告》。

⑫ 何一白:《30 家律所,重庆的这个本地律所联盟能改变什么?》,载微信公众号"智合",https://mp.weixin.qq.com/s/s6kOw7HQ7ZNURTLAajWqLQ,访问时间:2020 年 2 月 21 日;丁嘉宏、周瑶:《国际化背景下区域律所的发展之道探索》,载《上海律师》2019 年第 12 期。

⑬ 蔡长春:《法律服务行业数字化探索因何大热》,载澎湃新闻网,https://www.thepaper.cn/newsDetail_forward_3869638,访问日期 2020 年 2 月 19 日。

英俱乐部,也就是大家熟知的"红圈所"。除了在国内扩张之外,一些商务律所也开始随着客户进军海外。截至2022年底,我国律师事务所在境外设立分支机构共180家。⑭ 在中国企业海外直接投资、并购、上市、商事仲裁等业务中都开始扮演举足轻重的作用。

从事务所组织的角度来看,企业半球的律所至少有四种组织形态并存。⑮ 第一种是"全球所",是指大规模、提供全方位服务的事务所,其业务很大一部分来自跨境交易和国际客户,这类律所位于半球的最顶端,例如金杜、中伦、君合等"红圈所"。第二种是"精品所",是指一些规模较小但在业界具有很高声誉的事务所,专门从事一些高利润的业务领域,如上市、风险资本、私募或商事仲裁等,例如方达、海问等,也属于"红圈所"。第三种是"本土所",是指立足本土、大规模、全方位服务的事务所,其分所网络规模很大,组织上却较为松散和"接地气",涉外业务的比例也相对有限。本土所的客户资源和地理覆盖范围往往比全球所更广,例如国浩、中银等事务所。第四种是"租赁所",是指以办公场所租赁为基础组建的事务所,律师以类似于"租赁柜台"的形式加盟,业务范围十分广泛,介于个人半球和企业半球之间,最典型的是在短短七八年间就从几十人发展到数千人的盈科律师事务所。

这四种类型的律所由于在企业半球中所处的生态位置不同,发展策略也有很大差别。全球所作为中国领先的律师事务所,在规模、内部结构和管理模式上都致力于与大型英美律师事务所趋同。相比之下,精品所则通过精英化和培养所内人才在特定的专业领域保持优势。本土所在发展中优先考虑的是分所的规模和数量,而不是每个分所的利润率。租赁所则往往凭借外部资本支持和低成本战略在中小城市快速扩张。

属于企业半球的律所虽然遍布全国各主要城市,但北京、上海、广州、深圳等沿海城市和商业中心由于政策、地理位置、环境、经济、产业等因素,更早接触西方国家专业化服务的标准和模式,更容易对接和发展起相对高端和涉外的业

---

⑭ 《2022年度律师、基层法律服务工作统计分析》,载中国政府法制信息网,http://www.moj.gov.cn/pub/sfbgw/zwxxgk/fdzdgknr/fdzdgknrtjxx/202306/t20230614_480740.html 访问日期:2023年8月15日。

⑮ Liu Sida, Wu Hongqi, "The Ecology of Organizational Growth: Chinese Law Firms in the Age of Globalization," American Journal of Sociology 122, No.3 (2016):798-837; Zhu Jingqi, Zhao Yang, Liu Sida, "Inside the 'Red Circle': The Production of China's Corporate Legal Elite," Journal of Professions and Organization 7, No.1 (2020):87-100.

务。根据近三年"钱伯斯亚太排名：中资所律所榜"的数据，北京、上海、广州、深圳四地律所获钱伯斯推荐次数占全部律所获推荐总次数的比例高达87%。

如果说北京、上海和广东占据了企业半球的第一梯队，那么浙江、江苏、辽宁、四川、重庆、天津、山东等地的大中型本土所可称为第二梯队，它们在"钱伯斯亚太排名：中资所律所榜"四个地区的本土所获推荐次数也比较多。具体来看，江浙地区民营经济发达，外资企业众多，进出口贸易总量巨大，企业法律服务的需求十分旺盛。辽宁是东北三省的龙头，随着"一带一路"倡议、国务院出台支持东北振兴重大政策举措的落地，加上营商环境的改善以及最高人民法院第二巡回法庭落地沈阳，法律服务市场有望迎来新一轮发展，辽宁的本土所在海事海商领域表现尤其强劲。川渝地区是我国西部的经济中心，具有联动东西、带动南北的区位优势，是长江经济带的战略支点，最高人民法院第五巡回法庭落户重庆，也带动了律所业务增长和外地律所进入。天津、山东位于环渤海经济中心，在京津冀区域一体化协同发展战略下，一些本土品牌所竞争力也在逐步增强。

企业半球的商务律师事务所的工作方式与传统上律师个体化的工作方式形成了鲜明对照：由于这些事务所从事的法律领域多为公司并购、证券、外商投资、金融银行、知识产权、商事仲裁等非诉法律业务，而这些业务需要项目团队的工作模式，每个项目团队由一个或几个合伙人领导、若干从事相关领域工作的律师组成，其目的是将具有该项目所需要的专业技能的律师组织起来，以最好地解决项目所涉及的各种复杂多样的法律问题。在这样的工作方式下，商务律师事务所的内部就逐渐产生了劳动分工：资深合伙人负责为事务所寻找客户，并将客户的问题分解为一系列的具体法律问题；中层合伙人的主要工作是分析并处理高难度的复杂法律问题；而非合伙律师则负责解决具体的日常法律问题。

看到同学们豁然开朗的神情，魔法师最后总结说，中国律师业发展四十多年来，为企业服务与为个人服务的律师的两个半球分化格局日益明显。虽然"红圈所"、亿元的全球性大型律师事务所的带头效应明显，其治理结构、管理水平、软硬件设施、专业化能力、人才机制等均已逐渐与国际接轨，但请同学们记住，整个律师行业的未来是由千千万万的中小律所和数十万普通律师所组成。虽然经历了四十多年的发展历程，中国律师业的规模、结构、区域分布仍然不能完全适应21世纪经济社会发展以及全球化的需求。假以时日，企业半球和个人半球必将进一步分化整合，而同学们如何在这两个半球的高速运转中找到属于自己的位置，是每个步入律师行业的人都要面对的挑战。

小 D 速记

"两个半球"是西方法律职业研究中的经典理论，是用社会科学方法研究律师业的里程碑式突破，在不同社会语境下的适用不同。在美国，律师业的结构分化在经济发达的大城市显著；在英国，律师业的两个半球是"大律师"和"事务律师"；在中国，分化基础是律所客户类型以及律师与行政、司法机关中的国家官员的关系。

"两个半球"理论是指律师业根据不同的客户类型分化成两个彼此缺乏关联的"半球"，即为大型组织服务的律师与为个人和小企业服务的律师之间的分化。

当代中国律师业自 1980 年恢复重建以来，经历了翻天覆地的历史变迁，包括律师人数、律所数量、组织形式、出资方式、对外开放程度等方面。

中小型律所才是中国律师行业的主体。截至 2022 年底，司法部统计数据表明 50 人以下的中小型律所占全国律所数量的 96.68%。中小所的发展关乎整个行业的未来。

中小型律所的发展现状具备以下特征："作坊式"运作模式，专业化程度不高，组织结构单一，业务单元直线化，以诉讼业务为主，人员在教育背景和专业训练上有所不足，律所品牌意识不强。

中小型律所正在做出积极转变：提升专业化、精品化水平，争取更广阔的业务范围，整合区域律所，达成战略合作，充分适应互联网环境，发展人工智能、区块链等板块。

企业半球的律所至少有四种组织形态并存：全球所、精品所、本土所、租赁所。这四种律所在发展策略、培养模式、内部结构、地域分布、业务范围相应不同。

中国律师业发展四十多年来，为企业服务与为个人服务的律师的两个半球分化日益明显。在国内经济社会发展和全球化的背景下，建议在两个半球的生态格局中找到属于自己的位置。

内资律所之发展路径*

"在上完前一节课'内资律所之两个半球'后,同学们应当对于内资律所发展的宏观情况有了进一步了解。但我想大家心中可能仍然充满了疑惑,如何确定一个领域是否可以作为自己的择业领域呢?这么多律所,要如何选择适合自己的律所呢?实习律师和实习生是一回事吗?要工作多少年才能成为合伙人?"

"有没有同学想要尝试回答一下这些问题?"魔法师用期待的眼光看着大家。

"我听说有律师池培养模式。"有同学说。

"律师业务分为诉讼业务和非诉讼业务。"小 D 补充道。

"还有其他同学有更多的想法吗?"

阶梯教室里没有人举手,同学们只是投以渴求解答的目光。

魔法师明白同学们心中的困惑,说:"不知道是很正常的,这节课的用意就是帮大家拨开内资律所就业发展的迷雾,对上述问题进行一一解答。"

一、如何择业

在考虑内资律所就业发展的路径时,除了薪资以外,摆在同学们面前首要的也是现实的问题,就是如何选择合适的业务方向和合适的律所,为自己的职业发展道路奠定基础。

(一) 我是谁?

随着个人职业道路的发展,一个律师的执业方向通常会展现出两种大致的形态:有不限制执业领域的"万金油"律师,也有主要专注于某些法律领域的

---

* 本部分公益导师:韩璐,复旦大学法律硕士,山东大学理学学士、经济学学士,现任上海达沃律师事务所合伙人,负责私募股权投资及兼并收购部门;从业十年,加入达沃之前曾在汉坤、锦天城等知名律所执业,并有大型互联网公司法务经验。

志愿者:刘璇,中国政法大学知识产权法法学硕士,北京理工大学法学学士,现任职于年利达律师事务所北京代表处,从事银行与项目融资、投融资等公司业务领域。

"专业化"律师,如刑事辩护律师、知识产权律师、婚姻家事律师等。

除了专业领域的划分,就从事的业务性质而言,律师通常还可以分为诉讼律师和非诉律师。顾名思义,诉讼律师主要以诉讼、仲裁、合规调查业务为主,对抗性较强,同学们在电影电视剧里看到的律师形象一般都是诉讼律师。而非诉律师一般以商事业务为主,大多服务于企业,各方旨在促成交易、对抗性较弱,例如出具法律意见、开展尽职调查、起草交易文件、协助谈判交割、资本市场的 IPO 业务、重组并购、基金投资等就是典型的非诉业务。

对于诉讼律师而言,主要和法院、仲裁机构、市场或证券监管机构打交道,旨在解决争议的过程中为客户争取更多的权益;对于非诉律师而言,主要和交易对手以及政府机关打交道,旨在为客户在业务经营和商事交易过程中防范风险。诉讼律师的工作一般被认为更加"有趣",因每一个诉讼案件都是不同的,会更有新鲜感,适合思维敏捷、辩才较好的同学。对于非诉律师而言,出差相对较少(除 IPO 等少数业务外),工作内容相对固定,适合比较喜欢稳定、擅长处理文书的同学。

对于有志于长期从事律师职业的同学,可以多多实习,多咨询前辈,多了解相关的行业信息,再结合自己的兴趣爱好、专业方向等,亲身感受不同业务领域律师的不同魅力,最终做出自己的选择。

(二)我要到哪里去?

在对"我是谁"有了初步的定位和思考之后,又该如何选择自己的目标律所?

根据司法部 2022 年的数据,全国有 3.86 万多家律师事务所。[①] 在茫茫律所中,同学们进行选择时一般可以采取两个导向——律所导向以及团队/老板导向。

律所导向是指以律所品牌为主的选择。近年来,一批头部内资律所靠着不同的发展定位,逐渐形成了不同圈层的划分。例如,以律所年度总收入作为划分标准的"红圈所"、以应届生入职起薪作为划分标准的"金圈所"、以专业化和精品化著称的"精品所"、以人数规模取胜的"大所"、以专注服务本地市场的"本土所"等。团队或老板导向,则是更加注重你的"师傅",有些律界大咖未必在上述的品牌律所里执业,但其所带领的团队可能也是享誉业界的知名团

---

① 《2022 年度律师、基层法律服务工作统计分析》,载中国政府法制信息网,http://www.moj.gov.cn/pub/sfbgw/zwxxgk/fdzdgknr/fdzdgknrtjxx/202306/t20230614_480740.html 访问日期:2023 年 8 月 15 日。

队,这种导向适合对行业有较为充分认识的同学。

不同类型、规模的律所之间的差别非常大,对于大部分初入职场的同学们,我建议优先选择大型知名律所,这类律所的起薪较高,管理较为完善,也能提供较为优质的案件和各类培训,有助于在职业初期打下良好的工作基础,培养良好的工作习惯。当然,如果你喜好的方向是一些小众领域,那在该领域领先的团队/合伙人所在的律所,即便并非大型所或知名所,也不失为很好的选择。

二、初入职场

魔法师抬了抬眼镜,接着说道:"同学们踏入内资律所职场的大门后,将要迎来职业生涯中的第一个大考验——实习。此处的实习与同学们通常理解的在校实习存在很大差异,这里的实习,是指律师执业准入制度的一部分,为期一年的实习期,同学们在这个阶段一般被称为'实习律师'(官方称为'实习人员')。"

实习期对于大多数律所新人而言都是一个比较难熬的阶段。由于实习期间原则上不能换所,一旦换所,将需要重新计算实习期,重新走一遍流程,对于实习律师而言,某种程度上失去了"择业自由",有少部分指导律师甚至会滥用这个限制,对实习律师提出一些苛刻甚至无理的要求,走或熬,成了一个艰难的选择。因此,同学们在确定实习的律所之前,一定要做好调研,避免落入困境。

虽然法定实习期一般为一年,但在实践中,从准备实习申请材料、正式实习、培训、实习考核,到拿到执业证,一般需要一年半,如果需要"排队",可能需要两年或更长的时间。

实习律师在律所内实习,必须要有一名带教指导律师。上述所谓"排队",是指所在律所的带教指导律师可以带的实习律师名额不够,需要等待前一名实习律师完成实习后方可开始实习的情况。一般来说,一名实习指导律师同时指导的实习律师不得超过 2 人,具体人数的规定不同地区略有差异。如果出现僧多粥少的情况,后来者就需要"排队"。因此,对于希望能尽快拿到律师证的同学,建议在面试过程中询问 HR 或者合伙人是否需要排队。

在实习过程中,同学们需要遵守律协以及所在律所的相关要求,办理规定数量的各类案件,并做好工作日志的记录,切忌到了"Deadline"的时候才开始"回忆"自己办过的案件,甚至是胡编乱造。

在实习过程中,同学们一定要牢记实习律师和律师"身份有别",必须谨记相关实习律师的相关规范,不可以律师名义办案,避免触碰执业红线,尽早树立执业风险意识,这样才能在职业道路上越走越稳。

三、发展阶段

拿到律师证只是律师生涯的第一步。同学们可能会发现,拿了律师证之后,很多同一期培训的同学都会转所。转所或因转换领域,或因薪酬待遇,或因人际关系等,不一而足。因此,拿了律师证后,就像大学毕业后,都有不同的去处,因不同的选择而走上不同的发展道路。有的选择继续在原来的律所,担任授薪律师,有的选择"出去闯",成为独立律师或提成律师,当然也有的选择在担任若干年授薪律师有了更多经验和人脉的积累后,再成为独立律师或提成律师或合伙人。

授薪律师,即指不需要自己开拓案源、领取固定薪水加奖金作为工作收入的律师,即给"老板"(即合伙人)打工的律师。提成律师或独立律师,即指需要自己开拓案源、没有固定工资、需要承担自身办案成本、工作收入来源于自己的案源收入的律师,即给"自己"打工的律师。

下面我将从薪资、工作方式、技能提升、案源四个方面对授薪律师和提成律师进行对比,见表1。

表1 授薪律师与提成律师的对比表

	授薪律师	提成律师/独立律师
薪资	固定工资+奖金,无须承担所内管理费用,收入较稳定	自负盈亏,需要承担所内管理费用,收入较不稳定,时薪可能较高
案件来源	律所/合伙人统一分配,几乎无选择权,较难积累个人案源	多种多样,包括与其他律师合作、自行开拓等
技能提升	实际办案、团队指导	多为独立学习,或与其他律师合作
时间分配	不能自由分配时间,需要根据合伙人的工作安排进行分配	可以较自由地分配时间
总结	起薪有市场参考价格,收入稳定,相对不自由	创收水平因人而异、区间较大,收入不稳定,相对自由

授薪律师和提成律师并无优劣之分,同学们可以结合自己的经济条件、职业规划、案源情况、个人性格等综合考虑。

实行公司制管理的律所对律师职级有比较规范化的认定和管理,一般而言,工作第1~3年为低年级律师,第4~6年为中年级律师,第7年以上为高年级律师,薪资也相应水涨船高。

想要从新人律师晋升为合伙人所需执业年限,视不同律所而定,一般需要6~8年时间,而头部律所则可能需要更长的时间。但对于一些中小型律所来说,只要律师能够独立开拓案源,满足律所规定的创收要求,达到了法定的担任合伙人的工作年限(具有3年以上执业经历)即可。在这个阶段,就是同学们八仙过海、各显神通的时候了!

小 D 速记

择业之前多实习,多体验,多感受,多了解,找到适合自己的业务领域。

选择律所时,包括律所导向、团队/老板导向。建议新人选择大型知名律所,以便打好基本功。若已有心仪的团队或感兴趣的细分领域,也可根据自己的规划选择。

实习律师阶段原则上不能换所,一旦换所,将需要重新计算实习期;需要尽早培养良好的执业规范,尽早树立执业风险意识。

授薪律师和提成律师并无优劣之分,可以结合经济条件、职业规划、案源情况、个人性格等综合考虑。从新人律师晋升为合伙人所需执业年限,视不同律所而定。

外资律所在华发展面面观*

"今天课前先做个小调查。"魔法师说,"如果不考虑家庭经济状况,有多少同学愿意到北京、上海求职并长期发展?"

放眼望去,200 人的阶梯教室里大约一半的同学举起了手。小 D 想了想,这个比例或许是因为学校所在地的经济也不差,又或许是本地生源的同学希望在离家近的地方长期发展吧。

"那么,如果有一份工作可以让你在毕业五年内实现百万年薪,但需要在北京、上海或者香港打拼,而且竞争非常激烈,有多少人愿意尝试这样的机会呢?"

举手的同学多了一些。

"最后一个问题:有多少同学已经打定主意要进律所工作并且坚定地想从事诉讼、仲裁等争议解决业务?"

与大部分同学一样,小 D 迅速地把手放下了。

魔法师仿佛早就知道答案一样,"这三个问题的答案与今天的课程主题相关:外资律所在华地点与业务。"

一、何谓外资律所

在介绍地点和业务之前,首先明确一下这节课所讨论的外资律所的范围,因为市场中有来自各个国家和地区的律所。按照业内俗称,起源于港澳的律所从广义来讲也属于外资律所。

---

* 本部分公益导师:郑丹妮,美国哈佛大学、上海交通大学法学硕士,中山大学法学学士,现任哈佛华南校友会副会长,先后任职于知名外所、内所,在法院、英美律所、券商、世界银行均有实务经历。社会企业"缔璞"创始人、缔璞法律奖学金发起人,旗下运营知名法律职业生涯教育平台"D 调魔法学园",笔名 D 调魔法师,曾主持"哈佛法律人"职业发展系列公益访谈。

志愿者:鞠陆陆,对外经济贸易大学法律硕士、金融学学士,现任职于美国世强律师事务所驻北京代表处,曾任职于美国伟凯律师事务所,担任西门子中国商务培训生,实习于君合律师事务所、中伦律师事务所、北京仲裁委员会。

外所相关法律法规体系

我国最早于1992年开放外国律师事务所在华设立办事处,司法部的相关通知和暂行规定已于2002年被明确废止。根据1997年起施行的《律师法》,外国律师事务所在中国境内设立机构从事法律服务活动的管理办法,由国务院制定。据此,《外国律师事务所驻华代表机构管理条例》于2001年底由国务院公布,并于2002年1月1日起施行。2002年,在国务院的前述条例基础上,司法部先后发布了《香港、澳门特别行政区律师事务所驻内地代表机构管理办法》和《司法部关于执行〈外国律师事务所驻华代表机构管理条例〉的规定》(简称《**司法部规定**》)。至此,针对外国律师事务所驻华代表机构(含香港、澳门特别行政区律师事务所驻内地代表机构)的规范体系已形成。

根据2004年修改后的《司法部规定》,"外国律师事务所"是指在我国境外合法设立、由外国执业律师组成、从事中国法律事务以外的法律服务活动,并对外独立由其全部成员或部分成员承担民事责任的律师执业机构;但下列情形除外:1)外国政府、商业组织和其他机构中的法律服务部门,2)不共享利润、不共担风险的二个或二个以上外国执业律师或律师事务所的执业联合体。按照业内俗称,"外资律所"或"外所"包括外国律师事务所驻华代表机构、香港、澳门律师事务所驻内地代表机构及其境外关联主体。

二、外资律所在华地点

我国对于在境内设立外所有一定的限制。根据《司法部规定》第10条,外所申请在境内增设代表处,须在华最近设立的代表处连续执业满三年,自代表处住所地的司法主管机关首次办理开业注册之日起计算。因此,在境内,绝大多数外所优先选择在北京或上海这两大中心城市之一设立代表处,而后视业务情况适当在其他地点增设代表处。

根据司法部官网报道,截至2021年底,已有来自22个国家和地区的237家律师事务所在境内设立292家代表机构,其中外国律师事务所驻华代表机构208家,香港律师事务所驻内地代表机构70家,港澳律师事务所与内地律师事务所建立了23家合伙型联营律师事务所,有8家在上海自贸区设立代表处的外国律师事务所与中国律师事务所实行联营。[①] 根据2021年12月23日发布

[①] 《2021年度律师、基层法律服务工作统计分析》,载中国政府法制信息网,http://www.moj.gov.cn/pub/sfbgw/zwxxgk/fdzdgknr/fdzdgknrtjxx/202208/t20220815_461680.html,访问日期:2023年8月29日。

的司法部公告,共有 188 家外所(不含港澳律所)通过了 2020 年度检验。②

大家看看图 1,回想一下课前小调查的前两个问题。在境内,大约 95% 的外所代表处集中在上海和北京,二者分别为中国的经济中心和政治中心。其中,仅上海一地的代表处数量约占六成,且比北京多 50% 左右,这与上海开放的投资环境和发达的外资经济密切相关。2002 年,上海出台全国首个吸引跨国公司设立地区总部的政策,此后便始终是中国境内吸引地区总部和外资研发中心最多外资的城市;据统计,2022 年底,上海累计引进跨国公司地区总部已达到 891 家,研发中心累计达到 531 家。③着外资涌入中国市场,被外资客户信赖且高收费的外所也相应地在其主要客户聚集城市设立代表处。北京靠近权力中心(尤其是指导和审批外商投资的有关部门),拥有发达的金融业和互联网产业,因而外所代表处也相对较多。根据 2021 年 12 月 23 日的司法部公告排名第三的广东省仅有 8 家外所代表处(广州 5 家、深圳 3 家)④,足见外所代表处在京沪的集聚程度之高。所以,如果在座的同学对外所感兴趣,建议做好在北京、上海长期发展的准备。

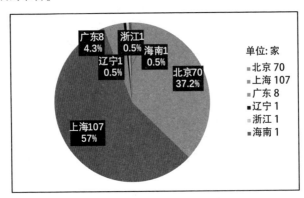

图 1　外所境内地域分布对比

② 《中华人民共和国司法部公告(第 10 号)》,载中国政府法制信息网,http://www.moj.gov.cn/pub/sfbgw/zwxxgk/fdzdgknr/fdzdgknrtzwj/202112/t20211223_444395.html,访问日期:2023 年 8 月 29 日。截至访问日期,未能检索到司法部关于外所的 2021 年度检验或 2022 年度检验结果公告,故下文数据以 2020 年度检验结果为依据。

③ 《2022 年上海市国民经济和社会发展统计公报》,载上海市统计局官网,https://tjj.sh.gov.cn/tjgb/20230317/6bb2cf0811ab41eb8ae397c8f8577e00.html,访问日期:2023 年 8 月 29 日。

④ 继司法部公布关于外所的 2020 年度检验结果后,根据司法部发布的后续公告,深圳新增数家外所代表处,详见下文表 1。

不过,除了京沪,对于想在外所发展的内地背景法律人而言,还有第三种常见选择,便是去香港。香港通常为外所在大中华地区乃至亚太地区的总部,规模及业务范围比内地代表处更胜一筹。虽然香港与内地分属不同法域,香港的法律市场仍在很大程度上依赖内地市场,内地市场中的部分商事合同和商事仲裁也会选择适用香港法,业务往来频繁,且香港的国际化程度较高、薪资更高、税赋较低,吸引了不少中国内地律师谋求职业发展。但这里又需要区分"外所"这一概念在内地和香港的差异。外所在香港设立的并非代表处,而是独立实体。对于起源于香港之外的律所(含内地律所),如果想从事香港法业务,需要先和香港本地所联营三年;目前绝大部分内地概念上的"外所"均已注册成为可执香港法的"香港律师行",少部分外所仍为香港的"注册外地律师行"。两类"外所"的完整名录均可在香港律师会官网查询。⑤

再看一张图,图2。在两百多家在华开设代表处的外所中,超六成来自美国和英国,且大多数声誉排名靠前的美所和英所都设立了在华办公室。其中,美国律所占据了近一半的数量,以排名靠前的"白鞋所"为活跃群体;英国"魔圈所"⑥及其他

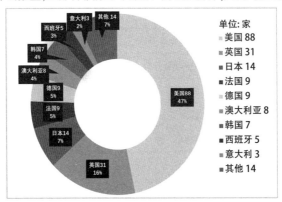

图2 境内的外所国别分布⑦

---

⑤ 《法律界名录》,载香港律师会官网,https://www.hklawsoc.org.hk/zh-CN/Serve-the-Public/The-Law-List,访问日期:2023年8月30日。

⑥ Chambers and Partners, "Magic Circle Law Firms", https://www.chambersstudent.co.uk/law-firms/types-of-law-firm/magic-circle-law-firms, last visited on August 30, 2023.

⑦ 数据根据司法部年检公告统计,详见《中华人民共和国司法部公告(第10号)》,载中国政府法制信息网,http://www.moj.gov.cn/pub/sfbgw/zwxxgk/fdzdgknr/fdzdgknrtzwj/202112/t20211223_444395.html,访问日期:2023年8月30日。

若干家英所的在华表现也引人关注。除了英美律所,欧洲律所、离岸律所等也有不俗表现。在后续的实务交流课中,特邀嘉宾会为大家展开关于美国律所、英国律所、欧洲律所、离岸律所的更深入介绍。

在港京沪之外,极少部分外所也在广州、深圳、大连、烟台、杭州、海口、重庆设立了代表处,且几乎是该所在华的唯一代表处,外所普遍未在澳门开设办公室,见表1。

表1 港京沪之外的外所概览⑧

省份	城市	律所中文名称	律所英文名称
广东	广州	美国康永华律师事务所	Frederick W. Hong Law Offices
		美国刘庆贺律师事务所	Law Offices Of Liu & Associates, P.A.
		英国高林睿阁律师事务所	Gowling WLG LLP
		西班牙纳嘉文律师事务所	Net Craman Abogados Asociados, S.L.
		澳大利亚郑玉桂律师事务所	Gordon Cheng Barristers & Solicitors
	深圳	美国摩根路易斯律师事务所	Morgan, Lewis & Bockius LLP
		美国布林克斯律师事务所	Brinks Gilson & Lione
		美国斐锐律师事务所	Fish & Richardson P.C.
		英国夏礼文律师事务所	Holman Fenwick Willan LLP
		英国懋真律师事务所	Maucher Jenkins

---

⑧ 数据以司法部关于外所的2020年度检验结果公告为基础,结合司法部相关公告予以补充。详见《中华人民共和国司法部公告(第1号)》,载中国政府法制信息网,http://www.moj.gov.cn/pub/sfbgw/zwxxgk/fdzdgknr/fdzdgknrtzwj/202002/t20200220_207889.html,访问日期:2023年8月29日;《司法部关于批准注销美国威凯平和而德等2家外国律师事务所驻华代表处的通知》,载中国政府法制信息网,http://www.moj.gov.cn/pub/sfbgw/zwxxgk/fdzdgknr/fdzdgknrxzxk/202201/t20220106_445879.html,访问日期:2023年8月29日;《中华人民共和国司法部公告(第10号)》,载中国政府法制信息网,http://www.moj.gov.cn/pub/sfbgw/zwxxgk/fdzdgknr/fdzdgknrtzwj/202210/t20221028_466259.html,访问日期:2023年8月29日;《中华人民共和国司法部公告(第7号)》,载中国政府法制信息网,http://www.moj.gov.cn/pub/sfbgw/zwxxgk/fdzdgknr/fdzdgknrtzwj/202306/t20230625_481234.html,访问日期:2023年8月29日。

(续表)

省份	城市	律所中文名称	律所英文名称
辽宁	大连	日本法圆坂律师事务所	Hoenzaka Law Firm
山东	烟台	韩国温大地律师事务所	Onnuri Lawfirm
浙江	杭州	美国欧夏梁律师事务所	Oshaliang
海南	海口	澳大利亚邱氏律师事务所	Mcqiu Lawyers
海南	海口	马来西亚金圻律师事务所	Ricky Tan & Co
重庆	重庆	塞浦路斯艾瑞蒂律师事务所	Areti Charidemou & Associates LLC

此外,根据2021年12月23日发布的司法部公告,共58家香港律师事务所驻内地代表机构通过2020年度检验,其中24家在广东设代表处,17家在上海设代表处,11家在北京设代表处,福建、江苏、山东、浙江、四川、重庆各有一家代表处。[9]

三、外资律所在华业务

接下来我们来回应课前小调查的第三个问题,关于业务的选择。

> **外所的在华业务范围**
>
> 根据国务院《外国律师事务所驻华代表机构管理条例》,在华外所只能从事不包括中国法律事务的下列活动:(1)向当事人提供该外所律师已获准从事律师执业业务的国家法律的咨询,以及有关国际条约、国际惯例的咨询;(2)接受当事人或者中国律所的委托,办理在该外所律师已获准从事律师执业业务的国家的法律事务;(3)代表外国当事人,委托中国律所办理中国法律事务;(4)通过订立合同与中国律所保持长期的委托关系办理法律事务;(5)提供有关中国法律环境影响的信息,但不得就中国法律的适用提供具体意见或判断。在华外所不得聘用中国执业律师;聘用的辅助人员不得为当事人提供法律服务。

---

[9] 《中华人民共和国司法部公告(第11号)》,载中国政府法制信息网,http://www.moj.gov.cn/pub/sfbgw/zwxxgk/fdzdgknr/fdzdgknrtzwj/202112/t20211223_444396.html,访问日期:2023年8月29日。截至访问日期,未能检索到司法部关于香港律所的2021年度检验或2022年度检验结果公告,故此处数据以2020年度检验结果为准。

> 受限于上述条例及《司法部规定》，外所被禁止：(1)以律师身份在中国境内参与诉讼活动；(2)就合同、协议、章程或其他书面文件中适用中国法律的具体问题提供意见或证明；(3)就适用中国法律的行为或事件提供意见和证明；(4)在仲裁活动中，以代理人身份对中国法律的适用发表代理意见；(5)代表委托人向中国政府机关或其他法律法规授权的具有行政管理职能的组织办理登记、变更、申请、备案手续以及其他手续。

对争议解决业务感兴趣的同学可以重点留意上述外所的在华业务范围。严格来讲，上述规定并未禁止外所代理在华国际仲裁，也不禁止外所代理涉及适用中国法律的仲裁案件；在香港，符合资质的外所也可代理香港诉讼。因此，实践中，在华外所往往将其执业重心置于非诉业务，少数仍从事争议解决业务；外所在提供有关中国法律环境影响的信息时，通常会标注免责声明，表明其不具有从事中国法律服务的资格、执照或能力，且其雇员不能作为中国律师执业。针对这一点，建议想以中国法为业的同学慎重考虑，哪怕外所有机会使你在毕业五年内实现百万年薪。关于待遇的问题，后续的实务交流课会予以介绍。

关于外所的业务范围和各自的优势业务，个人评价的主观色彩比较强，因此我建议大家横向结合每年更新的各公开评级榜单，同时结合内部人士的体验，予以综合评判，详情可见表2。目前，较受业内认可的法律评级机构主要包括：钱伯斯（Chambers and Partners）、汤森路透旗下的亚洲法律杂志（Asian Legal Business，简称 ALB）、法律500强（The Legal 500）、国际金融法律评论（International Financial Law Review，简称 IFLR）、中国法律商务（China Law & Practice）、商法（China Business Law）、国际仲裁评论（Global Arbitration Review，简称 GAR）、投中集团、清科集团等。但是，榜单毕竟带有商业成分，务必兼听则明。

表2 大中华区各业务领域的第一梯队外所[10]

业务领域	律所简称
航空金融	贝克·麦坚时、高伟绅、孖士打
银行与金融	安理、高伟绅、年利达、伟凯

---

[10] Chambers and Partners, "Asia-Pacific Guide-China", https://chambers.com/legal-guide/greater-china-region-116/download, last visited on May 30, 2022.

(续表)

业务领域	律所简称
银行与金融(杠杆与收购融资)	高伟绅、凯易、年利达、伟凯
资本市场(债券)	安理、高伟绅、年利达
资本市场(衍生品和结构性融资)	安理、年利达
资本市场(股权)	高伟绅、达维、富而德、世达
资本市场(高收益产品)	达维、谢尔曼·思特灵、盛德
资本市场(证券化)	年利达
竞争法/反垄断	安理、高伟绅、富而德、年利达
建筑工程	Bryan Cave Leighton Paisner、金杜、孖士打、品诚梅森
公司调查/反腐败	吉布森、史密夫·斐尔、世强
公司并购(精英所)	高伟绅、富而德、世达
公司并购(高度好评所)	史密夫·斐尔、诺顿罗氏、美迈斯、普衡、盛德、礼德、谢尔曼·思特灵
公司并购(香港律所)	的近
争议解决(仲裁)	史密夫·斐尔
争议解决(香港诉讼)	史密夫·斐尔
劳动法(香港法)	孖士打、西盟斯
劳动法(内地法)	贝克·麦坚时
能源与自然资源	史密夫·斐尔
婚姻家事	何韦律师行、卫达仕
金融服务	高伟绅、富而德
保险法(争议性事务)	其礼、肯尼狄、孖士打、Reynolds Porter Chamberlain
保险法(非争议性事务)	贝克·麦坚时
知识产权	贝克·麦坚时、鸿鹄、的近
国际贸易/世贸	世强、伟凯
投资基金(对冲基金)	高伟绅、盛德
投资基金(私募股权)	德普、吉布森、凯易
投资基金(注册基金)	的近、西盟斯

(续表)

业务领域	律所简称
生命科学	科文顿·柏灵、瑞格、盛德
私募股权(收购与风险投资)	凯易、宝维斯
项目与基础设施	安理、高伟绅、年利达
房地产	贝克·麦坚时、孖士打
破产重组	高伟绅、凯易
海商海事(船舶融资)	罗夏信、华盛
海商海事(诉讼)	夏礼文
税务(香港法)	贝克·麦坚时
税务(内地法)	贝克·麦坚时
通信媒体(TMT)	鸿鹄、霍金路伟、欧华、美富

如果大家对外所的简称足够熟悉,则不难看出,在各业务领域中,英美律所的在华表现相对强势。但是,英美律所之外,其他国别的若干外所也有不俗表现。例如,可以横向综合参考钱伯斯亚太中国区指南、法律 500 强[11]、IFLR 1000[12]、中国法律商务[13]的中国区榜单的数据。

表3 除英美律所之外的在华活跃外所

业务领域	律所简称
公司并购	澳大利亚亚司特、澳大利亚铭德、法国基德、德国 CMS 德和信、西班牙顾博、西班牙嘉理盖思、香港孖士打、香港的近、英国安睿顺德伦、西班牙乌雷亚梅内德、日本西村朝日法律事务所、德国泰乐信
银行与金融	澳大利亚亚司特、香港的近、香港孖士打、香港西盟斯
资本市场	澳大利亚亚司特、香港孖士打、香港的近

---

[11] 以"法律 500 强"官网(https://www.legal500.com/c/china/)截至 2022 年 4 月 11 日的数据为准。

[12] 以"IFLR 1000"官网(https://www.iflr1000.com/Jurisdiction/China/Rankings/110#rankings)截至 2022 年 4 月 11 日的数据为准。

[13] China Law & Practice, "2021 Winners", https://www.event.law.com/legalweek-china-law-practice-awards/2021-winners, last visited on May 30, 2022.

(续表)

业务领域	律所简称
金融服务	澳大利亚亚司特、澳大利亚铭德、香港的近、香港孖士打
投资基金	香港西盟斯、香港的近、香港孖士打
金融科技	澳大利亚亚司特、香港罗夏信
通信媒体	澳大利亚亚司特、德国 CMS 德和信、香港孖士打、香港鸿鹄、香港的近
知识产权	香港鸿鹄、香港的近、香港孖士打、香港西盟斯、香港高露云、德国 CMS 德和信、思普知识产权代理有限公司
生命科学	德国 CMS 德和信、香港鸿鹄
监管/合规	澳大利亚亚司特、德国 CMS 德和信
争议解决	香港高嘉力、香港西盟斯、澳大利亚铭德、德国 CMS 德和信、香港孖士打、香港的近、香港西盟斯、英国安睿顺德伦、香港泰德威、香港何敦·麦全理·鲍富
竞争法/反垄断	法国基德、德国 CMS 德和信、英国安睿顺德伦
房地产与建筑工程	香港孖士打、香港的近、德国 CMS 德和信、俄罗斯 Bryan Cave Leighton Paisner、香港胡关李罗
项目与能源	香港孖士打、澳大利亚亚司特、法国基德、香港其礼
劳动法	香港西盟斯、香港鸿鹄、香港的近、德国 CMS 德和信
税法	法国基德、西班牙嘉理盖思
保险法	英国安睿顺德伦、香港其礼、香港孖士打、香港的近
海商海事	挪威威宝、德国 CMS 德和信、香港其礼、香港罗夏信、香港孖士打、香港希德
项目与基础设施	澳大利亚亚司特
破产重组	香港孖士打、香港罗夏信、英国安睿顺德伦
数据保护	香港鸿鹄、香港西盟斯、德国 CMS 德和信

与内资律所相比,外资律所的差异化在于:(1)外资律所通常历史更悠久,部分律所已执业近300年,具有良好的国际声誉,深受国际客户的信赖,在人员、资源、经验、软硬件设施等方面,都比内资律所更具优势;(2)在跨境交易中更常适用英美法系的法律(含香港法),外资律所在全球遍布办公室,便于在跨境交易中提供不同法域的服务;(3)外资律所通常以英文为工作语言,还可提供多语种法律服务(包括中文及其他客户母语服务)。

四、外资律所的联营与退出

近年来,外资律所的本地化趋势与中国律所的国际化趋势相交汇,在政策的鼓励下,联营律所有可能成为外资律所的新发展方向。2014年11月,上海市司法局公布《中国(上海)自由贸易试验区中外律师事务所互派律师担任法律顾问的实施办法》和《中国(上海)自由贸易试验区中外律师事务所联营的实施办法》,启动中外律所联营试点。根据上述实施办法,一家内所或外所只能与一家外所或内所建立互派或者联营关系,且不得再与第三方建立联营或者互派合作关系。联营期间,内所和外所的法律地位、名称和财务各自保持独立,各自拥有各自的意见签字权,各自独立承担民事责任;并且,因为不是独立的法律实体,无法拥有独立的账户进行日常的财务运营。

联营期间,境内律师和境外律师可以境内或境外法律顾问的名义,在被派驻方的办公场所内,向客户提供涉及境内及境外法律适用的咨询服务和相关代理服务,以分工协作方式与被派驻单位合作办理跨境或国际法律事务。同时,在联营合作机制下,内所与外所可以共同接受当事人的委托或者其他律师事务所的委托,在各自获准从事律师执业业务范围内,办理中、外法律事务,或者合作办理跨境和国际法律事务。但该等规定不意味着向外所开放中国境内法律事务。截至2023年8月,已有8家外所与内所在上海自贸区内进行了联营,见表4。[14]

表4 中外联营律所概览(截至2023年8月)

成立年份(年)	联营律所	联营地点
2015	奋迅-贝克麦坚时	上海
2016	瀛泰-夏礼文	上海
2016	信实-霍金路伟	上海
2018	观韬中茂-亚司特	上海

---

[14] 《浦东新区司法局2022年度法治政府建设情况报告》,载上海市浦东新区人民政府官网,https://www.pudong.gov.cn/zwgk/zwgk_zfxxgkml_atc_bg/2023/88/308539.html,访问日期:2023年8月30日;《律所联营,走了多远?》,载微信公众号"智合",https://mp.weixin.qq.com/s/zh3eA2l6BkhG6LOkoo1K1A,访问日期:2023年8月30日;《日本安德森毛利友常律师事务所与上海里格律师事务所在上海自贸区成立联营所》,载搜狐网,https://www.sohu.com/a/459241555_120060827,访问日期:2023年8月30日。

(续表)

成立年份(年)	联营律所	联营地点
2018	昭胜-年利达	上海
2019	科伟-史密夫斐尔	上海
2020	朗悦-安理	上海
2021	里格-安德森毛利友常	上海

在中外联营律所的探索之路上,海南、广东亦是先行者。2019年10—11月,海南省先后出台了《海南省中外律师事务所联营实施办法》及《海南省中外律师事务所互派律师担任法律顾问实施办法》,成为第二个推动中外律所联营的内地省份。2023年2月13日,广东省司法厅印发《关于在前海深港现代服务业合作区开展中外律师事务所联营试点实施办法》,允许深圳前海开展中外律所联营试点,其中要求申请联营的外国律所"已在广东省设立代表机构满3年,或者已在其他省、自治区、直辖市设立代表机构满3年且已在广东省设立代表机构"。

此外,内地与港澳联营律所的数量亦蓬勃增长。2003年,中央政府与香港特区政府签署了《内地与香港关于建立更紧密经贸关系的安排》(CEPA),开放了法律服务市场的准入;同年,司法部颁布了《香港特别行政区和澳门特别行政区律师事务所与内地律师事务所联营管理办法》。2014年8月,广东省司法厅发布了《关于香港特别行政区和澳门特别行政区律师事务所与内地律师事务所在广东省实行合伙联营的试行办法》,与上海自贸区的模式大同小异;在广东,联营律师事务所可采用特殊的普通合伙制形式设立,并可以联营律师事务所的名义对外提供法律服务,承担法律责任。2019年1月,司法部《关于扩大内地律师事务所与港澳律师事务所合伙联营地域范围的通知》发布施行,内地与港澳合伙型联营律师事务所的模式有望在未来拓展至全国,见表5。

表5 内地与港澳联营律所概览[15]

序号	成立年份(年)	联营律所	联营地点
1	2014	华商林李黎(前海)联营律师事务所	广东深圳
2	2014	诚公冯黄伍林(前海)联营律师事务所	广东深圳
3	2015	人和启邦显邦(横琴)联营律师事务所	广东珠海

[15] 以全国律师执业诚信信息公示平台截至2023年8月30日的数据为准。

(续表)

序号	成立年份(年)	联营律所	联营地点
4	2015	锦天城史蒂文生黄(前海)联营律师事务所	广东深圳
5	2015	中伦文德胡百全(前海)联营律师事务所	广东深圳
6	2016	中银-力图-方氏(横琴)联营律师事务所	广东珠海
7	2016	德和衡(前海)联营律师事务所	广东深圳
8	2017	嘉源萧一峰(广州)联营律师事务所	广东广州
9	2019	华商林李黎(前海·广州)联营律师事务所	广东广州
10	2019	华商萧一峰(海口)联营律师事务所	海南海口
11	2020	惠海龙杨(三亚)联营律师事务所	海南三亚
12	2020	金桥司徒邝(南沙)联营律师事务所	广东广州
13	2020	泰华商恒(青岛)联营律师事务所	山东青岛
14	2020	华商林李黎(前海·坪山)联营律师事务所	广东深圳
15	2020	星啸-赵·司徒·郑(东莞)联营律师事务所	广东东莞
16	2020	永嘉信周启邦(西咸)联营律师事务所	陕西西咸
17	2021	中银-力图-方氏(横琴·深圳)联营律师事务所	广东深圳
18	2021	瀛启启邦显辉(岳阳)联营律师事务所	湖南岳阳
19	2021	金鹏家裔(横琴)联营律师事务所	广东珠海
20	2021	德恒永恒(横琴)联营律师事务所	广东珠海
21	2021	瀛启启邦显辉(长沙)联营律师事务所	湖南长沙
22	2022	泰恒程源(烟台)联营律师事务所	山东烟台
23	2022	金杜(横琴)联营律师事务所	广东珠海
24	2022	国曜琴岛麦家荣(青岛)联营律师事务所	山东青岛
25	2022	宏安信陈(广州)联营律师事务所	广东广州
26	2023	京师浩然(前海)联营律师事务所	广东深圳
27	2023	众成清泰麦家荣冯杜(济南)联营律师事务所	山东济南
28	2023	华商希仕廷(福田)联营律师事务所	广东深圳
29	2023	盈科郑黄(福田)联营律师事务所	广东深圳
30	2023	国智君联(南沙)联营律师事务所	广东广州

与联营趋势相呼应,外所中亦不乏选择全面退出中国市场者。自2015年起至

2023年8月,已有超过55家外所代表处陆续被司法部批准注销。究其原因,大致在于:(1)受限于中国法律法规,外所难以在中国法领域施展拳脚,可从事的中国业务被极度压缩;(2)由于证照、晋升、税务等因素,具备外所经验的人才陆续向内所回流,外所在法律服务质量上面临来自内所日益严峻的挑战;(3)受限于总部政策,外所的定价偏高,而内所更具有价格优势和灵活性;(4)部分外所的本地化略逊,依赖外国人士进行管理,在业务开展中与客户的沟通存在文化、语言等隔阂等。

鉴于外所在华发展的两极化越来越明显,个人建议,同学们在择业时,在外所中优先考虑本地化较好、声誉和业务水平相对领先者,谋求长远的职业发展。

小 D 速记

按照业内俗称,外国律师事务所驻华代表机构(含香港、澳门律师事务所驻内地代表机构)及其境外关联主体统称为"外资律所"或"外所"。

境内大约95%的外所代表处集中在上海和北京,超六成来自美国和英国;香港通常为外所在大中华地区乃至亚太地区的总部。

极少部分外所在广州、深圳、大连、烟台、杭州、海口、重庆设立了代表处,且几乎是该所在华的唯一代表处,规模小;外所普遍未在澳门开设办公室。

在华外所可以提供有关中国法律环境影响的信息,但通常会标注免责声明,表明其不具有从事中国法律服务的资格、执照或能力,且其雇员不能作为中国律师执业。

在华外所往往将其执业重心置于非诉业务,少数仍从事争议解决业务。

关于外所各自的优势业务,建议结合每年更新的各公开评级榜单以及内部人士的体验,予以综合评判,兼听则明。

在联营合作机制下,内所与外所可以共同接受当事人或其他律所的委托,在各自获准执业范围内,办理中、外法律事务,或者合作办理跨境和国际法律事务。

近年外所中不乏选择全面退出中国市场者,外所在华发展的两极化越来越明显;建议在外所中优先考虑本地化较好、声誉和业务水平相对领先者。

外资律所之进入与发展路径*

"上节课我们介绍了外资律所在华的地点与业务,有没有同学把去外所工作列入了未来的职业规划呢?"魔法师望向台下的同学们,只见阶梯教室里有不少同学窸窸窣窣地举起了手。

"看来外所对大家确实很有吸引力啊,那么有同学了解过具体要怎样才能在外所中谋得一席之地吗?"

同学们陷入沉默。小 D 小声嘟囔道:"老师,外所的官网看起来太高大上了,其他科普渠道也少,我们做律师的师兄师姐们又大部分都在内所,实在是了解无门啊……"

"我理解大家的困惑,"魔法师微笑着说,"那么今天的课程你们一定很感兴趣:外资律所在华的招聘和晋升路径。"

一、外资律所的进入路径

经过上节课的讲解,我们了解到,外资律所①正式进入中国内地市场已近三十载。其在不断发展壮大中国法律业务的同时,也逐渐摸索发展出一套适应市场环境的人才招揽和培养模式。尽管如此,鉴于各外资律所的"基因"、传统、理念和业务模式存在差异,其本土化的方式和深度也不尽相同。在当下快速变化迭代的市场环境下,我们也愈来愈多地看到外资律所各出奇招吸引和维系高质量的团队。因此,本节课仅与各位同学探讨目前比较常见和成熟的外资律所在华②招聘和晋升

---

* 本部分公益导师:应宗国,美国哈佛大学、北京大学法学硕士,对外经济贸易大学法学学士,现任高瓴投资法律顾问,曾在英国高伟绅律师事务所和美国吉布森律师事务所担任律师。

志愿者:王心诚,中国政法大学法学实验班法律硕士、法学学士,曾作为国家公派留学生赴新西兰奥克兰大学法学院交流学习,曾于最高人民法院、方达律师事务所实习。

① 本文中"外资律所"系泛指总部设立于境外的律师事务所及其联营机构,而非特指美国、英国或国际律所。同理,总部设立于中国内地的律师事务所,尽管其通过联营、兼并或合作等模式已发展全球网络或业务,在此亦不视为外资律所。

② 考虑到中国内地(大陆)市场与中国港澳台市场存在诸多差异,本文不涉及外资律所在港澳台市场的招聘和晋升。外资律所在港澳台市场的招聘和晋升途径各有自己的特别安排,此不赘述。

路径,供大家作初步了解。

一般而言,外资律所吸纳新成员的途径无非两种:一种系应届生招聘,即通过校招、公开招聘和推荐等方式从应届毕业生中筛选优秀候选人作为培养对象加入团队,并逐渐培养为中、高级律师。通常英国律所③会把培养对象称为实习律师(Trainee),而在美国律所则可能是法律助理(Legal Assistant)、法律顾问(Legal Consultant)、法律经理(Legal Manager)、律师助理(Paralegal)等;另一种系非应届生招聘,则是通过猎头、公开招聘或推荐等方式从其他律所或单位招揽已具有一定工作经验的律师或其他法律工作者,俗称"横向工作变动"(Lateral Transfer)。

两种进入路径并无绝对优劣之分,但对于候选人的要求和观察角度确有不同,这一点会在之后展开来讲。需要注意的是,有些外资律所由于传统观念或其他因素对于"出身"还是比较看重的,例如,Vault 排名前十的美国律所很少从中资律所或非顶尖英国律所直接招聘律师,而更偏好于从同一等级的其他美国律所招揽人才④。又如,坊间传闻顶级律所 Cravath, Swaine & Moore 基本不接收从其他律所跳槽过来的律师,更倾向于精心培养自己严格挑选出来的"自产"(home-grown)律师。因此,个人建议同学们在选择自己职业生涯的第一份工作时,可根据自己的长期职业规划和偏好作通盘考虑。

(一)应届生招聘

1. 宣讲活动

对于第一种进入路径即应届生招聘而言,不少外资律所会定期开展针对中国法学院学生或其他适格学生的各类宣讲活动,例如校园宣讲会、交流讲座、职场开放日、律所参观等活动。这些活动往往有负责招聘的合伙人律师或人事主管出席,除更直接和高效地认识和了解一家律所外,这种活动也提供了与未来面试官直接交流的机会。随着近年来外资律所对于顶级法学院优秀毕业生的"争夺"愈加激烈,为抢占先机,宣讲活动也不断由"宣传性"升级为各家律所初

---

③ 并非所有英国律所都在中国采用 Traineeship 或类似制度。实际上,很多英国律所其实也设置诸如 Legal Assistant、Legal Manager、Legal Consultant 或 Paralegal 的职位。需要注意的是,个别律所对于不同职位的晋升途径可能有不同的规划,因此候选人应作具体了解。

④ 需要说明的是,这里很大一部分原因也在于中资律所和英国律所的执业法律和业务重点与美国律所并不一样,存在转换成本,而非仅仅因为顶尖美国律所认为其团队成员普遍比其他律所出色。

步筛选人才的重要方式。有的宣讲活动实质上也融入了招聘的环节,例如英国高伟绅律师事务所(Clifford Chance)的职场开放日活动和美国普衡律师事务所(Paul Hastings)的校园宣讲会活动,在介绍律所业务和分享职业发展规划经验外,亦提供现场面试实习岗位的机会。部分外资律所宣讲活动名录见表1。

表 1 部分外资律所宣讲活动名录⑤

律所中文名称	律所英文名称	宣讲活动
英国高伟绅律师事务所	Clifford Chance	职场开放日⑥
英国年利达律师事务所	Linklaters	空中宣讲会、线上开放日⑦ 校园宣讲会⑧
英国富而德律师事务所	Freshfields Bruckhaus Deringer	职场开放日⑨
美国普衡律师事务所	Paul Hastings	校园宣讲会⑩
美国众达律师事务所	Jones Day	北大日⑪

---

⑤ 各外资律所宣讲活动各年度存在变化,每年度具体信息可在各外资所官网、微信公众号或各高校就业信息网站上查阅获得。

⑥ 《2021年高伟绅北京上海办公室"职场开放日"回顾》,载微信公众号"高伟绅律师事务所",https://mp.weixin.qq.com/s/QSyEppWi7h4POPk8Lm_Gtw,访问日期:2023年8月15日。

⑦ 活动内容可参考年利达空中宣讲会简介,参见《年利达校招空中宣讲会——今晚七点不见不散》,载微信公众号"年利达律师事务所",https://mp.weixin.99.com/s/2-UvTflWHC-8079BZNR-A,访问日期:2023年8月15日;年利达线上开放日简介,参见《年利达校园招聘——线上开放日》,载微信公众号"年利达律师事务所",https://mp.weixin.99.com/s/854wkzuXVfCHorjLzH5yZA,访问日期:2023年8月15日。

⑧ 以2019年为例,年利达在北京、上海多所高校开展了校园招聘宣讲会,包括北京大学、中国政法大学、复旦大学、华东政法大学等。参见《年利达律师事务所2019校园宣讲会》,载微信公众号"年利达律师事务所",https://mp.weixin.qq.com/s/_pIE0WbU2kzqBcNJQWnruA,访问日期:2023年8月15日。

⑨ 《精彩活动 | 富而德在北京、上海举办2019职场开放日活动》,载微信公众号"富而德律师事务所",https://mp.weixin.qq.com/s/4egaE90MlmaV8qdKS1Gqdw,访问日期:2023年8月15日。

⑩ 活动内容可参考2019年普衡在中国人民大学举办的校园招聘宣讲会。参见《美国普衡律师事务所2020年校园宣讲会顺利举办》,载中国人民大学法学实验实践教学中心官网,http://www.law.ruc.edu.cn/lab/showarticle.asp?55468.html,访问日期:2023年8月15日。

⑪ 活动内容可参考2019年众达在北京大学举办的"北大日"。参见《美国众达律师事务所"北大日"活动成功举行》,载北京大学法学院官网,http://www.law.pku.edu.cn/xwzx/xwdt/101051.htm,访问日期:2023年8月15日。

2. 实习项目

一般而言,外资律所针对中国背景学生都有设置相应的实习项目或实习计划,例如不少英国律所面向内地学生设置了校园招聘项目。这些项目不仅提供了绝好的实习机会,而且律所一般倾向于从实习项目的表现优异者中录用初级律师。此外,丰富的外所实习经历也能从侧面证明候选人了解和适应外资律所的工作氛围及强度,亦是简历上浓墨重彩的一笔。部分外资律所实习项目名录见表 2。

表 2　部分外资律所实习项目名录

律所中文名称	律所英文名称	实习项目
英国年利达律师事务所	Linklaters	Mainland China Elite Internship Programme The China-London Training Contract⑫
英国富而德律师事务所	Freshfields Bruckhaus Deringer	Legal Consultants⑬
英国安理国际律师事务所	Allen & Overy	Internship Programme⑭
美国达维律师事务所	Davis Polk & Wardwell	PRC Legal Consultant
美国众达律师事务所	Jones Day	Interns and Summer Associates⑮

3. 活动竞赛

不完全了解,外资律所每年吸收的新成员中有相当一部分是来自各大模拟法庭竞赛、辩论赛或其他顶尖竞赛的表现优异者。

一方面,这些比赛的选手通常英文水平和综合能力突出,早期进入外资律所的中国法学生往往来自这一群体,而当他们成长为中高级律师后自然对于拥

---

⑫ Linklaters, "Our opportunities", https://careers.linklaters.com/zh-cn/early-careers/our-opportunities, last visited on August 15, 2023.

⑬ Freshfields, "Legal Consultants", https://ssl.freshfields.com/chinagraduates/legal-consultants.html, last visited on August 15, 2023.

⑭ Allen & Overy, "Students and graduates in Beijing and Shanghai", https://www.allenovery.com/en-gb/global/careers/china/students-and-graduates-in-beijing-and-shanghai#Learn%20more, last visited on August 15, 2023.

⑮ Jones Day, "Interns and Summer Associates", https://www.jonesday.com/en/careers/locations/china?tab=opportunities, last visited on August 15, 2023.

有类似经历的候选人更有好感。另一方面,候选人在这些比赛中锻炼出来的技能(包括写作和表达)可以很快转化并应用在工作中,也是颇受律所青睐的优势。以杰赛普模拟法庭为例,国内赛个人获最佳辩手(Best Oralist)前 5 名的选手过往可能获得赛事赞助商美国伟凯律师事务所(White & Case)的实习机会,且不少外资律所(Clifford Chance、Freshfields 等)会主动联络表现优异者参加实习面试。部分模拟法庭竞赛名录表见 3。

表 3　部分模拟法庭竞赛名录

竞赛中文名称	竞赛英文名称
杰赛普国际法模拟法庭	Philip C. Jessup International Law Moot Court Competition[16]
威廉维斯国际模拟商事仲裁竞赛	Willem C. Vis International Commercial Arbitration Moot Competition[17]
国际刑事法院模拟审判竞赛	International Criminal Court Moot Court Competition[18]
红十字国际人道法模拟法庭竞赛	Red Cross International Humanitarian Law Moot Court Competition[19]
ELSA-WTO 模拟法庭竞赛	ELSA Moot Court Competition on WTO Law[20]
国际投资模拟仲裁庭竞赛	Foreign Direct Investment International Arbitration Moot[21]
普莱斯传媒法模拟法庭竞赛	Monroe E. Price Media Law Moot Court Competition[22]

4. 奖学金项目

颇受追捧的外资律所奖学金项目也是打开求职大门的一块敲门砖,获奖者不但有机会在颁奖律所实习,而且也能结识更多同等优秀的同侪,一举两得。值得指出的是,不少外所奖学金的评选标准会或多或少纳入其招聘律师的要

---

[16]　Jessup, https://ilsa.org/, last visited on August 15, 2023.
[17]　Vis Moot, https://vismoot.org/, last visited on August 15, 2023.
[18]　ICCMCC, http://iccmoot.com/, last visited on August 15, 2023.
[19]　IHL Moot, https://icrc.org/zh/what-we-do/building-respect-ihl/moot-court-competition, last visited on August 15, 2023.
[20]　Elsa Moot, https://wto.org/english/tratop_e/dispu_e/emc2_maps_e.htm, last visited on August 15, 2023.
[21]　FDI Moot, https://fdimoot.org/, last visited on August 15, 2023.
[22]　Price Moot, https://law.ox.ac.uk/centres-institutes/bonavero-institute-human-rights/monroe-e-price-media-law-moot-court-competition, last visited on August 15, 2023.

求,因此这也要求申请人提前根据其特点做好准备、做到有的放矢。个别奖学金会不时组织获奖者的聚会活动,例如美国美迈斯律师事务所(O'Melveny & Myers)每年均会邀请历届获奖者参加当年颁奖典礼,这也是拓展社交网络的途径之一。部分外资律所奖学金项目名录见表4。

表4 部分外资律所奖学金项目名录㉓

律所中文名称	律所英文名称	奖学金项目
英国年利达律师事务所	Linklaters	年利达奖学金
美国贝克·麦坚时国际律师事务所	Baker McKenzie	贝克·麦坚时-奋迅联合奖学金
美国众达律师事务所	Jones Day	众达国际法律奖学金
美国美迈斯律师事务所	O'Melveny & Myers	美迈斯法学奖学金
美国科文顿·柏灵律师事务所	Covington & Burling	科文顿·柏灵奖学金
英国史密夫斐尔律师事务所	Herbert Smith Freehills	史密夫斐尔中国奖学金计划
英国欧华律师事务所	DLA Piper	欧华助学金

5. 推荐/自荐

若有朋友或校友在某一家心仪的外资律所任职,视乎该律所的内部政策,也可通过内部举荐的方式争取面试机会和职位。这种方式的好处在于候选人可有多一个提供积极反馈的渠道,也便于及时跟进面试结果。若成功录取,推荐人亦可能获得奖励。当然,若无熟稔的"内部人士",许多人也会选择联系合伙人或律师毛遂自荐以争取机会,在控制好"度"的前提下,这都是可考虑的方式。

此外,再向各位同学简要介绍一下教育背景和资质对于进入外资律所的影响。对于大部分外资律所,由于历史传统等因素,目前仍比较倾向于在北京和上海的第一梯队法学院校中招收应届毕业生。其他大城市(例如广州、武汉、重庆等)的顶级法学院校在地缘和信息资源上难免吃亏,但随着部分律所的本土化策略推进,这种情况也在逐渐好转。因此,建议感兴趣的同学们积极关注外资律所的招聘活动和增加自己的曝光度。

对于有志进入顶级美国律所的法学生,则应特别注意出国攻读美国法学院

㉓ 各外资律所奖学金多仅限北京、上海地区高校学生参评,详见本书第二部分。

的规划和时间。首先,Vault 排名前十的美国律所通常有着极高的招聘要求。例如,美国盛信律师事务所(Simpson Thacher & Bartlett)目前在国内基本只招收拥有 JD 学位的律师(Associate)。其次,若选择攻读 LLM 而非 JD 学位,可能面临需要更多时间取得 Associate 职位的困境。例如,美国达维律师事务所(Davis Polk & Wardwell)通常需要其法律助理在取得 LLM 学位后再工作 2 年(或工作时间累计达 5 年)后才考虑晋升为 Associate。鉴于此,各位同学需要结合个人执业偏好、时间成本、资金压力、业务领域等方面尽早做好长期规划和行动方案。

(二)非应届生招聘

1. 猎头

如果各位同学在工作几年之后萌生了转向外资律所的想法,那么,不同于以上介绍的应届生招聘方式,针对已有工作经验的候选人,通过猎头寻找和匹配适合的工作机会和团队应是常见和高效的方式。目前市场上有不少专注于外资律所在华办公室的猎头团队,他们通常长期与这些外资律所保持紧密的沟通,并且非常熟悉其招聘要求和口味。通过与一家或几家活跃的猎头团队沟通可以迅速了解和把握目前最新的市场动态(例如各律所团队的业务重点、文化氛围、薪酬结构、晋升路径等),并获得定期更新的资讯。

值得指出的是,在接触猎头时,候选人亦应从效率(例如某猎头团队与特定律所的关系比较紧密)和避免冲突(例如多家猎头同时向同一家律所代为投递简历)的角度考虑,是选择单线与一家猎头合作还是同时与多家合作。此外,与应届生求职所不同的是,海投策略在大部分情况下可能并不是明智的选择;个别律所的招聘系统会自动筛除过往一段时间(例如 6 个月)内曾经投递简历但未予录用的候选人,因此在短时间内大量投递简历可能会成为未来更合适机会出现时再次申请的障碍。最后,考虑到外资律所职位的稀缺性和不确定性(例如团队成员离职导致的空缺或某个业务领域爆发性增长带来的人力需求),建议大家应保持对市场发展和机会的常态化、长期性的关注,而不是"临渴而掘井"。

2. 推荐/自荐

近十年来,随着细分格局的逐渐成熟,在同一业务领域内,通过项目或合作认识的朋友介绍或推荐的方式从中资律所转至外资律所的情况愈来愈多。据我所知,个别外资律所的合伙人也会特别关注项目上表现出色的律师,物色合适的团队人选。因此,也特别建议同学们在日后的工作中多关注合作或对家外资律所的情况,未雨绸缪。

3. 其他

除以上两种常见路径外,也存在很多其他方式从法律或非法律岗位进入外资律所,例如从客户对口法律岗位转至外资律所、从政府机关进入外资律所特定业务团队等。但由于这些方式均存在一定的特殊性,因此本节课不再赘述。

最后,再和各位同学简单谈谈转至外资律所的时间点问题,这里我们主要关注从中国律所转至美国律所、从中国律所转至英国律所以及从英国律所转至美国律所三种较普遍的情况。

针对从中国律所转至美国律所的情况,一般而言,执业 1~5 年的初中级律师会比较合适。一方面,美国律所在对中国律师进行横向招聘时普遍会折减执业经验(常见的是减 1~2 年),这对收入有一定的影响;另一方面,资深律师在团队中担当中坚力量,需要对业务和工作方式都比较熟悉,因此律所也倾向于在自己培养的或同级别其他美国律所的律师中选择。此外,若同学们希望取得律师的职称,个人建议尽早取得美国执业执照(对于国际学生,通常是纽约州或加州),目前中国市场上的顶级美国律所大多会参考准许执业(Bar Admission)的时间确认执业年限。

与此相反,从中国律所转至英国律所则没有太多时间点上的限制。在这种情况下,更多看重的是业务和能力的契合度。这主要是因为英国律所的"国际化"[24]通常较为成熟,不少英国律所允许律师以本地律师执业执照取得 Associate 或其他更高级别的职称,且在年资认定上较为灵活。

从英国律所转至美国律所则同样存在时间点的问题。不过,高年级律师在业务契合度高的情况下转所成功率还是比较高的,只是需要在级别认定和职称的谈判上下些功夫。

二、外资律所的执业方向

若同学们将来进入外资律所,面临的第一个选择往往是执业方向。在中国内地市场上,外资律所通常都会设有公司与并购、资本市场、融资业务。其

---

[24] 此处"国际化"系指在海外市场设立办公室和建立匹配当地市场的人才制度。一般来说,英国的顶级律所[例如 Magic Circle(魔圈)"和"Silver Circle(银圈)",其中 Slaughter and May(司力达律师事务所)除外]相较于美国的顶级律所(部分国际性律所除外,例如 Baker Mckenzie)更愿意拓展海外市场,并采取本土化策略。

中,英国律所提供的业务覆盖面一般较美国律所全面,通常也会设有反垄断、争议解决、监管合规、投资基金等业务部门[25]。根据其客户需求和发展战略的不同,美国顶尖律所则仅倾向于发展盈利能力最高的业务,而个别美国律所选择在特定业务领域精耕,例如英国霍金路伟国际律师事务所(Hogan Lovells)[26]的知识产权业务和美国瑞格律师事务所(Ropes & Gray)的生命科学业务。尽管如此,大部分外资律所在华办公室均有一个以上的业务团队,且均会在日常业务中"共用"初级律师。因此,随着执业年份的增长,总会遇到"专精"技能点选择的问题。

针对英国律所,值得一提的是其实习律师(Trainee)制度[27]。"Trainee"来源于英国律师学徒制的文化传统,法律新人需以实习律师(Trainee Solicitor)身份就业两年,并获得律师公会(Law Society)认可,成为一名合格的事务律师(Solicitor)。该制度舶来中国后,即演变为应届生或工作经验有限的求职者将先签署一份两年的实习合同(Trainee Contract)[28],并在两年内在不同的业务部门轮岗工作,最后找到一个最为合适的领域定岗为律师。例如,在英国高伟绅律师事务所(Clifford Chance)的中国办公室,Trainee 最多可选择在四个不同业务部门轮岗,每次轮岗时长为 6 个月,从而得以充分了解和接触该领域的工作(当然也有很多 Trainee 会选择在喜欢的业务部门轮岗多次)。因此,法律新人得以有一个两年的探索期。但在定岗某一业务部门后,律师通常就会专精这个领域的业务,有着比较明确的分工。

在美国律所里,比较常见的则是律师池(Pooling)的安排。法律新人入职后通常没有明确的分组,而是根据各个业务部门的需求参与不同的工作,即使晋升为 Associate 后,也会不时存在跨业务领域工作的情况(例如同时参与 IPO 和

---

[25] 这种差异存在的主要原因在于经营策略的不同,美国律所更加关注盈利能力,并更注重在中国市场为其最能带来营收的客户(特别是其美国客户和国际客户)和业务投入资源,因此通常采取小而精的经营方式;反之,英国律所则更愿意开发当地客户和资源,从而需要提供更为全面的服务。

[26] 需要说明的是,Hogan Lovells 是由美国律所 Hogan & Hartson 和英国律所 Lovell 合并而成,不是严格意义上的美国律所。

[27] 需要指出的是,不少英国律所在中国办公室没有施行(或没有严格执行)Trainee 制度,而是采用与美国律所类似的 Pooling 方式。针对这部分英国律所,可参见美国律所的情况。

[28] 针对有一定工作年限的候选人,也会视情况缩短其 Trainee Contract(例如缩至 1 年),或直接授予 Associate 职称。

M&A 的项目)。在一些美国律所,也会存在按照行业划分业务组别的情况,而律师工作则会覆盖该行业相关的交易类型(例如基础设施和能源的业务组会覆盖包括融资、并购、合规和业务等方面的事宜)。尽管如此,随着工作资历的增长,大部分美国律所的律师都会逐渐专攻于一个或几个业务领域,但律师的"探索期"可能更长(通常为 3~5 年)。相比于英国律所的情况,美国律所更加以"实用性"为导向,也更适合培养"多面手"的人才。

值得一提的是,执业方向的专精亦是一把"双刃剑"。在经济上升期,律所业务普遍繁忙且营收高速增长,这个时候尽快选择一个专攻的领域既有助于短时间内提升专业技能,又有助于快速积攒该领域的经验和客源。但在经济危机或下行期,某一领域业务可能会遭受断崖式损失,而律师往往需要拓展其业务面以维持一定的营收,这个时候则凸显出"全能选手"的重要性。从长远角度来看,市场环境和业务热度总是在不断变幻交替的,外资律所律师也需要保持一定业务宽度,这也是为什么执业多年的合伙人律师往往有着丰富的业务履历(特别是在中国对外开放后即进入中国市场的外所律师,其业务演变基本反映了外资在华投资活动的轨迹)。

如今,除了传统的律师外,由于外所内部分工的细化,造就了一些新兴的"非典型"律师,如律所风控合规分析师、知识管理律师等。这类新兴路径上的律师通常由传统路径上的律师转型,从律所的前台转向中后台,以谋求工作和生活的平衡。

律所风控合规分析师就像是"律师的律师",在律所内部相对独立,帮律师进行风险控制,工作强度和前台业务量成正比。工作内容主要包括:(1)针对新客户和新案件的反洗钱和利益冲突合规审查及风险控制;(2)根据相关立法变化更新律所内部相应政策;(3)实行律师从业合规及风险控制;(4)对律所雇员证券交易行为以及所外任职等行为进行审批;(5)对律所内部雇员的定期合规培训。目前律所风控合规整体在亚太地区属于新兴的行业,市场需求和潜在的发展机会比较大,转型也相对容易,可以转到前台做律师,或者转到金融机构或公司做风控合规相关工作。求职时,有律师执照、ACAMS 反洗钱分析师认证证书、ICA 合规资格认证的候选人具有优势。

知识管理律师则有点像产品经理,需要把知识管理尽量做成一个产品,让律师能够快速了解新的法律、法规以及相关行业动态和进展,能快速找到相关业务文本和模板等,工作量比较稳定。对读书和学习很感兴趣的、很喜欢考虑理论性法律问题,同时又不想有和客户打交道压力的律师,会比较适合知识管理律师这一岗位,且该岗位通常不要求律师执照。但由于知识管理律师不是一个专门创收的职位,岗位名额有限,在设有该岗位的律所(例如英国魔圈律所),一般每个业务领域可能会有一个专门的知识管理律师。

三、外资律所的晋升路径

(一)英国律所

英国律所的职位和晋升途径比较清晰,按照顺序,一般可以分为实习律师(Trainee)、律师(Associate)、资深律师(Senior Associate)、顾问律师(Counsel)、合伙人律师(Partner)。其中,有些英国律所也会设置其他名称的职位,例如英国年利达律师事务所(Linklaters)的管理律师(Managing Associate)和英国安理国际律师事务所(Allen & Overy)的中国律师(China Associate)。此外,香港办公室一般会设有注册外地律师。部分英国律所在内地或香港也设有法律助理(Legal Assistant)或律师助理(Paralegal)职位。

以英国高伟绅律师事务所(Clifford Chance)为例,基本的晋升路径和时间如图1所示。需要指出的是,年资并非晋升的唯一考量因素,大部分律所会更多考虑个人能力、客户资源、团队结构等要素。此外,虽然各级别律师之间的职责和工作有一定区分,但现实中往往系根据项目的复杂程度和难度而分配角色,在一些较为简单或常规化的项目中,初级律师往往承担更积极的角色。

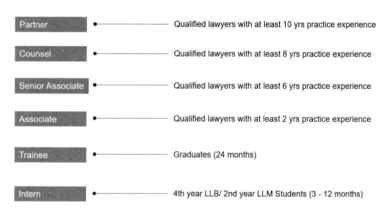

图1 英国高伟绅律师事务所的基本晋升路径

除上述外,不少英国律所在华办公室也设置有类似于专业支持律师(Professional Support Lawyer)的职位,专门辅助律师工作。例如 Clifford Chance 在中国办公室设有交易支持官(Transaction Support Officer),为项目和律师团队提供一些专业支持,但此职位暂不提供晋升为 Associate 的途径。

(二) 美国律所

美国律所的职位设置与英国律所类似,但很多情况下没有资深律师(Senior Associate)和顾问(Counsel 或 Of Counsel)这两个职位。部分美国律所设置有顾问职位,是专为技术能力突出但不希望承担客源压力的律师设立的高级职位。㉙ 除此之外,各律所也会根据具体情况设置一些别的职位,例如国际法律顾问(International Legal Consultant)或中国律师(China Associate)是为已取得美国律师执照但是未晋升为律师(Associate)的律师设置的。㉚ 若未取得美国律师执照,则多担任法律助理(Legal Assistant)、法律经理(Legal Manager)或律师助理(Paralegal)。大部分的美国律所律师的头衔都是 Associate,即使其已非常资深或已在晋升合伙人的最后阶段,因此我们往往须结合执业年限以判断其资深程度。

此处也谈谈美国顶级律所(Big Law)普遍采用的 Cravath 薪资标准(Cravath Scale)。与英国律所不同㉛的是,这些顶级美国律所为了保持竞争力和吸引力,往往严格比照薪酬领域的领导者 Cravath, Swaine, & Moore 每年宣布的薪酬方案颁发工资和奖金。Cravath Scale 是一种固定的、仅根据执业年限(Class Year)区分的薪酬方案,并不严格基于律师的工作表现,俗称"锁步"(Lock-Step)。㉜ 因此,对于美国律所的律师而言,其在选择都是采用 Cravath Scale 的律所时更加关注业务和团队,而不必担心薪酬的变化。此外,针对海外办公

㉙ 当然,有些美国律所的 Counsel/Of Counsel 则是晋升为合伙人之前必须经历的职位。若无法晋升合伙人,则会停留在此职位上。

㉚ 有的美国律所的 China Associate 无须取得美国律师执照,只是在取得执照后才有可能晋升为 Associate。

㉛ 相对而言,英国律所的薪酬方案更加灵活,针对同一职位、同一级别的律师也会有差异性安排,但普遍在一个预设的区间之内浮动。一般而言,越资深的律师在薪酬安排上越有谈判空间,也非常有可能比肩美国律所的薪酬水平;反之,初级律师的薪酬安排则较为固定和同质化。

㉜ 不过,美国律所的律师往往也有计费时间(Billable Hours)和裁员的压力,因此不太会存在搭便车(free rider)的情况。

室,顶级美国律所也会为其律师提供海外生活成本(Cost of Living Abroad,简称COLA)补助,㉝鼓励其在海外市场"开疆扩土",但目前针对内地办公室发放的愈来愈少。

四、外资律所的未来出路

最后,简单聊聊外资律所的律师不同的职业发展出路。除了在律所冲刺合伙人外,在各具体的执业领域中,其实存在丰富多彩的选择和方向。例如,对于从事公司和并购业务的律师,大部分可考虑转行至公司或者投资机构担任法务(In-House Lawyer);一般认为,执业 5~8 年的律师是转为法务的最佳时间段,太早可能无法担任较为资深的法务职位,太晚则存在成本和经济上的考虑。对于从事融资业务的律师,则较多选择金融机构的法务职位。此外,部分投融资律师也会考虑转行从事前台业务,例如在投资机构或者基金中任职,但这种机会一般较为稀缺且具有一定资质要求。具备一定相关经验和人脉资源的律师也有不少选择创业或参加创业公司的。总而言之,根据每个人的偏好和发展规划不同,各种各样的可能性和机遇都不会缺席。不过转行也相当于一个新的开始,同学们要慎重抉择。

小 D 速记

进入外资律所的途径主要有两种:一种为应届生招聘,主要包括宣讲活动、实习项目、活动竞赛、奖学金项目、推荐或自荐等方式;另一种为非应届生招聘,包括猎头、推荐或自荐、从客户对口法律岗位转至外资律所、从政府机关进入外资律所特定业务团队等方式。

由于历史传统等因素,大部分外资律所目前仍较倾向于在北京和上海的第一梯队法学院校中招收应届毕业生。但随着部分律所的本土化策略推进,这种情况也在逐渐好转。

美国律所在对中国律师进行横向招聘时普遍会折减执业经验(常见的是减 1~2 年),因此,针对从中国律所转至美国律所的情况,一般而言,执业 1~5 年的中低年级律师会比较合适。

㉝ 美国顶级律所的 COLA 一般在 5-9 万美金/年的范围内,部分会根据个人情况(如是否已婚、生育、子女教育等)予以调整。COLA 可平均在每个月发放,也在一定程度上缓解每个月的资金压力。

若希望取得律师(Associate)的职称,应尽早取得美国执业执照,目前中国市场上的顶级美国律所大多会参考准许执业的时间确认执业年限。

由于英国律所的"国际化"通常较为成熟,从中国律所转至英国律所没有太多时间点上的限制。在这种情况下,更多看重的是业务和能力的契合度。

在执业方向上,英国律所提供的业务覆盖面一般较美国律所全面,而美国顶尖律所则仅倾向于发展盈利能力最高的业务,也有个别美国律所选择在特定业务领域精耕。

在英国律所的实习律师(Trainee)制度下,应届生或工作经验有限的求职者将先签署一份两年的实习合同(Trainee Contract),并在两年内在不同的业务部门轮岗工作,最后找到一个最为合适的领域定岗为 Associate。

在美国律所,律师池(Pooling)的安排较为常见,法律新人入职后通常没有明确的分组,而是根据各个业务部门的需求参与不同的工作。

英国律所的职位和晋升途径比较清晰,按照顺序,一般可以分为实习律师(Trainee)、律师(Associate)、资深律师(Senior Associate)、顾问律师(Counsel)、合伙人律师(Partner)。

美国顶级律所为了保持其竞争力与吸引力,普遍采用 Cravath 薪资标准,这是一种固定的、仅根据执业年限区分的薪酬方案,并不严格基于律师的工作表现。

公共事业的脊梁[*]

"前面四节课我们对内所、外所进行了宏观介绍,这节课来看看公共事业。针对'公共事业'这个概念,大家能联想到哪些单位呢?"魔法师像往常一样抛出问题。

"公检法!"坐在前排的小 D 不假思索地脱口而出。魔法师笑着点点头。

"有多少同学的家长曾建议未来报考公务员呢?"偌大阶梯教室里,超过 2/3 的同学纷纷举起手。

魔法师开始在讲台上踱步,"事实上'公共事业'这一概念的外延比较宽泛,也包括公证、仲裁、证券交易所等类公务员单位、高校及研究所、国际组织。下面我们逐一宏观介绍。"

一、公务员单位

(一) 公务员概览

根据 2018 年修订的《公务员法》,公务员是指依法履行公职、纳入国家行政编制、由国家财政负担工资福利的工作人员。公务员职位主要划分为综合管理类、专业技术类和行政执法类等类别。其中,国家对行政机关中初次从事行政处罚决定审核、行政复议、行政裁决、法律顾问的公务员实行统一法律职业资格考试制度。

---

[*] 本部分公益导师:郑丹妮,美国哈佛大学、上海交通大学法学硕士,中山大学法学学士,现任哈佛华南校友会副会长,先后任职于知名外所、内所,在法院、英美律所、券商、世界银行均有实务经历。社会企业"缔璞"创始人、缔璞法律奖学金发起人,旗下运营知名法律职业生涯教育平台"D 调魔法学园",笔名 D 调魔法师,曾主持"哈佛法律人"职业发展系列公益访谈。

志愿者:马赧,北京大学法律硕士,西南政法大学法学学士,曾先后实习于金杜律师事务所、方达律师事务所、北京字节跳动科技有限公司法务部。

志愿者:王心诚,中国政法大学法学实验班法律硕士、法学学士,曾作为国家公派留学生赴新西兰奥克兰大学法学院交流学习,曾于最高人民法院、方达律师事务所实习。

我国实行公务员职务与职级并行制度,且公务员的领导职务、职级对应不同的级别,见表1、表2。公务员的领导职务、职级与级别是确定公务员工资及其他待遇的依据。定期考核的结果则作为调整公务员职位、职务、职级、级别、工资及奖励、培训、辞退的依据。

表1 公务员的职务、职级、级别

术语	确定依据	层次序列
职务	公务员领导职务实行选任制、委任制和聘任制。	《公务员法》规定,领导职务层次分为: 国家级正职、国家级副职; 省部级正职、省部级副职; 厅局级正职、厅局级副职; 县处级正职、县处级副职; 乡科级正职、乡科级副职。
职级	公务员职级实行委任制和聘任制。公务员职级在厅局级以下设置。	《公务员法》规定,综合管理类公务员职级序列分为: 一级巡视员、二级巡视员; 一级调研员、二级调研员、三级调研员、四级调研员; 一级主任科员、二级主任科员、三级主任科员、四级主任科员; 一级科员、二级科员。 综合管理类以外其他职位类别公务员的职级序列,由《公务员法》之外的法律法规另行规定。
级别	公务员的级别根据所任领导职务、职级及其德才表现、工作实绩和资历确定。公务员在同一领导职务、职级上,可以按照国家规定晋升级别。公务员年度考核称职及以上的,一般每五年可在所任职务对应的级别内晋升一个级别。	《新录用公务员任职定级规定》规定,直接从各类学校毕业生中录用的、没有工作经历的公务员: 大学本科毕业生、获得双学士学位的大学本科毕业生,任命为科员,定为二十五级; 获得硕士学位的研究生,任命为副主任科员,定为二十四级; 获得博士学位的研究生,任命为主任科员,定为二十二级。

表 2　职务与级别对应关系表①

级别	职务
一	国家级正职
二	国家级副职
三	国家级副职
四	国家级副职 / 省部级正职
五	省部级正职
六	省部级正职
七	省部级正职 / 省部级副职
八	省部级副职
九	省部级副职 / 厅局级正职
十	厅局级正职
十一	厅局级正职
十二	厅局级正职 / 厅局级副职
十三	厅局级副职
十四	厅局级副职 / 县处级正职
十五	县处级正职
十六	县处级正职
十七	县处级正职 / 县处级副职
十八	县处级副职 / 乡科级正职
十九	县处级副职 / 乡科级正职
二十	乡科级正职
二十一	乡科级正职 / 乡科级副职
二十二	乡科级副职
二十三	乡科级副职 / 科员
二十四	科员
二十五	科员 / 办事员
二十六	办事员
二十七	办事员

① 《国务院关于改革公务员工资制度的通知》。

(二)公务员待遇

公务员实行国家统一规定的工资制度,工资包括基本工资、津贴、补贴和奖金。其中,(1)基本工资由职务工资和级别工资构成;(2)津贴是指按照国家规定享受地区附加津贴、艰苦边远地区津贴、岗位津贴等;(3)补贴是指按照国家规定享受住房、医疗等补贴、补助;(4)公务员在定期考核中被确定为优秀、称职的,按照国家规定享受年终一次性奖金,考核称职的发放本人当年12月份一个月的基本工资,考核优秀的可发放1.5倍至2倍的基本工资。

基本工资是由财政部统一管理的。除了基本工资和奖金,公务员工资还包括津贴、补贴,这也是各公务员单位差异较大且相对不透明的部分;况且,有些单位食宿全包,或能提供租金远低于市场价格的廉租房,这类隐性福利只能通过内部人士了解。公务员薪资也存在地区差异。例如,北京、上海、广东、江苏、浙江等经济发达地区的公务员平均薪资高于国内其他地区。

值得说明的是,新录用的公务员试用期为一年。在试用期内,除了试用期工资和车补等少量津补贴外,试用期公务员无法享受其他待遇(例如年终奖金)。新录用公务员在机关最低服务年限为五年(含试用期)。

此外,机关根据工作需要,经省级以上公务员主管部门批准,可以对专业性较强的职位和辅助性职位实行聘任制。机关聘任公务员,应当按照平等自愿、协商一致的原则,签订书面的聘任合同。聘任制公务员实行协议工资制。

(三)公务员考试

公务员考试主要分为三轮,按先后顺序为选调、国考和省考。

1. 选调

选调指的是特定机关从定点高校吸纳人员。其中,中央选调的招录主体是中央机关,地方选调的招录主体是各省市。对于各高校是否有参与中央选调或地方选调的资格,建议同学们及时向辅导员或就业办老师咨询,因为每年被纳入选调的院校和专业可能会变动。

参加选调的好处在于:(1)考试人数少,仅限于选调院校的应届毕业生。部分省市对清华、北大单独设置了提前批的定向选调考试,时间早于普通选调考试。(2)岗位级别高。中央选调由各部委直接招聘,地方选调也不乏省高院、省纪委和省检察院等单位,而该等岗位大多不会在国考、省考阶段开放。

不过,大家要注意:参加中央选调的考生无法报名参加国考,因为考试时间为同一天,所用试卷与国考副省级试卷相同。中央选调的校内遴选时间较早,感兴趣的同学应提前准备。部分地方选调还会和省考冲突。中央选调的岗位目前基本都是 2∶1 的差额政审。此外,选调生在入职后需要历经两年的基层锻炼,地点可能是基层单位或驻村干部等。

2. 国考

国考是指国家统一组织的中央、国家机关公务员考试,中央和地方所有的招录单位均在同一天考试。国考岗位包括中央党群机关(例如中共中央办公厅、中共中央组织部、中共中央宣传部)、中央国家行政机关本级(例如国务院办公厅、外交部、发改委、教育部)、中央国家行政机关省级以下直属机构(例如各地的税务局)、中央国家参公事业单位(例如供销总社)。

据了解,国考的难度系数仅次于中央选调,高于地方选调和省考。由于考生人数众多,大部分岗位招录比达到百里挑一,个别岗位甚至达到千里挑一。同时,招录人数较少,导致竞争异常激烈。国考的部分岗位也存在差额政审的情形。

3. 省考

省考是由各省份组织的公务员考试,招录岗位和考试时间由各省份安排决定。通常,省考的时间晚于国考。其中,联考的笔试时间为春节前后;单独命题省份的笔试时间则可能更早,有的和国考笔试时间相近,如北京、上海、江苏等。通过面试后,政审和体检环节一般不会刷人。多数法科生考虑的法检系统是在省考阶段进行招录,省考岗位也包括党政机关、行政机关、政协机关、参公单位等。

此外,部分省份采用多省联考模式,包括但不限于四川、重庆、湖北、吉林等,每年可能有变化。公务员联考是指多个省份在同一天进行公共科目的笔试;但是,招考工作都由各省份单独组织,前期出公告、报名,笔试后的查分、面试都由各省份单独进行,各省份的考试政策和招录条件也会有些差别。感兴趣的同学应多加留意。

(四)法律人常关注的公务员单位

魔法师端起水杯抿了一口,不紧不慢地接着说道:"在后续的实务交流课中,我会邀请嘉宾们对大多数同学感兴趣的公检法进行深入介绍。这节课咱们先从宏观上看看与法律专业对口的公务员单位。从长远来看,公务员单位的物质回报没有律所、公司的高,也不太适合彰显个性;但对于家庭条件尚可、追求稳定、对个人自由度要求不高的同学,本节课介绍的单位无疑都是好平台。"

1. 法院②

基层法院的招聘对象以应届毕业生为主,要求法本或法硕,通过法律职业资格考试。上级法院主要招聘有工作经验的基层法官,以及少部分优秀毕业生(硕士、党员、通过法考)。司法改革后,员额法官的名额有限,从法官助理到入额法官,至少需要6年的时间。法院业务庭(尤其是民庭)的工作强度较大,薪资待遇通常高于同级的普通公务员。大多数法院都会解决户口问题,但住房问题不同法院有不同政策。

2. 检察院③

检察院的招聘与法院类似。晋升路径区分检察官和检察辅助人员,后者参照普通公务员的晋升机制。司法改革后,检察官实行员额制,目前已选定一批人员为主任检察官,其余人员则要等原有的主任检察官退休后,才可以竞争晋升主任检察官。检察院的工作强度因地点而异;发达城市的工作强度可能较大,加班是常态,没有休息日,其他地区则和普通公务员的工作强度相近。检察官的薪资待遇通常高于同级的普通公务员。

3. 公安系统④

总体来说,警校毕业生更容易进入基层公安系统。相较于警校毕业生,法科生的优势在于法律基础扎实、写作能力强。公安系统通常工作强度较大,加班情况普遍;有双休,但不能保证,周末加班可以补休。公安系统的待遇比普通公务员职位高不少,但公安工作环境复杂,危险系数偏高。

---

② 张瑶:《庭阁诉明,纷定争止——三大业务庭,在这里读懂审判》,载微信公众平台"D调魔法学园",https://mp.weixin.qq.com/s/3XkxfENa62Q4hOoIDsy41A,访问日期:2023年8月30日;悠悠:《立案、审监、执行——法院业务部,各自有千秋》,载微信公众平台"D调魔法学园",https://mp.weixin.qq.com/s/svw8nWILxOKPuPP1RrlWZQ,访问日期:2023年8月30日。

③ Gloria Liu:《责任、汗水、正义——走近检察院公诉部门》,载微信公众平台"D调魔法学园",https://mp.weixin.qq.com/s/TdEI9FPp6hLFZYp_He1rSA,访问日期:2023年8月30日;Miss Peng《与民同行、为民请命——检察院民事行政、控告申诉部门的日常》,载微信公众平台"D调魔法学园",https://mp.weixin.qq.com/s/TBWbSp21xSdxhFxeDteYPA,访问日期:2023年8月30日。

④ 叶珊珊:《你真的了解"公检法"吗——公安系统内的法律人》,载微信公众平台"D调魔法学园",https://mp.weixin.qq.com/s/yBm3B27n_6jOUZjLuGs88w,访问日期:2023年8月30日。

4. 监察系统

根据《监察官法》,担任监察官的法定条件包括熟悉法律、法规、政策,具有履行监督、调查、处置等职责的专业知识和能力。监察官的职责主要包括:(1)对公职人员开展廉政教育;(2)对公职人员依法履职、秉公用权、廉洁从政从业以及道德操守情况进行监督检查;(3)对法律规定由监察机关管辖的职务违法和职务犯罪进行调查;(4)根据监督、调查的结果,对办理的监察事项提出处置意见;(5)开展反腐败国际合作方面的工作。

监察官的薪资待遇高于同级的普通公务员。不过,监察官的从业限制较多,在职期间不得兼任行政机关、审判机关、检察机关的职务,也不得兼任人民陪审员、人民监督员、执业律师、仲裁员和公证员;监察官离任三年内,不得从事与监察和司法工作相关联且可能发生利益冲突的职业。就晋升路径而言,监察官分为十三级,依次为总监察官、一级副总监察官、二级副总监察官、一级高级监察官、二级高级监察官、三级高级监察官、四级高级监察官、一级监察官、二级监察官、三级监察官、四级监察官、五级监察官、六级监察官。

5. 外交部⑤

外交部的主要职能是代表国家处理双边和多边外交事务,组织机构包括条约法律司等内设机构及驻香港特派员公署等派出机构。外交部招录中,英语一职位所面向的专业范围较广,法学专业可报考;英语三职位面向法律相关专业考生,法律硕士可以报考;留学回国人员亦可以报考外交部,但本科和研究生阶段均应学习国际法相关专业,最高学历为硕士研究生,且获得国内本科学历。非应届毕业生报考外交部,除满足基本的报考条件外,还需具有符合职位要求的经历。外交部所有职位均要求考生政治面貌为中共党员或共青团员。

外交人员均须在国内外岗位间轮换工作。新干部入部参加完初任培训后,将根据工作需要和个人条件,分配到驻外使领馆和部内司局工作;新干部首次出国原则上会派往较艰苦地区使领馆,通常男性4年、女性2年。就薪酬待遇而言,在国内工资按照公务员工资标准发放;在国外工作,工资标准高于国内,并且有一部分补助,越是艰苦地区补助越高。此外,享受公费医疗、工作餐、驻外人员免关税购车等福利。外交部每年还会选派100多人出境进行长期或

---

⑤ D调:《关于外交部招考,你想知道的都在这里》,载微信公众平台"D调魔法学园",https://mp.weixin.qq.com/s/kl0_ytfcrrbnyd-zPEsPTw,访问日期:2023年8月30日。

短期进修，包括攻读硕、博士学位。

6. 商务部⑥

商务部主管国内外贸易和国际经济合作，主要职责包括拟定国内外贸易和国际经济合作的发展战略、方针、政策，起草国内外贸易、国际经济合作和外商投资的法律法规，拟定国内贸易发展规划等。内设机构包括条法司、外资司、国际司、贸易救济局等。

商务部职位通常也要求考生政治面貌为中共党员或共青团员。通过国考后，考生须服从商务部的统一分配。法学专业考生可能分到任何司局，几乎没有特定的司局限制，所以工作内容也要根据司局业务确定。商务部的工作强度较大。其中，国际司是工作任务最为繁忙的司局，也是对外联系最多的司局之一，对抗压能力、多任务同时进行的能力和英语水平要求较高，平均节奏为朝八晚八，周末加班也不少见。商务部内的晋升沿袭公务员的一般路径，大部分人在退休前会升到处级，再上升取决于个人表现。

7. 司法部⑦

司法部主管我国的司法行政工作，主要职能包括拟定司法行政工作方针、政策，起草有关法律法规草案，制定部门规章，负责全国监狱管理工作，指导监督律师工作、公证工作，监督管理法律援助工作，组织实施国家司法考试，参与国际司法协助条约的草拟、谈判等。下属机关司局包括法制宣传司、律师公证工作指导司、法律援助工作司、国家司法考试司、司法鉴定管理局、法制司、司法协助外事司等。

司法部招录时通常要求两年基层工作经验，一般都是研究生毕业，专业主要是法学和英语，毕业院校主要为中国政法大学、北京外国语大学、清华大学、中国人民公安大学等。工作强度不大，假期较有保障。与商务部通常不招实习生不同，司法部偶尔会招实习生，比如曾在武汉大学、中南财经政法大学、中国政法大学、吉林大学、外交学院等学校网站上发布招聘通知，一般要求是刑法、国际公法、国际私法等专业，以硕士二年级和博士二年级为主，实习生没有薪酬或补贴，但提供工作午餐，感兴趣的同学可以关注。

---

⑥ LSS：《扛起经济发展的大旗——商务部的工作日常》，载微信公众平台"D调魔法学园"，https://mp.weixin.qq.com/s/rlpN237w5U7_JwktI8hCDQ，访问日期：2023 年 8 月 30 日。

⑦ AC：《平凡中的不平凡——司法部实习体验》，载微信公众平台"D调魔法学园"，https://mp.weixin.qq.com/s/hhD_HWScCJrVdZgFgU-YgQ，访问日期：2023 年 8 月 30 日。

8. 全国人大常委会法工委[8]

全国人大常委会法工委,是全国人民代表大会常务委员会法制工作委员会的简称,主要职责是受委员长会议委托,从事立法、修法、废止和解释法律等研究工作。主要部门包括立法规划室、法规备案审查室、刑法室、民法室、经济法室、行政法室、国家法室、社会法室等。

全国人大常委会法工委的招录对象多数为有工作经历的社会人员,少数为应届毕业生,不招录实习生。一般要求硕士以上学历,且本科、硕士专业和所报考岗位相对应。对于专业能力要求较高,工作强度较大。内部各室之间交流较多,也有机会交流到全国人大机关其他单位(例如办公厅),交流到外部的机会较少。大部分人在退休前可晋升到处级,有的能到厅局级,极少数可以到部级以上。省级人大法工委很少公开招募实习生,但可能与学校有实习合作,如有学院推荐的机会建议把握。

9. 国家市场监督管理总局[9]

国家市场监督管理总局简称市监总局,主要负责市场综合监督管理、市场主体统一登记注册、市场监管综合执法工作、食品安全监督管理等,设有法规司、国际合作司等。市监总局管理国家药品监督管理局、国家知识产权局,还于2021年加挂"国家反垄断局"的牌子,负责反垄断统一执法。

市监总局通过国考招录,一般要求两年以上工作经验。新人入职后,有为期一个月的封闭式培训,包括理论知识学习和军训锻炼。试用期满时,有两年工作经验的转副主任科员,有三年工作经验的转主任科员。晋升机会则区分综合管理类和执法类;其中,执法类的晋升以三年内年度考核有优秀为基本标准,由于待晋升的人数多,优秀的名额比例有限,竞争比较激烈。地方的市监局则可能不限工作经验,偶尔会招实习生,有时会和高校合作。市监总局和地方局的工作节奏都较快,单位提供周转房、饭堂。

10. 国家知识产权局[10]

国家知识产权局是国务院直属机构(副部级),主要职责包括拟订和组织实

---

[8] 郑亚丰:《立法者的使命——你所不了解的人大法工委》,载微信公众平台"D调魔法学园",https://mp.weixin.qq.com/s/C5eOvIqCU3r3q67k1pGB7Q,访问日期:2023年8月30日。

[9] 纳兰洁:《乱我市场者,依法必究——法律人与工商/市场监管》,载微信公众平台"D调魔法学园",https://mp.weixin.qq.com/s/DXu9CzBKLqKuf1dUhTtWQQ,访问日期:2023年8月30日。

[10] 卓丽:《IP时代的知识产权局》,载微信公众平台"D调魔法学园",https://mp.weixin.qq.com/s/9gzNlt5r1RuthOY9Ud9U5Q,访问日期:2023年8月30日。

施国家知识产权战略、保护知识产权、促进知识产权运用、负责知识产权的审查注册登记和行政裁决、统筹协调涉外知识产权事宜等。内设机构包括条法司、知识产权保护司、知识产权运用促进司、国际合作司等。

国家知识产权局在招录时一般要求本科或硕士以上学历,还要求本科、硕士专业和所报考岗位相对应,青睐理工科背景且掌握法律知识的人士,法律职业资格证是加分项,具备较高英语水平的人也有较大发展空间。在地方局,法律背景人士通常就职于政策法规处或有执法权的处室,如专利处、执法大队。工作强度因时而异,较少加班,无加班费,但有津贴。晋升一般是从科级到处级,有的能到厅局级。内部处室之间交流较多,交流到其他机关单位的机会不多。

11. 国家金融监督管理总局、证监会[11]

随着新一轮政府机构改革推进,我国金融监管架构由以往的"一行两会"(中国人民银行、证监会、银保监会)变为"一行一局一会"(中国人民银行、国家金融监督管理总局、证监会)。国家金融监督管理总局在原银保监会基础上组建,统一负责除证券业之外的金融业监管,是国务院直属机构。证监会全称是中国证券监督管理委员会,负责统一监督管理全国证券期货市场,在此次机构改革中由国务院直属事业单位调整为国务院直属机构。

据了解,机构改革后的国家金融监督管理总局、证监会尚未开启新一轮招录。从机构改革前的往年招录情况来看,证监会、银保监会及其派出机构都是通过国考招录,专业课考试的重要性较高,实习生则一般通过内推招收。系统内有借调机制,主要是证监会、银保监会向其地方派出机构、会管单位(例如证券业协会、基金业协会、中登公司、证券交易所、四大银行)借人,各个处室之间也有轮岗机会。工作内容需要法律财经等复合方面的知识背景。硕士应届生转正后定四级主任科员,晋升至处级干部则主要看工作能力和工作表现,由领导择优选择,处级干部有机会被派到金融办、政府部门等。

三、类公务员单位

求职时,在公务员单位之外,还有事业单位及其他为公共事业服务的实务

---

[11] 陈琦:《金融业监管双雄——揭开证监会和银监会的神秘面纱》,载微信公众平台"D调魔法学园",https://mp.weixin.qq.com/s/u21gosXQBi7UTTNTVo0hkg,访问日期:2023 年 8 月 30 日。

机构,这里统称为"类公务员单位",如大家所知,事业单位一般是国家设置的带有一定的公益性质的机构,但不属于政府机构。列入参照《公务员法》管理范围的事业单位,应当同时具备两个条件:一是具有法律、法规授权的公共事务管理职能;二是使用事业编制,并由国家财政负担工资福利。事业单位工资是由岗位工资、薪级工资、绩效工资、津贴补贴构成,其中岗位工资和薪级工资为基本工资。总体而言,事业单位的薪资待遇与公务员单位相差不大。

1. 仲裁机构

在商事活动中,仲裁以其专业、高效、自治的特点成为广受青睐的争议解决方式,在涉外业务中尤为如此。我国《仲裁法》规定,仲裁委员会独立于行政机关,与行政机关没有隶属关系。从性质上而言,仲裁委员会属于由政府组织有关部门和商会组建的提供公益性服务的非营利法人。

我国境内的仲裁机构主要为中国国际经济贸易仲裁委员会(CIETAC)、北京仲裁委员会/北京国际仲裁中心(BAC/BIAC)、上海国际经济贸易仲裁委员会(SHIAC)、深圳国际仲裁院(SCIA)。晋升机制一般从仲裁秘书到处长,再到副秘书长,实务交流课上会进一步介绍。

2. 公证机构⑫

公证处是依法设立,不以营利为目的,依法独立行使公证职能、承担民事责任的证明机构。我国的公证处是按地域设置的,各省、自治区、直辖市及县(市、区)一般都有设立。公证处受所在地司法行政机关的领导,公证处之间没有隶属关系,司法部通过各级司法行政机关领导检查监督全国公证工作。中国公证协会是公证业的自律性组织,亦由司法部主管。

公证业务主要分为民事类公证与经济类公证两个方面,与自然人及法人都相关。通过司法考试是从事公证业务的必备条件。公证处的管理通常比较扁平化。新人一般从事几年公证员助理的工作,若符合公证法任命为公证员的条件,结合公证处需求与个人意愿,可以按照法定程序晋升为公证员,并不断朝资深公证员方向发展。具体会在实务交流课介绍。

3. 证券交易所

证券交易所是为证券集中交易提供场所和设施,组织和监督证券交易,实行自律管理的法人。目前,中国有三家证券交易所,即1990年成立的

---

⑫ 李恺祺:《法不阿贵 公正长存——公证处的全方位解读》,载微信公众平台"D调魔法学园",https://mp.weixin.qq.com/s/tjx44ESL2EmuTCs1ohjAbw,访问日期:2023年8月30日。

上海证券交易所和深圳证券交易所、2021年成立的北京证券交易所(此处未包括港、台地区)。这三家全国性证券交易场所均受证监会监督管理,内设部门主要分为三类:一是发行上市审核类岗位;二是日常监管类岗位;三是后台类岗位。

证券交易所进行市场化招聘,通常在官网发布招聘启事。相较于公务员考试,证券交易所在行测和申论部分的难度较低,题目设置非常基础;专业课所考察的范围和难度略低于证监系统的专业课笔试。相比于证监系统,证券交易所的薪酬待遇更加市场化,在证券行业处于中等偏上水平,廉租房等福利较好,但长远来看资深人员的薪酬不及头部内所及外所。相比于投行,证券交易所能更好地平衡工作和生活。

三、高校及研究所

有志于从事学术研究的同学,可以考虑进入高校及研究所。一般而言,各法学院校均要求教职应聘者具有博士学位,少数要求有海外学习经历。在校主要从事教学及科研工作,工作强度适当。虽然工资水平一般,但是福利待遇较好,假期多。晋升途径从讲师到副教授,再至教授,有机会在高校兼任行政职务。具体情况我们会在实务交流课展开。

四、国际组织

对于外语水平较高、喜欢在国际化环境工作、具有公共服务热情、不追求高薪的同学,还可以考虑谋求在国际组织发展。国际组织的法律岗位主要包括联合国法律事务办公室、国际法院、国际刑事法院等专门化国际组织或相关部门,劳工法、行政法、组织法专业职位,以及非法律岗但接收法律背景申请者的职位。

联合国系统的职位绝大多数要求若干年工作经验,并且越高级的职位要求越多的工作经验。工资由基本工资和工作地点差价调整数共同组成。除工资之外,联合国系统还提供各种福利,包括租金补贴、家属补贴、子女教育补助金等。联合国系统的工资是公开透明的,而世界银行集团的工资数据不向公众开放,感兴趣的同学可通过 Glassdoor 等网站管窥一二,数据相对可靠。国际组织有提供实习机会,国内已有不少成功赴国际组织实习及工作的先例。后续的实务交流课亦会进一步展开。

> **小 D 速记**
>
> "公共事业"单位既包括公检法等公务员单位,也包括公证、仲裁、证券交易所等类公务员单位、高校及研究所、国际组织。
>
> 国家对行政机关中初次从事行政处罚决定审核、行政复议、行政裁决、法律顾问的公务员实行统一法律职业资格考试制度。
>
> 我国实行公务员职务与职级并行制度,且公务员的领导职务、职级对应不同的级别。
>
> 公务员的工资包括基本工资、津贴、补贴和奖金。基本工资由财政部统一管的,定期考核中被确定为优秀、称职的享受年终一次性奖金,津贴、补贴,是各公务员单位差异较大且相对不透明的部分。事业单位的薪资待遇与公务员单位相差不大。
>
> 公务员单位的物质回报没有律所、公司的高,也不太适合彰显个性,比较适合家庭条件尚可、追求稳定、对个人自由度要求不高的法科生。

企业法务与合规*

九月底,正是气候宜人时分。"金九银十"的秋招已过了大半,小 D 听说有些应届求职的师兄师姐已收到录用通知,其中不少为名企。"或许是因为企业无须通过实习留用,所以校招流程比律所快?"小 D 暗自琢磨着。

这时,上课铃响了,打断了小 D 的思绪。不知何时,魔法师已站上讲台。

"经过之前几周的学习,大家对律所和法律公共服务的职业选择应该已有宏观了解。近些年,法务合规岗位也受到法律市场的关注。那么,法务合规工作是怎样的? 求职前有哪些必知的事项?"魔法师瞥见前排小 D 的殷切目光,和蔼地说道。

一、法务合规岗位概述

相比于光鲜亮丽的律师与稳定体面的公检法工作,法务工作给人的感觉似乎没有那么鲜明的定位或标签。一提到法务工作,部分同学可能会有着"上升空间小""不受业务部门待见",甚至是"打杂的"等刻板印象。诚然,在大部分企业里,法务是公司业务的支持部门并非创收部门,而律师则是律所的主要收入来源,被形象地称为"赚钱者"(Fee Earner)。因此,二者在定位上有着天然的区别。

然而,近年来,法务合规岗位的热度逐渐上升,法务在法律专业就业市场甚至是公众眼里的能见度也不断提升,除了带有调侃意味的"地表最强法务部"①、"东半球最强法务部"②等称号,法务已经成为不少应届生以及律师转型的职业选择。

---

* 本部分公益导师:赖斐然,香港大学法学硕士、广东外语外贸大学法学学士,现为外企法务,曾任职于知名外所、内所、互联网企业,法律职业生涯教育平台"D 调魔法学园"工作室成员。

志愿者:祁琦,浙江大学民商法学硕士、中国海洋大学法学学士,先后实习于竞天公诚律师事务所、环球律师事务所、北京仲裁委、中伦律师事务所、国际非营利组织无国界教育(Education Without Barriers,简称 EWB)。

① 一般指迪士尼公司法务部。
② 一般指任天堂公司法务部。

法务(In-house Lawyer/Counsel)的概念最早源于美国③,第一代法务可以追溯到美国内战结束后到20世纪30年代,当时的法务在企业里的地位很高,被誉为是"法务的黄金年代"。与此同时,美国的商事律所开始崛起,20世纪40年代到20世纪70年代迎来了第二代法务时期。由于美国商事律所的崛起,形成了一批大所(Big Law,指创收高的顶尖律所),此消彼长,第二代法务的地位也因外部律所崛起而有所下降,企业越来越倾向通过外部律所来解决法律问题。20世纪70年代到21世纪则迎来了第三代法务时期,企业面临越来越多联邦和州级法律法规的监管,企业之间的诉讼越来越多,企业开始发现外部律所的高昂收费已经难以承受,法务的价值又被企业重视起来。

如今,在欧美国家,法务在企业内部普遍受到尊重。在大型企业里,总法律顾问(General Counsel)或首席法务官(Chief Legal Officer)是企业管理层的一员,往往会给予公司高级副总裁的头衔。而大型企业或集团的法务部完全可以比肩顶尖律所团队。部分跨国企业在全球的法务人数可达数百人甚至上千人,和国际律所相比也毫不逊色。

在中国,与外企相比,法务对于国企或者民企而言,其发展历程相对较短,国企法务的发展关键时间点可以追溯到2004年,当年国资委发布《国有企业法律顾问管理办法》,明确了我国公司法务制度的概念和职责。④

如今,越来越多的企业会将法务和合规部门分开。许多同学可能也会疑惑,法务不应该包含了合规吗? 其实,对于现代的大型企业而言,法务和合规部门的工作可能会有部分重合,但本质上二者关注的领域并不完全相同。

法务就是公司内部的律师,为公司提供法律服务,包括日常运营相关的合同审查、应对或发起诉讼、就特定法律问题(如知识产权、个人信息保护、劳动)提供意见或者指导等。法务部门往往会对法律职业资格作出要求。

合规是指遵守一切与企业运作相关的法律法规、国家或行业标准等,确保合规经营。与法务部门相比,合规部门工作的重心往往会更加细化,企业内常见的合规事项包括进出口管制合规、财税合规、产品安全合规等。企业内控部

---

③ Eli Wald, "Getting in and out of the House: The Worlds of In-House Counsel, Big Law, and Emerging Career Trajectories of Inhouse Lawyers", Fordham Law Review 88, (2020): 1765-1800; Connor Amor-Bendall, "A history of in-house counsel", https://inview.lawvu.com/blog/a-history-of-in-house-counsel, last visited on May 15, 2022.

④ 郭建军:《公司法务的核心价值》,载微信公众号"法务经理人",https://mp.weixin.qq.com/s/DXbXBH2yXxsNGxbW9EO_Sw,访问日期:2022年5月15日。

门,如反商业贿赂和反腐败,也常常会放置在合规部门下面。合规部门对于法律职业资格一般没有硬性要求,非法律出身的合规人员也较常见。

由于今天的课程主要是为大家求职提供宏观指导,而法律人从事法务和合规工作并没有太大的本质区别,因此接下来的介绍我主要以法务工作为主,大部分也适用于合规工作,不再做具体区分。

二、工作内容和岗位设置

(一)工作领域与工作内容

相比于其他法律职业,法务的日常似乎对大家而言比较陌生。大家需要知道,法务部门作为企业的支持部门,其主要工作内容是与企业的主营业务紧密相关的。虽然法务的工作内容因其所在的领域有所不同,但大多离不开合同审查、参与诉讼(指导外部律师或亲自参与)、就业务部门的日常法律咨询或公司重大事项提供法律意见、应对监管部门调查等。部分行业企业法务工作的重点,见表1。

表1 部分行业企业的法务工作重点领域

企业的主营业务	法务工作重点领域
互联网平台	反垄断、个人信息保护、知识产权保护等
生物医药	知识产权保护(专利)、医疗及药品监管等
快消	采购、广告、知识产权保护、反商业贿赂等
零售	采购、劳动争议、电子商务、反垄断、反商业贿赂等

(二)岗位设置

和律师可以分为律师、顾问、合伙人一样,法务也有自身的岗位设置和发展路径。由于企业类型众多,各自对法务部的设置有所不同,不同企业之间的不同岗位头衔或职级很难直接做比较,但基本可以划分为三个层级。

1.基层(法务专员、法务经理、法律顾问)

法务专员、法务经理、法律顾问通常是企业法务岗位的起点,部分企业会根据年资进一步设置高级或资深岗位(如高级法务经理)。在这个阶段的法务,主要负责日常法务工作,包括直接与业务部门对接处理其法律需求(例如合同审查、日常法律咨询、就某专门事项出具法律意见等)。在一些关键业务相关的重大问题上,一般需要寻求上级(多为法务总监)的指导或帮助。

2. 中层(法务总监)

法务总监在企业法务中属于中层管理人员,一般较少直接处理业务部门的具体法律需求,更多的是管理其所在的小组或部门,统筹其负责的业务,就其负责业务范围内的重大法律问题提供意见及作出决策。法务总监一般是某个法务组或法务单元的负责人(如法务部下面的知识产权组)。对于法务部规模较小的公司,法务总监可能就是公司法务部的整体负责人,不再设置更高的法务职位。

3. 高层(总法律顾问、首席法务官)

总法律顾问(General Counsel,GC),部分公司也称为首席法务官(Chief Legal Officer,CLO)等,一般只有大型企业才会设立这个岗位,是企业法律事务的总负责人,也是法务职业道路的顶点。其工作范围涉及法务部的方方面面。在不同公司中,总法律顾问的职权相差很大,这取决于业务本身的性质以及公司管理层对于法务的重视程度。

在大型跨国企业中,总法律顾问或首席法务官是公司的管理层之一,位列公司副总裁(Vice President)或高级副总裁(Senior Vice President)。除了法律事务外,许多总法律顾问还会兼任董事会秘书,有可能还作为政府与公共事务、安全、合规等业务负责人。总法律顾问是名副其实的企业高管,是公司业务发展"守门员"与"助推器",同时兼具"顶尖律师"和"商业领袖"的特质。

三、薪资待遇

在对法务行业有一定了解之后,相信大家会好奇薪资待遇方面的问题,特别是针对法务的薪酬总是围绕着各式各样的传闻。固有印象中,相对于律师而言,法务起薪较高,工作强度相对较低,但在职业中后期的上升幅度不如律师。表2是知名法律行业猎头 Taylor Root 对中国法务的薪酬统计数据⑤,可以供大家参考。

表2 中国法务的薪酬统计

工作年限(年)	薪资参考范围(元)⑥
0~1	120,000–150,000
1~2	130,000–180,000

---

⑤ Taylor Root, "Hong kong and Mainland China In-House Logal Salary Guide and Market Report", https://www.taylorroot.com/report/hong-kong-and-mainland-China/, last visited on Augnst 19, 2023.

⑥ 包括工资及奖金等,为整体薪酬。

(续表)

工作年限(年)	薪资参考范围(元)⑥
3~4	150,000-300,000
5~6	250,000-500,000
7~8	400,000-800,000
9~10	600,000-1,200,000
10+	700,000-1,500,000
法务负责人	900,000-3,500,000

可以看到,与同期律师相比,法务的平均起薪相对较高。根据深圳市律师协会青工委调查数据,受访执业年限1年以下的青年律师中有2/3年收入在10万元以下。据了解,相当一部分实习律师的月薪可能只有3000-5000元,甚至需要自己承担社保、公积金,实际到手金额更少。而这些数据还是出自深圳这样的一线城市。如果将二三线城市纳入统计中,收入差距会更大。因此,相比实习律师阶段普遍偏低的起薪,法务起薪较高且较为稳定,也是不少年轻法律人选择将法务作为第一份工作的主要因素。此外,对于法务而言,其工资往往随着工作年限平稳增加,虽涨幅不及律所,但相对于律师的工作强度而言,仍旧非常具有吸引力。

当然,以上情况一般只适用于具有一定规模的大公司。对于小公司而言,法务可能需要承担相当一部分行政工作,并非职业发展的首选,也提醒同学们在求职过程中需要留心。

针对总法律顾问一职,由于属于公司高管,企业往往会给予非常丰厚的薪酬待遇。此外,部分总法律顾问的薪酬还包括公司股票、期权等,实际收入也许比起明面上收入更高。

四、平台选择

法务工作本质上是公司业务的支持部门,公司的行业属性和规模决定了法务的工作内容与发展路径。因此,一个好的平台对青年法务的职业发展将会起到至关重要的作用。一般而言,从公司性质来划分,公司平台可以分为外企、国企、民企等三种,这三种企业的法务各有特点。

(一)外企

无论是法律行业还是其他行业,外企一直深受求职者的青睐。外企法务主要的优点包括:第一,外企管理制度规范,重视合规,法务部门的审批往往是业务流程中不可缺少的一环,法务的意见对于业务部门具有影响力,在重大问题上甚至具有"一票否决权",具有权威性,工作开展较容易。第二,外企法务国际化程度高,全球各地的法务可以就某一法律问题共同探讨、合作。第三,相比于民企和国企,外企法务部门职责分工明确,人员一般较为精简,工作环境相对单纯一些。

虽然外企法务整体工作体验以及薪酬待遇都相对理想,但在选择进入外企前,也需要考虑以下几点。首先,晋升空间,外企法务晋升较为谨慎保守,部分中高级岗位晋升甚至需要国外总部批准,总体晋升缓慢。其次,因企业的法务部门架构不同,部分外企中国区的法务可能对某些事务没有决策权,需要总部决策,决策流程可能较长,往往需要反复沟通,费时费力。

(二)国企[7]

总体而言,国企给人的整体感觉是工作强度适中,加班较少,待遇不错,工作稳定,也是不少人应聘的首选。但由于国企覆盖范围大,具体工作体验因其所处的行业、主要业务、监管强度而有所不同,对于市场化程度较高的国企,法务其实也经常需要加班,考核标准同样相当严格,在工作强度上已经与普通民企的法务看齐。

国企的性质决定了国企法务会更加注重风险把控,在日常合规的基础上,还要守住国资监管的红线。近年来大型国企的海外投资并购的业务发展迅速,也出现了国有企业被境外监管机构处罚的情况,因此,国企对海外合规的要求越来越高。

在薪酬方面,针对较低层次的法务岗位,国企的薪资相对来说并不如外企或大型民企优越,但考虑到国企相对较低的工作强度以及稳定的工作环境,对于年轻法律人来说仍是一个不错的选择。

在职业发展方面,国企持续加强监管的背景给予了国企法务更多的工作机会,法务工作也更受重视。总体上看,国企里面具备并购、投资管理、知识产权保护和融资等方面专长的高层次法务人员并不是特别充足,这为法科生就业提供了机会。与此同时,由于国企自身较为独特的体制,晋升机会往往受到更多不同因素的影响。

---

[7] Aze:《法务求职之平台的选择(02):国企法务漫谈》,载微信公众号"法务经理人",https://mp.weixin.qq.com/s/mswT15TqubsPDwn412Xk2w,访问日期:2022年5月15日。

(三)民企⑧

相比起外企和国企,民营企业的情况差异较大。小规模的民营企业法务团队规模相对较小,很多小型企业根本没有法务或者仅有一名法务,这类企业的法务除了法律事务外,往往还需要处理很多杂事,相当于行政人员。因此,在小型民企中法务地位相对比较弱势,发展空间有限。

但是对于较大规模的民营企业和上市公司,其法务人员规模基本上都在两位数甚至三位数以上,有些公司的法务部甚至比很多律师事务所来得完备和强大。另外,目前不少企业业务涉及了海外市场,且很多情况下需要国内法务人员亲自处理,因此甚至比外企更有机会直接处理海外法律业务,积累相关经验。

随着外部监管环境的不断变化,大型民企越来越愿意从顶尖律所招聘人才,给出匹配同级律所的薪资,或以略低的薪资、更友好的工作时长来吸引律师。

因此,外企、国企、民企的法务工作都各有特点,同学们可以多方了解,选择适合自己的团队。

五、资质要求

法律职业本身就是一个双向选择的过程,在对法务职业足够了解后,有些同学也许有了自己心仪的方向,但为了能够达到自己的目标,我们需要了解用人单位的需求。我查阅了 200 多则法务招聘信息,并将法务内部各岗位以及法务与其他岗位进行对比,总结出以下信息。

(一)总体分析

1. 学历要求

一般而言,对于应届生,硕士研究生是学历的起步要求;对于有工作经验的人士,则更加看重其工作经历,学历并非首要考虑因素。对于具有特殊性的部门或者岗位,会要求特定专业背景或者双重专业背景,例如专利法务会对理工科背景有硬性要求。

2. 资质要求

---

⑧ E法务:《法途何方——浅谈法务的职业选择》,载微信公众号"法务人俱乐部",https://mp.weixin.qq.com/s/vV2xOKs6VdTIJQbr7Bb3jA,访问日期:2022 年 5 月 15 日。

相比律师而言，法务岗位对于律师执业资格一般不作硬性要求。但大部分优质的法务岗位都会要求通过法律职业资格考试。因此，法考依旧是法律行业求职的敲门砖，即使是有志于毕业后只从事法务工作的同学，也强烈建议通过法考，提高自身竞争力。

3. 工作经验

从时间维度来看，除少部分大型企业愿意从零开始培养应届生，大部分企业更加青睐有一定工作经验和行业经验、能够快速上手的候选人。一般而言，企业较少招聘应届生作为法务，大多会要求候选人具备一定工作经验。

企业在招聘法务时，首先，会基于招聘的岗位特点，重点关注候选人是否有从事相关特定法律领域的实务经验，如反垄断、知识产权、个人信息保护等。其次，如果候选人有相关行业经验，也会受到青睐，如在同类企业的法务工作经验等。

(二) 进入途径

大型企业的法务招聘一般会通过企业官网、官方公众号、法律求职类公众号发布招聘信息。对于中高级的法务岗位，由于企业会有很强的稳定性要求，一般会更为谨慎，相当一部分会通过猎头进行招聘，以提高招聘的整体成功率及岗位稳定性。此外，内部推荐也是企业法务招聘的渠道之一，同学们可以多留意。

六、发展方向

最后，关于法务的发展路径，探讨一下法务职业生涯和当下行业动向。

(一) 企业岗位天花板与转型

需要正视的一个现实是，一家大型律所可以有很多位合伙人，但一家公司只会有一个总法律顾问。这也就意味着，对于同等条件的法律人而言，在律所升任合伙人比在公司升任总法律顾问的概率要大，晋升合伙人主要看业绩创收和执业年限，但在公司，晋升则面临更多考量因素（如年资、与业务部门的关系、法务部门内部竞争、空降等），不确定性较大。

关于法务、律师职业方向的转换，总体而言，律师转法务具有优势，但法务转律师则不一定有优势。法务转律师面临比较普遍的问题是，很难将法务工作经历直接平移，往往在年资认定上会面临打折的问题。对于工作了3~5年的法务，如果之前从来没有在律所工作过的话，其转至律所工作所遇到的障碍可能更大。由于律师与法务日常工作差异较大，除非有特殊的行业经历或客户资源，律所一般较少考虑中层法务。但如果是资深法务，特别是法务总监或总法律顾问级别的人才，由于其手握较多业务资源和人脉资源，往往会受到律所的欢迎。比如汇业律师事务所的郭青红律师在历任三家世界500强企业中国区法总后离开工作了近三十年的企业法务界，进入汇业担任高级合伙人。

另外，律师转法务的例子则是方达律师事务所创始合伙人之一的周志峰律师；他于2020年加入蚂蚁集团，担任首席法务官。周律师曾提道："对于中国法律服务行业而言，外部律师决定了这个行业可以走多快，内部律师则决定了这个行业可以走多远。"

跳出法律行业，法务人员还可以从后台走向前台，比如从VC法务岗到VC投资岗。一个好的法务人员甚至要像业务人员一般了解业务。因此，在某领域深耕多年的法务，也可以尝试从法律行业跳脱出来，走向前台的业务部门。在强监管以及高风险的背景下，法务出身的人员对于风险更为敏感，因而更具备优势。

(二) 未来展望

中国市场监管环境日新月异，越来越多新的法律法规出台，部分领域逐渐进入强监管时代，企业对法务的需求(尤其是强监管领域以及专门法律领域)只会越来越大，对于有志于在公司发展的法律人来说，是一个很好的机会。例如，《个人信息保护法》出台后，大量企业具有强烈的数据合规需求，外部律师虽好，却很难像公司法务一样深入了解企业的业务形态，给出最适合业务的数据合规方案。因此，企业对于具有数据合规背景的法务有着强烈需求。

此外，随着国家加大开放力度，逐渐放开部分行业的外资控股比例，可以预见，相关领域的外资企业可能会扩大其在华业务，增加对法务的招聘，以确保其新业务能够合规开展。

小 D 速记

在大部分企业里,法务是公司业务的支持部门,并非创收部门。

法务是公司内部的律师,为公司提供法律服务;法务部门往往会对法律职业资格作出要求。

合规是指遵守一切与企业运作相关的法律法规、国家或行业标准等,确保合规经营;合规部门对于法律职业资格一般没有硬性要求,非法律出身的合规人员也较常见。

法务的发展路径为:基层(法务专员、法务经理、法律顾问)-中层(法务总监)-高层(总法律顾问、首席法务官)。

公司平台可以分为外企、国企、民企等三种,对于法务合规岗位而言各有特点。

对于同等条件的法律人而言,在律所升任合伙人比在公司升任总法律顾问的概率要大得多。律师转法务具有优势,但法务转律师则存在不确定因素。

法律职业新天地[*]

转眼快到国庆假期了,小 D 和不少同学一样,想到可以放飞自我,内心十分雀跃。

"除了内资律所、外资律所、公共事业、法务合规,法科生还有没有其他可以实现自我价值的好去处呢?"魔法师的提问将小 D 的思绪拉回课堂。小 D 的脑海里竟拂过一丝念头:"职场中有机会放飞自我吗?"

"当然有!"魔法师自问自答道。"事实上,法律职业中有一些与其他行业的交叉领域,包括但不限于法律培训、法律科技、投行、咨询;这些就业去向虽然就法律人的职业选择而言显得新兴或小众,却也是颇具发展前景的路径。"

"此外,哪怕就读的是法学专业,法科生仍可大胆探索法律职业之外的选择。只要符合自己的特质和价值观,能让自己在事业上享有成就感、幸福感,就能无悔于自己的选择,有机会在职业生涯中闯出一片天地。"

一、法律与传媒

提及传媒,大家首先联想到的可能是隔壁学院致力于培养的记者、主持人。主流媒体包括报刊、广播、电视等,固然主要招募传媒专业人士,但在我国从法制走向法治的进程中,也会吸纳法律人深度参与法治文化的传播,法律人的严谨逻辑和出色表达能力同样有机会在这一领域出彩,既包括台前的记者、主持人(例如北大法学院出身的撒贝宁),也包括幕后的报刊及出版社编辑等。随着数字化时代的来临,通过电脑、手机等电子终端以网站、公众号、APP 等平台向

---

* 本部分公益导师:郑丹妮,美国哈佛大学、上海交通大学法学硕士,中山大学法学学士,现任哈佛华南校友会副会长,先后任职于知名外所、内所,在法院、英美律所、券商、世界银行均有实务经历。社会企业"缔璞"创始人,缔璞法律奖学金发起人,旗下运营知名法律职业生涯教育平台"D 调魔法学园",笔名 D 调魔法师,曾主持"哈佛法律人"职业发展系列公益访谈。

志愿者:张浩婷,上海交通大学法律硕士(法科特班),西北政法大学法学学士,曾于江西省人民检察院、君合律师事务所实习,现任上海市政法岗公务员。

受众提供信息和服务的传播形态越来越被广泛采用,法律与传媒的交叉领域仍然有很大的发展前景。

(一)报社和杂志期刊社

事实上,在报社和杂志期刊社中,由于涉及多个板块和栏目,人员专业背景众多,对于财经、法律等具有专业性的内容(例如时事热点的法律分析)更优先考虑由专业人士负责;特别是涉及法律的报道需要有法律知识储备作为支撑,否则报道难以深入。对于法律背景人士,报社和杂志期刊社的招聘要求通常是严谨、认真、踏实,写作水平高,擅长归纳总结、提取要点,逻辑思维强,对时事热点的敏感度较强,在校期间有相关经验的为优先录取对象。晋升路径比较清晰,和公务员类似,按照工作年限和经验晋升。

报社和杂志期刊社的工作虽然较忙,有时还伴随着加班出差,但整体强度还是远低于律所;相较于律所,工作氛围比较轻松、愉快。就福利待遇而言,在起步时与律所平均水平不相上下,但随着工作年限的增长,工资与传统法律行业,尤其是律所相比,还是有一定差距,与事业单位、机关等持平。总体而言,这是比较能平衡工作和生活的职业选择。①

(二)出版社

就传统媒体而言,出版社也是值得法科生考虑的去向。出版社编辑的职业生涯就是人和书相互磨砺的过程。很多情况下,一本书是因为某个出版社或某个编辑的想法才促成了作品的诞生,使优秀的知识内容得以呈现和传播。除了作者的精雕细琢外,出版社对于文稿的排版、封面的设计、段落的调整及后期的校稿均对一本书最终评判为经典还是平庸之流起到巨大的影响作用。出版社的工作多与文字打交道,并需要与各方对接进行沟通协调,而较好的语言文字功底与口头表达能力都能使法律人占据优势。

我国实行出版许可制度,因此不是所有机构都可以出版书籍;体制外的出版机构需要与一个或多个传统的出版社进行对接,通过传统的出版平台去出版图书。刚入行的编辑通常会选择体制内出版社,整体工作氛围及薪酬待遇与公务员系统相似,比较稳定。在晋升路径方面,一般是从普通编辑到资深编辑,再成为策划编辑,并有机会进入管理岗位。

---

① 张木子谧:《从法学院到传媒行业的华丽转身》,载微信公众号"D调魔法学园",https://mp.weixin.qq.com/s/mbqM9hIPoNDEO8zAiBW-IA,访问日期:2023年8月30日。

普通编辑主要是对文字进行审读加工,当基本功比较扎实以后,开始策划选题、联络作者组稿,可以独立策划自己想做的书。等到成为独立策划编辑时,工作会更加全面,对印制、销售、宣传等各个环节都比较娴熟。策划编辑非常像一个产品经理,把一本图书从无到有做出来,最后销售出去。策划编辑的待遇是与产品成果直接挂钩的。能不能策划出品质非常好的、能够满足市场需求的产品,是决定一个编辑职业上升空间的关键。②

二、法律与科技

法律数据库公司、法律人工智能公司均是借助科技结合法律专业而建构平台。这类公司正努力推动法律行业实现技术革命,期望从技术上进一步简化和方便法律人的工作,提升法律人的效率。

魔法师在讲台上边踱步边说,"技术不能替代人的决策,但可以帮助律师完成大量的信息采集处理;技术不能替代人的经验,但可以帮助律师累积更多人的经验。"

(一) 法律数据库

同学们应该都做过法律检索,想必对"北大法宝""威科先行""Westlaw""LexisNexis"等法律数据库耳熟能详。我们很难想象在若干年前法律数据库不完备时开展法律研究有多么的不便,但如今我们之所以获取信息如此便捷均受益于法律数据库的发展。在信息知识爆炸式增长的背景下,专业数据库显得愈发重要。通过实时动态更新、多维度检索,法律数据库使得浩瀚繁杂多变的法律信息变得触手可及。而法律数据库公司的发展也需要法律人与技术人员之间优势互补。

在法律数据库公司中,晋升路径一般为"助理-编辑-总监",也区分专业型人才和管理型人才;视岗位不同,日常业务可能包括案牍工作,也可能包括通过大量接触外部客户及调研以了解客户需求,接触潜在合作伙伴以寻找合作机会,与外部专家沟通以改进内容设计等。由于行业竞争激烈,在法律数据库公司的工作可能并不像大家想象的那么悠闲。但特别的是,法律数据库的用户大多是专业人士。因此,用户的每一次检索、每一个问题,专家作者的每一篇文

---

② 付业斯:《麦读:麦田里,法律出版人的耕耘与收获》,载微信公众号"D 调魔法学园",https://mp.weixin.qq.com/s/yGJpPIBGULwyE2_GQknKgQ,访问日期:2023 年 8 月 30 日。

章、每一个观点,都有助于对法律世界的新的探索。③

(二)法律人工智能

法律与人工智能技术的结合将会是今后法律发展的一大走向。目前,法院的裁判智能化已经走在了律所服务变革的前面。例如,2016 年,由最高院立项、由人民法院出版集团建设运营的法律应用数字网络服务平台"法信"上线,推出 LD 引擎和 SP 引擎,帮助用户同步实现法律事实的多维度比对,充分阅读裁判文书并自我学习进化,提升类案类判的功能。同年,浙江高院引入人工智能小 AI 做庭审笔录。2017 年,"206 上海刑事案件智能辅助办案系统"投入使用。

2016 年,IBM 推出 Ross 机器人律师,将人工智能与法律咨询链接起来。截至目前,国内已开发的 AI 法律机器人产品主要包括:无讼"法小淘"、擎盾"小法"、亿律"法小亿"、律品"小侠"、找大状"AI 法律智能机器人"、牛法网"劳动合同机器人"、法狗狗"瀛小沈"、京东"法咚咚"等。金杜律所孵化的"理脉"则引入了可视化数据查询服务。④此外,也有法律科技团队致力于革新律所管理或应用软件,例如新橙科技的"iCourt"、律谷的"法律服务网络综合信息管理系统 IMS PRO"、致力于合同库的"法天使律师助手"、获得腾讯和中信投资的"赢了网",等等。

法律人工智能公司比较看重的特质包括好奇心、热爱创新、快速学习能力、拥抱变化、坚持的毅力、独当一面的能力。具备这些特质的同学们不妨大胆尝试,为法律行业变革做出有意义的探索。

三、法律与商科

法学院和商学院的关系常常很密切,在实务工作中亦是如此。特别是在律所工作中,律师服务的客户很可能是来自商学院的同学。法律人向商科进行跨界,一般有哪些选择呢?

(一)投资银行

投行即投资银行(Investment Bank,俗称 iBank),是与商业银行相对应的

---

③ 姚雨墨:《LexisNexis China:做中国法律精英的智慧管家》,载微信公众号"D 调魔法学园",https://mp.weixin.qq.com/s/LD44VjPZqtqqPvYMPQpBZw,访问日期:2023 年 8 月 30 日。
④ 华东政法大学联合成立的中国新兴法律服务产业研究中心、律新社:《2018 中国新兴法律服务业发展报告》,载《上海法学研究》2019 年第 11 卷。

一个概念;投行是主要从事证券发行、承销、交易、企业重组、兼并与收购、投资分析、风险投资、项目融资等业务的银行金融机构,是资本市场上的主要金融中介。投资银行的组织形态主要有四种:一是独立型的专业性投资银行,如美林公司、野村证券;二是商业银行拥有的投资银行,如汇丰、瑞银;三是全能型银行直接经营投资银行业务,如德意志银行;四是一些大型跨国公司兴办的财务公司,如高盛、摩根士丹利。

国际上,四大投行一般是指美林(Merrill Lynch,2008年金融危机被美国银行收购)、摩根士丹利(Morgan Stanley,俗称"大摩")、高盛(Goldman Sachs)、花旗(Citibank)。在中国,投资银行的主要代表有:中信证券、中信建投、华泰联合、国泰君安、广发证券、海通证券、招商证券、国信证券等。国内的投行一般指证券公司的投资银行部,主要以承揽承做 IPO、再融资、财务顾问、债券等业务为主。

投行招募的人员背景比较多元,法律、会计、财务、金融、经济学、工科等专业都较常见;但投行要求每个人都是多面手,至少要掌握基本的财务知识。在工作中,法律人更多地会被要求发现和处理项目上的法律问题或与律师沟通;如果项目的法律问题比较少,也会派法律专业背景的员工处理财务问题或进行行业分析。投行最看重的特质是吃苦耐劳、勤奋好学、态度端正。具体会在后续的实务交流课中介绍,这节课不做展开。

(二)战略咨询公司

在座的同学们或许对"MBB"有所耳闻。麦肯锡(McKinsey)、波士顿咨询(BCG)、贝恩咨询(Bain)被誉为全球顶级的三大战略咨询公司。这类公司主要为各个行业的代表企业提供战略与经营方面的专业咨询服务,也是历年来商科学生的热门求职去向。

近年来,也有少数有想法且综合素质突出的法科生选择在毕业后加入战略咨询公司。法学院培养的严谨思维模式、应变能力、表达能力,都有助于日常工作的开展。此外,MBB比较看重自我驱动力、问题解决能力、领导力、对他人行为的影响力。我们同样会在后续的实务交流课中进一步介绍。

(三)会计师事务所[5]

会计师事务所是指依法独立承担注册会计师业务的中介服务机构,主要承

---

[5] 沈奕超:《寻访投行与四大中的法律人》,载微信公众号"D调魔法学园",https://mp.weixin.qq.com/s/t9Fr91ECiMtusRAHFt2ytw,访问日期:2023年8月30日。

办有关审计、会计、咨询、税务等业务。在世界发达国家,会计师事务所被形象地比喻为"经济警察"。所谓"四大",是指目前全球最大的四家会计师事务所——普华永道(Price Waterhouse Coopers,简称 PwC)、安永(Ernst & Young,简称 E&Y)、毕马威(KPMG)、德勤(Deloitte Touche Tohmatsu,简称 DTT)。

如果同学们未来考虑在投行等金融机构或战略咨询公司从业,"四大"可以很好地积累相关工作经验,作为优良的平台和跳板。法律背景不会成为在会计师事务所晋升和发展的限制,晋升和发展主要取决于"做中学"及业务表现,且对法律专业人士和其他专业人士的分工不存在明显区分。税法方向的法律人特别符合会计师事务所税务部门的工作要求,在竞争中具有优势;税务部门对财会知识的要求程度没有审计部门那么严格,通过司法考试属于面试加分项。但对于审计部门,法律人若未同时修读财会相关专业,则最好拥有注册会计师(Certified Public Accountant,简称 CPA)证书;若没有全科通过 CPA,通过会计、审计等重点科目属于面试加分项。感兴趣的同学可以积极参加"四大"举办的各类商业比赛,这些都能提高面试和录用的竞争力。另外,无论是哪个部门,"四大"对于英文口语和书写能力的要求都比较高,有时候面试中优异的英文表现比持有的专业资质证书更具决定性。

会计师事务所的工作模式类似于律所的团队制;以四大税务部为例,工作强度低于律所,忙季比较突出(年审至年度企业所得税汇算清缴)。至于福利待遇,在经理(Manager)级别之前,起薪不及领先内资律所,但会有加班费和差补;经理(Manager)级别以后和领先内资律所的平均水平差异不大;年终奖多为 1 个月工资,没有过节费或其他实物福利。"四大"的职级安排,见表 1。

表 1 "四大"的职级安排(以普华永道税务部为例)

职位	工作年限	工作内容
Associate	2 年	基本的税务研究、纳税申报、税务咨询报告撰写等
Senior Associate	2~5 年	
Manager	5~8 年	各类交付成果的审阅、客户关系拓展维护等
Senior Manager	8~10 年	
Associate Director	10~12 年	
Director		
Partner	12 年以上	

请注意,表1中的工作年限是在满足具备相关资质要求(以税务部为例,如具备 CPA 资质、注册税务师资质、司考资质,审计部门的资质要求不包括法考资质,但包括特许公认会计师公会(Association of Chartered Certified Accountants,简称 ACCA)、香港会计师公会(Hong Kong Institute of Certified Public Accountants,简称 HKICPA)、澳洲/美国注册会计师资质等)、未被延期、当年存在相关名额等条件下的最短年限。通常情况下,在经理(Manager)级别之前都可以按惯例晋升,但之后所需时间因个人能力和会计师事务所当年政策等会有所不同;表现异常优秀的当然也有机会快速晋升,所需时间会短于惯常年限。

此前,出于提供综合性服务的考虑,"四大"曾下设中国律所。其中,德勤曾下设上海勤理律师事务所,安永曾下设上海市瑛明律师事务所,普华永道曾下设北京瑞栢律师事务所、上海信栢律师事务所,毕马威曾下设上海睿威律师事务所。但受限于政策监管,前述由"四大"下设的中国律所均已于2022年下半年陆续注销。

(四)诉讼融投⑥

诉讼融投作为分担诉讼风险的一种创新方法,近年来也慢慢兴起。与常见的私募股权投资不同,诉讼融投通过为诉讼一方当事人(通常为原告)先行垫付因诉讼产生的诉讼费、律师费、公证费、保全费、鉴定费等必须支出的费用,待案件胜诉后,再收回所垫付的费用并获取案件标的额一定比例的收益。

即使在西方发达国家,诉讼融投仍然是一种新鲜事物。在我国,2015年开始出现诉讼融投公司;2016年首支诉讼融投基金——多盟诉讼融投基金设立,由深圳市摩根信通投资有限公司运营的多层次市场联盟发起,与京师律所合作管理;2017年首个诉讼融投法律公益项目成立。目前,我国的诉讼投融平台主要包括多盟诉讼融投、前海鼎颂投资、赢火虫诉讼投资、盛诉无忧。诉讼融投打造了法律与商科相结合的新模式,同学们不妨保持关注。

四、法律与人力

对于喜欢与人打交道、而非埋头于案牍工作的法律人而言,也可以考虑法律与人力资源交叉领域的工作。

---

⑥ 华东政法大学联合成立的中国新兴法律服务产业研究中心、律新社:《2018中国新兴法律服务业发展报告》,载《上海法学研究》2019年第11卷。

(一)法律培训

法律培训,是指针对特定群体进行法律知识和技能的专业性培训工作,主要包括职前培训、职业技能培训、运营管理培训。职前培训主要面向高校的法学院学生,或是志在从事法律行业的职场新人,包括法律考试培训、求职技能培训。职业技能培训主要面向已经就业的法律人(尤其是律师、法务),通过系统或专项性的课程培训,帮助其提升法律实务技能。运营管理培训主要面向律所管理层及律师,帮助律师优化管理理念,推动律所构建更加高效的运营管理服务体系。

法律培训行业中的培训者,往往是在业界具有丰富执业经验、实务技能熟练的法律人。在后续的实务交流课中,我们会重点介绍适合年轻法科生的法律考试培训,在此不做展开。

(二)法律猎头

法律猎头工作也能让法律人发挥所长。与其他行业的猎头类似,法律猎头的主要工作为:找有招聘需求的客户、根据客户的需求找到合适的候选人。所以,日常工作最多的就是跟候选人交流,了解求职状态、市场动态。

猎头行业是目前少数对年龄、资历没有特别限制的行业。换言之,资历有多深并不能决定业绩和口碑。猎头的薪酬是直接跟业绩挂钩的,类似于销售,客户和候选人都是销售的产品。因此,只要有能力,就可以快速晋升,年轻猎头拿百万年薪也不稀奇。这一行充满了多变和挑战,比较看重的特质是坚持、耐心、快速应变能力、快速学习能力、接受一切从零开始的魄力。[7]

(三)法律留学

对于英文较好的法科生,尤其是本身有留学经历的同学,也可以考虑在法律留学中介机构工作。这类公司通常规模较小,扁平化管理,比较灵活自由,薪酬待遇与业绩挂钩。

五、法律职业之外的选择

"在对法律职业进行宏观概览后,我想邀请大家认真地思考一个问题:世界失去你会少了什么?"魔法师推了推眼镜的镜框,双手撑在讲台上,头微微地抬

---

[7] Stella Sun:《剑走偏锋亦有道——法律猎头的职场抉择》,载微信公众号"D调魔法学园",https://mp.weixin.qq.com/s/wBBn03Z8K6otoWzizr-77A,访问日期:2023年8月30日。

高。"在校期间学习法学专业,毕业后就一定要从事法律职业么?如果选择法律职业之外的路径,是否意味着离经叛道?"

任何一种经历都不会白费,法学院的学习经历会内化为大家永远的财富。如果你喜欢新生事物、勇于接受挑战、逻辑思维较强、有敏锐商业直觉,可以大胆尝试投资行业的前台业务岗,投身寻找市场上有潜力的创业项目。如果你对证券市场感兴趣、热爱研究和独立思考,可以考虑担任证券研究员,在关注的行业里挑选有潜力却被市场低估的上市公司,撰写证券研究报告向基金等机构推荐。如果你渴望创造未来,甚至可以白手起家创业,挑战自己的学习能力、认知边界、执行力,无论是服装设计行业、餐饮消费行业、花艺行业,还是社会企业,都有成功转型的先例。

人是目的,不是手段。我们每个人都不应该是为了他人的需求而存在的,因此不必担忧自己原本应该被期待从事的职业。年轻就要不断去突破,只不过你要想清楚自己想走什么样的路、过怎样的生活。在职业生涯规划中,最重要的是踏出舒适区、开阔自己的视野、打开自己的格局,有目标地探寻方向,或许一转身,就能发现真正的热爱。

"解放思想,是法科生择业时应当走的第一步。接下来,我会邀请嘉宾开启 24 节实务交流课,希望大家都能找到让自己不虚此行的人生方向。"魔法师说道。

小 D 速记

法科生可以选择从事法律职业中与其他行业的交叉领域;虽然显得新兴或小众,但颇具发展前景。

在法律与传媒交叉领域:报社和杂志期刊社、出版社的薪资待遇与公务员单位、事业单位大致持平,比较能平衡工作和生活。

在法律与科技交叉领域:法律数据库、法律人工智能的相关企业比较适合具有好奇心、快速学习能力、热爱创新的法科生。

在法律与商科交叉领域:投行、战略咨询公司、会计师事务所的工作强度与领先律所相当,能收获具有市场竞争力的薪资待遇;诉讼融投打造了法律与商科相结合的新模式。

在法律与人力交叉领域:法律培训、法律猎头、法律留学比较适合喜欢与人打交道、而非埋头于案牍工作的法律人。

法科生可大胆探索法律职业之外的选择。在职业生涯规划中,最重要的是踏出舒适区、开阔视野、打开格局,有目标地探寻方向,发现真正的热爱。

贰

众里寻他

法律职业的16种热门选择

甲 ONE
律师事务所

内所

- 内所业务类型
- 内所工作内容
- 内所组织架构
- 内所进入路径
- 内所薪酬待遇
- 内所工作环境

内所业务类型：总有一类感兴趣*

国庆过后，终于迎来了"法科生的明天"课程的第1节实务交流课。小D摸了摸包里的沙漏，对接下来的课程内容和实习体验既紧张又兴奋。在拿到魔法师给的沙漏后，小D找了一位据说拿过沙漏的学长打听，但学长神秘兮兮地说，你上完了课就知道了，不愿多说。这实习体验课程是真的这么神奇，还是魔法师在故弄玄虚？

"同学们好！如开学第一课所提及，这门课会安排24节实务交流课，分别由一位业内的资深人士作为特邀嘉宾，针对各个法律职业展开30分钟的深入介绍，并与大家进行10分钟的问答互动。我们总计会展开介绍16种法律职业的选择。其中，大多数同学关注的内所会占6节课、外所占4节课；介绍完律师事务所后，我们再看看公共事业单位、企业法务合规、法律交叉领域的其他选择，每1种选择占1节课。"

魔法师接着说道，"今天是我们的第1节实务交流课。我邀请到了一家知名内资律所的资深合伙人A律师作为主讲人，为大家介绍内资律所之业务领域选择。"

"谢谢魔法师！很高兴能够跟同学们分享内资律所的业务类型。想必同学们还对高考后填报志愿的纠结、挣扎还历历在目吧？对着那本厚厚的填报指南翻来翻去，可能不少同学最后还是稀里糊涂选了现在的学校和专业。对于选择日后从事律师职业的同学们，那可能你们很快又得再纠结、挣扎一次了。你们觉得应该要怎么选择律师的业务领域呢？"

同学们七嘴八舌，有的说选自己最喜欢的；有的说选自己成绩最好的；有的说律师就要啥都懂，多涉猎；有的说选最赚钱的业务领域，例如资本市场之类的；有的说要选能够维护社会公平正义的业务领域……

---

* 本部分公益导师:李立坤,北京大学工商管理硕士、汕头大学法学学士,现任上海市锦天城(深圳)律师事务所高级合伙人,担任深圳国际仲裁院等十多家仲裁机仲裁员,被评为广东省优秀律师、《亚洲法律杂志》"中国十五佳诉讼律师"、Benchmark Litigation 中国诉讼之星、钱伯斯"公司/商事:广东地区"推荐律师、《The Legal 500》争议解决(诉讼)推荐律师。
志愿者:刘燕彬,复旦大学法学硕士、外交学院法学学士,现任职于方达律师事务所。

A 律师说,大家的这些选择标准都是可以的,但同学们是否想过,你现在最喜欢的或者成绩最好的,就一定代表你成为律师后也会喜欢或者表现出色吗?现在最赚钱的,等十年后是否还是最赚钱的呢?

一、业务领域概览

同学们觉得,你们有多少业务领域可以选择呢?不如同学们先来看看表1,你们面前的选项究竟有多少吧!

表 1 部分法律业务领域

行政法	海商法	ADR(替代性争议解决)	破产	公司商事
合同法	建筑工程与基础设施	刑事业务	网络安全与隐私保护	婚姻家事
劳动法	娱乐法	环境法	医事法	保险法
知识产权法	能源	房地产	税法	信托
体育法	银行与融资	竞争法	争议解决	国际贸易
合规	国际贸易	航空法	并购重组	互联网与信息技术

对于想要进一步了解不同业务领域具体内容的同学,可以参考中华全国律师协会编制的《律师业务操作指引》。

同学们看到表 1 后,议论纷纷。小 D 心想,上面既有平时学习过的部门法,如合同法、环境法、知识产权法,但也有些自己比较陌生的领域,如网络安全与隐私保护、ADR、体育法、合规等。

A 律师说,表 1 上列的领域只是众多可选业务领域的一部分,并非全部。部分业务之间也可能会存在交叉,仅供大家参考。大家对自己日后想要从事的领域是否心中有数呢?是否仍然对未来的方向感到一头雾水?

看到同学们摇摇头又点点头,A 律师说,大家不用担心,我相信通过今天的交流,你们会对未来的选择增添一些信心!

二、A 律师的故事

首先,我和大家分享一下我的择业经历。我 2001 年开始在深圳执业,当时的法律市场和现在差异很大。一开始我从事的业务也比较杂,业务领域相对来说不像现在这样细分,律师像个"万金油",什么业务都做,但都做得不深。但当时这些"万金油"的业务,也逼迫着我快速成长。我通过多学习、多向资深律师请教的方式,不断熟悉新的业务领域,在这个过程中不断完善自己的知识结构。

1. 从"万金油"到"专业化"

几年后,我因为在前期的工作中提升较快,有机会转到所里一个非常优秀的团队,开始专门从事破产清算、公司及金融银行业务,一步步走向了专业化的道路。对于破产清算业务,其实我一开始是很抗拒的,觉得这个业务听起来不好听,不够"高大上"。但是,经过实际接触后,我发现这种片面的理解是不对的。对每一个业务领域而言,律师在入行前和入行后看到的东西往往都是很不一样的。实际上,破产清算会涉及很多方面,是一个综合性的业务,对律师的知识面、项目经验都有着较高的要求。首先,破产管理人需要接管企业,这要求律师需要掌握公司治理方面的知识。其次,破产管理人需要处理公司的债权债务问题,这要求律师需要掌握公司财务方面的知识。最后,公司一旦进入破产程序,还会涉及诸多的诉讼,管理人也会作为公司代表应诉,也会涉及各种不同类型的诉讼案件,这要求律师需要有良好的诉讼能力。此外,因破产项目涉及公司、股东等各方的利益,这要求律师要从商业和法律架构的角度考虑重整方案,对项目的整体把控能力也有较高要求。

在这个团队工作十年后,我成了事务所的高级合伙人,也继续带领一批青年律师进行业务的深耕。后来,为了使业务领域更集中化,我进一步将业务聚焦到诉讼仲裁里的公司类诉讼仲裁以及公司收购兼并。我也是在做了十年业务的过程中,发现自己对诉讼仲裁方面有很强的兴趣,因此选择专注在这一方面。选择诉讼仲裁和并购这两块业务领域也是基于防范系统性风险的考虑。一般来说,在经济上行时期,并购业务相对会更活跃。在经济下行时期,企业间的纠纷会更多,诉讼仲裁业务相对会更活跃。因此,在经济上行和下行时期,我都可以有一个支撑性的业务,业务之间可以实现互补。

2. 业务领域的选择与定位

我猜你们现在心里在想,十年的时间太久了,有没有什么方法能尽快了解和选择适合自己的业务领域呢?

我们来看看有哪些因素会影响你的业务领域选择,个人兴趣、特长、业务领域的发展空间、进入难度、利益回报、声誉回报等都是你可能需要考虑的因素。首先,我认为需要结合个人的特长和喜好,选择你既喜欢同时又能坚持下去的职业。就像乔丹说的,如果你深爱一件事,如果你对一件事充满激情,那你会把它做到极致。这句话对于律师行业尤其是如此。如果你希望可以避免冤假错案、维护社会正义、喜欢挑战,可以选择刑事辩护;如果你对商业敏感、对金融感兴趣,可以选择银行金融、私募等业务;如果你擅长英语或其他小语种,则可以选择不同业务领域中的涉外业务。

大家在入行前,往往会将自己定位为"诉讼"律师或"非诉"律师,我从事的业务领域,公司类诉讼仲裁和公司并购业务恰好横跨诉讼和非诉业务。诉讼仲裁业务即所谓"诉讼"业务,但如今大家更倾向于用"争议解决"进行介绍,把仲裁、调解等形式囊括进来。争议解决律师直接面对的是法院或仲裁机构,对律师能力的要求侧重于"适用法律",需要律师在个案中全面把握争议事实,准确理解法律,相对更注重逻辑思维和辩论思维,需要有效替客户解决争议。并购业务为典型的"非诉"业务,律师主要面对的是企业客户,对律师能力的要求侧重于"理解商业目的",需要律师具有更多的商业思维,理解客户商业模式,分析公司的价值,发现公司的法律风险,对并购交易进行设计。除法律之外,一名优秀的并购律师需要了解财务、税务、公司治理、行业运作等方面的知识。

但业务领域的选择不是一蹴而就或者一劳永逸的,尤其是你在读书期间的想象,和你最终在工作中的体验可能有很大的差异。这意味着你需要把眼光放长远,可能需要你花 2~3 年的时间才能够比较好地确定自己擅长的业务领域。你在考虑具体业务领域之前,需要首先明确自己的优势、劣势以及个人的性格特点。每个人都有优缺点,以我自己的团队为例,在工作过程中,有一类人思维缜密、考虑周全,精于文笔,但为人腼腆,不善于和客户打交道,如果让他承担外派、联系客户等外向型的工作,他会感到压力,内心也会比较抗拒。另一类人则善于与客户沟通,能够随机应变,并通过他的沟通表达,让客户迅速了解到问题的核心,在沟通过程中愉快地接受律师提出的方案。如果你没有一些前期感受的过程,不了解自己的性格特点,单凭想象或者一些道听途说的信息就决定业务领域的话,可能未必能够选择最适合自己的业务领域或业务类型。

因此,我建议你们在校期间通过参加模拟法庭、相关领域的专业竞赛、实习等方式来帮助你了解自己的兴趣,并对相关业务领域有一个初步的了解。就争议解决领域来说,目前有非常多的模拟法庭竞赛,涉及国际法、民法、刑法、知识产权法、商事仲裁等领域,例如杰赛普(Jessup)国际法模拟法庭、国际刑事法院(International Criminal Court,简称 ICC)模拟审判竞赛、威廉维斯(Willem C. Vis)国际模拟商事仲裁竞赛等。在参加的过程中,一方面,你可以接触到模拟案例,通过自己的检索、写作、上场陈述等,提前体验争议解决律师的感受;另一方面,在这个过程中,你也会接触到很多担任比赛评委的专业人士,他们的建议和认可都会为你的业务领域选择提供方向,并且你也可以积极地与这些评委交流,通过赛后晚宴、邮件等方式联系,了解相关业务领域,并获得实习机会。

此外,对于律师个人而言,从事不同业务领域今后的发展空间也不尽相同。争议解决律师和非诉律师后期均可发展成为各自业务领域的合伙人。作为律师来说,只要业务能力强,扎扎实实地服务好客户,一般都可以成长为受人尊敬的合伙人。如果选择离开律所,诉讼律师也可以考虑担任企业法务,甚至担任或兼任仲裁机构的仲裁员等社会职务。非诉律师(以并购律师为例)在从业过程中有机会接触很多中介机构、私募股权/风险投资(PE/VC)、企业高管等方面的人员。部分并购类律师也可以考虑将业务领域拓展至首次公开募股(Initial Public Offerings,简称 IPO)、私募股权投资等其他资本市场领域。如果离开律所,并购类律师还可考虑转至证券事务代表、董事会秘书、投资机构法务等职务。

3. 新兴或小众业务

相较于传统业务,也有一些新兴业务领域产生了大量的法律服务需求,值得大家关注,见表2。年轻律师可以抓住机会,深入钻研,成为这些新兴领域的专家,脱颖而出。对于同学们来说,在这些领域钻研投入,更可能够带来意想不到的收获。

表2 部分新兴或小众业务领域

新兴业务领域	具体内容
私人财富管理	随着个人财富的增长,客户对于诸如信托、财产规划、高端家事、婚前协议等法律服务有着巨大的需求,国内亦有越来越多不同业务背景的团队正在进入这一快速增长的法律业务领域。
娱乐法	近年来,中国影视产业、音乐游戏产业等娱乐产业发展迅猛。据工业和信息化部《2018年中国泛娱乐产业白皮书》显示,2017年泛娱乐核心产业总值达5484亿元,已经成为数字经济的重要支柱和新经济重要引擎①;根据有关研究报告②,2019年泛娱乐核心产业总值约为7770亿元,2020年泛娱乐核心产业总值突破1万亿元。云计算、人工智能、5G、物联网、区块链等新一代信息通信技术的快速发展,也将为泛娱乐产业带来发展新机遇,由此也催生了"娱乐法"这一成熟的细分业务领域。

① 《泛娱乐产业渐成数字经济重要支柱》,载中华人民共和国文化和旅游部官网,https://www.mct.gov.cn/whzx/bnsj/whcys/201809/t20180903_834532.htm,访问日期:2022年5月30日。

② WuYaNan:《泛娱乐产业迎发展新机遇 2022泛娱乐发展前景及未来趋势分析》,载中研网,https://www.chinairn.com/scfx/20220208/133739487.shtml,访问日期:2022年5月30日。

（续表）

新兴业务领域	具体内容
体育法	2019年9月,国务院办公厅印发了体育强国建设纲要。③ 要实现建设体育强国的目标,离不开"体育法"的保驾护航。2021年6月,国际体育仲裁法庭就"孙杨暴力抗检事件"宣布了重审结果④,法庭认为孙杨违反了相关药检规则,裁决孙杨禁赛4年3个月。2022年3月,孙杨最终上诉被瑞士最高院驳回,4年零3个月禁赛结果被维持。孙杨一方在案件庭审的表现备受争议,体现了我国目前对于体育仲裁的争议解决方式还不熟悉,以及在体育法研究和人才储备上的不足。目前我国体育的蓬勃发展以及国际上广泛使用仲裁作为争议解决方式的背景都揭示着"体育法"会是另一个法律蓝海领域。
数据合规	伴随全球数字化进程和疫情影响,全球数据体量呈现指数型增长态势。截至2021年7月,上市23家网络安全企业,产业总市值已经超过5000亿元大关⑤。随着《数据安全法》《个人信息保护法》等法律的实施,在政策的加持下将会有更多的资本关注到网络安全产业。未来在政策与资本的助力下,国内网络安全产业将进入快速发展期,数据合规将成为法律人的业务蓝海。

A律师进一步解释道,魔法师在之前的"外资律所之在华发展面面观"一课中已经向大家介绍了目前较受认可的法律评级机构及外资律所的优势业务。同样的,在大家通过商业评级机构了解内资律所的优势业务时,应当更多着眼于对内资律所业务及项目的介绍、业务合伙人的背景和业绩、团队成员组成、团队氛围、业务发展前景和行业竞争情况等因素综合考虑,而不仅是参考排名,见表3、表4。多方了解,兼听则明。

---

③ 《国务院办公厅关于印发体育强国建设纲要的通知》,载中央人民政府网站,http://www.gov.cn/zhengce/content/2019-09/02/content_5426485.htm,访问日期:2022年5月30日。

④ The Court of Arbitration for Sport, "Media Release CAS DECISION IN THE MATTER WORLD ANTI-DOPING AGENCY(WADA) V. SUN YANG AND FÉDÉRATION INTERNATIONALE DENATATION (FINA)", https://www.tas-cas.org/fileadmin/user_upload/CAS_Media_Release_6148_Decision_June21.pdf, last visited on May 30, 2022.

⑤ 《中国网络安全产业分析报告(2021年)》,载安全内参网,https://www.secrss.com/articles/37645,访问日期:2022年5月30日。

表3 2022年各业务领域领先内资律所
（以钱伯斯为例，机构以简称拼音字母排序）⑥

业务领域	钱伯斯（Chambers & Partners）《大中华区法律指南2022》（Chambers Greater China Region 2022）⑦
银行与金融	德恒、大成、方达、奋迅、环球、锦天城、君合、金杜、竞天公诚、通力、中伦
资本市场（国内发行）	德恒、方达、国枫、国浩、观韬中茂、海问、环球、嘉源、锦天城、金杜、竞天公诚、君合、康达、上海澄明则正、天元、通力、中伦
公司并购	达辉、德恒、大成、方达、国浩、观韬中茂、环球、海问、汉坤、汇业、锦天城、嘉源、君合、金杜、竞天公诚、金诚同达、通力、天元、通商、中伦、昭胜年利达
争议解决：仲裁	安杰世泽、北京天达共和、德恒、大成、达辉、方达、奋迅、观韬中茂、汇仲、环球、虹桥正瀚、汉坤、锦天城、金杜、竞天公诚、君合、金诚同达、京都、康达、上海博和汉商、通商、天同、通力、天元、中伦
知识产权（诉讼）	安杰世泽、北京正见永申、北京天驰君泰、大成、达晓、方达、高文、环球、华诚、汉坤、浩天信和、锦天城、君合、京都、金诚同达、金杜、集佳、隆安、罗杰、联德、立方、融力天闻、柳沈、万慧达知识产权、协力、永新专利商标代理有限公司、中伦、铸成
国际贸易/世贸：应诉方	北京天达共和、大成、高朋、广盛、浩天信和、环球、锦天城、金诚同达、金杜、君合、君泽君、瑞银、中伦、中银
投资基金	方达、国浩、环球、汉坤、锦天城、竞天公诚、君合、金杜、通力、中伦
房地产	大成、方达、观韬中茂、汉坤、锦天城、建纬、金杜、君合、上海邦信阳中建中汇、天元、中伦、中伦文德

表4 2022年各业务领域领先内资律所
（以LEGALBAND为例，机构以简称拼音字母排序）⑧

业务领域	2022年度LEGALBAND中国顶级律所排行榜⑨
证券与资本市场（境内发行）	澄明则正、大成、德恒、方达、国枫、国浩、观韬中茂、海润天睿、海问、浩天、汉坤、环球、锦天城、嘉源、金杜、竞天公诚、君合、君泽君、康达、世辉、天元、通力、通商、信达、植德、中伦

⑥ 本表按照各机构简称拼音字母排序，排名不分先后，本表不作为律所推荐排名。

⑦ Chambers & Partners, "Chambers Greater China 2022", https://chambers.com/legal-guide/greater-china-region-116/download, last visited on May 30, 2022.

⑧ 本表按照各机构简称拼音字母排序，排名不分先后，本表不作为律所推荐排名。

⑨ 《2022年度LEGALBAND中国顶级律所排行榜》，载微信公众号"LEGALBAND"，https://mp.weixin.qq.com/s/edWkJdiPPCdE7jlfgSkosw，访问日期：2022年5月30日。

(续表)

业务领域	2022 年度 LEGALBAND 中国顶级律所排行榜⑨
争议解决(诉讼)	安杰、段和段、奋迅、方达、国枫、国浩、观韬中茂、浩天、恒都、虎诉、环球、虹桥正瀚、锦天城、己任、金杜、竞天公诚、君合、兰台、天达共和、天同、天元、通力、通商、卓纬、中伦
反垄断与竞争法	安杰、达辉、大成、德恒、道可特、方达、观韬中茂、汉坤、环球、海问、汇业、锦天城、金杜、君合、竞天公诚、己任、嘉润、立方、尚伦、世辉、天元、天地和、通力、通商、植德、中伦
证券与资本市场（境外发行）	安杰、百宸、澄明则正、大成、德恒、方达、国浩、观韬中茂、海问、汉坤、环球、锦天城、嘉源、金杜、竞天公诚、君合、世辉、天元、通力、通商、中伦
银行与金融	方达、观韬中茂、海问、汉韬、汉坤、环球、锦天城、金茂凯德、金杜、竞天公诚、君合、君泽君、世泽、泰和泰、天达共和、通力、中伦、中银
公司并购	达辉、大成、德恒、方达、国枫、国浩、观韬中茂、海问、汉坤、汇业、环球、锦天城、嘉源、金茂凯德、金杜、竞天公诚、君合、柯杰、权亚、世泽、天达共和、天元、通力、通商、元达、中伦
网络安全与数据合规	安理、安杰、百宸、达辉、大成、道可特、汉坤、汇业、环球、锦天城、己任、金茂凯德、金杜、竞天公诚、世辉、泰和泰、天达共和、天元、通力、中伦、中伦文德
证券与资本市场（并购重组）	大成、德恒、国枫、国浩、观韬中茂、海润天睿、湖南启元、环球、锦天城、嘉源、金杜、江苏世纪同仁、竞天公诚、君合、康达、立方、天元、通商、万商天勤、植德、中伦
资产证券化与衍生产品	大成、德恒、奋迅、汉坤、汇业、环球、锦天城、金杜、竞天公诚、君泽君、融孚、天元、植德、中伦、中银
税务	海问、华税、环球、锦天城、金杜、金诚同达、明税、天驰君泰、中伦、左券

小 D 的沙漏时刻

小 D 已经进入律所的知识产权组实习将近一个月，对知识产权业务有了初步的了解。今天正好是实习生们聚餐的日子，几位实习生们在饭桌上交流着各自的实习体验和心得。大家都在不同的业务组实习，是个了解不同业务领域的好机会，小 D 提议大家各自向小伙伴们介绍自己所在的业务组的业务内容，让大家以后在找工作时可以有更好的参考。

小 A：我在资本市场组，主要做港股上市的招股书验书以及上市后公司的合规披露业务。验书业务主要是对草拟的招股书中的每句话提供支持性文件，进行验证说明。支持性文件来源包括行业报告、财务报告、公开信息以及目标公司提供的规章制度、销售数据、高管资料等文件。合规披露业务则包括准备已上市公司的各类报告(如年度报告、中期报告)、公告(如重大交易公告)、通知(如股东大会通知)等。

小B:我在婚姻家事组,主要聚焦于家事诉讼,我所在的团队主要是在高端家事领域为一些福布斯榜、胡润榜富豪提供离婚、分家析产、继承、公司僵局处理等家事法律服务,也协助客户处理财富传承安排(如信托等)。

小C:我在合规调查组,主要业务涉及公司内部合规制度的构建、完善,对于员工违反公司合规要求进行调查、访谈,如贿赂政府机关、商业贿赂、串通招投标、违反公司报销政策等方面。我们团队也有并购过程中的合规调查业务,主要是为了确认目标公司在取得证照过程中是否合规,内部制度是否合规,也会关注目标公司及其高管是否曾因不合规事由受到刑事或行政处罚。

小D:我在知识产权组,会涉及商标、著作权、不正当竞争业务。我们团队也有专利业务,但专利业务需要有理工科背景,我是纯文科出身的,所以没法参与到专利业务里面。我主要是处理知识产权非诉业务,包括为外资公司设计品牌入华的整体注册及保护方案,审阅知识产权许可协议,进行线上维权投诉,为客户提供品牌维权、不正当竞争方面的法律意见等。

三、问答环节

同学们,介绍了这么多,下面是问答环节了,大家有什么问题都可以踊跃发言。

问:A律师,我想请教一下,您认为年轻律师应该一开始就选定一个方向,还是先进行不同方面的尝试呢?

答:我觉得年轻律师在刚刚工作的阶段,应该多尝试几个不同的领域。尝试完之后,再去挑一个感兴趣而且能够做得好的领域把它做精。以我自己的团队为例,团队中的低年级律师基本上是属于几个组通用的。以我的经验来说,如果年轻律师在进入律师行业时就挑一个非常细分的领域去钻研的话,他进步会很快,但问题是,在没有成为通才之前成为专才,对他来说会非常危险,因为他并不知道在他所从事的业务领域以外还存在哪些风险。我曾在律师协会面试过一个处理IPO业务的实习生。他对于IPO方面的问题能够对答如流,但对于IPO以外的问题而言,他的知识结构非常欠缺。这里面有一个逻辑悖论,就是:"你永远不知道你不懂哪些东西"。这意味着如果他离开了现有领域,或是领域稍稍扩张的话,他的知识结构将难以支撑。从律师协会惩戒的数据来看,其实很多律师是因为不了解自己领域外的规则而触雷,受到惩戒。因此,我建议年轻律师先多接触不同的领域,之后再往专业化发展。

问:A律师,您觉得不同领域的经历对您的执业发展有帮助吗?

答:以我自己的经验来说,跨业务领域的经验是很有帮助的。比如在诉讼仲裁、公司并购过程中,我会利用我原来在破产清算业务中积累的经验去对合同进行优化,我认为这个优势是很明显的。很多非诉律师起草的合同,因为没有诉讼经验,可能会注意不到一些隐藏的问题,而基于过往的经验,我很快就能发现合同的问题。我认为不同的背景的人看同一份合同,最终得出的结论是不一样的。而接触不同业务领域,能够扩展你的知识面,让你发现一些别人可能没注意到的问题,从而使自己在市场中更具有竞争力。

问:如果我进入了一个领域,做了一段时间,但是发现自己并不喜欢这个领域,我该怎么做呢?应该转换业务领域还是再坚持一下呢?

答:如果你是刚刚开始一两年,但并不喜欢自己从事的业务领域的青年律师,我觉得这个时候你应该适当坚持现在的业务领域,至少要做到熟练运用。没有任何一天的锻炼是白费的。从律所招聘的角度来说,如果一个人跳槽或者转变业务领域很频繁,例如不超过一年或者一年多就转变一次,那我往往会觉得这个年轻人缺乏恒心和韧劲,可能会认为他很难把业务做好。如果年轻律师在很短的时间内,一直在改变业务方向,这可能不利于成长。我的建议是,至少在你的第一次选择里,你要"扎进去"。你第一次选择的事务所、团队和这个团队的领头人,很大程度上决定了你的思维模式、业务方向以及业务如何去做、怎么做好的问题。前面的这种职业启蒙是非常有意义的。等你工作三年之后,你再去看,你前三年究竟有什么收获,有没有兴趣继续去做,还是说觉得现在的领域不适合自己,想要改变业务领域。当你想要转变业务领域,新的律所往往会询问你转变的原因时,你可以通过三年时间的沉淀和反思,也能给出一个更清晰、更有说服力的答案。

问:那等到三年的时间点还想要转变业务领域时,有什么需要注意的地方吗?

答:如果到第三年的时候你想转变业务领域,我觉得要注意几个问题。一是稳妥转变,留好退路,在转变的同时,尽量保持自己在原有业务领域的积累,两条腿走路,切忌完全放弃自己的"老本行",避免出现失去业务收入来源的情况。二是考虑业务前瞻性,例如要研究国家的政策导向、行业发展前景、竞争情况等。你要去判断未来的五年、十年甚至更长时间,哪些业务领域会有更好的发展前景。很重要的是,年轻律师不能只埋头苦干,需要去和资深律师多进行交流。现实中,要年轻律师自己总结出自己的性格特点及专长是比较难的,而资深律师、合伙人能够通过日常工作了解到你的特点,帮助你更好地了解自己,选择适合自己的业务领域。此外,我也建议年轻律师除了在法律方面钻研外,多通过阅读、交流等,了解行业的最新发展方向,找准下一个风口,实现突破。

问:心仪的业务领域比较冷门,没有招聘需求,是否退而求其次从事自己不喜欢的其他热门领域?

答:如果你正好处于求职期,而心仪的领域没有招聘需求,我的第一个建议并不是选择其他自己不喜欢的领域,而是建议你可以先首选工作内容或工作方法与心仪领域存在交叉的业务领域来做。这样考虑有几点原因:首先,如果决定进入律所发展,时间是很宝贵的,与其空等或从事其他毫不相干的工作,不如先入门干起来,实践出真知。其次,律师的业务领域虽多,但其实部分业务领域之间的工作方法和法律运用总有相同或相似之处,你也可以考虑先加入这类领域。例如有些同学可能对娱乐法感兴趣,而娱乐法很大一部分业务涉及电影、电视、戏剧、音乐等主要娱乐媒介有关的合同、知识产权法律问题,那么在市场缺乏相关岗位时也可以考虑先加入知识产权团队锻炼提升,同时学习娱乐法方面的其他专业知识,今后市场上出现自己梦寐以求的招聘时,你已经在相关领域有工作经验了,会更具市场竞争力,更能抓住难得的机会。

问:资本市场、PE/VC、银行业务接触的公司和项目似乎都很高大上,也很赚钱,但是听说也非常辛苦,该不该选择非诉业务作为自己的业务领域呢?

答:业务是否高大上、能够实现高收入、工作强度高不高、是否具有成就感确实是每一人在择业过程中或多或少都会去考虑的问题,但坦率地讲,对这些业务的第一感观可能与现实的律师工作存在一定的偏差。对一个老律师而言,经常会说的是,"三百六十行,行行出状元",并没有所谓那个高大上的问题。就资本市场业务来说,初级律师的日常工作长期需要出差,常常待在项目公司的办公室里核查底稿、整理资料、处理基础的文字工作,有些律师在边远的项目现场待久了,与公司员工打成一片,与高大上"名不副实"。其次,是否选择从事资本市场、PE/VC、银行业务,我认为还应当考量更多、更全面的因素。其中最需要考虑的,我认为就是在进行了综合判断之后,你是否真正对这些领域的工作内容感兴趣、这些领域是否可以支持业务未来的发展需要、这些业务领域是否能够激发你的主观能动性、你是否愿意为了它"衣带渐宽终不悔";如果能够达到这种境界,那么你作出的选择一定是正确的。

小 D 速记

入行前设想的业务内容和入行后实际接触的可能非常不同,在校期间可以通过实习、参与相关模拟法庭或专业竞赛等方式了解该业务领域的实际情况。

选择业务领域时应当着重考虑自己的兴趣,以及考虑该业务领域的能力要求以及个人兴趣、特长等是否与之匹配。

"三百六十行,行行出状元"。业务领域的发展空间、金钱回报、声誉回报等因素,在自身能力突出的条件下,均有很高的上限。

年轻律师可以走"由广到精"的发展路线,先完善自己的知识结构,积累经验,再选择一个感兴趣且有能力做好的领域深耕。

前期跨领域的经验也是有帮助的,跨领域的业务经验能够提供不同的思考视角和更广的知识背景。

转换业务领域比较好的时间点是工作 3 年后。此时转换应当注意自身的性格特点是否适合、该业务领域抵御风险的能力及国家政策导向等。

在感兴趣的业务领域没有相关招聘需求时,可以先从与该业务领域关联性较大的业务领域开始,学习积累一些共通经验和技能,为后续转向感兴趣的业务领域提升自己的竞争力。

内所工作内容:中国法的实操场[*]

"同学们好,今天是我们的第 2 节实务交流课,主题为内资律所之工作内容。本节课依旧由我们的老朋友、知名内资律所的资深合伙人 A 律师作为特邀嘉宾主讲。"魔法师介绍道。

A 律师说,"谢谢魔法师!经过上一节课的学习,有志于在内所发展的同学们对自己的'志愿填报'应该有一点想法了。那'志愿填报'之后大家应该做些什么呢?

"大家有设想过自己成为律师之后的生活吗?是每天西装革履进出高级办公楼?是每天喝着咖啡和客户谈笑风生?还是通宵达旦加班处理证据材料和文书?抑或神情严肃地代表客户与对家在电话会议上谈判?"

阶梯教室内顿时响起嗡嗡的小声讨论。看得出来,同学们对于未来的律师生涯充满期待,同时也担心自己能否应对挑战。

A 律师说:"那今天我们就从纵向和横向两个维度了解一下律师日常的工作内容吧。"

一、纵向:律师的升级打怪之旅

律师在不同的阶段所承担的工作内容有什么差异?小助理又是如何一步步升级打怪成为大律师的?我把律师的升级打怪之路划分成三个阶段向大家说明。

(一)低年级律师(含律师助理、实习律师):学习、融入、提升

一般执业两年以内的律师、尚未通过司法考试的律师助理以及实习律师会被划入低年级律师的行列。刚毕业的应届生无论是否通过司法考试,都需要从律师助理做起。低年级律师一般从学校毕业不久,在校期间完成了法律知识的原始积累,知识结构完整,但实务经验匮乏,这个阶段需要协助中、高年级律师

---

[*] 本部分公益导师:李立坤,北京大学工商管理硕士、汕头大学法学学士,现任上海市锦天城(深圳)律师事务所高级合伙人,担任深圳国际仲裁院等十多家仲裁机构仲裁员,被评为广东省优秀律师,《亚洲法律杂志》"中国十五佳诉讼律师"、Benchmark Litigation 中国诉讼之星、钱伯斯"公司/商事:广东地区"推荐律师,《The Legal 500》争议解决(诉讼)推荐律师。

志愿者:刘燕彬,复旦大学法学硕士、外交学院法学学士,现任职于方达律师事务所。

做一些基础的事务性工作,包括法律法规的检索、案例检索、资料收集整理、案件研讨以及一些简单的文书写作的工作。在这个过程中,低年级律师可以得到法律研究能力的培养,从各种类型的实际案例和项目中获得实务经验和对法律更深层次的理解,同时也能够提高文书写作能力、表达能力和逻辑思维能力。除此之外,低年级律师作为新人,可能还需要处理一些日常辅助性、事务性、行政性的工作,例如打印、扫描、复印、装订文件、整理案件材料、送达文件等。这些事务,一方面能让律师助理和低年级律师了解团队和律师事务所的工作习惯和文化;另一方面也能让他们熟悉各项工作流程。

低年级律师的发展快慢有内在因素和外在因素两方面的影响。从内在因素来看,从基础工作做起的低年级律师,需要在学会基础的工作方式、思考方式以及适应所在律师团队的文化后,逐渐把个人强项发挥出来。相对于中、高年级律师而言,低年级律师的可塑性强,基于每个低年级律师不同的性格、思维方式、努力程度等,今后成长的维度和速度也会出现些许差异。从外在因素来看,对于初次进入律师事务所的低年级律师来说,其所选择的律师事务所、团队和这个团队的领头人,很大程度上会决定日后的思维模式、业务方向以及工作方式。职业启蒙对低年级律师来说尤为重要,合伙人和高年级律师在日常工作中,一般会适时对低年级律师进行业务指导和培训。受到怎样的言传身教,对低年级律师的价值观塑造会有重大的影响,也往往会影响低年级律师日后能够达到的职业高度。"严师出高徒"在律师行业里是非常典型的情况,很多律师在入行若干年后,往往都会对指导律师当年的严格要求心存感激。

低年级律师在入行之前对律师行业的理解与实际的行业情况往往存在很大差异,而且即便都是从事律师行业,就职于不同律师事务所、不同团队、不同的业务方向,对工作和追求的理解也会存在显著不同。因此,如果能够选择一个对的律师事务所、一个对的团队、一个感兴趣的业务领域,加上自己的努力,往往在律师成长道路上可以做到事半功倍的效果。对于低年级律师来说,如果希望尝试或已经下定决心从事律师行业,建议花时间去观察、了解律师行业,学会适应所在的律师事务所和团队。对于刚进入事务所的低年级律师,特别是律师助理、实习律师,需要尽快了解律师行业的整体状况,熟悉律师事务所和团队的管理文化、价值文化,尽快适应和融入,学会用律师的思维模式思考问题。我们也非常强调,低年级律师必须接受事务所的培训,通过事务所的培训,包括基本技能、操作系统、文化等方面的培训,让自己短时间内融入律师事务所的氛围,增加对律师事务所的认同感。

低年级律师还有一项很重要的工作,即协助合伙人和高年级律师进行与客户洽谈前的准备工作。如何与客户打交道是一门很大的学问,除法律涉及的专业问题之外,还需要考虑到方方面面。刚入职不久的实习律师和律师助理,一般需要协助合伙人和高年级律师对拟洽谈的内容进行充分的前期准备,例如对客户以及会议初步议题进行全面的检索,包括客户的主营业务、企业规模、同业竞争情况、在先法律纠纷以及与会议议题相关的背景信息、法律检索等,以为后续的洽谈打好基础。有的合伙人和高年级律师也会让低年级律师参与洽谈,让低年级律师从中观摩,学习如何与客户打交道。有些管理比较规范的律师事务所往往还会制定一些接待和会务的规则,并提供职业礼仪培训,供低年级律师学习、提升。

(二) 中年级律师:认可、担当、衔接

中年级律师,往往也称作主办律师,一般至少在律所工作满三年以上。中年级律师需要掌握一定的办案能力或项目推进能力,能够和客户有效沟通,对常规案件或项目能提出解决方案、能搭建起法律意见的基本框架、能够处理客户大部分的日常法律事务。对于诉讼律师而言,中年级律师要具备独立的出庭能力;对于非诉律师而言,中年级律师要具备独立的项目工作的处理和沟通协调能力。中年级律师是团队不可或缺的重要支撑和中坚力量。

现实中,中年级律师即便有三年以上的律所工作经验,此时大部分律师还未满30周岁。对于一些企业客户,尤其是大企业而言,中年级律师的从业资历仍然较浅,社会经验及履历稍有缺乏,也往往还未形成靓丽的个人业绩,因此,中年级律师独立获取大客户的充分信任还存在一定困难。因此,中年级律师往往需要借助高年级律师和合伙人的支持与配合,才有可能够获得客户的充分信赖。特别是对于一些复杂的非诉项目或者重大诉讼仲裁案件,律师事务所往往也会配备合伙人或高年级律师来牵头,帮助中年级律师发现思维上的一些盲点,确保工作得以顺利高效地推进,并对执业风险进行控制。

对于中年级律师自身而言,在初步选定专业发展方向后,应当着重发展专业能力,逐步提升法律分析能力、提高个人综合能力、扩大个人影响力,并承担起某些特定的责任,这些方面都需要中年级律师在这个阶段主动担当,为今后的个人提升、业务发展做好充分准备。部分优秀的中年级律师,在这个阶段还能够逐步形成较为纯熟的判断能力和工作组织能力,有望逐步培养成为一个优秀的团队管理者。

中年级律师在团队中还有一个重要任务,就是带领新加入团队的新员工,将所学的知识和团队的文化传授给新员工,实现"老人带新人"。带领新员工的工作涵盖了方方面面,例如对内部管理系统的使用、文书格式的沿用、工作习惯的引导、思维方式的传递等等方面,这些都需要中年级律师在实际日常工作中与新员工进行交流、指导,起到上传下达、中间衔接的作用。

(三) 高年级律师:成熟、稳定、开拓

高年级律师通常可以划分成两类:一类是资深律师;另一类则是具有一定业务开拓能力,能够吸引一定客户"流量"的合伙人,这里所指的流量包括了业务创收量以及开发客户的数量。一般情况下,合伙人有两种:一种是团队内部合伙人;另一种是事务所层面的合伙人。

高年级律师往往都有六年以上的律所工作经验,对于很多问题的处理已经非常熟练,业务可以独当一面,这时候面临最大的难题可能是在长期的生活社交和执业生涯过程中,是否已经积累相当的人脉和资源,能不能稳定地获取新客户和业务收入。如果高年级律师的人品获得事务所合伙人的认可,业绩也能够符合事务所要求,高年级律师就有可能会晋升成为事务所的合伙人。因此,为了在业内长久地发展,高年级律师往往需要保持良好的口碑,维系好现有的客户关系,并且尽可能拓展客户资源。

在日常工作中,高年级律师需要将客户交办的工作合理地进行团队分工处理,对工作质量进行把关,以期获得客户的认可。在工作过程中不断地积累良好口碑,提高个人影响力和美誉度,对业务带来的正向效应也会不断加强。具体来说,高年级律师的工作内容主要包括:(1)安排、指导中/低年级律师开展手头的工作,对法律事务进行处理、定性,与客户进行有效的沟通和对接,将工作成果向上一级合伙人汇报;(2)维系与法律顾问单位及其他客户的良好关系,尽可能开拓新的客户,获取新的合作机会;(3)协助合伙人对团队进行管理,对低年级律师进行业务培训和系统指导。

二、横向:不同领域的工作内容

内资所中,律师的工作内容本质上是中国法的实操。每个阶段的工作内容又因为业务领域的不同而有所差别。在前面的课程中我们已经了解到,外资所往往是为中国客户处理境外法律事务提供联络和支持,或者是为外国客户处理中国法律事务提供联络和支持,但由于中国法律对外资所的相关执业限制,外资所不能就中国法律出具法律意见,其业务主要以非诉业务为主,包括美股/港股IPO、并购、私募股权、投资基金、外商投资、反垄断、知识产权等方面。外资所低年级律师的工作内容主要是法律检索、起草尽职调查报告、草拟及整理交易文件等,具体又因业务领域的不同而存在差异。在英美外资所的中国办公室中,通常有部分律师是外籍律师,工作语言为英语,所以英语的听说读写能力十分重要。而在内资所中,业务一般以诉讼业务和非诉业务来区分。从事诉讼业务的低年级律师的主要工作是撰写起诉状、答辩状、整理证据材料、立案、跟进案件进展。从事非诉业务的低年级律师的工作主要是进行法律研究、参与尽职调查、撰写法律意见书及尽职调查报告、整理文件、翻译或修改合同等,与外资所中同类业务的工作内容较为相似。

为便于理解,我们以诉讼、并购业务为例,简要介绍一下具体业务领域律师的工作内容。

参照图1,天同律师事务所列举的33步办案流程,我们来看看诉讼过程会涉及的工作内容。通过参与案件法律研究、文书起草、所内讨论、模拟法庭等方式,低年级律师能够很快提升自己处理诉讼业务的能力。除天同律师事务所列举的标准化办案流程外,诉讼法中关于程序的规范也尤为重要,诉讼律师还需要熟悉管辖、时效等方面的规定,以高效、合理地推进案件进展。这类标准化流程,可以让新人快速熟悉案件的全流程,也是不少律所在大力推行的办案模式。

图1 天同律师事务所33步办案流程①

---

① 《诉讼案件流程管理体系》,载天同律师事务所官网,http://www.tiantonglaw.com/,访问日期:2022年5月30日。

非诉讼业务也具有特定的流程,以并购业务为例,这五个阶段直观地展现了并购流程中的各个关键节点以及该阶段应完成的工作,见图2。

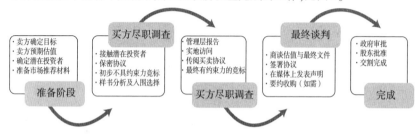

图 2　并购流程五阶段

以并购业务为例,尽职调查是并购业务中最基础的工作。尽职调查主要是为了解决买卖双方信息不对称的问题,尽职调查结果可能会影响交易定价、交易先决条件的设定、交易结构的调整等多个方面,甚至可能会影响交易是否继续进行。尽职调查的主要目标是确认目标公司的价值、核查目标公司是否存在重大风险,类型多种多样,包括财务、商业、法律、合规等方面的尽职调查。

法律尽职调查的基本内容包括对交易背景的初步了解、对公开信息的网上检索,对目标公司相关资料的收集和核查,主要核查范围见表1,对目标公司相关人员、关联方、合作方、政府部门等的沟通访谈,撰写法律尽职调查报告等方面。针对不同的交易模式和项目特点,律师事务所通常会向目标公司出具法律尽职调查清单(Check List)阐明尽职调查覆盖的核查项目及需要标的公司配合提供的资料内容。

表 1　尽职调查的主要核查范围

核查项目	内容/示例
核查目标公司及子(分)公司基本情况	核查目标公司及子(分)公司现状概况,从事业务所必需的许可证、登记文件、资质取得情况,与公司设立运营相关的其他文件取得情况,股权转让情况等
核查目标公司股东及出资情况	核查目标公司股权结构和持股比例、股东依法出资情况、股权受限情况、委托持股及代持情况等
核查目标公司治理结构及规范运作情况	核查目标公司内部组织结构及职能、董监高的任命情况、内控制度及执行情况、工会情况等

(续表)

核查项目	内容/示例
核查目标公司生产、采购、销售、研发等业务情况	核查目标公司业务相关法律法规、业务资质情况、进出口合规情况、第三方特许经营合规情况、主要业务合同、主要客户及供应商、生产或服务流程、研发体制及研发成果等
核查目标公司产品质量、技术标准、安全生产、环境保护情况	核查目标公司产品、服务所遵循的质量及技术标准,产品符合标准的相关证明文件,质量达标、认证、获奖证书或证明材料,因违反产品质量和技术标准而受到的处罚文件,安全生产事故处罚及处理情况,环保检查、许可、处罚及处理情况等
核查目标公司主要资产	核查目标公司土地、房产、车辆、在建工程、重大机器设备的权属情况,知识产权申请、登记注册及权属情况等
核查目标公司财务状况及重大债权债务情况	核查目标公司会计报表及财务信息、债权债务、其他重大融资安排、并购重组安排等
核查目标公司重大合同	核查目标公司运营合同、借贷及融资协议、担保合同、保险合同、其他重要合同及所有合同履行情况等
核查目标公司关联交易与同业竞争	核查目标公司关联方情况、关联方与目标公司发生的关联交易情况、关联方与目标公司的同业竞争情况等
核查目标公司重大资产变化与收购兼并	核查目标公司成立以来发生的合并、分立、增资扩股、减少注册资本、收购或出售重大资产、资产置换、资产剥离等情况
核查目标公司税务与财政补贴情况	核查目标公司依法纳税情况、财政补贴及补助情况等
核查目标公司重大诉讼、仲裁与行政处罚	核查目标公司、管理层、股东、核心技术人员涉诉情况,法院判决及仲裁裁决的执行情况,行政处罚情况等
核查目标公司劳动人事情况	核查目标公司依法用工、薪酬福利、社会保险及公积金缴纳、劳动争议解决、员工培训等

小 D 的沙漏时刻

小 D 自告奋勇从知识产权组转入并购组实习。一开始他以为有了清单模板,做法律尽职调查会是一件非常简单的事情。而等到小 D 真正上手这一项业务时,他才发现里面还是大有玄机。

律所的尽职调查清单模板只是提供了一个大的方向,但对于每个不同的项目而言,需要关注的问题点和风险点不尽相同,尤其是需要针对具体的业务模式进行法律研究,以有针对性地提问。在前辈的指点下,小 D 了解到,比如在审核被收购方的合同时,要尤其关注是否存在控制权变更(Change of Control)条款,以及该条款中对于控制权变更所规定的义务是应通知还是获取合同相对方的书面同意,如在授信额度合同中,控制权变更条款可能规定在发生变更时,银行有权部分或全部取消授信额度。

为了更好地发现尽职调查中可能出现的高风险问题(Red Flag Issue),小D在律所的尽职调查清单模板基础上,针对自己发现的问题点予以补充说明,形成了针对具体项目的尽职调查清单。

三、未来:伴随挑战和机遇

A律师说道:"课前大家似乎都有点担心自己没法应对工作中的挑战,但是我想告诉大家,挑战总是和机遇并存的。"

首先,对于处于不同阶段的律师来说,具有挑战的工作内容并不相同。就我自身而言,执业二十年的锻炼及业务打造,我对所从事的领域非常熟悉,很容易就能抓住问题的核心并提供解决方案。但坦率地说,我们这一代的律师面临最大的自我挑战是知识结构需要不断更新。2019年到2022年期间,除《民法典》外,全国人大、各级法院相继颁布了大量的法律法规、司法解释或者地方性的执行规则,新规则的出现就要求律师思考、梳理新的知识结构。我除了律师业务以外,还担任了十多个仲裁委员会的仲裁员,一年大约审理数十起民商事仲裁案件,在处理仲裁案件时,法律法规的变化、知识结构的与时俱进等,都需要加以考量。与此同时,新规则的出台对于非诉领域正在进行的交易也有很大影响,律师需要及时研究新的变化可能会带来的机遇或者挑战,也需要适时地去改变客户的法律产品架构,避免潜在的法律风险。如何快速学习并适用新规则,确实给老律师们带来了很大的挑战。而相对来说,年轻律师对新知识的学习和吸收能力更强,因此这个挑战对于年轻律师来说,其实也是一个很好的自我提升机会。我们常说,新老结合,形成梯队,各取所长,才能为客户提供更加完美的解决方案。

具体而言,在诉讼仲裁领域,对年轻律师来说,最大的挑战是法理基础和逻辑论证。很多刚从学校毕业的年轻律师容易忽略对学理逻辑的研究,遇到问题时常常直接给出结论,缺少法律逻辑的论证,因此得出的结论往往脱离实际。所有年轻律师都应该要加强法律逻辑方面的训练,要知其然、知其所以然,这是在诉讼仲裁领域要过的第一关。而金融和银行领域的工作内容对年轻律师来说往往挑战较大。由于法律与金融的制度存在差异,年轻律师需要先了解金融机构的运行逻辑,才能明白监管制度的构建基础,以及违反规则的法律后果。

因此,有志于从事金融和银行业务的律师需要形成复合型的知识结构,需要学习包括金融学、管理学在内的基础常识。

其次,从目前的行业来看,我认为生物医疗、环保、5G、大数据、航天技术这些行业爆发力强,有很好的业务前景。行业发展必将推动律师服务的纵深发展。能否抓住机遇,取决于律师是否有前瞻性,是否能较早接触、研究这类领域。随着相关行业的不断发展,法律服务需求不断提升,给我们带来巨大挑战,但是当机会来临时,有前期知识储备的律师很容易在相关领域中脱颖而出。因此,如果年轻律师一开始能沉得住气,不畏惧挑战,好好钻研一个有前景的业务领域,也不失为一个不错的选择。

小 D 速记

低年级律师的可塑性强,基于每个低年级律师不同的性格、思维方式、努力程度等,今后成长的维度和速度也会出现些许差异。低年级律师应当把握好律所培训的机会,尽快了解律师行业,熟悉律师事务所和团队的管理文化、价值文化,尽快适应和融入,学会用律师的思维模式思考问题。

不论是对低年级、中年级还是高年级律师来说,学习如何与客户打交道都是一门学问,低年级律师要多观察、多学习。

一般而言,从事诉讼业务的低年级律师的主要工作是撰写起诉状、答辩状、整理证据材料、立案、跟进案件进展;从事非诉业务的低年级律师的工作主要是进行法律研究、参与尽职调查、撰写法律意见书及尽职调查报告、整理文件、翻译或修改合同等。

并购业务中,尽职调查是最基础的工作。法律尽职调查的基本内容包括对交易背景的初步了解,对公开信息的网上检索,对目标公司相关资料的收集和核查,对目标公司相关人员、关联方、合作方、政府部门等的沟通访谈,撰写法律尽职调查报告等方面。

在诉讼仲裁领域,对年轻律师来说,最大的挑战是法理基础和逻辑论证。所有年轻律师都应该要加强法律逻辑方面的训练,这是在诉讼仲裁领域要过的第一关。

金融和银行领域的工作内容对年轻律师来说往往挑战较大。年轻律师需要先了解金融机构的运行逻辑,才能明白监管制度的构建基础,以及违反规则的法律后果。

从目前来看,生物医疗、环保、5G、大数据、航天技术这些行业爆发力强,有很好的业务前景。行业发展必将推动律师服务的纵深发展。能否抓住机遇,取决于律师是否有前瞻性,是否能较早接触、研究这类领域。

内所组织架构：揭秘公司制与合伙制 *

"大家好,很高兴今天有机会与在校年轻人分享。"讲台上的 B 律师声如洪钟、神采奕奕。

据魔法师介绍,B 律师的职业生涯横跨内资律所和外资律所、非诉与诉讼领域。

"对于有志于从事律师职业的同学来说,内资律所可能是最主流的选择。今天我们就来探讨一下内资律所的组织架构和人员背景。"B 律师开门见山地说道。

一、公司制 VS 合伙制

根据律所内部组织管理方式的不同,坊间一般将内资律所分为"公司制"与"合伙制"(或称团队制)两大类。不同于字面意义上的理解,"公司制"律所与"合伙制"律所在法律意义上都以合伙形式设立。① "公司制"实际上是指律所采用类似公司管理的模式进行内部管理,而"合伙制"则是传统律师事务所以团队合伙人为核心的管理模式。

小 D 这时举手提问,请问 B 律师,这对于我们应届生求职而言,究竟意味着什么?

B 律师回答道,同学们耳熟能详的所谓"红圈所"或者"金圈所"等头部律所,大多属于或接近于公司制律所。当然,从法律市场总体来看,包括不少全国性或地方性的规模大所在内,合伙制则是主流。对于同学们来说,在求职过程中最能直观体会到的二者不同之处,就是起薪的确定。例如,公司制律所往往

---

* 本部分公益导师:朱志平,美国哈佛大学法学硕士、北京大学法律硕士,现任环球律师事务所合伙人,主要执业领域为跨境投资并购与私募股权投资(VC/PE)、传媒娱乐及企业合规,曾在美国科文顿·柏灵律师事务所和中伦律师事务所工作多年。

志愿者:马浩洋,上海财经大学法学学士,曾在意大利博洛尼亚大学学习,现于杭州从事互联网工作,曾就职于知名内资律师事务所商事诉讼仲裁团队。

① 根据《律师法》第15条、第16条,在中国境内设立的律所只能以合伙形式或者个人律师事务所形式设立,而不能以法律意义上的公司形式设立。

对应届生采取统一的起薪线,合伙制律所则常因团队而异。

小D接着问道:那为什么会有这两种制度呢?

B律师回答道,二者的核心差异其实在于合伙人收入分配机制的不同。简而言之,公司制是"分享利润",合伙制则是"分担成本"。

公司制律所相当于大家一起把蛋糕做大,再一起分蛋糕。律所每年先支付律师薪资、办公场地等运营成本,并预留发展基金后,再由合伙人根据其持有的点数来分享剩余的利润(这也称"计点制")。这个点数就像公司股东持有的公司股权,代表着分配利润的份额。合伙人分得的利润会随着律所整体业务规模的扩大而增加。下列公式反映了公司制下合伙人所得利润的一个基本模型。

$$合伙人所得利润 = 合伙人个人点数 \times \frac{律所总营业收入 - 律所总营业成本 - 发展基金}{全体合伙人总点数}$$

这种计点制分配方式起源于英国律所。纯粹的计点制又称锁步制(Lock-step),合伙人持有点数的多寡仅取决于合伙人资历深浅,合伙人在所内资历越深则享有的点数越多,分配到的利润也就越多。而当下更多内资公司制律所采用调整后的计点制(Modified Lock-step),即在计算合伙人享有的点数时将其业绩指标予以考虑。这些业绩指标包括合伙人拓展的案源、维系的客户、处理的案件等。[②]

合伙制律所的分配方式则类似于"家庭联产承包责任制",也称作"自食其力(Eat what you kill)"模式。一个或多个合伙人组成的一个团队构成一个相对独立的运营单位。他们就像入驻律所这个"商场"的一家"商铺",每年向律所缴纳一定的"租金"来分摊办公场地、行政运营等律所共同发生的成本。分担成本后剩余的收入都归办理案件的合伙人自主分配。律师薪酬亦由团队内部确定。

小D点点头后,又举手提问:B律师,那对于我们学生而言,要怎么选择呢?

B律师回答道,总的来说,公司制律所通常体现出更高的一体化及专业分工程度、待遇更有保障。青年律师有机会深入钻研一个细分的专业方向,成为专业化律师,也更有机会参与跨业务部门律师共同协作的大项目。同时,由于青年律师的薪资不需要直接从合伙人的收入中开支,合伙人可能更愿意指导和培养青年律师。

---

② Kylie:《律所合伙人收入分配制度,中国、欧美、英国有何不同?》,载微信公众号"智合",https://mp.weixin.qq.com/s/Iy8BHvmCTsxBri6w8zK8bA,访问时间:2022年5月30日。

而合伙制律所工作的自由度更高、灵活性更强,对于有能力拓展案源的律师来说收入更好,也相对更容易迈向"独立执业"。一种常见的情形是,有些律师在公司制律所里任职很久后,突然跳槽至合伙制律所,工作量可能只有过去的一半,但收入却没有减少甚至有所提高。

我认为,从律师的长远发展来看,公司制和合伙制并无优劣之分。但对于应届毕业生而言,从职业前期发展来看,进入采取公司制管理的头部律所往往能接受相对更规范的训练,能接触到更多相对高质量的案件,有助于培养良好的工作习惯。当然,也有部分同学希望能尽快独当一面,采取合伙制管理的律所可以为这类同学提供最大的自由度。同学们可参照表1,了解公司制律所与合伙制律所的对比分析。

需要提醒大家注意的是,不同律所之间在文化、内部制度、薪酬待遇、工作环境等方面的个体差异,往往要比公司制律所与合伙制律所之间的普遍差异大得多。况且,不少律所都并非纯粹的"公司制"或"合伙制"律所,而是兼而有之。比如有些"公司制"律所,律师的日常工作还是固定跟随某一位合伙人,并没有形成业务部门内的"律师池";而有些"合伙制"律所也在试图通过在内部设置"业务委员会"、合伙人团队选择少数几个主辅专业方向并将非本专业业务转介给其他团队等方式,推动不同团队间的交流合作。在面临职业选择时,我建议大家深入了解每家律所、心仪部门或团队的具体特点后再做判断,避免仅凭"公司制"或"合伙制"这一点泛泛地做选择。

表1 公司制律所与合伙制律所的特点对比

	公司制	合伙制
人事安排(招聘、薪酬、考核和晋升)	拥有相对清晰的制度(例如,根据工作年限确定对应的薪酬),通常有专门的人力资源部门在全所统一实施;律师考评往往会综合与其合作过的多位合伙人/律师的意见。	由团队主管合伙人自行决定,可能缺乏透明的标准。
工作安排	由事务所统一管理,在业务组内部会形成"律师池"。"池"中的律师会根据案件需要被合伙人/高年级律师机动地分配(俗称"捞")到不同项目中,有机会接触到更多元的案件,需要与不同的律师合作。	由合伙人自行管理,律师通常只会固定跟随一位合伙人办理案件(有些大团队也可能存在多位合伙人共用律师的情况)。
接案流程	更加注重律所整体品牌,在竞标的时候往往会以一个律所整体去竞标。	可能以团队为单位竞标(当然,依然是以律所的名义)。

(续表)

	公司制	合伙制
专业分工程度	相对较细。合伙人按照各自擅长技能侧重于办理某一细分领域的业务(有的合伙人还有可能专门从事律所管理)。如果合伙人接到不属于自身专业领域的法律服务需求,则会与所内其他律师合作/转介。因此,律所内部跨团队/业务组的合作较为常见。	相对较粗。由于同一律所内部不同团队之间也存在一定的竞争关系,不同团队之间合作办案或相互转介客户的机会相对较少。团队可能需要根据客户需求承办不同类型的案件(有的还会跨越诉讼和非诉领域)。
律师培训和知识管理	在全所层面举行的业务培训机会较多,同时律所可能会设置知识管理平台来沉淀全所律师在工作中积累的经验和研究成果。	培训和知识分享多数限于团队内部。
薪酬与贡献挂钩程度	相对较低。正因如此,对于对律所收入贡献相对较少的青年律师来说,公司制律所仍可以提供比较好的物质保障;但业绩突出的合伙人和资深律师可能会感到其报酬不能反映其贡献。	相对较高。业绩突出的律师更容易脱颖而出,获取更高的报酬。有些团队还会设置"提成律师",即律师抽取其自身办理案件所收取律师费的一定比例作为报酬。
品牌、文化建设	可能拥有专门的市场部门,常以律所整体进行品牌、文化建设,举办各类活动。	相对较为松散,有些合伙人会以团队为单位打造品牌。

二、组织架构

不同于一些公司中层层设置的大小管理岗位,多数律所的组织架构相对扁平。在业务方面,通常合伙人即为最大的"领导",合伙人之间并无上下级关系。不过,有些律所会细分设置高级合伙人、普通合伙人或权益合伙人、非权益合伙人(又称"授薪合伙人")这样的级别。他们会在薪酬、利润分配、律所重大事项决策等方面享有不同权益。合伙人之下往往仅有两三层业务汇报关系,如低年级律师-中年级律师-资深律师/顾问-合伙人。

在内部管理方面,内资律所的最高权力机关通常为合伙人会议。合伙人会议会授权律所主任或由部分合伙人组成的管理委员会承担律所日常事务的管理并执行合伙人会议的决策。也有公司制律所会设置专职从事管理的首席执行官/运营负责人一职。管理委员会之下可能会由不同的合伙人或专职管理人员负责律所运营管理中的重大事项,如财务、人事等。

三、内资律所的人员背景

接下来我们聊聊内资律所律师背景的大致特征。司法部于 2023 年 6 月 14 日发布了《2022 年度律师、基层法律服务工作统计分析》。③ 我们可以首先从中观察全国律师整体的背景情况。

从教育程度看,全国范围内绝大多数律师为本科学历。本科学历的律师为 46.69 万多人,占比 71.66%,硕士研究生学历的律师 13.04 万多人,占比 20.01%,博士研究生学历的律师七千多人,占比 1.21%,本科学历以下的律师 4.64 万多人,占比 7.12%。全国范围内在境外接受过教育并获得学位的律师共有 8,727 人,仅占全部律师的 1.34%。

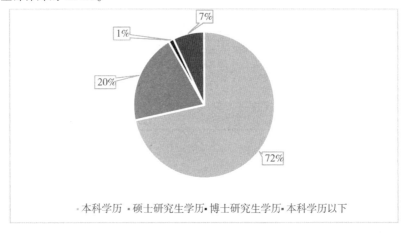

图 1　2022 年全国律师受教育程度

此外,我们也可以从全国律师办理诉讼业务和非诉讼业务的数量关系中大致看出从事诉讼和非诉讼业务律师的比例。2022 年度全国范围内诉讼案件的数量显著多于非诉讼法律事务的数量,二者的数量之比约为 6:1。2022 年度,全

---

③ 《2022 年度律师、基层法律服务工作统计分析》,载司法部网站,http://www.moj.gov.cn/pub/sfbgw/zwxxgk/fdzdgknr/fdzdgknrtjxx/202306/t20230614_480740.html,访问日期:2023 年 8 月 16 日。该数据统计范围为持有律师执业证的执业律师,不包括在律所工作的律师助理等专业人士。

国律师办理各类法律事务 1,274.4 万多件,其中办理诉讼案件 824.4 万多件,占比约 65%;办理非诉讼法律事务 141.6 万多件,占比约 11%。由此可见,在全国范围内,相对多数律师主要办理诉讼业务。诉讼业务中以民事诉讼案件居多,为 697.5 万多件,占全部诉讼案件的 84.61%。

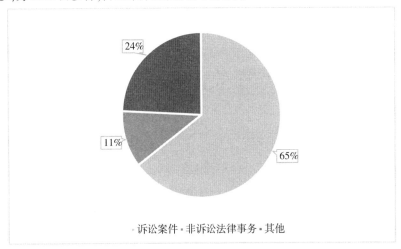

图 2　2022 年全国律师办理各类型业务数量

不过,如果我们聚焦于那些业务集中在一线城市、以商事法律服务为主的领先律所,可能会观察到不同的人员构成。在教育背景方面,一般而言,领先商事律所中持硕士学位为最高学历的律师占大多数,有些律所中的占比可达到 2/3 以上。如果大家以进入这些律所工作为目标,取得硕士学位可能是一块重要的"敲门砖"。

这些律所中拥有海外留学经历的律师也更多。有些律所有留学背景的律师可能超过 40%。当然,这并不意味着大家要一味追求取得海外学位。如果你无意从事涉外业务,甚至有志于需要扎实民商法基础的国内诉讼业务,那么国内的研究生教育可能更加适合你。而对于有留学背景的候选人来说,内资律所招聘者常常会比较关心其海外院校的专业排名。对于从事涉外业务的律所或团队来说,候选人拥有海外律师资格也是加分项,从而使候选人有资格参加当地律师资格考试的学位项目可能更具竞争力,如美国法学硕士(LLM)项目或职业法律博士(JD)项目。同时,招聘者往往也会关注候选人是否拥有与海外学位相匹配的英文或其他外语能力,这可能是在工作中更为实用的素质。

在业务领域方面,领先商事律所中从事广义的非诉类业务(包括投融资并购、资本市场业务等)的人数及其创收均占大多数。相对地,诉讼类业务平均而言所占份额约为 1/5。在少数争议解决业务较为强势的律所中,从事诉讼类业务的律师占比可达到 1/3。正因如此,大家也可以观察到市场上领先商事律所对于非诉类律师岗位的需求要多于诉讼律师。当然,也有一些律所(如天同、汇仲等),其全部或大部分业务均为争议解决业务。有志于在争议解决领域发展的同学也可以重点关注这些律所。

四、问答环节

问:B 律师您好,我本科时读的不是法学专业,请问这样的背景如何在律所中发挥优势呢?

答:你可以寻找和自己复合学历背景有契合点的律师业务方向,这些专业知识会让你的竞争力凸显。以我自己为例,我本科学习的是韩语专业,后来还从事了一段时间的财务审计工作。在从事律师工作时,韩语能力可以让我在面对涉韩业务时游刃有余,财务审计知识在反倾销之类的领域中也能特别派上用场。你也可以尝试寻找这样的契合点。本科背景为理工科的同学,也可以考虑往知识产权业务中的专利方向发展。

问:请问律所中除了律师之外,还有哪些需要其他专业技能的岗位呢?

答:随着律所内部治理愈发精细化,现在律所对财务、人力资源、信息技术、项目管理等方面专业人员的需求也越来越凸显。特别是近年来不少领先律所都着力发展内部的信息化办公系统、律师协作系统的建设,并与法律科技公司合作,试水人工智能;也有更多律所重视市场拓展和品牌建设,运营自媒体平台、开设直播甚至是开发 App;法律项目管理的重要性也日益体现,律所可能设置项目经理去追踪项目进度、协调人员等;④还有不少律所会设置专职从事律所内部知识管理或法律研究的部门。这些工作都需要既了解法律业务,又具备相应管理、计算机、市场营销等专业技能的人才参与。

除了在律所内部担任财务、人力资源管理、信息技术、品牌建设等运营岗位职务之外,非律师人士还有机会参与专利、建设工程、税务等领域的咨询服务。

---

④ 颖哥:《律所不招律师,居然招"项目经理"》,载微信公众号"律界黑客 Legal Hackers",https://mp.weixin.qq.com/s/2Dz5fWrsXOFuGvNIgsa_iQ,访问日期:2022 年 5 月 30 日。

2019年10月1日起施行的《海南经济特区律师条例》更是在全国范围内首开特定条件下非律师人士可以担任律所合伙人之先河。非法律专业出身的同学也可以对这些机会保持关注。⑤

随着这堂课接近尾声，B律师停顿了一下总结道："求职绝非雇主筛选候选人的单向过程，各位也要在充分了解雇主的基础上慎重做出选择。希望这节课能让大家对律所内部管理的机理有初步了解。如果你的目标律所是一家偏合伙制的律所，那么你可能需要着重关注心仪团队内部的具体架构、分配机制，同一律所其他团队的参考价值可能相对较小；如果你的目标是一家偏公司制的律所，那么你需要关注律所整体的业务安排、选聘、薪酬等方面的制度是否与你的条件相匹配。祝愿大家都能找到心仪的工作！"

小D速记

公司制与合伙制律所的核心差异在于合伙人收入分配机制的不同：简而言之，公司制是"分享利润"，合伙制则是"分担成本"。这一差异决定了公司制律所更容易形成一体化的管理制度（包括人事安排、工作安排等方面）；而合伙制律所则更多以团队作为相对独立的运营单位，不同团队之间联系相对较为松散，管理方式差异较大。

不同律所之间在文化、内部制度、薪酬待遇、工作环境等方面的个体差异，往往要比公司制律所与合伙制律所之间的普遍差异大得多。况且不少律所都并非纯粹的"公司制"或"合伙制"律所，而是兼而有之。建议避免仅凭"公司制"或"合伙制"这一点泛泛地做出择业选择，而是需要具体了解每个律所甚至团队的特点。

据司法部2022年统计，在全国范围内，绝大多数律师为本科学历，相对多数律师主要办理诉讼业务。不过，对于那些业务集中在一线城市、以商事法律服务为主的领先律所来说，多数律师为硕士学位，且多数从事非诉业务。

---

⑤ 《海南经济特区律师条例》第18条第2款规定："注册会计师、注册税务师、注册造价工程师、专利代理人等其他专业人员可以成为特殊的普通合伙律师事务所的合伙人，但其出资份额和人数比例不得超过25%，不得担任律师事务所负责人。"

内所进入路径：从象牙塔到职场[*]

10月下旬，"金九银十"的秋招也进入尾声。阶梯教室里，同学们在交流本届毕业生最新的求职进展。随着 B 律师走上讲台，台下的嘈杂声逐渐安静下来。

B 律师清清嗓子说道："上节课我们分享了内资律所的组织架构和人员背景。当前，不同规模、层次的内资律所为青年法律人提供了众多的工作机会。那么，对于在座的法学院同学来说，如何了解到内资律所对于实习生、低年级律师的用人需求呢？"

一、内资律所的招聘渠道

内资律所的求职机会主要可分为日常招聘和校园招聘两类。有少部分律所还会参加其他类型的招聘会，例如每年年初在纽约面向 LLM 学生的专场招聘会（俗称 New York Job Fair）[①]。但这些招聘会主要面向留学生，并非常规、主流的招聘渠道。

（一）校园招聘

最为成体系、最正式的渠道还是部分律所每年度组织的校园招聘或暑期实习生计划。校园招聘计划往往以校园宣讲为标志启动。不少律所会到各大目标高校举行校园宣讲会，由在该律所任职的校友介绍律所的工作环境等方面的信息。这是同学们与目标律所合伙人面对面交流，了解其工作状态、选拔标准的难得机会。

---

[*] 本部分公益导师：朱志平，美国哈佛大学法学硕士、北京大学法律硕士，现任环球律师事务所合伙人，主要执业领域为跨境投资并购与私募股权投资（VC/PE）、传媒娱乐及企业合规。朱律师曾在美国科文顿·柏灵律师事务所和中伦律师事务所工作多年。

志愿者：马浩洋，上海财经大学法学学士，曾在意大利博洛尼亚大学学习，现于杭州从事互联网工作，曾就职于知名内资律师事务所商事诉讼仲裁团队。

[①] 纽约招聘会分为两个场地，分别由哥伦比亚大学、纽约大学主办，面向美国不同目标院校的 LLM 在读学生，参考链接：New York University School of Law, "International Student Interview Program", https://www.law.nyu.edu/isip, last visited on May 30, 2022。

除个别极为优秀的候选人之外,律所一般要求应届生通过2-6月以留用考察为目的的实习期,通过考核者将获得毕业后的留用机会。这里有一份部分律所往年开展的校园招聘/暑期实习生计划的不完全列表,见表1。

表1 部分内资律所的暑期实习生计划/校园招聘②

律所简称	启动时间	选拔内容	工作地点
德恒	宣讲会每年11-12月进行	视合伙人团队要求而定。	全国多地(北京、上海为主)
方达(暑期实习生)	每年11月左右,次年春季可能补招	简历筛选与面试,入选者将于次年暑期进行约2-3个月的全职实习。	北京、上海、广州、深圳、香港
国枫	宣讲会每年秋季、春季进行	视合伙人团队要求而定。	北京、上海、深圳、成都、西安、香港
汉坤	宣讲会每年4月、5月进行	简历筛选、笔试、面试,实习期不少于两个月。	北京、上海、深圳、武汉、海口、香港
环球	每年秋冬季	简历筛选、一轮笔试与两轮面试(至少有一轮面试会有两名以上合伙人参加)。	北京、上海、深圳、成都
金诚同达	宣讲会每年秋季、春季进行	视合伙人团队要求而定。	北京、上海、深圳、杭州、合肥、南京等
金杜	每年春季、冬季	网申、笔试和面试,入选者将实习3-6个月。	全国多地
竞天公诚	宣讲会每年10月左右进行	简历筛选、HR评估、合伙人面试,实习期不少于两个月。	全国多地(北京、上海为主)
君合	宣讲会每年秋季进行,简历收集渠道全年开放	简历筛选、笔试、面试,全职实习期不少于2个月。	全国多地
世辉	每年春季、秋季	网申、合伙人面试,实习期不少于3个月。	北京、上海、深圳

除了集中招聘之外,不少律所会不定期放出实习生(包括以留用考核为目的的实习生和无留用机会的实习生)或中低年级律师岗位招聘信息。其中,无留用机会的实习生又称为"项目实习生",一般是律所为机动性的事务招募,如

---

② 根据公开渠道统计并按律所简称的拼音排序,统计时间截至2023年7月1日。

应对临时增长的业务需求。此类岗位虽无直接留用的机会,但对于非应届毕业生来说,亦可以作为积累工作经验的途径及寻找更好机会的跳板。

(二)日常招聘

除了专门的校园招聘项目外,律所往往会通过官方网站或微信公众号发布日常招聘信息。在没有发布招聘信息的情况下,如果同学们对某家律所或某位合伙人或其团队非常感兴趣的,也可以大胆尝试通过邮箱投递简历。此外,由于律所 HR 邮箱日常收到的简历量非常大,"石沉大海"的现象也是常见的,同学们不用过于在意。建议同学们除了通过邮箱投递外,还可以采取其他方式求职。

曾经有一位同学,因为对我们团队的业务非常感兴趣,直接打电话过来毛遂自荐,这位同学的举动让我们耳目一新,我们一下子就记住了她。后来,她完成实习并获得留用,成为团队里的重要一员。因此,大家在求职的时候可以勇敢大胆尝试。当然,这里也不是鼓励大家胡乱打电话或者登门拜访,而是要在求职过程中,对于自己真正热爱的职位大胆追求。

小 D 的沙漏时刻

小 D 初来乍到,主动和 B 律师团队的律师约饭,希望向前辈取经。

热情开朗的 E 律师向小 D 分享道,毕业那年,他对诉讼业务特别感兴趣,希望能在律所的诉讼团队实习,亲身体验诉讼业务的魅力,并争取留用机会。在对当时的热点案件进行一番检索后,他认为 B 律师经办的案件特别有意思,就对 B 律师主办的案件认真研究,写了一份案件分析报告,并作为求职邮件的附件发给了 B 律师。两周后,他便收到了 B 律师发来的面试邀请,最终顺利入职。

各地律协的网站上常常也会有招聘信息一栏。律协网站上发布的招聘信息最为多元,通常覆盖不同规模、不同类型的律所以及包括从实习生到合伙人在内的各类岗位。同时,建议大家定期关注各类招聘求职网站、法律职业发展领域的公众号(如"D 调魔法学园");已有工作经验的年轻律师还可以尝试通过从事法律招聘的猎头(比如通过微信等社交媒体建立联系)了解业内的招聘动态和相关工作机会。

(三)其他渠道

除了传统渠道外,其实内资律所还有很多其他非公开的招聘渠道,如高校合作、法律竞赛、律所奖学金项目、校友内推等。

有些律所会和高校建立合作关系,通过法学院或就业指导部门的网站/微信公众号发布招聘信息。合伙人校友也有可能自行安排在校友或学生的微信群聊中发布信息。这些渠道的信息发布往往早于律所 HR 汇总后发布在官方渠道的信息。主动和辅导员、就业指导部门的老师保持联络可以帮助大家第一时间了解到律所最新的用人需求,快人一步。

　　同学们也可以积极参加各类法律竞赛,如杰赛普(Jessup)国际法模拟法庭、威廉维斯(Willem C. Vis)国际模拟商事仲裁竞赛、国际刑事法院模拟审判竞赛等法律竞赛。这类竞赛常常会获得律所赞助,也会邀请律师担任评委。在比赛后,同学们可以与律师近距离交流。这也是了解律所、获得实习乃至工作机会的一个很好的渠道,比赛表现出色的参赛者甚至可能直接获得律所的正式工作机会。

　　一些律所会向当地高校捐款设立奖学金。例如,通商律师事务所在北京大学、上海交通大学等高校设立了"通商奖学金"③。还有一些律所设立了不限制候选人所在院校的奖学金,例如汉坤律师事务所的"汉坤青年法律奖学金"④。除了公益属性之外,这些奖学金也具有为律所吸引潜质人才的性质,大多会直接为奖学金得主提供实习机会。即便最终未获得奖学金,通过评选机会与律所合伙人交流并留下积极的印象,也会大大增加获得相应工作机会的概率。

　　除此之外,大量的律所用人需求是"隐性的"、非公开的。在其公开发布招聘信息,甚至岗位空出之前,律所可能已经通过内部员工的人脉找到了合适的人选。而非留用的律所实习生离职前也可能会寻找继任者。因此,通过校友、老师、在校的学长学姐等渠道,和律所在职律师、实习生保持联系有助于发现律所内部尚未公开的职缺,从而先人一步把握住机会。

---

③ 《上海交通大学凯原法学院举行通商奖学金捐赠仪式》,载上海交通大学新闻学术网,https://news.sjtu.edu.cn/zhxw/20191218/118061.html,访问日期:2022 年 3 月 2 日。
④ 《2021 年度"汉坤青年法律奖学金"邀你绽放精彩!》,载微信公众号"汉坤律师事务所",https://mp.weixin.qq.com/s/iJkYJG0I0NBK2vlOs7wzuw,访问日期:2022 年 3 月 2 日。

二、内资律所的用人标准

介绍了获取招聘信息的渠道后,我们再来聊聊合伙人需要怎样的低年级律师/律师助理,以及大家可以为此做哪些准备。合伙人们普遍关注的特质大体可以分为硬技能和软技能两类,见图1。

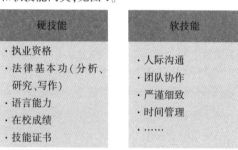

图1 内资律所合伙人关注的特质

当然,多数合伙人并不期望新人在以上方面样样出色,成为"六边形战士"。不同的业务形态所需侧重的能力有所不同,对以上技能重要性的排序亦有所不同。举例来说,据我个人观察,风险投资交易中律师需要与创始人等各方沟通,把握各方的利益点,通过"讨价还价"促成交易,因此需要更强的沟通技能。相对地,首次公开募股(IPO)业务中对于沟通技巧的要求就没有那么强,特别是对于低年级律师来说,主要工作是开展尽职调查、审核相关材料等。又如,反垄断领域的经营者集中申报业务常常涉及全球多个法域配合联动,对律师的语言要求较高;相对地,纯粹国内的诉讼业务中大量用到外语的机会则偏少。不过,总体来看,法律专业基本功可以说是律师一切能力的基础,对这个基本功的扎实要求普遍适用于各个领域。

对于在校生来说,大家可以尝试从以下几个角度做些准备:

首先,争取保持优良的绩点。学业成绩通常是招聘者判断在校生素质的首要指标。出色的绩点未必能帮助你一锤定音拿到录用通知,但平均线以下的成绩可能会让你过早地被淘汰。

其次,学有余力之时,大家可以广泛参与各类学术和实践活动,图2列举了三项有代表性的活动。

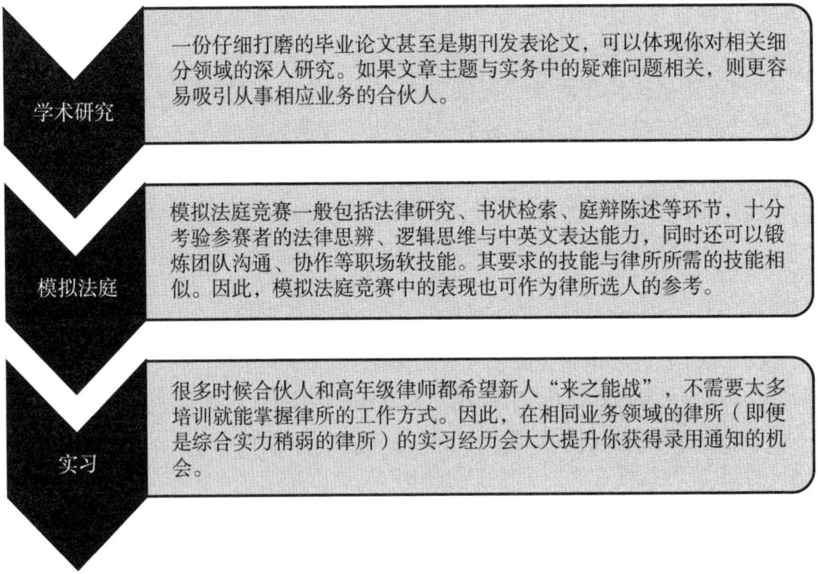

学术研究	一份仔细打磨的毕业论文甚至是期刊发表论文，可以体现你对相关细分领域的深入研究。如果文章主题与实务中的疑难问题相关，则更容易吸引从事相应业务的合伙人。
模拟法庭	模拟法庭竞赛一般包括法律研究、书状检索、庭辩陈述等环节，十分考验参赛者的法律思辨、逻辑思维与中英文表达能力，同时还可以锻炼团队沟通、协作等职场软技能。其要求的技能与律所所需的技能相似。因此，模拟法庭竞赛中的表现也可作为律所选人的参考。
实习	很多时候合伙人和高年级律师都希望新人"来之能战"，不需要太多培训就能掌握律所的工作方式。因此，在相同业务领域的律所（即便是综合实力稍弱的律所）的实习经历会大大提升你获得录用通知的机会。

图 2　课余活动示例

除此之外，还有很多机会有待各位探索。需要提醒的是，参与这些活动"贵精不贵多"。重点不在于简历上可以列出多少条目，而是在于你是否在自己有兴趣的方向上"专心钻研、有所成长"。

三、内资律所的招聘流程和关注点

从大家投递简历到律所决定录用之间，各位往往要经历简历筛选、笔试、面试等环节。我们先来从律所的角度聊聊简历筛选。

（一）简历

简历应当比你本人更加优秀。这并不是要大家粉饰简历或弄虚作假，而是要大家在格式、内容、表达等各个方面精益求精地打磨简历，呈现出自己最好的一面。

在格式方面，法律行业一般更加注重严谨、保守，因此不建议大家套用网上比较花哨的简历模板，那样会阻碍招聘者快速定位你的关键信息。简历整体布局简洁清晰即可,同学们可以参考哈佛大学的简历模板⑤来准备自己的简历。

在内容方面,招聘者关注的关键信息一般包括:

(1)学历及院校背景,包括是否具有海外留学的背景。部分从事涉外业务的律所或团队会显著偏好有海外留学背景的候选人。

(2)绩点(GPA)及排名。

(3)是否具有在知名律所的实习经历。与在企业或公检法机关的实习经历相比,律所的简历筛选中最为看重律所的实习经历,因为这意味着候选人已经经过了一定的训练和考察,熟悉在律所的基本工作,更有可能胜任。

(4)英语(是否具有托福、雅思等成绩)或其他小语种能力。

(5)是否通过法律职业资格考试及其成绩。

(6)是否具有模拟法庭竞赛成绩(如 Jessup、Vis 等)。

这部分需要各位根据应聘的岗位"量体裁衣",突出与应聘工作相关的部分。例如,应聘跨境并购业务的实习生时,英语语言成绩和并购相关的实习经历就可以安排在简历靠前 1/3 的部分,法院的实习经历则可以放在后面或在篇幅不足时省去。对于在校生和低年级律师来说,简历篇幅应突出重点并尽量控制在 1 页之内。这也要求大家尽量精练语言。另外,简历附上的照片请不要"过度美颜",避免出现"照骗"等现象。

在表达方面,律师多数时间在与文字打交道,大多是"细节控",请务必避免语法错误和错别字,尤其是要仔细斟酌英文表达。英文表述还要注意前后文时态、单复数等方面保持一致。在描述学术或实践项目经历时,各位可以参考"STAR 法则"来组织语言,也就是依次简要叙述以下四个方面:在什么情境下(Situation)、需要完成什么任务/目标(Task)、采取了什么方法(Action)、最终取得了什么结果(Result)。特别是对方法和结果的描述可以帮助招聘者了解你的技能和成就,可能成为简历上吸睛的亮点。

除了简历本身,通过电子邮件投递简历时切忌将主题和正文留白。有些招聘启事会对主题的要素有要求,求职者按照要求填写即可;如果没有,邮件主题通常至少应包括应聘的岗位名称、求职者姓名。关于正文,即求职信(Cover Letter),在招聘者没有特别要求的情况下,大家可以在几句话内概括介绍自己的情况。除了包括姓名、院校、年级、专业等基本信息外,求职信应当用有限的

---

⑤ Harvard OCS, "Resumes and Cover Letters", https://hwpi.harvard.edu/files/ocs/files/undergrad_resumes_and_cover_letters.pdf, last visited on March 2, 2022.

笔墨突出自身的亮点以及和应聘职位最为匹配的部分,从而吸引招聘者对简历内容多一份关注。

(二)笔试和面试

候选人通过简历筛选后即进入笔试、面试环节,各律所的选拔流程各有不同,部分内资律所曾采取的选拔方式如表2所示。

表2 部分内资律所的实习生选拔方式⑥

律所简称	选拔方式
方达	无笔试,面试流程一般要经过两到三轮,全部由合伙人面试。第一轮一般由有用人需求的合伙人面试,第二轮可能有办公室管理合伙人参与,第三轮一般由人事委员会最终把关。
海问	笔试题型包括中英互译、英文案例分析、备忘录起草等,由合伙人进行中英文面试。
环球	一轮笔试与两轮面试(至少有一轮面试会有2位以上的合伙人参加)。
金杜	笔试为中英互译、案例分析,通过笔试后由合伙人面试。
竞天公诚	两轮面试,第一轮只有律师面试,第二轮是合伙人和律师一起面试。
君合	根据不同办公室和业务部门有不同的笔试或面试内容。
通商	取决于不同合伙人,有不同的笔试或面试内容。
中伦	笔试包括中英互译、案例分析和性格测试,笔试通过后由用人需求的合伙人面试。

就笔试环节而言,其内容通常包括对语言能力的考察以及对法律专业能力的考察,可能为开卷或闭卷的形式。英语的考察方式通常为中英互译,翻译的对象往往是合同等法律文件中的一段条款。因此,熟悉中英文合同基本的起草惯例和常用表述,熟悉合同法即民法典的合同编、公司法中主要条文的英文表述有助于通过笔试。对法律专业能力的考查方式包括案例分析题、拟写法律备忘录、法律检索或从律师的角度审阅合同等。除特殊业务领域外,试题主要考核合同法、公司法、证券法等主要民商事实体法律,涉及诉讼业务的可能还会考察民事诉讼法。一般可以在参加笔试前了解律所或团队的主要业务,以进行有针对性的准备,并向负责招聘的人员确认考核的形式。

就面试环节而言,相比于其他行业发展出的无领导小组讨论等面试方

---

⑥ 因各律所不同办公室/团队要求各异,难以全面统计,相关信息仅供参考。

式,律所的面试方式通常为传统的面试官与候选人问答的形式。部分甚至全部的面试环节可能以英语进行,以考察候选人的语言能力。面试官的问题通常较为灵活,选拔的标准也因人而异,即使在同一律所内部也未必有非常统一的标准。因此,在面试前做有针对性的信息搜集和准备("做功课")尤为重要,包括了解招聘律所/团队的业务领域、近期代表性业绩、发表的专业文章等,有条件的话也可以咨询业内人士。这一方面可以增进对招聘者的了解,从而更好地应对面试考察;另一方面也可以在面试中体现出你对加入律所/团队的积极愿望。如果面试官在面试时都没能感受到你对这份工作的积极态度和热情,他/她也很难相信你会在实际工作中全情投入。

面试开始后,候选人的着装、谈吐、举止、表达决定了面试官的第一印象,可能也很大程度上决定了面试的结果。候选人的着装既不能过于随意,又不能过于华丽、喧宾夺主,以整洁得体为宜,必要时也可提前咨询律所的着装规范(Dress Code)。与面试官交流时应保持礼貌、真诚、镇定,就像对待未来的客户一样对待面试官,关照细节,例如,根据面试官的人数准备 N+1 份的简历(即便律所会自己打印)、在面试和结束时表示问候和感谢等。

面试中的常见问题有关个人经历、法律专业技能以及对个人职业规划、选择律所的动机等方面。在法律专业技能方面,考核的角度会因候选人工作经验的多寡而异。对于业务方向暂不明确的在校生或应届生而言,面试官会主要考察候选人的基本知识结构是否完整、是否能掌握民商事法律原理,以及从应答中体现出的候选人思辨能力、法律思维、逻辑结构、思考问题的角度等方面。有些面试官会选择候选人认为自身擅长的法律领域进行探讨,这可以同时反映候选人的知识基础和自我认知。对于有一定工作经验的青年律师而言,面试官可能倾向于关注其过往的工作经历涉及的法律实务问题,带有目的性地判断其工作经验与团队业务方向是否匹配。

在法律专业考察之外,面试官还可能通过对候选人过往经历和未来规划的发问,考察其是否能清晰表达和顺畅与人沟通、是否有清晰的职业规划并能自我激励等软技能方面。应答这些与个人经历相关的问题时也可以沿用"STAR 法则",多叙述一些客观事实而少一些夸张的形容词。

四、问答

"现在我们已经初步介绍完毕内资律所的进入路径。"B律师停顿了一下说道,"各位有没有什么疑问?"

问题1:我觉得现在各高校有太多优秀的同学,硬性条件上都非常出色,哪些方面的特质是比较"稀有的",可以帮助我们在激烈的求职竞争中脱颖而出呢?

答:的确,当下许多法科生都拥有突出的院校背景、出色的GPA、优秀的语言能力和课外活动经历。律所招聘过程中的淘汰尤其残酷,一位合伙人一年中可能会面试约四五十个候选人,最终却只能吸收一到两名正式入职。

律师行业的性质本质上仍为服务业,服务业的特征要求律师能够换位思考,体贴客户的需求和感受,像处理自己的事情一样努力办好客户托付的事务。在基本素质相仿的情况下,最终脱颖而出的将是最具服务意识和主人翁意识(Ownership)的候选人。这一点如何在面试过程中体现呢?我觉得,一方面大家可以挖掘自己在过往工作、学习、社团活动中主动承担责任、主动思考、主动优化工作流程等方面的事例,向面试官展示你的积极性和责任心;另一方面,正如前面所说的,建议大家以对待客户的态度对待面试官,站在对方的角度思考其在招聘过程中的需要,从细节处优化面试官的体验。不久前,由于时间安排的原因,我在咖啡店约见了一位候选人。见面后,他主动询问我喝点什么(尽管我不可能让候选人买单),交流过程中亲和有礼,同时不卑不亢。这无疑给我留下了很好的印象。

进入律所工作/实习后,低年级律师/实习生即使不会直接对接客户,也应当把合伙人/高年级律师当作你的客户,把参与的项目当作自己操盘的项目。这要求大家主动思考自己所做的工作对团队整体的作用是什么,又会怎样影响客户的利益,关注到合伙人/高年级律师未必注意到的细节,进而主动地优化工作方式和成果。对于具体分配给自己的事务,更要有责无旁贷的态度,不推卸、不拖延、不寄希望于高年级律师再去仔细审查自己的工作,尽最大努力交出一份团队成员可以直接拿来用的成果。这样才能实现高效的团队协作。

当然,这并不是要求大家独自一人默默扛下所有的重担。在发现自己确实难以解决的问题时,也要及时和团队成员沟通协调,避免问题暴露在最后时刻,影响团队整体的进度。

问题2:我是一名来自非一线城市高校的学生,想请教您毕业后我是否应该到一线城市寻求机会?

答:一线城市的一线律所其实很欢迎非一线城市名校的毕业生。这个问题的答案其实取决于你对自己的定位。你是充满雄心壮志、希望涉足多数聚集在一线城市的、光鲜的资本市场、国际仲裁之类的业务？还是并不执著于特定的业务领域，也愿意扎根当地，从事诉讼业务之类的相对本地化的业务？这需要你挖掘自己内心对工作和生活的想法。

问题3：我比较喜欢尝试新鲜事物，所以有好几份不同业务领域的实习经历，请问从律所的角度来看，候选人缺乏一致性的职业经历，对求职会有怎样的影响？

答：多数律所会尊重个人的多元化的发展方向，希望了解候选人做出这样选择背后的理由是什么，能够反映出怎样的工作能力之外的特质。有些候选人想尝试不同的领域，再去做职业抉择，是完全可以理解的。但如果无法做出合理解释，面试官则可能质疑候选人是不是有足够的耐心在某一个岗位、某一个领域有足够的积累，是不是能够下苦功夫和坐冷板凳，能不能耐住寂寞。

B律师看了看手表，这节课也即将结束，看着同学们依然迷茫、焦急的眼神，B律师回想起当年自己求职也是这般，便跟大家说道："同学们，求职过程是千军万马过独木桥，但千万不要因为一两次，甚至是几次的失败就放弃或感到气馁。很多时候，求职是"实力+运气+缘分"的结合，但大多数时候，可能运气和缘分会占上风，虽然你很优秀，各方面也很符合要求，如果确实没有名额，也可能没法获得工作机会。但是，这并不代表你永远没有机会。"B律师向大家眨了眨眼，笑了笑接着说道："我现在团队中有一位优秀律师，前两次求职都是因为名额问题，没能进来，也是第三次面试，刚好有名额才成功入职的呢。"

小D速记

校园招聘是内资律所最为成体系、最正式的招聘渠道。此外，不少律所还会通过网站、微信公众号等官方公开渠道或律师校友等个人联系渠道不定期放出实习生或中低年级律师岗位招聘信息。

内资律所期待的候选人特质可以分为法律专业能力、语言能力等硬技能和人际沟通、严谨细致等软技能。在保持对专业学习投入的同时，同学们可以通过参加学术研究、模拟法庭、实习等活动训练和发展这些能力。

简历形式上最重要的是保持通篇一致，避免花哨的设计和细节错误，篇幅控制在1页以内；内容上可以采用STAR法则描述自己的项目经历。

面试之前要做足功课，想方设法了解招聘律所/团队的业务领域、近期代表性业绩、专业观点、工作风格等方面，从而更好地了解面试者的关注点，并体现自身的积极态度；面试中礼貌、真诚、镇定的言谈举止会给面试官留下良好而关键的第一印象。

内所薪酬待遇：聚光灯下的快车道[*]

转眼就到了"法科生的明天"课程的第五节实务交流课。听完了前面几节课嘉宾们对内资律所的进一步介绍，今天终于要揭开面纱看看律所入职前大家最关注的秘密——薪酬待遇，小 D 感到既好奇又紧张。

"大家好，本节课的主题是内资律所的薪酬待遇。这次邀请到的是来自'魔都'一家知名联营律所的合伙人 C 律师。C 律师不仅在其职业领域是佼佼者，同时也以收集信息的强大能力和乐于分享交流的精神而被大家熟知。他有着多重的身份：在行业内，他是'明日之星'；在校园中，他是客座导师；在网络上，他是国内最大法学生留学论坛的版主大大。"魔法师介绍道。

"谢谢魔法师！今天的内容比较敏感，涉及大家非常感兴趣的薪酬待遇问题，同时也是各家律所在业内'公开的秘密'。因此除非是相关律所的公开信息，否则我们就不再'点名'了，充分尊重各家事务所的情况。薪酬待遇不仅是圈内的八卦，也是大家离开校园投身职场最关心的现实问题。我一直认为就职是一个双向选择的过程，薪酬待遇就是大家在这个过程中需要考虑的重要因素之一。"

一、薪资水平面面观

同学们有没有设想过自己未来的工资呢？传闻中、电视剧中的律师，个个都是赚大钱的精英，那同学们心目中律师的收入是什么样的呢？

---

[*] 本部分公益导师：潘尤迪，美国斯坦福大学法学硕士，现任元达温斯顿（Yuanda-Winston）律师事务所管委会成员、权益合伙人，主要业务领域为监管合规、隐私/数据合规、TMT、新经济。2020 至 2023 年的四年里，均获得 The Legal 500 Asia Pacific（亚太法律 500 强）的独立个人奖项（"明日之星合伙人"）并获得"合规"领域特别推荐。2021 年至 2023 年的连续三年里，均入选《LEGALBAND 年度中国顶级律师榜》，在"合规"及"科技、媒体与通信"两个领域排名靠前梯队。

志愿者：瞿爽，美国加州大学伯克利分校法学硕士、西南政法大学法学学士，曾获国家留学基金委员会优秀本科生项目全额奖学金，前往英国肯特大学交换 1 年，曾在金杜律师事务所、英国鸿鹄律师事务所、美国科律律师事务所实习，现任职于美国科律律师事务所。

许多同学萌生想要进入法律行业的心思,都是受了英美剧或港剧的启发,台下顿时热闹起来。有的同学说电视剧里的律师号称时薪六千到十万,自己也想赚这么多钱;有的同学放下豪言壮语说要年入百万、千万;而有的同学也说电视剧不可信,自己只要求生活中上水平就好;还有的同学说在自己家乡的律所实习过,听说刚入行工资很低甚至要倒贴,多做几年才有机会扬眉吐气。

律政剧往往不能完整地反映法律行业的现实状况。剧里的惯常表述总是笼统地说"年入百万",但收入的具体构成其实包括基础薪资、年终奖、五险一金等。按照现在比较流行的分类方法①,仅从起薪角度出发,内资所可以大致分为"三万元俱乐部"(又称"金圈所")、"两万元俱乐部"以及其他律所。但其实我本人并不是很赞成这样的分类方法,因为每一家律所的实际情况、市场定位都是不同的。大家或许也曾有所耳闻,许多外资所的待遇要比内资所丰厚,部分外所的中国办公室也可以提供全球薪资(Global Pay)。令人欣喜的实际情况是,一些顶尖内资所的起薪正在逐渐提高,这说明内资所的发展正在进入快车道,接下来我们可以具体说说。

(一)基础薪资

不同市场定位的律所,其基础薪资差异较大。2022年以来,一线城市有少数律所已经迈入"三万元俱乐部"(即定级为一年级律师月薪可达三万元),一部分头部律所或精品律所则处于"两万元俱乐部"。其余大部分律所的起薪跨度较大,从数千元到万元不等。薪资差异和所在城市、律所的规模、律所的定位及客户群体、合伙人分配模式、团队人员构成等各方面有很大的关系。

下面,我们根据已知的部分公开信息整理了部分律所的起薪水平②,我们将这些律所分为"三万元俱乐部""两万元俱乐部"和两万元以下三个档次,见表1。

表1 内资律所起薪水平(部分)

起薪档次	部分代表	应届薪酬范围 (税前月薪/元)	备注
三万元俱乐部 (又称"金圈所")	达辉、方达、汉坤、世辉	3-3.5万	多为全国统一起薪

① 统计时间截至2022年5月。
② 统计时间截至2022年5月。

(续表)

起薪档次	部分代表	应届薪酬范围（税前月薪/元）	备注
两万元俱乐部	奋迅、海问、金杜、中伦	2–3万	一般指北京、上海办公室
两万元以下	其他	2万以下	大部分律所起薪因办公室、团队、业务而异

通过上述的表格可以发现，开出3万元起薪的律所大多为综合性的领先律师事务所，人均创收较高，可以支持其给青年律师开出更高的薪酬，以此来吸引更多优秀法律人才。律所涨薪潮，往往都是这些律所打响第一枪，这部分律所也是很多同学们求职的首选之一。但"三万元俱乐部"的律所数量较少，入职名额也相对有限，竞争较为激烈。

而"两万元俱乐部"大多为大家耳熟能详的"红圈所"，这些律所的北京、上海办公室的起薪已经达到2万元或2.5万元以上，但非北京、上海办公室的起薪会相应打一定的折扣（视当地经济水平和业务量而定）。在上述"两万元俱乐部"律所中，其起薪也会因为所在办公室、业务类型、工作强度、合伙人团队等因素而有所不同。例如，跨境调查组和资本市场组等工作强度较大的业务部门，薪资水平往往会稍高一些。

与此同时，我们也要认识到，能进入"两万元俱乐部""三万元俱乐部"律所的同学，在整体的法律新人群中还是少数的，都是很优秀的塔尖青年人才。就整体业态来说，也只有少数采用公司制管理模式的头部律所能够给到如此优厚的起薪，绝大多数律所仍然未能进入所谓的"两万元俱乐部"。这也是由各家律所不同的管理模式、发展方向、利润分配等制度而决定的，我们也不建议同学们单凭起薪来判断一家律所是否适合自己以及自身的长期发展。

对于地方中小型律所而言，由于事务所数量众多且起薪差异很大，难以通过统计进行较为直观和有逻辑的总结。但是，地方中小型律所的基础薪资往往会明显低于头部律所。从长远发展的角度来看，地方中小型律所团队化甚至个人化特征较为显著，入职跟的师傅和合伙人可能对未来的发展道路有较大的影响。虽然中小型律所内部管理较为松散，但有时反倒给予新人律师更大的发展空间。地方中小型律所采取提成模式的较多，当新人律师能够独当一面主办案件且具有一定的客户基础后，其收入的增长速度可能较为可观，在同龄人中较为领先的案例也有不少。

但不得不提的是,同学们作为应届生进入律所,都需要经历实习律师阶段,在薪资谈判中处于弱势地位,加之法律市场的就业环境竞争异常激烈,优质岗位僧多粥少,这里也建议同学们放平心态,在做足功课的前提下,选择最适合自己的。另外,也希望同学们能够不断地提升自我的就业竞争力。

(二)年终奖

年终奖通常是以月基础工资为单位计算的。律所年终奖的数额基本上都会视事务所整体发展情况以及团队业绩而定。多数律所的年终奖集中在 1-6 个月的范围内上下浮动,少部分创收较高的团队可以拿到 6 个月以上的年终奖。也有的"红圈所"将入职第一年的年终奖限定 2 个月封顶。因此,年终奖具有一定的不确定性,受整体市场大环境、事务所业绩、团队成本结构、团队人员数量、律所薪酬政策等多方面影响。

(三)提成

上述基础薪资及年终奖主要是针对公司制体系下的授薪律师而言的。对于授薪律师,当其偶发性地为所在团队的合伙人或律所贡献了客户渠道,通常也不会获得直接的提成或分成,而是由主管合伙人酌情提升年终奖或给予额外奖励。

此处所称的"提成",是指部分律所与其律师之间的真正意义上的提成安排。这类提成律师在收入安排上类似于合伙人,在律所有自己的独立账户或结算表,不存在实质上的基础薪资或年终奖,根据案源及创收情况与律所之间分成,只是创收要求可能会低于合伙人(大约为该所合伙人最低创收门槛的一半),行业内称为"独立提成律师"。

同一律所内也可能按创收金额采用阶梯式分成比例。若存在提成律师之间或提成律师与合伙人之间合作的情况,则特定案源的创收还会在引入案源的律师和主办案件的律师之间进行分配;结合投入时间、案源等考量因素,分成比例有二八、三七、四六、五五等,具体取决于合作律师之间的约定。简言之,对于提成律师,在扣除律所成本(含办公室/卡座费用)、合作分成、团队成员人力成本、税费后,所剩余的部分即为提成律师的收入(须自行发放基础工资、承担五险一金的单位部分)。

(四)五险一金

部分律师事务所会为律师提供与薪酬完全匹配的社保缴纳基数,缴纳五险一金,但也存在少部分律所按当地的最低基数标准来缴纳五险一金。与此同时,部分实行提成制度的合伙制律师事务所以及中小型律所,有可能需要由律师个人承担五险一金中单位缴纳的部分。

(五) 各类补贴

通常而言,只有部分律所会提供一定的补贴,主要为进入了"万元俱乐部"的律所。补贴通常会包括手机通讯补贴、晚餐补贴和交通补贴等。最为常见的是手机通讯补贴,有时通过发放电话费的形式,而有时律所会直接为律师提供已经缴纳好套餐月费的电话卡。部分律所会为加班的律师提供晚餐补贴和交通补贴。有的律所是实报实销,有的是每个月以固定的数额,作为工资的一部分统一发放。

二、福利待遇面面观

除了薪酬之外,律所提供的一些额外的员工福利也是需要了解的,比如团建旅游、年假、海外进修机会、员工免息贷款等。

(一) 团建旅游

律所一般会定期组织团建或者旅游,通常以组或者团队为单位分别进行团建。有的律所喜欢前往周边国家如日本、韩国、新加坡等旅游,也有的律所会到更远的地方度假;还有的律所选择在境内的风景名胜度过惬意的 3 天。

(二) 年假

各个律所的年假标准差异较大,大多数律所的年假是直接跟随国家法定年假天数,一般第一年参加工作的同学为 5 天。也有部分律所会给予优于法定年假天数的福利,如 7-20 天不等。但一般而言,纸面上的年假和实际能够用掉的年假,与工作安排、老板的态度、工作氛围等密不可分。在高强度的团队里,能休完年假的律师可能并不是很多。即使是休假,可能也需要在旅途中随时拿出办公电脑处理工作,不过这也是律师生活的常态。

(三) 海外进修补助

海外进修的机会也是大家可能会非常关心的话题之一。部分律所设有海外进修奖学金项目,鼓励有一定工作年限的在职律师申请海外法学院并前往进修,为律师在海外的学习提供学费减免和住宿、生活补贴,有时甚至报销全部的学费金额。这是一种人才培养的方法,鼓励律师在海外进修后回国继续律师生涯,但是此种政策通常视不同所的情况而定。有的律所并不会为前往海外进修的律师保留职位,也有的律所反而会与律师签订协议,要求其在进修后必须返回所内继续工作一定期限。

(四)补充商业保险

部分律所会为所有律师或者达到一定级别的律师购买补充商业医疗保险,作为对五险一金中医疗保险的一种补充,能够覆盖更多的医疗费用报销。而鉴于律师的出差情况,还有一些律所会为律师购买补充商业旅行保险,让律师在出差途中更加安心。

(五)免息贷款

免息贷款可能是一些律师非常关心的问题,但此项福利在内资所中不太常见。一般而言,免息贷款可以用于住房或者海外进修,但即便律所提供免息贷款的福利,也需要律师满足一定的门槛条件才可以去申请,比如在事务所内的工作年限达到3年以上、获得主管合伙人推荐等。免息贷款的金额一般为10-50万元,也有达到更高金额的,而具体能提供多少金额,就要看律所的具体政策而定。

(六)补充公积金

尽管少部分律所对公积金的缴纳会采取最低的缴纳比例,但也有部分律所会提供补充公积金,扩大相应的员工福利。公积金的缴存金额越高,未来买房还贷的压力也相应就越小了。这是一项相当实用的福利,特别是对于在北上广等一线城市工作的同学们。

(七)其他

其他福利还包括健身优惠、所内理疗等,但一般来说,目前内资律所在这方面关注较少,同学们可以在面试的时候进一步了解。而年会抽奖、节假日福利等因每个律所都有不同的安排,在此就不再赘述了。归根结底,这些福利的提供是为了大家更加高效地开展工作和服务好客户。

小 D 的沙漏时刻

在面试的最后环节,律所 HR 开始向小 D 介绍律所的薪酬待遇和福利。HR 向小 D 介绍:"小 D 你也知道,对于应届生,我们律所采取统一的薪酬,税前月薪 2 万元,年终奖会依据你的工作表现以及当年的业绩来综合评估发放,最多不超过 6 个月。"

"福利方面,我们会有交通、话费和误餐补贴。最近律所实行健康生活计划,员工可以享受健康生活补贴,例如在外面报名健身班,可以获得一定比例的补贴,不要错过哦!"

三、打怪升级涨工资

职业生涯的晋升路径,以及晋升后的工资涨幅可能也是各位同学非常关心的话题之一。关于晋升,在前面的课程中已经提到过了,今天不再赘述。一般而言,薪资的涨幅分为按年限和按等级两种。律师进入事务所工作以后,每年通常都会有一定的工资涨幅,这就是按年限的涨幅,但这样的涨幅通常不会特别大,往往是一个逐渐的变化增长过程。

如果同学们的工作年限在未来攒到了一定程度,实现了级别的跨越,例如,从普通律师升到资深律师,或者从资深律师被提拔到顾问/授薪合伙人,那么这一年的涨幅通常就会比较可观。除此之外,也有部分律所对基础工资的涨幅始终保持在比较保守的水平,而对于律师的级别和工作价值所体现出的跃升,一般通过年终奖来体现。

四、站在象牙塔和社会的交叉路口

今天关于内所薪酬待遇的课程基本上就到此为止了。在我看来,部分头部内资律所的薪资水平正在逐渐赶上外资律所,起到了"以点带面"的积极作用。但不可否认的是,在聚光灯外,这样的律师事务所在业内的占比并不高,大量新人律师往往需要承担较大的生活甚至是生存压力。此外,与发展成熟的外资律所相比,内所在福利待遇、新人培训、文化氛围、团队建设等方面,还有更多的进步空间。简单来说,内资律所正在变得越来越好,逐渐进入快车道,希望这些头部的内资律所也可以带动整个行业的发展和进步。

最后,我还想补充两点。

很多同学会有疑虑,毕业后寻找工作时,如果找不到薪酬最理想的工作该怎么办呢?在我看来,这主要体现了两个方面的问题:一是薪酬究竟应当在考虑因素中占到怎样的比重;二是怎么样确定自己的目标律所。

对于未来初入职场的各位同学而言,薪酬肯定是非常重要的考虑因素之一。在各种理想的 Offer 中,我个人倾向于认为应该选择薪酬较高的那一个。这不仅仅是为了满足现实中的物质需要和生存需要。更是因为能够开出比较可观薪酬的平台,也从侧面反映了律所的实力和业务质量。愿意给予新人较好薪资的律所,往往在管理制度上更加规范,一般也能提供良好的晋升渠道。同时,这也意味着律所的业务能力是具有竞争力的,能够吸引到更多或者更大的客户。

我们今天在课程中分析了内资所的薪资待遇,其中不难看出律所的基本薪资其实分为几个档次,例如最高水平的"三万元俱乐部"等。其实,在同一个档次里面的薪资水平,反映出来的律所实力是相差无几的,因此同学们不必过于纠结几千元以内的差异。当需要在给出同一档次薪资的两家律所中作出抉择时,我们建议可以考虑其他的很多因素。例如,本节课中讲到的除基础薪资之外的其他福利待遇,以及团队领导人的个人风格、业务方向、团队氛围、晋升路径等。此外,同学们在选择工作的时候,不能只盯着月薪或者年薪来看,一定程度上也可以兼顾工作和生活的平衡性。长久来看,如果工作强度过高,也可能会造成身心状态的不可持续或职业发展的不稳定性。

那么,回到我们最开始的问题:如果找不到薪酬最理想的工作怎么办呢?其实,最核心的底层逻辑在于,找工作的过程永远是一个双向选择的过程。如果说在寻找理想薪酬水平的工作时屡屡碰壁,也许应当反思一下自己,是不是对自己的定位有所偏差?是不是在相关技能上还有较大的提升空间?薪酬从某种程度上也反映了各位能够为律所创造的价值。从象牙塔踏进社会的大家,请一定要对自己的能力作出正确的评估,并在这个过程中不断努力提升自己的价值,明白自己想要什么,也许就能让找工作的路变得更平坦、更顺畅一些。

小 D 速记

基础薪资的数额与律所类型、运作模式、市场定位、排名、规模大小、所处城市等息息相关,在一些律所中薪资水平因团队不同差异较大。

头部律所带动了内所涨薪潮,但所提供的岗位在整体行业内来看所占比例较少。内所整体薪酬水平仍然与英美律所存在较大差距。

律所内年终奖的数额基本上都会视业绩而定,一般在 1-6 个月的范围内上下浮动。

内所的福利待遇包括团建旅游、年假、海外进修补助、补充商业保险、免息贷款、补充公积金等,少数律所能够提供薪资以外的额外福利。

影响涨薪的因素有很多,对于授薪律师而言,主要是律所的规模、模式、团队业绩、工作年限等。

入职前可以对律所的薪资、福利待遇、团队领导人风格、客户群体以及工作强度进行了解,作为求职的重要补充信息。

内所工作环境：哪些因素吸引你[*]

理似初生日,想如破晓光。携理想载期望,同学们迎来了"法科生的明天"第六节实务课。

"大家好,本节实务交流课上,我们会谈一谈内资律所的工作环境,正所谓'人生若只如初见',工作环境不仅决定了我们对一家律所的初印象,也决定了我们是否能够在一个舒心自如的环境中进行工作。本节课依然由'魔都'律所合伙人 C 律师担任主讲人,欢迎！"魔法师介绍道。

在同学们的掌声中,C 律师走上了讲台。"谢谢魔法师和各位同学们！承接魔法师的说法,我认为工作环境也关系着一家律所是否能够跳出传统的薪酬竞争圈进而产生自身独特的吸引力。相信同学们在向学长学姐们了解律所工作时,除了不可避免提及的薪酬待遇之外,更多的会关注一家律所内在的'核心竞争力'——一家律所是否有一个值得员工长期稳定于此的工作环境。接下来,我将分别从硬件、软件和工作氛围三个方面,谈谈律所的工作环境,以便同学们对于律所外部、内部工作环境有更好的了解。"

一、硬件

首先问一下同学们,在你不了解这家律所的情况下,你对一家律所的第一印象一般是从何而来？

---

[*] 本部分公益导师：潘尤迪,美国斯坦福大学法学硕士,现任元达温斯顿(Yuanda-Winston)律师事务所管委会成员、权益合伙人,主要业务领域为监管合规、隐私/数据合规、TMT、新经济。2020 至 2023 年的连续四年里,均获得 The Legal 500 Asia Pacific(亚太法律500强)的独立个人奖项("明日之星合伙人")并获得"合规"领域特别推荐。2021 至 2023 年的连续三年里,均入选《LEGALBAND 年度中国顶级律师榜》,在"合规"及"科技、媒体与通信"两个领域排名靠前梯队。

志愿者：周芳园,美国乔治城大学法学硕士、山东大学法学学士,现任湖南某区人民检察院检察官助理,主要负责未成年人检察工作。曾于金杜律师事务所、美国 Phyllis J. Outlaw & Associates 等律所实习,曾任职于北京市天同律师事务所跨境争议解决组。

同学们七嘴八舌开始在台下讨论起来:"官方网站好不好看""办公位置是否在中央商务区(CBD)""是不是在高档写字楼""装修的好看程度"。

　　C 律师笑了笑:"同学们说的都没错,一面惊鸿瞥,华服找美人。在完全不了解一家律所的前提下,我们对一家律所的初印象必然脱离不了律所外部硬性条件带给我们的感官体验。律所所在地段、写字楼风格、装修风格、工位设计风格等多种因素作为我们描绘一家律所的'线条'和'色彩',共同绘制了一家律所在我们脑海里的'轮廓'和'面容'。下面我简单介绍一下,对于同学们来说,有哪些因素和你们以后的工作体验会有直接影响。目前愿意投入较多资源在律所和律师的工作环境上的主要为规模化的大型律所和精品所。因此,除非附有特别说明,这节课主要讨论大型律所和精品所的工作环境。"

　　(一) 地理位置

　　为了彰显实力和打造符合律所国际化的品牌形象,知名律所一般都会在当地的 CBD 租借高档写字楼办公,如北京国贸 CBD、上海陆家嘴 CBD、广州珠江新城 CBD 等。

　　以北京为例,我们选取了国内 17 家知名律所作为样本,将其地理位置进行了整体分布调查,结果如图 1 所示。不难看出,有相当一部分知名律所都位于国贸商圈附近。

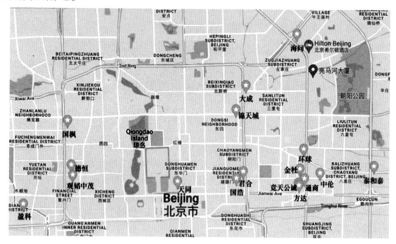

图 1　北京 17 家知名律所分布图

富在术数,利在势居。对于同学们来说,律所靠近市中心往往意味着租房和就餐成本升高、上下班高峰期堵车、地铁人挤人等痛点,这些都是一线办公地点背后的烦恼。

(二)基础设施与办公设备

内资律所近年来越来越提倡人性化办公理念,不少知名律所在新办公室的装修上也加大了员工关怀方面的投入。例如,专门开辟休息区/休息室、扩大茶水间面积等,部分律所还会在茶水间常备现磨咖啡、零食、饮料甚至是方便面等,以便员工可以更好地在工作间隙中休息、充饥,打造更贴心的工作环境。部分专注诉讼业务的律所还会设置模拟法庭,以便充分做好开庭前的模拟和演练。

当然,对于同学们日后办公体验而言,最重要的可能还是办公设备。仅从个人主观角度,对影响办公体验的硬件条件进行排序,供同学们参考:

(1)办公电脑。办公电脑的性能直接影响工作效率,而续航和便携度则直接影响日常外出和出差的体验。一般而言,联想 ThinkPad X 系列因其各项配置均衡,轻薄便携、外观沉稳,是不少律所常选的办公笔记本电脑。

(2)外置显示器。律师需要处理大量文书工作,一个高清外接显示屏显然会让律师工作效率更上一层楼。有些律所还配备双屏(配有显示器支架臂),能有效提高律师工作效率。

(3)人体工学办公桌椅。可升降式办公桌、人体工学办公椅也是可以显著提高工作舒适度和工作效率的硬件设备,但由于其价格较为高昂,只有部分律所会全员配备。

对于中小规模的律所,由于大多数情况下相关办公成本需要律师自行承担,一般只会配备相对基本的办公设施。如果个别律师对办公设备有特殊需求的,一般需要自行购置。

小 D 的沙漏时刻

小 D 所在的这家律所最近正在搬入新的写字楼,律所主任在新办公室乔迁暨启用仪式上向律师们正式宣布全新的办公设备升级计划,所有工位都配备了全新的升降式办公桌和人体工学办公椅,可以满足律师们站立办公的需求,减轻长期低头工作的颈椎负担。与此同时,所有工位还配备了双显示器和支架臂,最多可以同时显示四份完整的 Word 文档,可以最大化满足律师们双屏办公的需求!

现场的律师欢呼起来,看小 D 有点莫名其妙的样子,小 D 的带教律师说道,"工欲善其事,必先利其器,对于律师而言,这有助于提升生产力啊!"

二、软件

(一) 办公软件及文档管理

前面聊完了办公硬件,咱们再来看看办公软件。律师常用的微软办公软件(Office,包括 Word、Excel、PowerPoint、Outlook 等)、奥多比可移植文档格式(Adobe PDF)等常用办公软件就不多说了,大型律所一般会有专门的团队负责相关软件的授权和安装服务。咱们来说一说同学们在入职之前比较少能接触到的文档管理(Document Management,简称 DM)系统。

律师日常工作需要大量处理往来邮件及案件文档,文档管理是律师办公的重中之重,一个优秀的律所文档管理系统,应当尽最大努力提升律师工作效率,减少律师在上面这些行政类内容上的时间。

每家律所的文档管理系统都不一样,有的是律师自行保存在电脑或者云盘,有的可能是内部根据需求而定制开发的专用系统,有的可能是采用行业已有的成熟解决方案。定制开发的系统更像是一锤子买卖,后续维护升级均需要较高的费用,往往较少会进行升级迭代,也因为服务供应商的水平,而很大程度上影响最终成品系统的效果。而行业解决方案一般需要按年订阅模式购买服务并持续更新,欧美企业在这方面发展历史较悠久,以 iManage 公司旗下的 Work 系列平台为典型代表,Work 涵盖邮件归档、案件文件管理、云文档协作等功能。根据公开信息[①],主流外所大多选择 iManage Work 作为律所管理平台,包括盛信(Simpson Thacher)、贝克・麦坚时(Baker McKenzie)、高伟绅(Clifford Chance)、欧华(DLA Piper)、富而德(Freshfields Bruckhaus Deringer)、众达(Jones Day)、谢尔曼・思特灵(Shearman & Sterling)、温斯顿(Winston Strawn)等。目前,国内部分律所也开始选用 iManage Work 作为律所文档管理平台,如方达、竞天公诚、君合、金杜、中伦等。

在律所文档管理软件方面,国内企业在这方面发展较晚,但使用习惯更贴近中国用户,也会加入更多功能,如法律检索、案件计时、账单生成等功能。国内企业例如 iCourt Alpha 系统,目前也被不少律所采用。

在办公系统方面,同学们并不存在选择权,一般是统一使用律所购买的系

---

① iManage 官网及公开新闻稿,https://imanage.com/our-customers/,访问日期:2022 年 5 月 30 日。

统和软件。虽然说大部分系统都不如日常 App 好用,但如今各大律所都在强调数字化转型,相信以后这类系统会越来越智能化、移动化、人性化。

(二)培训与知识管理

知名律所一般会在新人入职的时候组织统一的入职培训(Orientation),部分律所还会要求各地办公室的新入职律师统一到总所进行集中培训。此类入职培训的主题一般包括律所及其管理层介绍、律师执业道德与纪律、律所文化建设、律师实务课程等,入职培训也是一个认识新同事的好机会。

除此之外,一些律所内部还有定期的培训,培训内容主要以所内资深律师或邀请其他律所律师对法律实践中的热点问题进行分析探讨为主。另外,也有律所设立专门的研究院对法律课题项目进行研究(如金杜研究院等),或者出版培训相关的书籍(如君合《律师之道》),以给新人提供全面的职业素养和法律知识的日常训练。

在知识管理方面,除了购买外部法律数据库外[如威科先行、北大法宝、律商联讯(LexisNexis)、万律(Westlaw)、汤森路透(Practical Law)等],部分注重知识管理的律所还会建设自己内部的知识库,内容主要包括律所各类文书模板、文件格式规范、典型案例分享、特定行业信息共享等。

(三)工作氛围

讲完了看得见摸得着的硬件和软件之后,我们来看看影响工作环境的最后一个因素——工作氛围。

曾经有一份法律职场黑白名单在网上广为流传,也成为了业内热议的话题,可见工作氛围逐渐成为年轻法律人求职过程中的关注重点。但由于律师行业的发展依然存在着一定的参差,所以确实在部分地区或者部分律师事务所存在一些职场的不良现象,见表1。

表1 律师行业可能遇见的不良现象

类型	示例
薪酬	超低工资,或者倒贴、拖欠工资
职业发展	暗示可能"行业拉黑"、入职尽调抹黑
身心健康	因工作负荷而带来的精神压力或精神疾病等

对于外部求职新人而言,大部分律所或团队的内部工作氛围是不透明的,同学们很难通过公开渠道获取信息,往往只能通过熟人打听、实习、面试甚

至是正式工作等成本相对较高的方式去了解内部工作氛围,见表2。

表2 律师行业工作氛围尽职调查角度

角度	警钟时刻
面试第一感受	明显不尊重面试者(例如不守时、歧视倾向)、只谈奉献不谈回报
人员流动率	团队的人员流动率过高
工作安排合理性	律师经常要面对突发事件,加班加点也在所难免,但如果是24小时不吃不喝都完成不了的工作安排,则不太合理
工作强度	如果每天需要工作到三更半夜,周六日需要随时响应,不论手头上在干什么,都需要停下来去加班,则工作强度不太可持续
请假安排	一切以工作为重,不允许请事假或病假
人际交往	团队上级倾向于在公众场合(例如微信群)就小事公开羞辱,而非理性批评与沟通

三、更换律所的考量

课程讲到这里,有同学不禁发问:如果我们对入职的律所不满意,是否可以直接选择更换律所呢?

关于"跳槽",在职业生涯的前两年,原则上并不建议大家频繁更换律所。由于实习律师制度所限,除非特殊原因②,实习律师在实习过程中(加上各类手续,往往需要1年半甚至更长时间)是不能更换实习带教律师的;若在此期间更换律所重新开始实习,时间成本较高,此外,这也可能会影响在新工作面试官对工作稳定性方面的评价。因此,在求职前认真做好尽职调查工作,多方打听,尽可能避免入职后的烦恼,选择一个适合自己的律所和团队是更为明智的做法。

当然,在选择律所和团队的过程中有时候也难免"一叶障目"导致"踩坑"的情况。如果同学们在前两年内希望更换工作环境的想法十分强烈,也可以尝试向所内提出申请更换团队或者更换办公室工作。但在做出这样的决定前,也需要充分考虑新团队的业务领域、团队氛围、生活成本、团队对接程度等多方因素,考虑得越全面,一方面可以增加我们申请通过的概率,另一方面也能避免再次"踩坑"而带来的反复折腾。此外,在度过实习律师期、可获或已获中国律师执业证时,如果仍然希望更换律所,也建议先明确自己的职业规划,并对"下家"

---

② 多为不可抗力原因,如指导律师死亡、转所、因病住院、受到处分等。

做好充分的尽职调查,在确定"下家"后再考虑是否提出离职,从而避免裸辞带来的求职焦虑。

> **小 D 速记**
>
> 　　知名律所大多选择在城市 CBD 的高档写字楼办公。
>
> 　　越来越多律所开始倡导人性化办公,会设置专门的休息区/休息室,在茶水间配备零食、饮料。
>
> 　　对律师日常工作效率影响比较大的是办公设备,一套好的办公设备可以有效提高律师的工作效率。部分律所还会配备可升降办公桌和人体工学办公椅,进一步提升工作舒适度。
>
> 　　律所办公系统及文档管理系统各有不同,目前头部律所大多选用 iManage 的 Work 系统来进行文档管理,也有部分律所选用本土企业开发的系统,行业的整体发展趋势是智能化、移动化、人性化。
>
> 　　工作氛围是律师行业热议话题,职场新人需要做好入职前的尽职调查工作,留意"警钟时刻"。

外所

- 美国律所
- 英国律所
- 欧洲律所
- 离岸律所

美国律所:不止于百万年薪*

新的一周,小 D 与同学们又迎来了一位新的课程嘉宾,是一位美国律师事务所的争议解决业务合伙人。小 D 收集了有关美国律所的排名、业务和中国业务情况的信息,和课程嘉宾一一讨论,整理下这篇笔记。

一、雇主速览

美国律所往往因其国际化的视野、行业顶尖的客户、复杂高端的业务、优越的工作环境与较高的薪资报酬,成为许多法学生理想的职业起点。截至 2022 年,在华美所已逾百家,其中又以华尔街顶级律所,即业界所称的"白鞋所"(White-shoe Law Firms)最为引人注目。在 20 世纪 50 年代,常青藤盟校的学生中流行学院风的白色牛津鞋,而这些穿着考究的精英学生无疑会在毕业后就职于声名显赫的顶级律所,"白鞋所"的概念也由此而来。"白鞋所"没有固定的范围,但往往包括权威排名靠前的律所。目前权威的律所排名之一是 Vault,该机构每年会参照以往律所排名、法律期刊以及法律从业者印象等列出律所清单,邀请各律所的数万名律师打分,并据统计结果排列名次。在美国工作的律师每年都会收到 Vault 发来的详细的调查问卷,业内参与度很高。因为完全基于海量律师的评价,Vault 的排名比较准确地体现了在美国的广大律师眼中各个律所的声誉。表 1 是根据 2023 年 Vault 的综合声誉一项的前二十排名,以及在华规模较大但未进入排名前二十的美国律所,整理而成。

---

* 本部分公益导师:刘骁,美国哈佛大学法律博士、英国剑桥大学法学硕士、北京大学法学学士,现任美国昆鹰律师事务所合伙人、中国业务主任,美国纽约州执业律师,代表众多中国企业和个人应对美国商事诉讼、美国政府调查以及国际仲裁案件,曾在中国最高人民法院和美国华盛顿特区联邦地区法院实习。

志愿者:武佩瑶,清华大学民商法硕士研究生,清华大学法学学士、辅修经济学。

表1 知名美国律所概览②

2023 Vault 排名	律所中文名称	律所英文名称	在华办公地点	合伙人数量(内地办公室)	合伙人数量(香港办公室)
1	无	Cravath, Swaine & Moore LLP	无	无	无
2	无	Wachtell, Lipton, Rosen & Katz	无	无	无
3	美国世达律师事务所	Skadden, Arps, Slate, Meagher & Flom LLP	香港、北京、上海	2	7
4	美国瑞生律师事务所	Latham & Watkins, LLP	香港、北京	2	23
5	美国苏利文·克伦威尔律师事务所	Sullivan & Cromwell LLP	香港、北京	0	4
6	美国达维律师事务所	Davis Polk & Wardwell LLP	香港、北京	3	8
7	美国凯易国际律师事务所	Kirkland & Ellis LLP	香港、北京、上海	6	31
8	美国盛信律师事务所	Simpson Thacher & Bartlett LLP	香港、北京	1	15
9	美国宝维斯律师事务所	Paul, Weiss, Rifkind, Wharton & Garrison LLP	香港、北京	1	2
10	美国吉布森律师事务所	Gibson, Dunn & Crutcher LLP	香港、北京	1	15
11	美国盛德国际律师事务所	Sidley Austin LLP	香港、北京、上海	3	20
12	美国威嘉律师事务所	Weil, Gotshal & Manges LLP	香港、北京、上海	1	5

② 数据截至2023年8月31日,香港法人实体的中英文名称与内地略有不同,此表以司法部年检公告显示的内地中英文名称为准,且省略以英国为总部的Vault前50律所;此表参考的2023年Vault排名详见 https://www.vault.com/best-companies-to-work-for/law/top-100-law-firms-rankings。合伙人数量以官方网站信息为准。

(续表)

2023 Vault 排名	律所中文名称	律所英文名称	在华办公地点	合伙人数量(内地办公室)	合伙人数量(香港办公室)
13	美国昆鹰律师事务所	Quinn Emanuel Urquhart & Sullivan, LLP	香港、北京、上海	2	3
14	美国佳利律师事务所	Cleary Gottlieb Steen & Hamilton LLP	香港、北京	1	5
15	美国科文顿·柏灵律师事务所	Covington & Burling LLP	北京、上海	3	无
16	美国伟凯律师事务所	White & Case LLP	香港、北京、上海	4	15
17	美国美邦律师事务所	Milbank LLP	香港、北京	1	7
18	美国德普律师事务所	Debevoise & Plimpton LLP	香港、上海	0	7
19	美国瑞格律师事务所	Ropes & Gray LLP	香港	2	6
20	美国普衡律师事务所	Paul Hastings LLP	香港、北京、上海	3	10
23	美国美富律师事务所	Morrison & Foerster LLP	香港、北京、上海	4	10
24	美国科律律师事务所	Cooley	香港、北京、上海	8	7
25	美国众达律师事务所	Jones Day	香港、北京、上海	9	5
26	美国美迈斯律师事务所	O'Melveny & Myers LLP	香港、北京、上海	8	6
30	美国艾金·岗波律师事务所	Akin Gump Strauss Hauer & Feld LLP	香港、北京	2	8
32	美国威尔逊律师事务所	Wilson Sonsini Goodrich & Rosati	香港、北京、上海	4	3
33	美国摩根路易斯律师事务所	Morgan, Lewis & Bockius LLP	香港、北京、上海	8	15
34	美国凯寿律师事务所	Arnold & Porter Kaye Scholer LLP	上海	3	0

(续表)

2023 Vault 排名	律所中文名称	律所英文名称	在华办公地点	合伙人数量(内地办公室)	合伙人数量(香港办公室)
35	美国贝克·麦坚时国际律师事务所③	Baker McKenzie	香港、北京、上海	5	44

在上榜律所中,Cravath 和 Watchell 常年盘踞 Vault 排行榜的前两名,Watchell 的年终奖金更是远高于其他头部律所。其中,Cravath 很少直接雇用外部合伙人,而是更倾向于内部培养自己的合伙人。Watchell 被称为"并购之王",著名的"毒丸计划"就是其创始人之一马丁·利普顿在 20 世纪 80 年代为了应对敌意并购而改进的。这两家律所都不追求急速扩张,均未在中国设立办公室(Cravath 曾设有香港办公室,但在 2003 年将其撤销)。Cravath 仅有纽约与伦敦办公室,Watchell 仅有纽约办公室,但二者人均创收始终位于前列。Cravath 的薪资在美所中一直处于风向标的位置,其 2023 年公布的起薪数额,见表 2。一般 Cravath 涨薪,其他顶级律所也会相应提高律师薪资。此外,按照惯例,美国律所会在 Cravath 公布其当年的起薪和奖金后调整。

表 2 Cravath 2023 年公布的起薪数额

年级	起薪(美元)
Class of 2023	$225,000
Class of 2022	$235,000
Class of 2021	$260,000
Class of 2020	$310,000
Class of 2019	$365,000
Class of 2018	$390,000
Class of 2017	$420,000

③ Baker McKenzie 在中国内地的联营所(贝克·麦坚时·奋迅)的人数未统计在内。

二、业务类型

美国顶级律所业务范围十分广泛;常见的非诉业务包括资本市场、兼并收购、反垄断、银行金融、破产重组、投资基金等,部分律所会有出色的税务、劳动法团队。此外,能源与矿产资源、生命科学、通信媒体、项目与基础设施、房地产、国际贸易等领域也有律所涉猎;典型的争议解决业务包括民商事诉讼、国际仲裁、白领犯罪辩护、反腐败合规等。在华活跃的部分美所的业务,见表3。若想要具体了解某家律所的优势业务,可以查看如 Chambers 以及 Vault 等权威排名。Vault 对各个业务类型也都整理了美国广大律师对于各律所在相应领域的声誉排名,例如专门从事争议解决业务的昆鹰(Quinn Emanuel)律师事务所一直被选为综合商事诉讼的第一名。

表3 在华活跃的部分美所业务④

律所简称	办公地点	大中华区的优势业务领域
世达	香港 北京 上海	资本市场(债务)、资本市场(股权)、资本市场(高息债券)、竞争法/反垄断、公司调查/反腐败、公司并购、争议解决(仲裁)、投资基金(私募股权)
苏利文·克伦威尔	香港 北京	资本市场(股权)、公司并购、能源与矿产资源
瑞生	香港 北京	银行与金融、银行与金融(杠杆融资与并购融资)、私募股权与风险投资、破产重组、资本市场(债务)、资本市场(股权)、资本市场(高息债券)、资本市场(衍生品和结构性产品)、公司并购、争议解决(仲裁)、能源与矿产资源、金融服务、私募股权(杠杆收购与风险投资)
凯易	香港 北京 上海	银行与金融(杠杆融资与并购融资)、资本市场(股权)、公司调查/反腐败、公司并购、投资基金、投资基金(私募股权)、私募股权(杠杆收购和风险投资)
达维	香港 北京	资本市场(债务)、资本市场(股权)、资本市场(高息债券)、公司调查/反腐败、公司并购、争议解决(诉讼)、金融服务

---

④ 根据2023年的 Chambers 排名整理,本表不作为律所推荐排名。

(续表)

律所简称	办公地点	大中华区的优势业务领域
盛信	香港 北京	银行与金融(杠杆融资与并购融资)、资本市场(股权)、公司并购、投资基金(私募股权)、私募股权(杠杆收购和风险投资)
吉布森	香港 北京	银行与金融(杠杆融资与并购融资)、竞争法/反垄断、公司调查/反腐败、公司并购、争议解决(诉讼)、金融服务、投资基金(私募股权)、私募股权(杠杆收购和风险投资)、税务、科技媒体通信
宝维斯	香港 北京	公司并购、私募股权(杠杆收购和风险投资)
威嘉	香港 北京 上海	公司并购、私募股权(杠杆收购和风险投资)
盛德	香港 北京 上海	资本市场(债务)、资本市场(股权)、资本市场(高息债券)、公司调查/反腐败、公司并购、争议解决(仲裁)、投资基金(对冲基金)、投资基金(私募股权)、生命科学、私募股权(杠杆收购和风险投资)
昆鹰	香港 北京 上海	争议解决(仲裁)、争议解决(诉讼)
佳利	香港 北京	资本市场(股权)、公司并购、私募股权(杠杆收购和风险投资)
科文顿·柏灵	北京 上海	国际贸易/WTO、生命科学
众达	香港 北京 上海	竞争法/反垄断、公司并购、知识产权、生命科学
伟凯	香港 北京 上海	银行与金融、银行与金融(杠杆融资与并购融资)、公司调查/反腐败、公司并购、国际贸易/WTO、银行与金融、投资基金(私募股权)、私募股权(杠杆收购与风险投资)、项目与基础设施

(续表)

律所简称	办公地点	大中华区的优势业务领域
德普	香港	公司并购、争议解决(诉讼)、金融服务、保险法(非诉)、投资基金(私募股权)
	上海	
瑞格	香港	银行与金融(杠杆融资与并购融资)、公司调查/反腐败、公司并购、知识产权、投资基金(私募股权)、生命科学、私募股权(杠杆收购与风险投资)、破产重组
普衡	香港	资本市场(股权)、公司调查/反腐败、公司并购、私募股权(杠杆收购与风险投资)
	北京	
	上海	
美富	香港	资本市场(股权)、公司调查/反腐败、公司并购、争议解决(诉讼)、投资基金(私募股权)、生命科学、私募股权(杠杆收购与风险投资)、房地产、科技媒体通信
	北京	
	上海	
美邦	香港	银行与金融(杠杆融资与并购融资)、资本市场(股权)、资本市场(高息债券)、公司并购、私募股权(杠杆收购与风险投资)、项目与基础设施
	北京	
美迈斯	香港	资本市场(股权)、公司并购、争议解决(诉讼)、保险法(诉讼)、私募股权(杠杆收购与风险投资)
	北京	
	上海	
贝克·麦坚时	香港	航空金融、银行与金融、竞争法/反垄断、公司调查/反腐败、公司并购、争议解决(诉讼)、劳动法(香港)、劳动法(内地)、金融服务、保险法(非诉)、知识产权、国际贸易/WTO、投资基金(私募股权)、投资基金(注册基金)、生命科学、房地产、破产重组、税务(香港)、税务(内地)、科技媒体通信
	北京	
	上海	
摩根路易斯	香港	公司调查/反腐败、公司并购、劳动法(内地)、私募股权(杠杆收购和风险投资)
	北京	
	上海	
谢尔曼·思特灵	香港	资本市场(高息债券)、公司并购、争议解决(仲裁)、投资基金(私募股权)、私募股权(杠杆收购和风险投资)、项目与基础设施
	北京	
	上海	

三、人员背景

在美所的内地办公室,内地人占比较高,被录用者往往来自知名院校,具有出色的排名、优秀的英语水平与多样化的个人经历,包括实习、模拟法庭比赛以及海外交流经验。在香港办公室,被录用者以香港各大学的毕业生为主,纯内地背景的学生比较少,但也有例外。从表4可以看出,要想在美国律所有较长远的发展,海外学位与普通法法律师执业资格几乎是必备项目,大部分律所合伙人都有至少一段海外留学经历,其中许多有丰富的学科背景。

表4 部分美所的中国合伙人

律所	工作地点	姓名	性别	执业领域	执业资格	教育背景
世达	上海	Haiping Li	女	资本市场、兼并收购	美国纽约州 中国香港	纽约大学公司法专业法学硕士 上海外国语大学法学学士
世达	上海	Yuting Wu	男	资本市场、兼并收购	美国纽约州	宾夕法尼亚大学法学院法学博士 宾夕法尼亚大学法学院法学硕士 北京大学法学学士
瑞生	北京	Hui Xu	男	白领辩护与调查、诉讼、反垄断、证券诉讼与专家责任、产品责任与消费者集团诉讼、出口管制、海关与经济制裁	美国哥伦比亚特区	乔治敦大学法学硕士⑤ 纽约大学法学硕士 中国人民大学法学学士
凯易	北京、上海	Chuan Li	男	兼并收购、私募股权	美国伊利诺伊州美国纽约州	爱荷华大学法律博士⑥ 乔治亚大学法学硕士 对外经济贸易大学法学学士

---

⑤ 法学硕士(Master of Law,简称 LLM),一年制的法学进阶课程,相当于中国的法学硕士学位,凡具有法学学士或以上学位者可以申请。

⑥ 法律博士(Juris Doctor,简称 JD),又称职业法律文凭,是广泛存在于美国、加拿大、澳大利亚等国,非一般意义上的研究型博士,不要求提交毕业论文。因为美国法学院不设法学本科学位,法学教育是从研究生阶段起步,故学制3年的 J.D.是美国教育体系设置的第一个法律学位。

（续表）

律所	工作地点	姓名	性别	执业领域	执业资格	教育背景
凯易	上海	Shuting Qi	女	兼并收购、私募股权	美国纽约州中国	哈佛大学法学硕士 复旦大学法学硕士 南京大学法学学士
凯易	上海	Tiana Zhang	女	诉讼	美国加利福尼亚州中国	德克萨斯大学法律博士 乔治敦大学文学硕士 外交学院法学学士
凯易	上海	Rongjing Zhao	女	兼并收购、私募股权	中国香港（注册外地律师）美国纽约州中国	纽约大学法学硕士 复旦大学法学学士
达维	北京	Howard Zhang	男	兼并收购、跨国证券、公司事务	美国马萨诸塞州中国	波士顿大学法律博士 上海外国语大学文学士
昆鹰	上海	Xiao Liu	男	诉讼	美国纽约州中国	哈佛大学法律博士 剑桥大学法学硕士 北京大学法学学士
昆鹰	上海	Haiyan Tang	女	诉讼	美国加利福尼亚州	乔治华盛顿大学法律博士 耶鲁大学神经科学博士 南京大学科学学士
吉布森	北京	Fang Xue	女	兼并收购、私募股权	美国纽约州	杜克大学法律博士 对外经贸大学法学硕士 中国海洋大学文学士

四、进入路径[7]

（一）一般招聘

对于应届生而言，美所一般都会通过实习项目留用，较少在未实习的情况

---

[7] 郭不紧：《在美所的香港办公室工作有何与众不同》，载微信公众号"D调魔法学园"，https://mp.weixin.qq.com/s/QxQJ_f70FHes2g2iTQr9xQ，访问日期：2022年5月31日；Carol：《美国Big Law生存法则》，载微信公众号"D调魔法学园"，https://mp.weixin.qq.com/s/qitN7ucT-S75H-TGjUjP1g，访问日期：2022年5月31日；Sara Liu：《手把手教你如何斩获美所offer》，载微信公众号"D调魔法学园"，https://mp.weixin.qq.com/s/4rAp57srZN1S3nCF9iA3Fw，访问日期：2022年5月31日。

下直接录用候选人。获得律所实习机会的途径其实有很多,主要包括向律所官网投递简历,在招聘会(Job Fair)上递交简历,通过学院官网、微信群、求职公众号等获得招聘信息,通过学长学姐内推,也可以直接写邮件给合伙人或 HR。递交简历后,招聘流程通常包括简历筛选、笔试、面试、实习或入职几个步骤。

1. 简历筛选

一般来说,外所比较看重在校的排名与成绩,知名律所的实习经历几乎是必备内容,模拟法庭竞赛、海外交流经历是加分项。此外,外所的工作内容与工作环境对英语写作沟通能力有较高的要求,因此语言成绩也是重要的评价指标。

2. 笔试

笔试主要考察的是作为律师助理或初级律师在工作中会用到的必备技能,常见考察方式包括法律英语翻译、案例分析、文章概括等。

3. 面试

面试可能以电话、视频或面对面的形式进行,一般为全英文面试,对面试者的英语能力有较高要求。面试通常基于简历展开,因此应聘者应当对自己的每一段经历了然于心;同时,对基本实务知识也应当有所掌握,尤其要对所面试团队的从业领域深入了解,如外商投资法、证券法、反海外腐败法、反垄断领域相关法律等。此外,面试中也可能聊到生活话题,展现自己的兴趣爱好也会给面试官留下更好的印象。

面试结束后,部分律所可能要求应聘者提交与面试内容相关的写作样例(Writing Sample),以辅证应聘者的写作与实务能力。

4. 实习

实习表现是能否获得正式工作的决定性因素,律所往往青睐在时间管理、抗压、快速学习等方面能力较为突出的实习生。实习生的工作领域主要分为诉讼与非诉两个方向,都要求实习生完成法律检索、法律研究、法律翻译、文件起草、文件校对等支持性工作。其中,法律检索与研究要求实习生熟练掌握数据库的使用方法,同时全面地思考问题;法律翻译的内容包括法律业务方面的邮件、合同以及给政府机关的文书,需要实习生在业务领域的专门词汇上多下功夫;文件的起草和校对不仅要求娴熟的语言运用,更重要的是细致认真的工作态度。

此外,部分律所会在实习中另增考核,比如凯易会要求实习生在午餐时间单独完成定题展示,就一个专业主题向合伙人和律师进行展示。

(二)奖学金项目

除了常见的招聘途径之外,部分律所会开设奖学金项目,向目标院校的优秀同学发放奖学金与实习机会,部分美国律所的奖学金项目列举如下。

1. 众达国际法律奖学金

从2001年起,众达每年为12名来自北京和上海的在读研究生以及大三以上本科生颁发人民币2.2万元的奖学金,目标院校包括位于北京的北京大学、清华大学、中国人民大学、中国政法大学、对外经济贸易大学、外交学院,以及位于上海的复旦大学、华东政法大学、上海对外经贸大学、上海外国语大学、上海交通大学、上海大学、上海财经大学、华东理工大学、同济大学。

2. 美迈斯法学奖学金

美迈斯法学奖学金的申请对象范围为法律专业的三年级本科生与二年级研究生,目标院校包括位于北京的北京大学、清华大学、中国政法大学、中国人民大学和对外经济贸易大学,以及位于上海的复旦大学、华东政法大学和上海对外贸易大学。

3. 贝克·麦坚时-奋迅联合奖学金

贝克·麦坚时-奋迅每年在北京和上海分别选拔8-10名优秀的本科三年级学生或毕业前一年的研究生,获奖者可获得15,000元奖学金以及带薪实习机会。该项目的目标院校包括位于北京的北京大学、清华大学、中国人民大学、中国政法大学、对外经济贸易大学,以及位于上海的复旦大学、上海交通大学、华东政法大学。

4. 科文顿·柏灵奖学金

科文顿·柏灵律师事务所从指定高校所有申请人中评选出四名左右获奖者,每位获奖者将获得由科文顿提供的10,000美元的奖学金,并有机会在科文顿北京或上海办公室实习两到三个月。申请人须为次年毕业的本科生或硕士研究生,目标院校包括北京大学、清华大学、中国人民大学、中国政法大学、上海交通大学、复旦大学、华东政法大学等20余所院校。

五、职业发展[8]

(一)培养方式

美国律所在华办公室的规模有大有小,业务量不一,因此培养方式也略有不同,大致分为两种情形:一是低年级律师或实习生(合称Junior)跟随固定的

---

[8] D调魔法师:《顶级外所与内所的不同工作体验》,载微信公众号"D调魔法学园",https://mp.weixin.qq.com/s/nk0oP03sLzTAPppeqYxEsQ,访问日期:2022年5月31日。

合伙人和团队,专门从事某项业务;二是各团队共用 Junior,Junior 须同时为各项业务提供辅助和支持。还有一种介乎二者之间的第三种情形,即"团队制+律师池"制度,所内区分不同团队,每个团队一到两个合伙人,团队内合伙人共享律师人力资源。

除了工作实践中的锻炼,领先美所通常以视频或面授的形式开展定期或不定期的业务培训。此外,许多律所会为 Junior 安排一位导师,这位导师可能是比 Junior 高两年级左右的律师,也可能是高级律师,甚至可能是合伙人。导师往往会在 Junior 入职当天与其共进午餐,代表律所表示欢迎,也会和 Junior 聊职业规划。但是,导师并不负责系统地传授经验,主要还是提供具体工作上的指导。

领先美所的在华办公室之间联系都比较紧密,往往是北京、上海办公室共同在一个项目上合作,整体对外提供法律服务;有时香港的律师还可能给北京或上海的 Junior 派活;个别英美顶级律所还实行轮岗制度。

领先美所的硬件设施都非常好,有专门的 IT 部门,IT 系统、内部数据库完备,可以轻松地在内部数据库中找到模板,对于成果的质量控制也相当严格。

另外,领先美所通常严格区分法律业务和行政事务,即使对于实习生,一般也不会要求其做行政事务。业务量比较大的律所还会配备专门的翻译团队,Junior 通常无须参与大量原始翻译工作,只是偶尔负责检查翻译成果,或在翻译人手不足时协助进行原始翻译。

(二)工作内容

对非诉业务来说,Junior 的工作主要包括法律研究、起草备忘录、尽职调查、草拟和整理交易文件以及翻译。

对争议解决业务来说,Junior 的工作主要包括查阅案件、审阅和整理证据资料、起草证人访谈提纲、为证人访谈作笔记和整理笔录、起草法律文书等。

(三)工作强度

美国律所工作强度通常相对较大,律所内部一般要求对工作严格计时并将工作量纳入考核指标。对于"白鞋所"来说,律师每年的收费小时通常在 2000 小时以上。多个项目同时进行时,加班到凌晨的情况也比较常见。

美所普遍工作强度大、加班较多,但很多美所的团队氛围较好,有不懂的地方可以直接打电话或者走进办公室直接问,同事们都会乐于解答。此外,总体来说更尊重律师的个人时间,周末一般不会理所当然地让律师加班,且交流工作以邮件为主。

(四)待遇福利

美国顶级律所通常在待遇方面通常实行薪资锁步(Lock-step)制度,即按年资发放薪酬,相同年资的律师给同样的薪酬,而不考虑当年的工作表现。奖金相当于一个月至两个月的薪酬;无论收费小时是否达标,均可拿到奖金,但个别亚洲区的美国律所也曾有收费小时未达标则不发奖金的先例。

一般来说,在美国读完 JD 并在一家顶级律所的美国本地办公室工作一段时间后被派回亚洲办公室可以获得全球薪资(Global Pay);有些美所也为取得美国法学硕士(LLM)学位、取得美国律师执业资格的有经验律师提供 Global Pay。此外,如果在美国顶级律所工作一段时间再回到香港、北京、上海的某些 Vault 排名靠前的律所,还可以拿到海外生活补贴(Cost of Living Allowance,COLA)。是否提供 COLA,还取决于经济形势、本地居民身份、取得的学位(JD 或 LLM)等。

就内地法律应届生或无工作经验的 LLM 而言,美所内地办公室提供的起薪大致为每月 2-3 万元,具体数额因所而异。无工作经验的 LLM 毕业生起薪可能略高于内地法律应届生。

福利方面,在顶级美所工作,通常意味着出入中央商务区(CBD)高档写字楼,办公环境一流,还有免费饮料茶点。一般还提供补充商业保险、电话费补贴等,有的还会发放 iPad 或 iPhone 作为工作设备。律所通常会定期组织茶歇(Happy Hour),为当月过生日的同事庆祝,或送旧迎新,还会组织旅游。此外,年假相对较长,一般有 20 天以上。

值得一提的是,美国律所非常重视成员的多样性与环境的包容性,在其官方网站上,多样性(Diversity)与包容性(Inclusion)也往往作为专栏被放置在显眼位置。美国人权运动组织(Human Rights Campaign)每年会对该国各个领域主要企业的性别平等政策进行评估,并推出公司平等指数报告(Corporate Equality Index report),评估标准包括 LGBTQ 内部培训、多样化委员会的设置、平等的配偶福利、跨性别者个性化医保支持、扩大 LGBTQ 社群与交易对手选择中的非歧视标准等。在 2022 年企业平等指数报告(CEI Report)⑨中,上榜美国律所几乎都在 85/100 以上,包括许多满分雇主;从与上一年的对比也可以看出各

---

⑨ Corporate Equality Index 2022, https://reports.hrc.org/corporate-equality-index-2022?_ga=2.189117291.1312405671.1653986039-1683881469.1653986039, last visited on May 31, 2022.

个律所在这一领域的不懈努力。

此外,慈善公益被众多美国律所重视,绝大多数美所会发起各种各样的捐赠活动,并每年提供一定数量的无偿法律服务。

小 D 的沙漏时刻

一大早,小 D 接到合伙人的电话,一个在美国上市的中概股客户被起诉了,原告主张公司的公开披露存在虚假陈述,将代表所有股东对公司和高管提起集团诉讼。小 D 被要求整理所有原告的起诉状中指控有虚假陈述的公开披露的原文,以便分析原告的起诉状选择性地忽略了哪些内容。小 D 赶紧登录美国法院的网站,下载起诉状,开始紧张地阅读和梳理。

(五)晋升途径

在美国律所,无海外学位的新人入职是律师助理(Paralegal)或法律顾问(Legal Consultant),在工作两三年后可能遇到"瓶颈",需攻读 LLM 并通过当地律师资格考试(即 Bar Exam,一般为纽约州,其次为加利福尼亚州)才能够获得升职为律师(Associate)的机会;部分律所会根据表现提供留学的资助。JD 毕业生则可能在通过暑期实习的考核之后,直接入职成为律师。美所中有时会区分国际律师(International Associate)和律师(Associate),前者薪酬比后者低,往往系因为缺乏海外学位和海外 Bar;同时,亦有本地合伙人(Local Partner)和合伙人(Partner)的区分,同样主要反映待遇的不同。

举例而言,在贝克·麦坚时,新人入职被称为法律助理(Legal Assistant),两三年后无大问题可以升为国际律师(International Associate),再做五年左右(即总共执业七八年)可以升职为律师(Associate),个别非常优秀者甚至可以升到特别顾问(Special Counsel),即有很大可能性成为合伙人。

又如,在盛信,无海外学位的 Junior 通过美国 Bar 后回来工作一两年,可以升为特别律师(Special Associate),再工作两三年,可以升职为 Associate。在凯易,新人作为 Legal Consultant 工作两三年后读 LLM,再回来工作一年,便有机会成为 Associate。

再如,在众达,国内本科或硕士毕业生先从法律顾问(Legal Advisor)做起,读完美国 LLM 再取得 Bar 后回国,通常可以升职为 Associate。

小 D 的沙漏时刻

团队的资深律师通知小 D 下周一同参加一个证人访谈,由小 D 负责作访谈笔记。小 D 把之前参与起草的访谈提纲翻出来读了又读,把访谈可能用到的证据文件又梳理了一下,重点地方用彩笔勾勾画画。这是小 D 第一次参加证人访谈,虽然访谈的对象只是一个一线销售员工,涉及的问题也不复杂,但小 D 还是感到又紧张又激动。

小 D 速记

华尔街顶级律所被业界称为"白鞋所",此类律所没有固定的范围,一般泛指权威排名中靠前的律所。

美国顶级律所业务范围十分广泛,既包括非诉的各个细分领域,也包括各类争议解决业务。

美所的被录用者往往来自知名院校,具有出色的排名、优秀的英语水平与多样化的个人经历,包括实习、模拟法庭比赛以及海外交流经验。

获得律所实习机会的途径主要包括向律所官网投递简历,在招聘会上递交简历,通过学院官网、微信群、求职公众号等获得招聘信息,通过学长学姐内推,或者直接写邮件给合伙人或 HR。

美国的顶级律所在待遇方面实行薪资锁步(Lock-step)制度,即按年资发放薪酬,相同年资的律师给同样的薪酬。

新人入职被称为法律助理(Legal Assistant)/法律顾问(Legal Consultant)/律师助理(Paralegal),随后会升为律师(Associate)、顾问(Counsel)直到合伙人(Partner)。

英国律所：英伦范儿的本地化*

金秋十月已过，但北回归线上的11月仍然未显萧瑟，凉风习习。

一位帅气的男士突然出现在阶梯教室的后门，风尘仆仆地朝教室前方中心的讲台走去。教室里突然一阵骚动。只见他与笑脸相迎的魔法师握手，然后利索地脱下藏青色的风衣，露出一身笔挺的深蓝色西装。抢占前排的小D端详了一下，估摸着这位特邀嘉宾也就三十多岁吧。听师兄师姐们说，这门课有位男神常客，肤色白皙，本科时曾任沪上知名法学院学生会主席，牛津LLM毕业后在魔圈所从法律顾问一直做到资深律师，曾借调在香港工作1年，想来便是眼前这位了。

"大家好，我是F律师，目前担任魔圈所上海办公室的资深律师。最近刚好休假，很高兴受邀与年轻的同学们分享我所了解的英国律所。"F律师在讲台上踱步，开始侃侃而谈。

一、雇主速览

提起英国律所，业内人士言必称"魔圈"（Magic Circle）。早在2004年，英国杂志 *The Lawyer* 将五家以伦敦为总部、业务国际化程度高、创收高的都市律所（City Firm）冠以 Magic Circle 之名。[①] 2005年，*The Lawyer* 又将五家以伦敦为总部、专注于英国本土市场的都市律所纳入"银圈"（Silver Circle）；"银圈"律所

---

* 本部分公益导师：郑丹妮，美国哈佛大学、上海交通大学法学硕士，中山大学法学学士，现任哈佛华南校友会副会长，先后任职于知名外所、内所，在法院、英美律所、券商、世界银行均有实务经历。社会企业"缔璞"创始人，缔璞法律奖学金发起人，旗下运营知名法律职业生涯教育平台"D调魔法学园"，笔名D调魔法师，曾主持"哈佛法律人"职业发展系列公益访谈。

志愿者：周佳妮，武汉大学法学硕士，中南财经政法大学法学学士、金融学学士，曾参与中央外事工作委员会办公室、外交部、中国民用航空局、国家航天局、战略支援部队的国际法相关研究。

① The Lawyer, "It's a kind of magic", https://www.lawgazette.co.uk/news/its-a-kind-of-magic/42082.article, last visited on August 30, 2023.

虽然创收略低于"魔圈"律所,但其权益合伙人的人均利润(Profits per Equity Partner,简称PEP)和律师的人均创收(Revenue Per Lawyer,简称RPL)均高于全英国的律所平均水平,参见图1。

图1 2005年的英国律所战略定位①

"魔圈"与"银圈"并无高下之分,主要区别在于战略定位:前者选择进军国际市场,后者更专注英国市场。时过境迁,2017年,*The Lawyer*更新了这两个广为人知的概念下的律所名录。②根据这一最新划分方式,结合个人观察,将在

---

① The Lawyer, "The Long Read: How the Silver Circle Shattered", https://www.thelawyer.com/silver-circle-law-firms/, last visited on August 30, 2023.

② 同上注。

华英所进行了分类,见表1,供大家参考。

表1 英国律所名录③

	中文名称	英文名称	办公地点	国内批准时间
魔圈律所(Magic Circle)	英国高伟绅律师事务所	Clifford Chance	香港、北京、上海	1993年3月20日
	英国安理国际律师事务所	Allen & Overy	香港、北京、上海	1993年9月6日
	英国富而德律师事务所	Freshfields Bruckhaus Deringer	香港、北京、上海	1996年6月26日
	英国年利达律师事务所	Linklaters	香港、北京、上海	1998年3月27日
银圈律所(Silver Circle)	英国司力达律师事务所	Slaughter and May	香港、北京	2009年7月30日
	无	Macfarlanes LLP	无	无
	无	Travers Smith LLP	无	无
	无	Mishcon de Reya LLP	无	无
在华活跃律所	英国霍金路伟国际律师事务所	Hogan Lovells International LLP	香港、北京、上海	1992年10月20日
	英国礼德律师事务所	Reed Smith LLP	香港、北京、上海	1996年6月26日
	英国史密夫·斐尔律师事务所	Herbert Smith Freehills LLP	香港、北京、上海	1999年3月12日
	英国欧华律师事务所	DLA Piper LLP	香港、北京、上海	2002年6月10日
	英国品诚梅森律师事务所	Pinsent Masons LLP	香港、北京、上海	2002年12月25日
	英国安睿顺德伦国际律师事务所	Eversheds Sutherland (International) LLP	香港、北京、上海	2006年8月30日
	英国博闻律师事务所	Berwin Leighton Paisner LLP	香港	2012年10月26日

③ 《中华人民共和国司法部公告(第10号)》,载中国政府法制信息网,http://www.moj.gov.cn/pub/sfbgw/zwxxgk/fdzdgknr/fdzdgknrtzwj/202112/t20211223_444395.html,访问日期:2023年8月30日;《司法部关于批准注销美国威凯平和而德等2家外国法律事务所驻华代表处的通知》,载中国政府法制信息网,http://www.moj.gov.cn/pub/sfbgw/zwxxgk/fdzdgknr/fdzdgknrxzxk/202201/t20220106_445879.html,访问日期:2023年8月30日。

(续表)

	中文名称	英文名称	办公地点	国内批准时间
在华低调律所	英国金马伦麦坚拿律师事务所	CMS Cameron Mckenna LLP	北京	1993年9月6日
	英国夏礼文律师事务所	Holman Fenwick & Willan LLP	香港、上海	1999年3月12日
	英国英士律师事务所	Ince & Co LLP	香港、北京、上海	2000年6月18日
	英国诺顿罗氏律师事务所	Norton Rose LLP	香港、北京、上海	2002年6月10日
	英国高林睿阁律师事务所	Gowling WLG LLP	广州	2008年9月12日

二、业务类型

在华设有办公室的英国律所大多历史悠久,例如富而德(Freshfields Bruckhaus Deringer,俗称 FF 或 FBD)创始于 1743 年,是现存英国甚至全球最古老的律所;高伟绅(Clifford Chance,俗称 CC)的历史可追溯至 1802 年;年利达(Linklaters,俗称 LL)设立于 1838 年;安理(Allen & Overy,俗称 A&O)设立于 1930 年。这些律所的业务覆盖面广泛,在全球范围内通常均可从事日常公司事务、并购、外商直接投资、资本市场、银行融资、金融监管、投资基金、房地产、建筑工程、劳动法、税法、知识产权、竞争法与反垄断、争议解决、破产重组、数据合规等业务领域,参见表2。具体到在大中华区的业务类型,则取决于各个办公地点的合伙人的执业领域,合伙人数量亦反映了相应办公室的团队规模。

表 2　在华活跃的英所业务④

律所简称	办公地点	合伙人数量	合伙人业务领域	大中华区的优势业务领域
高伟绅	香港	33	非诉和争议解决	公司并购、资本市场、投资基金、私募股权、航空金融、银行与金融、金融服务、房地产、基础设施项目、能源与自然资源、税法、知识产权、劳动争议(香港)、保险、反不正当竞争法与反垄断法、诉讼、仲裁、破产重组、反腐败
	北京	6	非诉和争议解决	
	上海	5	非诉和争议解决	

---

④　以各律所官网截至 2022 年 3 月 30 日的数据为准。

(续表)

律所简称	办公地点	合伙人数量	合伙人业务领域	大中华区的优势业务领域
安理	香港	22	非诉和争议解决	银行与金融、航空金融、金融服务、公司并购、资本市场、反不正当竞争法与反垄断法、仲裁、诉讼、破产重组、基础设施项目、能源与自然资源、房地产、技术/媒体/电信(TMT)、生命科学、保险、知识产权
安理	北京	3	非诉	
安理	上海	4	非诉和争议解决	
富而德	香港	21	非诉和争议解决	公司并购、资本市场、私募股权、TMT反不正当竞争法与反垄断法、金融服务、银行与金融、仲裁、诉讼、反腐败
富而德	北京	4	非诉和争议解决	
富而德	上海	1	非诉	
年利达	香港	31	非诉和争议解决	公司并购、资本市场、银行与金融、反不正当竞争法与反垄断法、基础设施项目、能源与自然资源、保险、破产重组、诉讼、劳动争议(香港)
年利达	北京	2	非诉和争议解决	
年利达	上海	2	非诉	
司力达	香港	11	非诉和争议解决	公司并购、资本市场、银行与金融反不正当竞争法与反垄断法
司力达	北京	1	非诉	
霍金路伟	香港	17	非诉和争议解决	公司并购、资本市场、银行与金融TMT、知识产权反不正当竞争法与反垄断法、建筑业、诉讼、仲裁、劳动争议(香港)
霍金路伟	北京	6	非诉和争议解决	
霍金路伟	上海	5	非诉和争议解决	
礼德	香港	26	非诉和争议解决	公司并购、银行与金融、金融运输、货运诉讼
礼德	北京	1	非诉	
礼德	上海	3	非诉和争议解决	
史密夫·斐尔	香港	19	非诉和争议解决	公司并购、资本市场、金融服务、银行与金融、能源与自然资源、基础设施项目、TMT、保险、劳动争议(香港)、反不正当竞争法与反垄断法、反腐败、仲裁、诉讼
史密夫·斐尔	北京	5	非诉和争议解决	
史密夫·斐尔	上海	11	非诉和争议解决	
欧华	香港	26	非诉和争议解决	公司并购、金融服务、能源与自然资源、基础设施项目、保险、TMT、劳动争议(香港)、反腐败、仲裁、诉讼
欧华	北京	6	非诉和争议解决	
欧华	上海	5	非诉和争议解决	

(续表)

律所简称	办公地点	合伙人数量	合伙人业务领域	大中华区的优势业务领域
品诚梅森	香港	7	非诉和争议解决	建筑业、基础设施项目、TMT
	北京	3	非诉和争议解决	
	上海	3	非诉和争议解决	
安睿顺德伦	香港	16	非诉和争议解决	公司并购、资本市场、能源与自然资源、反不正当竞争法与反垄断法、争端解决、破产重组
	北京	2	非诉和争议解决	
	上海	1	非诉和争议解决	
博闻	香港	2	非诉和争议解决	航空金融、建筑工程、房地产、婚姻家事

三、人员背景

"英国律所的人员背景因办公地点而异。我比较幸运,在内地办公室和香港办公室都有过亲身观察,大家都非常优秀。"F 律师肯定地说。

在香港办公室,外国人和香港人的比例约为 1∶1 至 2∶1。外国人通常来自英国、澳大利亚、新西兰、新加坡,少数来自美国、加拿大、欧洲其他国家。香港人一般在香港、英国或澳大利亚的知名学府攻读 LLB 学位(香港、澳大利亚还包括 JD 学位)且名列前茅;其中,"魔圈"律所香港办公室每年录用的实习律师(Trainee)绝大多数毕业于牛津或剑桥。

香港办公室的内地人占比相对低,最普遍的是从事资本市场业务,其次为其他非诉业务,从事争议解决业务者属于少数。内地人最常见的背景是在美国攻读 LLM 或 JD 学位并通过纽约州或加州法考后,在香港成为"注册外地律师"。不少内地人在香港或英国的学校攻读 LLM 学位后也会谋求在香港工作,但在没有律师执照的情形下,哪怕是牛津或剑桥毕业,也只能从律师助理(Paralegal)而非正统的实习律师(Trainee)做起。与 Trainee 工作两年自然晋升为律师(Associate)不同,Paralegal 晋升为 Associate 须先获得内地、美国或其他法域的律师执照;当前的市场惯例是在美国宣誓成为执业律师之日起两年后,方可晋升为 Associate。

极少数内地人会在英国读完 LLM 后继续攻读 GDL(Graduate Diploma in Law)⑤,甚至凭内地学位和律所特殊项目直接申请 GDL,然后攻读英国 LPC (Legal Practice Course)⑥走英国 Trainee 路径,或者攻读香港 PCLL(Postgraduate Certificate in Laws)⑦走香港 Trainee 路径。前者于英国的两年实习合同(Trainee Contract,俗称 TC)期满获取英格兰和威尔士律师执照后,亦可在香港成为"注册外地律师";后者于香港的两年实习合同期满则可直接获取香港的律师执照,成为香港本地律师。"注册外地律师"满足五年执业年限后,可通过 OLQE 考试⑧获取香港的律师执照。此外,也有少数内地人通过在香港或澳大利亚的

---

⑤ 英国的法律研究生文凭(Graduate Diploma in Law),又称"Common Professional Examination(CPE)",是一种可获得英格兰和威尔士律师执照的法律转换课程,主要受众为非法学专业出身或不具有法律职业资格的学生。GDL 课程为期一年,课程内容涵盖二年级法学学士培养方案所要求的七门核心课程:合同法、侵权法、刑法、宪法与行政法、公平交易法、土地法、欧盟法。GDL 详细信息参见:Chambers Student,"Graduate Diploma in Law",https://www.chambersstudent.co.uk/law-schools/graduate-diploma-in-law, last visited on August 30, 2023。

⑥ 英国的法律实践课程文凭(Legal Practice Course,简称 LPC),是一种为已获得法学学位或完成 GDL 考试的学生开设的法律实践课程,旨在培养律师必备的实务能力。LPC 课程通常从 9 月开始,分为两个阶段,第一阶段涵盖大量商事法律实务课程,第二阶段则由三门职业选修课组成。LPC 全日制课程通常需要一年完成,兼读制课程则需要两年完成。在苏格兰地区,LPC 相当于法律专业实践文凭(DPLP)。LPC 详细信息参见:Jemma Smith,"Legal Practice Course (LPC)",https://www.prospects.ac.uk/jobs-and-work-experience/job-sectors/law-sector/legal-practice-course-lpc, last visited on August 30, 2023。

⑦ 香港的法学专业证书(Postgraduate Certificate in Laws,简称 PCLL),是一种为希望成为香港本地律师的学生而开设的法律实践课程,可视作英国 LPC 在香港的等效课程。香港或其他普通法地区的法学学士、已获得 GDL 的非法学毕业生有资格申请港大、城大、港中文的 PCL。PCL 详细信息参见:PCLL Conversion Examination and Administration Limited,"PCLL Conversion Examination",https://www.pcea.com.hk/, last visited on August 30, 2023。

⑧ 香港的外地律师资格考试(OLQE),是一种可获得香港律师执照的法律实务考试,由香港律师协会举办,受众为香港之外的司法管辖区的律师。OLQE 考试由五门笔试、一门口试组成,笔试注重对民事和刑事诉讼程序、商法和公司法、会计等实用性知识的考察,口试注重对普通法原则的考察。OLQE 考试和注册程序的详细信息参见:The Law Society of Hong Kong,"Information for Registration as a Foreign Lawyer",http://www.hklawsoc.org.hk/pub_e/admission/Foreignlawyers/pdf/fl-info.pdf, last visited on August 30, 2023。"注册外地律师"的相关规则,参见:The Law Society of Hong Kong,"Foreign Lawyers Registration Rules",https://www.elegislation.gov.hk/hk/cap159S? xpid = ID_1438402757109_002, last visited on August 30, 2023。

学校攻读 JD 和 PCLL 走上 Trainee 路径(PCLL 应在执业地攻读)。

在内地办公室,内地人占比相对高,内地人和外国人的比例通常达到 2:1 或 3:1,偶尔会有香港的 Trainee 到内地办公室轮岗(Rotate)。对于应届的国内法学本科生和研究生,律所倾向于在办公所在地的知名高校中选拔实习生(北京以北大、清华、人大、中国政法、对外经贸为主,上海以复旦、交大、华东政法、上海对外经贸为主),通过长期实习考察留用,特别优秀的外地学生也可争取机会。对于应届的海外法学留学生,律所一般通过当地的招聘会进行招募(例如通过每年 1 月底的纽约 Job Fair 招募美国 LLM);如果留学之前已有对口的工作经验,可以协商入职后的内部职级、职称及待遇。被英国律所录用的内地人通常是国内外各大知名院校的佼佼者(不成文的国外目标院校主要为美国排名前 14 的法学院⑨,英国牛津、剑桥、伦敦政治经济学院),排名靠前、英文流利、曾在知名律所实习(尤其是曾在知名外资律所实习三个月以上者),模拟法庭比赛、海外留学经历是加分项,通过内地法考是标配(有例外)。特别优秀的国内应届本科生也有机会被录用,但由于内地办公室每年的招聘指标极少,申请者面临激烈竞争。

值得一提的是,在本地化举措方面,不少英国律所走在众多外资律所的前头。表现之一便是乐于任命内地人担任权益合伙人,而非仰赖外国人进行管理并与总部对接。在魔圈所中,担任合伙人的内地人一般具备十年以上工作经验,基本都有境外留学和工作经历以及境外律师执照。同学们可能听说过,如今由于外资律所存在透明天花板,大多数内地人顶多做到资深律师或顾问,在外资律所工作若干年之后最常见的选择是到跨国企业转型法务合规岗,或到内资律所担任顾问或合伙人。因此,英国律所对于合伙人级别的内地候选人持相对开放的心态,难能可贵,对于有志之士也是机遇。

四、进入路径

(一)官网网申

英国律所通常在其官网发布实习职位和正式职位空缺,求职者统一在官网

---

⑨ 根据 2022 年公布的 U.S. News 全球法学院排行榜,美国排名前 14 的法学院包括:耶鲁大学、斯坦福大学、芝加哥大学、哈佛大学、哥伦比亚大学、宾夕法尼亚大学、纽约大学、弗吉尼亚大学、加州大学伯克利分校、密歇根大学安娜堡分校、杜克大学、康奈尔大学、西北大学、乔治城大学。

提交申请。网申材料通常包括简历、成绩单;如果有内部推荐人(一般只需填姓名或邮箱),则可获得优先考虑。除了官网之外,感兴趣的同学也可关注各律所的微信公众号、主要目标院校的官网,以及专注于法科生的微信公众号(比如"D调魔法学园"),因为英国律所在特殊情况下也会通过邮箱统一接收实习生的应聘材料。虽然前面提到,内地学生一般通过实习留用,建议大家在应聘时与 HR 事先确认留用可能性。比如,据我所知,高伟绅的实习生比较多,留用竞争比较激烈;安理的实习近年来留用机会较少。

通过简历筛选环节后,HR 一般会发邮件或打电话邀请进行笔试和面试。整个流程所需的时间主要取决于职位空缺的紧急程度和候选人的匹配度。我之前应聘魔圈所时,午餐前提交网申申请,午餐后便收到笔面试邀请;当时为了预留准备的时间,特意与 HR 约定第三天才到办公现场参加笔面试,结果半天内便一次性完成机试和两轮面试,三天内走完实习应聘全流程。

英国律所的笔面试一般为全英文。其中,笔试十分重视日常积累和应变能力,内容因所而异,类型包括中英互译、新闻概述、起草合同条款、案例分析等,准备时可以重点看合同法、公司法、外商投资法的双语版法条(在常用法律数据库均可下载),留意与应聘职位所在团队的业务领域相关的行业动态。

面试一般包括两三轮(不一定会有 HR 面试),可能与笔试间隔几天进行,也可能与笔试同一天进行。HR 面试一般问为什么选择该所、如何看待加班、人际关系处理等常规问题。与内资律所不同,英国律所的 Associate 面试和 Partner 面试通常围绕简历提问,主要考察个人经历真实性、工作学习能力、语言表达能力、性格,一般不会考察专业问题;准备时只需熟悉自己的简历,放松"聊天"即可。但不排除特殊情况下,个别律师会通过专业问题或时事热点,考察法律意识和商业意识;接到面试邀请时可顺便向 HR 咨询面试官姓名,尝试向过来人或内部人士了解面试官的风格;每轮面试大约半小时至一小时,大家要做好心理准备。

(二)面向内地学生的校园招聘项目

1. 富而德法律顾问项目

富而德的法律顾问(Legal Consultant,简称 LC)项目面向内地法科生开放北京、上海、香港的 LC 职位,但在内地与香港的运作模式不同。在北京、上海(上海有时没有空缺),应届生通过三个月以上的长期全职实习留用为 LC,工作满三年有机会获律所资助赴美攻读 LLM。LC 须自行申请留学,拿到录取通知后由律所自由裁量给予全奖(包含学费和考律师执照的费用,不含生活费)、半奖或不予资助,获全奖资助者须在 LLM 毕业后回律所继续工作三年(一般晋升为 Associate),否则需要返还资助金额。

在香港,由于香港律师会的管理比较严格,LC 改称 Legal Assistant;香港的实习一般只需一个月(总共只筛选出 3 名内地实习生,最终三选二),与香港 Trainee 同期入职,工作一年后受律所资助赴英国 BPP 法学院攻读 GDL(一年)、LPC(半年),再以英国 Trainee 身份分别在伦敦、香港的所工作一年(期间每 3 个月换组轮岗),在获得英格兰和威尔士的律师执照后,转回香港升任 Associate。香港 Legal Assistant 的待遇与 Trainee 相同(高于内地 LC),在香港的第一年由律所资助参加英文提升的专人培训。

严格来讲,香港的项目其实可归类于富而德的伦敦亚洲实习律师项目(London Asia Trainee Program)。不过,香港 Legal Assistant 每年只有 2 个实习留用名额;内地办公室则每年的留用名额不固定。感兴趣的同学可关注主要目标院校的官网,以及专注于法科生的微信公众号,及时获取项目开放信息。

2. 年利达全球暑期学生计划⑩

年利达全球暑期学生计划(Global Summer Student Programme)每年都会组织海外实习项目,一般在前一年的 10-12 月份左右开始遴选。该计划仅开放给全日制法学专业的三年级本科生和一、二年级硕士研究生(非应届毕业生),每年在内地总共 6 个名额。最常见的入选者来自北京和上海的知名高校。

入选者将有机会于香港办公室实习 2 周,于伦敦办公室实习 2 周,于阿姆斯特丹办公室实习 6 周,并与来自其他 8 个国家的约二十名学生交流,体验年利达不同办公室的工作氛围。实习期间,每位实习生会获匹配一位导师(Principal)及一位工作伙伴(Buddy),并与 Principal 共享一间办公室。作为资深律师的 Principal 会安排工作并提供"一对一"的指导。作为实习律师的 Buddy 则负责介绍律所同事,分享新人必备技能、工作经验与感受。

全球暑期实习计划结束后,实习生可以继续在北京或上海办公室实习,实习结束通过考核评估可留用,每年的留用名额不固定。通过该计划留用的实习生与通过常规实习留用的实习生在入职后并无区别。

---

⑩ Linklaters, "Global Summer Student Programme", https://careers.linklaters.com/nl-nl/early-Careers/your-career, last visited on August 30, 2023.

(三) 奖学金

1. 史密夫·斐尔中华奖学金[11]

史密夫·斐尔中华奖学金每年会资助2-3名内地学生通过香港实习律师路径获得香港律师执照。该奖学金获得者将获资助(覆盖全部学费及主要生活开支)赴伦敦攻读一年法律专业文凭课程(GDL),在第二年时赴香港攻读法学专业证书课程(PCLL),在第三年、第四年于香港办公室担任实习律师(Trainee),且与传统实习律师的待遇相同。实习律师将在争议解决、公司事务、金融等多个组别轮岗,并在北京、上海、伦敦或澳大利亚的办公室至少轮岗6个月。两年实习合同(Trainee Contract)期满后,获得香港律师执照,并在香港工作。

该项奖学金每年二三月份在官网开放申请,申请期限约1个月。通常优先考虑中国顶尖大学大三、大四法科生,要求英语能力出众、学习成绩在同年级至少排名前30%。网申成功者将获邀参加与中国内地合伙人的第一轮现场面试及与香港合伙人的第二轮视频面试,成功通过面试者将在北京或上海办公室进行为期4周的实习考察。最终根据面试和实习反馈,确认奖学金获得者。

2. 年利达法科学生奖学金

年利达在内地的8所高校设立了"法科学生奖学金"和"法律人才奖学金",遴选对象包括来自北大、清华、人大、中国政法、对外经贸、复旦、华东政法、上海对外经贸大学的全日制法学专业二年级本科生和二年级硕士生。每年奖励的总金额一般为4万元,人数约8人,通常更青睐专业能力和英语能力突出的法科生。获奖学生在同等条件下可优先获得实习机会。

3. 欧华奖助学金

除了全球奖学金[12],欧华律师事务所在北大、中国政法两所内地高校也设立了奖助学金。欧华奖学金的选拔对象为国际经济法、经济法、商法、知识产权法专业的硕士或博士研究生,助学金的扶持对象则更为广泛。获奖学生在同等条件下可优先获得实习机会。

---

[11] Herbert Smith Freehills, "PRC Scholarship Programme", https://careers.herbertsmithfreehills.com/global/en/mainland-china/home, last visited on August 31, 2023.

[12] DLA Piper, "Global Scholarships program", https://www.dlapiper.com/en-US/about-us/sustainability/global-scholarships-program, last visited on August 31, 2023.

(四) 联营律所

2014年起,中国(上海)自由贸易试验区启动中外律所联营试点;截至2023年8月,已有8家外所与内所在上海自贸区内进行了联营,30家港澳所与内所进行联营。其中,涉及英国律所的联营包括瀛泰-夏礼文、昭胜-年利达、科伟-史密夫斐尔、朗悦-安理[13]。联营律所不具有独立的法律实体,内所和外所的法律地位、名称和财务各自保持独立。联营期间,中国律师可以中国法律顾问的名义,在被派驻的外所的办公场所内,向客户提供涉及中国法律适用的咨询服务和相关代理服务,以分工协作方式与被派驻的外所合作办理跨境法律事务。在联营律所积累工作经验后,中国律师在应聘联营外所的正式职位时应有竞争优势。

五、晋升路径

(一) 助理

内地应届生初入职英国律所,通常从Associate(律师)以下的助理类职位开始做起,不同律所设置的具体职称不同。

在大中华区,Paralegal(律师助理)通常见于英国律所的香港办公室,内地办公室较少。在香港,由于PCLL的录取和实习合同(Training Contract)的签约比例低,未能在激烈竞争中脱颖而出的法学院学生只能先从Paralegal做起,谋求在所在律所或次一级的律所签署实习合同进而获取香港律师执照。前已提及,少数内地人也会选择从英国律所的香港Paralegal做起,但由于并非工作满两年可自然晋升为律师(Associate),通常会在工作1~3年左右到美国留学并考取美国律师执照,或跳槽到内资律所,以突破职业"瓶颈"。在内地办公室(例如年利达),Paralegal有时可根据工作表现转变为Trainee。

实习律师(Trainee)通常指英联邦法学教育体系下与律所签订两年实习合同的人,两年期满考核合格则可取得实习所在法域的律师执照。Trainee通常会被强制要求在不同业务组别分别轮岗3-6个月,最后通过双向互选确定执业领域。在实习合同期满后、正式宣誓执业前,Trainee的职称也会过渡性地变为

---

[13] 前"银圈"律所Ashurst LLP于2012年3月1日与前澳大利亚"Big Six"律所之一Blake Dawson合并在亚洲的业务,并更名为Ashurst Australia;根据司法部年检公告,中文名称为"澳大利亚亚司特律师事务所"。2018年,观韬中茂-亚司特两家律所在上海自贸区启动联营。

Paralegal。在内地办公室,部分英国律所(例如高伟绅)会将内地应届生作为Trainee,通常两三年即可自然晋升为Associate(即使没有境外律师执照),且未必设有轮岗机制。

法律顾问(Legal Consultant/Legal Advisor)、法律助理(Legal Assistant)等通常要求获得境外律师执照且满足一定工作年限方可晋升为Associate。部分英国律所还会设置中国律师(China Associate)或国际律师(International Associate),作为高一级但性质类似的职位。特殊情况下(例如工作强度较高的资本市场部门),这类职位即使没有境外律师执照也可晋升为Associate。在获得境外律师执照后、满足工作年限之前,部分英国律所的香港办公室还会设置法律经理(Legal Manager)或类似过渡性质的职称。

就工作内容而言,上述职位的区别并不明显。主要区别在于是否配有秘书帮忙处理偏行政类的工作,以及业务领域不同导致的区别。例如,在非诉部门,通常协助尽职调查、开展电话咨询、法律研究、根据模板起草简单的协议或决议、起草邮件、翻译或审阅翻译、整理交易文件等;在争议解决部门,通常协助法律研究、起草邮件、翻译或审阅翻译、校对文书内容、审阅证据材料、项目管理等。建议同学们在求职时,提前了解情况,辨别特定律所的某一办公室下的具体差异。

小 D 的沙漏时刻

小 D 坐在明亮的办公室里,透过一层透明的落地玻璃,看见帅气的 F 律师向坐在格子间里的秘书交代工作,然后朝小 D 走来。

F 律师笑眯眯地说:"Welcome on board! 接下来这个月我会担任你的实习 Mentor,按照所里的惯例,中午由我作为代表请你吃顿饭。刚好有个银行融资项目交割了,你这两天帮忙整理电子版 CD Bible 和客户邮寄过来的纸质版签字页吧,我待会儿将相关模板发邮件给你参考再细说。刻光盘和装订文件可以交给秘书办理。"

小 D 连忙点了点头。F 律师随即在小 D 身后、办公室斜对角的靠窗座位坐下,开启了忙碌的一天。

(二)律师

在外资律所,律师有 PQE 的概念,全称为 Post Qualified Experience。其中,在英国律所,Trainee 刚升任 Associate 的第一年称为 NQ(Newly Qualified),第二年则为 1PQE,以此类推。NQ 至 2PQE 通常为初级律师,负责执行工作,包括起草、审阅、修改文件等。3PQE 和 4PQE 为中年级律师,有能力带领初级律师和助理独立做项目。初级律师和中年级律师的职称均为 Associate。资深律师(Senior Associate)主要负责对接客户、项目管理、团队分工、业务拓展,通常由 5PQE 以上的律师担任(年限要求因所而异)。

(三)顾问

目前,不少英国律所都设置了顾问(Counsel)作为律师晋升合伙人(Partner)之前的过渡,如年利达、安理、富而德等。通常要求在律所工作10年以上且能力突出。

(四)合伙人

Partner 通常分为授薪合伙人/初级合伙人与权益合伙人/高级合伙人。其中,只有权益合伙人有权依据其在年资、收入贡献、客户资源、行政管理等方面的投入分配当年利润。在英国律所,从初级律师做到合伙人一般至少需要12年。

六、工作环境

(一)薪酬待遇

对应于美国律所的全球薪资(Global Pay),英国律所的统一薪资称为伦敦薪资(London Pay)。London Pay 以伦敦当地的基本工资为基础,在此之上增加年终奖、绩效奖、当地规定范围的福利、家庭友好福利计划等,合计略低于 Global Pay。通常,英国律所的香港办公室 Associate 以上的职位(即 NQ 及以上的律师)采用 London Pay,而 Associate 以下的助理级别则采用当地市场的 Local Pay,见表3。内地办公室的同职级薪资略低于香港办公室详见表4和表5,且纳税比例比香港高,但香港的住房支出与物价水平比内地高。

表3 魔圈香港办公室月薪[14]

职级	月薪(单位:港元)
NQ	93,000-100,000
1PQE	100,000-105,000

---

[14] Taylor Root:《2023—2024年度中国香港及内地地区的律所薪资报告》,https://www.taylorroot.com.hk/hong-kong-china-private-practice-salary-report-2013-2024,访问日期:2023年8月31日。

(续表)

职级	月薪(单位:港元)
2PQE	105,000-115,000
3PQE	120,000-128,000
4PQE	130,000-135,000
5PQE	140,000-150,000
6PQE	145,000-155,000
7PQE	150,000-170,000
8PQE	170,000-195,000
Counsel	175,000+
Salaried Partner	210,000+

表4　国际律所内地办公室平均年薪⑮

职级	年薪(单位:元)
法律顾问	300,000-500,000
1-3PQE	600,000-840,000
3-6PQE	800,000-1,200,000
6PQE+	1,200,000+

表5　魔圈所内地办公室平均年薪与奖金之和⑯

职级	(单位:元)
实习律师	480,000-600,000
NQ	840,000-1,000,000
1PQE	900,000-1,100,000
2PQE	10,500,000-1,200,000

---

⑮ Taylor Root:《2023-2024年度中国香港及内地地区的律所薪资报告》,https://www.taylorroot.com.hk/hong-kong-china-private-practice-salary-report-2013-2024,访问日期:2023年8月31日。

⑯ 同上注。

(续表)

职级	(单位:元)
3PQE	1,150,000-1,350,000
4PQE	1,260,000-1,500,000
资深律师	1,500,000+

(二) 工作时长

在英国律所,助理类的每年工作小时(Billable Hour)要求至少1200小时,有些可能接近 Associate 的要求。Associate 每年 Billable Hour 要求在1500-2000小时之间,例如魔圈所要求1700小时左右。

(三) 周边环境及员工福利

英国律所一般位于都市 CBD,办公环境一流。例如,魔圈所、亚司特、史密夫·斐尔的北京办公室都位于国贸商圈;高伟坤的上海办公室位于外滩中心,年利达、安理、富而德、亚司特的上海办公室位于陆家嘴商圈;香港办公室多位于港岛中环商圈。

就员工福利而言,英国律所一般会提供商业保险、通讯补贴,其中医疗保险尤为优厚,还会提供健身折扣。加班到晚上8点或10点可报销晚餐和交通费用。年假通常为20个工作日左右,取决于职级晋升和工作年限,最多可到30个工作日左右。此外,英国律所还会定期组织茶歇(Happy Hour)和旅游等。

小 D 的沙漏时刻

晚上10点,小 D 终于完成了今天手头的最后一份工作,站在偌大的落地窗前伸了一个懒腰,窗外灿烂的灯光与柔和的夜色交相辉映。看着桌面上被清空的待办清单,内心的充盈逐渐冲散了身体的疲倦。

打的到家后,小 D 慵懒地躺在床上刷手机,不由自主地渐渐陷入梦乡。梦乡里,小 D 作为这家魔圈所的律师,受邀回到了母校的阶梯教室。这一次,小 D 穿着颇具英伦范儿的哈里斯花呢面料套装和雕花布洛克鞋,站在讲台上绘声绘色地讲述着在英国律所的所见所闻。台下师弟师妹们求知的眼神,让小 D 的思绪不禁飘回初遇 F 律师的那堂课……

小 D 速记

"魔圈"与"银圈"的主要区别在于战略定位：前者选择进军国际市场，后者更专注英国市场。

英国律所在大中华区的业务类型，取决于合伙人的执业领域，合伙人数量反映团队规模。

香港办公室的内地人占比相对低，最普遍的是从事资本市场业务，其次为其他非诉业务，从事争议解决业务者属于少数。

内地办公室的内地人占比相对高，律所倾向于在办公所在地的知名高校中选拔实习生，通过长期实习考察留用，特别优秀的外地学生可争取机会；海外留学生一般通过当地的招聘会进行招募。

英国律所录用的内地人通常毕业于在国内外排名靠前知名院校、英文流利、曾在知名律所实习，模拟法庭比赛、海外留学经历是加分项，通过内地法考是标配。特别优秀的应届本科生有机会被录用。

不少英国律所乐于任命内地人担任权益合伙人，而非仰赖外国人进行管理并与总部对接。

英国律所一般通过官网网申招聘，此外有校园招聘项目、奖学金、联营律所的经验能提供竞争优势。

助理类职位的工作内容并无明显差异，主要区别在于是否配有秘书帮忙处理偏行政类的工作，以及业务领域不同导致的区别；求职时须提前了解特定律所的某一办公室下的具体差异。

在英国律所，实习律师（Trainee）刚升任律师（Associate）的第一年称为 NQ（Newly Qualified），第二年则为 1PQE（Post Qualified Experience），以此类推。从初级律师做到合伙人一般至少需要 12 年。

英国律所的统一薪资称为伦敦薪资（London Pay），合计略低于美国律所的全球薪资（Global Pay）。香港 Associate 以上采用 London Pay，Associate 以下采用本地薪资（Local Pay）；内地的同职级薪资略低于香港办公室，且纳税比例比香港高，但香港的住房支出与物价水平比内地高。

欧洲律所：低调的细分市场领导者[*]

小D匆匆赶到阶梯教室，找了个空位入座。回想起前两节课，高薪的美国律所与本地化的英国律所都令小D印象深刻。不知道欧洲律所有怎样的特色呢？小D满怀期待地想着。

清脆的上课铃恰好响起。这节课魔法师邀请到的嘉宾是某欧洲律所的管理合伙人H律师。H律师面带微笑，不紧不慢踏上讲台，颇有绅士风度地一番寒暄后，开始向大家介绍欧洲律所。

一、欧洲大陆领先律所概览

由于中国的外资律所以英美律所为主，除了英国以外的其他欧洲律所则显得较为小众低调，但其实很多欧洲大陆的律所在中国刚刚打开对外开放的大门时就开始在中国开展业务。欧洲不仅生产醇香的葡萄酒和浪漫的艺术家，作为大陆法系的发源地，也有一批历史悠久、业务精湛的律师事务所。根据中国司法部2021年发布的188家外国律师事务所驻华代表机构年度检验中，有32家除英国外的欧洲律所，其中德国律所9家，法国律所9家，西班牙律所5家，意大利律所3家，荷兰律所2家，瑞士律所1家，比利时律所1家，挪威律所1家。[①] 因此，我选取了在中国设立代表机构数量排名前4的德国、法国、西班牙

---

[*] 本部分公益导师：范建年，先后就读于复旦大学、法国巴黎一大，获法国语言文学学士学位、商法硕士学位和金融银行法硕士学位，现任法国基德律师事务所上海代表处管理合伙人。擅长跨境并购，常年就跨国企业在中国开展业务及中资企业的海外并购投资提供法律咨询；其执业领域一直深受各大权威专业评级机构褒奖推荐，2016年至2022年6次入选《商法》的年度中国100位律师精英名录。

志愿者：杨雨馨，上海交通大学法学硕士、南开大学法学学士，北京安杰世泽（上海）律师事务所实习律师（方向：商事争议解决）。

志愿者：魏前承，法兰克福大学法学硕士、重庆大学法学学士，现为深圳重大产业投资集团旗下公司法务。

[①] 《中华人民共和国司法部公告（第10号）》，载中国政府法制信息网，http://www.moj.gov.cn/pub/sfbgw/zwxxgk/fdzdgknr/fdzdgknrtzwj/202112/t20211223_444395.html，访问日期：2022年4月4日。

以及意大利这四个国家的律师事务所,以权威法律评级机构钱伯斯2021年最新一期的四个国家国内各个业务领域榜单为标准,按照前三等级综合上榜总数最多的各国律所排列,统计出各国内上榜总数排名前4的本土律师事务所第一梯队,见表1。套用目前法律界比较流行的说法,我们不妨称为"欧圈所"。

表1 欧圈所概况②

国别	律所外文名称	律所中文名称	钱伯斯业务上榜数	成立时间	总部城市	律师人数	合伙人人数	办公室个数/海外个数
德国	CMS③	德和信律师事务所	34	1999	美因河畔法兰克福	>5000	1100	74/71
德国	Noerr	诺尔律师事务所	21	1950	慕尼黑	580	210	16/10
德国	Hengeler Mueller	恒乐律师事务所	20	1990	美因河畔法兰克福	320	90	7/3
德国	Gleiss Lutz	格来思律师事务所	19	1949	斯图加特	350	84	7/1
法国	Gide Loyrette Nouel A.A.R.P.I.	基德律师事务所	22	1920	巴黎	500	112	12/11
法国	Bredin Prat	贝丁律师事务所	12	1966	巴黎	>180	50	2/1
法国	De Pardieu Brocas Maffei	无	6	1993	巴黎	150	34	1/0
法国	De Gaulle Fleurance & Associés	戴高乐律师事务所	5	2001	巴黎	>120	41	2/1
西班牙	Cuatrecasas	顾博国际律师事务所	34	1917	马德里、巴塞罗那	1200	244	27/12
西班牙	Uría Menéndez	乌利亚律师事务所	31	1940	马德里	574	134	14/10
西班牙	Garrigues	嘉理盖斯律师事务所	32	1941	马德里	1380	331	32/14
西班牙	Gómez-Acebo & Pombo	无	23	1971	马德里	>300	51	9/4

② 根据各律所官网及 Chambers and Partners 官网上提供数据整理而成,统计时间截至2022年3月2日。

③ CMS 在法国的钱伯斯榜单排行中亦有上榜,其在法国的加盟所名为 CMS Francis Lefebvre Avocats,实力也很出众,但考虑到 CMS 是众多国家整体的国际网络,很难从钱伯斯榜单中完全分清法国加盟所自己的实力,故暂不作为法国本土所列入表中。

(续表)

国别	律所外文名称	律所中文名称	钱伯斯业务上榜数	成立时间	总部城市	律师人数	合伙人人数	办公室个数/海外个数
意大利	BonelliErede	博耐礼律师事务所	22	1999	米兰	>500	90	10/7
	Chiomenti Studio Legale	凯明迪律师事务所	19	1948	罗马	>350	58	8/6
	Gianni&Origoni	无	19	1988	罗马	323	109	11/6
	Legance-Avvocati Associati	无	15	1999	米兰	328	53	4/2

欧洲大陆各国的法律市场也曾经面临英美所大举进入的冲击,部分欧洲本土律所在英美所的冲击下黯然离场,如今在各国市场上屹立不倒的"欧洲所"都是浴火重生的佼佼者。欧圈所有些专注于本土市场,暂无国际化布局的计划。有些在巩固本土市场的同时,为了更好地服务本国客户的国际业务,也比较早开始了国际化网络布局的尝试。

参考表1,我们可以总结出"欧圈所"的特点:

1.一般都是历史悠久、专注于商事法律的综合性规模律所,业务门类齐全。比如西班牙顾博国际律师事务所(简称西班牙顾博)成立于1917年,拥有1700多名专业律师;法国基德律师事务所(简称法国基德)成立于1920年,拥有500多名专业律师。即便是相对年轻的德国和意大利律所,一般也有至少几十年的历史。

2."欧圈所"在国际化发展上相对谨慎,主要是服务其本国客户的国际化扩张,更专注新兴市场(比如中国)及其有核心竞争优势区域,采取适度扩张策略。欧圈所的海外办公室一般不会超过20个④,且网络分布有很明显特色。比如,法国基德共有11个海外分所,且非常注重其在非洲的发展,目前在非洲有3个办公室。西班牙乌力亚(6个海外办公室)和西班牙顾博(13个海外办公

---

④ CMS是由9个国家成员所组成的法律服务网络,上述办公室数目和律师数目应是其网络所含总数;在北京设立代表机构的是其英国成员英国金马伦麦坚拿律师事务所(CMS Cameron Mckenna LLP),在上海设立代表机构的是其德国成员德国德和信律师事务所(CMS Hasche Sigle)。西班牙律所Garrigues和Cuatrecasas的办公室比较多,但大部分其实在西班牙国内,其真正海外办公室也相对有限。

室)的海外发展方向则更偏向于拉丁美洲(西班牙语)和非洲(葡萄牙语)。

3.相比国际布局更加全球化的英美所,"欧圈所"因自身定位、资源投入等多方面原因,一般不会采取英美所在各国大规模直接开设办公室的方式实现国际化。为了应对英美所的竞争,"欧圈所"另辟蹊径,积极加入国际独立律所联盟,通过相对松散的联盟合作机制,通过成员律所之间的跨法域对接合作,走出了另一条独具特色的国际化道路。比如德国德和信、西班牙顾博是世界法律集团(World Law Group)⑤的成员;法国基德、意大利凯明迪、西班牙乌力亚、德国诺尔是卢克斯蒙迪(Lux Mundi)⑥的成员,Lux Mundi 成员律所覆盖 120 多个法域,拥有 22,000 余名法律专业人士。

二、在华活跃欧洲律所及业务统计

对于注重国际化发展的部分"欧圈所",基本都已经在中国设立了代表机构,且大多在中国市场上非常活跃,在与英美所和内资所的竞争中仍然保持较高的可见度。结合"欧圈所"在华机构名单以及 2021 钱伯斯排行榜以及 Legal 500 中国(国际所)榜单,我们总结出在华比较活跃的欧洲主流律所,如表 2 所示。

表 2 在华活跃的欧洲主流律所⑦

律所中文名称	律所英文名称	机构地点	进入中国境内的时间	国别	活跃业务	
					钱伯斯	Legal 500
基德律师事务所	Gide Loyrette Nouel	北京、上海	1993 年	法国	税(2);公司和并购(5)	反垄断和竞争(3);税(2);公司和并购(5);项目和能源(4)
泰乐信律师事务所	Taylor Wessing	北京、上海	1996 年	德国	无	公司和并购(5)
凯明迪律师事务所	Chiomenti Studio Legale	北京、上海	2002 年	意大利	无	无

⑤ World Law Group 成立于 1988 年,专门为满足当今跨国公司的法律需求而创建,服务于 94 个国家,21000 余名法律专业人士。

⑥ Lux Mundi 拥有 700 多个办事处,遍布全球,服务于 120 多个国家,有 150 余家律所、22000 余名律师加入。

⑦ 根据 Chambers & Partners(钱伯斯)以及 Legal 500 发布的榜单统计,统计时间截至 2022 年 4 月 2 日。"活跃业务"一栏中括号内的数字为该项业务所在梯队的排名。

(续表)

律所中文名称	律所英文名称	机构地点	进入中国境内的时间	国别	活跃业务 钱伯斯	活跃业务 Legal 500
威宝律师事务所	Wikborg Rein Advokatfirma AS	上海	2003年	挪威	航运(金融/诉讼)(2)	航运(1)
CMS德和信律师事务所	CMS Hasche Sigle	上海	2006年	德国	生命科学(4);航运(诉讼)(2);争端解决(仲裁)(3);	数据保护(1);反垄断和竞争(3);公司和并购(4);生命科学与医疗保健(2);知识产权(3);劳动和雇佣(3);不动产和建筑(3);监管与合规(4);税(3);TMT(2)
嘉理盖思律师事务所	Garrigues	北京、上海	2006年	西班牙	公司和并购(Spotlight Table)	税(4)
曼斯律师事务所	Mannheimer Swartling	上海	2007年	瑞典	无	无
顾博国际律师事务所	Cuatrecasas	北京、上海	2008年	西班牙	税(3)	公司和并购(5);税(4)
乌利亚律师事务所	URÍA MENÉNDEZ	北京	2009年	西班牙	无	无
恒乐律师事务所	Hengeler Mueller	上海	2014年	德国	无	无

从表2可以看到,欧圈所的在华机构大部分能在主流榜单上保持一定的可见度,比如法国基德、德国德和信、西班牙顾博国际、嘉理盖思和乌力亚。登上在华主流榜单的另外3家欧洲律所,即瑞典曼斯律师事务所、挪威威宝律师事务所和德国泰乐信律师事务所(Taylor Wessing LLP),虽然不在我们定义的欧圈所范围内,但其实瑞典曼斯和挪威威宝这两家律所未入列只是因为欧圈所取样的国别没有包含瑞典和挪威这两个国家(所在国律所在华机构太少,参照性弱一些)而已,这两家律所在其本国都是钱伯斯和Legal 500榜单的龙头,完全可以媲美欧圈所。唯一的例外是德国泰乐信,相比于其他上榜的德国所,它在德国本土的榜单上表现并不是最突出的,但在德国也是非常优秀的本土律师事务所。

欧洲律所在业务上基本以服务本国客户在华投资为主，跨国别服务他国客户在华投资业务相对较有限，但考虑到欧洲的主流国家大部分都是发达经济体，欧洲各国对华投资的体量仍然不可忽视，欧洲律所基本垄断了中欧双边主要投资项目的法律服务，往往是双边细分法律服务市场的领导者。虽然近年来英美所和内资所加入竞争，但欧洲律所占据此类业务优势地位的格局目前仍然没有实质变化。近些年来，随着中国企业对外投资的增加，欧洲律所也开始为中国企业在欧洲、非洲及拉丁美洲的投资提供法律服务。

在开设中国办公室的选择上，英美律所与欧洲律所的做法也有很大区别。英美律所往往会将香港办公室作为其亚太地区业务的中心，并以香港办公室作为进入中国内地市场的跳板，但欧洲律所一般会选择直接在中国内地设立办公室，直接开展业务。

三、进入路径及晋升渠道

欧洲律所的实习申请方式与英美律所相比并无太大差异。欧洲律所通常倾向于接纳具有出色的学业背景、精通外语（不限于英语，但英语是必备的外语）、有国外留学经历、具有出色的沟通能力并且对律师职业充满热忱的应聘者，如具有欧洲律所所在国语言能力的求职者，可以进一步提高竞争力。从实习生开始，欧洲律所的晋升路径大致为初级律师（Junior Associate）、律师（Associate）、高级律师（Senior Associate）、合伙人（Partner）。合伙人在不同的律所也会有权益合伙人（Equity Partner）与授薪合伙人（Non-equity Partner）之分，前者职级高于后者，各个律所会考虑自身需要动态设置相应职位。

近年来，有部分欧洲律所引入了英美所较为常见的 Of Counsel（顾问）头衔，一般是授予给晋升合伙人之前的资深律师，授予顾问头衔的主要原因有二：其一，对于某些有晋升合伙人意愿的资深律师，可能出于某些原因，律所认为晋升的条件还不成熟，但为了便于开展业务以及挽留人才，授予相关头衔。在面对客户时，相比律师而言，顾问的头衔会给客户更好的印象；顾问头衔对于律师而言，某种程度上也意味着其与合伙人之位只有一步之遥，可以起到一定的激励作用。这种授予起的主要是过渡作用。其二，部分律师个人并无晋升为合伙人的强烈意愿，但是由于其资历较深，具备合伙人级别的专业能力，特别在一些相对冷门的专业领域，对于律所本身的完整业务能力也是很好的补充，因而授予该头衔给予其认可。这种授予跟国内行政机关里面享受某种级别待遇有些类似。律师的晋升路径通常为3~4年一个层级，晋升规则也会根据律师晋升的不同阶段而有所不同。在最初的几年中,律所更看重律师的基本功、执业技能以及学习能力。到了顾问和合伙人阶段的晋升,则更加看重律师的领导力、团队和客户管理能力以及创收能力。

四、工作环境概述

(一) 工作时长

虽然欧洲国家通常给人留下慢格调生活的印象,在全球最幸福指数国家中,欧洲国家几乎包揽了前十名。但对于在大都市从事快节奏商事法律服务的律师而言,不论是在英美所还是欧洲所,加班都不可避免。无论是在这些欧洲律所的本国,还是在其他国家,强势的英美律所通常是欧洲律所投标的主要竞争对象;如果欧洲律所的工作强度、质量及响应速度无法与英美所相媲美,则很难获得客户的首肯。因此,即使是对于重视生活品质的欧洲律所律师而言,追求每天准时下班也是天方夜谭。在中国一线城市的繁华中心,各大欧洲律所办公室里的律师加班到晚上九十点钟也是家常便饭。不过相比于内资律所和英美律所而言,欧洲律所更关注工作与生活的平衡(Work-Life Balance),除非是项目的特殊需要,大多数情况还是可以保证周末休息日的正常休息,当然不排除紧急情况下必要的邮件或者其他即时通讯工具沟通。与英美律所同行一样,欧洲律所也非常注重技术发展,一般都设置有专门的IT部门用于服务律师,投入大量人力物力改进工作流程并配备更有效的工作设备,同时专注技术创新和发展,以帮助律师更加高效工作。

(二) 薪资待遇

欧洲律所实习生的补贴大概为4000-6000元/月,实习生的待遇和福利处于律所实习的中上水平。总体来说,由于欧洲比较注重生活品质,所以欧洲律所也相对注重员工的福利待遇。大多数欧洲律所都有优于法定天数的带薪年假。欧洲律所一般每年都有正常的团建安排,总部也会组织不同的活动召集各海外办公室律师参与。除此之外,每个办公室也会不定期组织小规模培训或者与其他欧洲律所进行联合培训,各办公室或者不同律所的律师可以在培训中相互学习、交流。

欧洲律所通常会有自己内部的法律学院(比如西班牙顾博国际、法国基德),为所有员工及合作伙伴提供量身定制的结构化课程,既有法律类的,也有各种技能类的比如沟通技巧、外语、计算机操作等,以实现员工的自我提升。除了现场面授的课程外,所有的课程都会以视频形式存储在律所内网或云端法律学院,全球各办公室的律师都可以随时接入学习。

由于欧洲律所众多,不同规模的律所薪资水平必然会有不小差异,在此我们结合法律行业猎头公司调研以及对于在华活跃的主流欧洲律所的标本观察数据,努力客观地作宏观比较分析供各位同学参考,见表3。综合来看,在华活跃的主流欧洲律所的起薪与猎头公司调研报告里的顶尖英美所起薪相比仍有一定差距,但结合各自的工作时长强度,欧洲律所仍然具有较高的性价比。与已经进入"三万元俱乐部"的内资第一梯队律所相比,主流欧洲律所的起薪也已没有明显优势,但是从薪资涨幅的纵向来观察,从初级律师开始的7年内薪资的增长水平,欧洲律所在纵向增长角度似仍优于内资律所。

表3 在华活跃的主流欧洲律所薪酬调研及统计[⑧]

等级	年薪(元)
初级律师	300,000-500,000
中级律师	400,000-900,000
高级律师	800,000-1,400,000

(三) 初级律师工作事项

实习生与初级律师在欧洲律所的主要工作内容包括法律翻译、法律检索、法律研究、电话咨询、尽职调查,简单的文件起草等基本事项,主要涉及公司法方面的业务。相比于英美律所严格的等级及工作划分,欧洲律所在保持了工作质量控制所必须的架构基础上,给予初级律师更多的自由空间,在工作内容上也有更多的可能性。当然欧洲律所对于初级律师的培养仍然遵循系统性培养原则,包括在工作内容上的循序渐进,高级律师的引导和质量控制,内部培训查漏补缺,不会出现初级律师野蛮生长的情况。

与英美所类似,虽然没有硬性要求,但欧洲所在招聘时会更加倾向于已经通过法考的同学,且对应聘者的语言能力有较高的要求,有海外留学经历的同学相对会更有优势。海外律师执业资格则是一个加分项,这两年随着海外投资

[⑧] 基于法律行业猎头 Taylor Root 发布的《2023-2024 年度中国香港及内地地区的律所薪资报告》,根据作者对欧洲律所行业观察,结合报告数据,本文进行概述性调整,https://www.taylorroot.com.hk/hong-kong-china-private-practice-salary-report-2023-2024,访问日期:2023年8月31日。

业务的火热,有国外律师执业资格的律师会更受中国客户的青睐和信任。

> **小 D 的沙漏时刻**
>
> 相比于之前在英美律所实习时,经常要参与首次公开募股(IPO)项目,从事整理底稿等比较枯燥的工作,在欧洲律所实习的小 D 则几乎没有做任何与 IPO 相关的工作,而是将更多的时间花在了完成法律分析及热点问题的法律解读这类基础但非常考验法律功底的事情上。为了进一步凸显出欧洲所对中国法律市场的关注与专业水平,律所相关律师最近给小 D 下达的任务就是对《个人信息保护法》的出台进行法律分析。小 D 知道,在 2016 年欧盟出台了一部《通用数据保护条例》(简称 GDPR),二者之间的关联或许是个值得探讨的方向。
>
> 经过一番资料的收集与整理,小 D 已初步了解到,前者对 GDPR 多有借鉴,比如对适应范围和权益保护对象的规定,二者都以"个人"为中心,体现了对个人权利的重视。同时,《个人信息保护法》也具有鲜明的中国特色,比如,在监管体制上,目前的《个人信息保护法》确认了以网信部门为核心的多头监管模式;在对数据处理的合法性事由以及对数据接收方信息的披露上,《个人信息保护法》的要求更为严厉;在法律责任上,《个人信息保护法》确立了更为严格的法律责任追究体系,在民事、行政、刑事责任领域对违法行为都建立了严厉的追责制度。当然,《个人信息保护法》生效之后其追责制度在多大程度上能够得到严格执行,与罚款数额单笔最高已达数亿欧元的 GDPR 相比处罚是否更加严厉,还须在司法实践中进一步观察。

五、职业选择与未来展望

在工作内容方面,欧洲律所的业务开展主要在公司并购及投融资领域,很少涉及 IPO 业务。在薪资福利方面,欧洲律所的薪资水平随着律师资历的上升有很大的增长空间,并且欧洲国家通常较为重视生活品质,相对英美所,工作强度会稍低一些。欧洲律所对于能够提升工作效率的法律科技十分关注,支持开发可以提升律师工作效率的智能应用技术,对于年轻的法律人来说很具有吸引力。比如,西班牙顾博有自己的法律科技创新企业孵化机构,律所不但投资法律科技创新企业,还在所里直接应用这些创新技术,如合同的智能编辑技术等;法国基德在内部设立了由律师和资深技术专业人士组成的 Gide255 组织,专门研究有关法律科技的应用和创新,包括人工智能和区块链,并且向客户提供相关技术应用的法律服务方案。

在多元化政策方面,很多欧洲律所近几年开始推行合伙人性别平衡计划，比如意大利凯明迪、法国基德等，采取了不少措施助力女性律师晋升为合伙人。欧洲律所也非常注重在华的本土化发展，很多欧洲律所已经有中国籍的律师直接晋升为权益合伙人，比如德国泰乐信、法国基德等，相信这一趋势会在更多的欧洲律所传导开来。

至于最近英美律所率先尝试的自贸区中外律所联营，由于欧洲律所大多偏向于加入非排他性的国际律所联盟的方式实现合作，欧洲律所对于中外联营的排他性合作模式以及联营能否带来服务能力的实质改变仍然有一定疑虑，欧洲律所目前大多仍处于观望状态，但不排除在中国对于外资律所的政策更趋明朗化之后有进一步动作。

中国改革开放四十年，欧洲律所在中国法律服务市场的激烈竞争中始终占有一席之地，随着"一带一路"政策的不断推进和中欧日益紧密的经贸合作，我们有理由相信欧洲律所在中国会有更多的发展机会和更广阔的发展空间。

小 D 速记

由于欧洲律所并没有类似于英美律所中对于主流律所"魔圈所""银圈所""白鞋所"这样的分类，对欧洲主流律所的认定仍须参考一些权威法律评级机构出具的报告，且并非所有主流欧洲律所均倾向于国际化路线。

欧洲律所在业务上基本以服务本国客户在华投资为主，欧洲各国对华投资的体量庞大，不可忽视，基本垄断了中欧双边之间的主要投资项目的法律服务，往往是双边细分法律服务市场的领导者。

欧洲律所通常会考虑在具有语言和文化优势的国家或地区有选择性地参与国际化发展，其客户群体通常是本国走出的企业，其执业领域也通常以这些企业需要的法律服务为主，客户黏度相对较大。

欧洲律所大部分通过积极加入国际独立律所联盟的方式来应对国际竞争。

欧洲律所在招聘时较为注重候选人的外语能力，如果能掌握一门英语以外的小语种，会更有竞争优势。

欧洲律所的薪资待遇和工作强度相比于英美所和内资所而言处于适中位置，更加注重工作生活平衡，除非是项目的特殊需要，否则一般还是会保证休息日的正常休息。

离岸律所:揭开神秘的面纱*

"前面介绍完了美国、英国和欧洲律所,相信大家对外所有了比较全面的认识,但不知道大家有听说过离岸律所吗?"魔法师问道。

很多同学一脸茫然,什么是离岸律所?小 D 举手回答说:"我知道!我听说有很多离岸群岛,在太平洋和大西洋,比如百慕大、开曼群岛等。"

魔法师露出了欣慰的笑容,"那你知道离岸律所的工作是什么吗?"魔法师继续问道。小 D 迟疑了一下说,"我身边很少听说有人去离岸律所工作。我看到很多互联网公司的上市主体都注册在开曼群岛,但离岸律所我还真不太了解。"

魔法师说,"谢谢小 D 的积极回答!今天我们邀请到来自知名离岸律所的顾问 J 律师为大家揭开离岸律所的神秘面纱。掌声欢迎!"

J 律师一边笑着向同学们挥手,一边快步走向讲台,充满了活力。同学们都难以相信眼前这位年轻而富有朝气的学姐,居然已经是一家知名离岸律所的顾问了。

一、离岸业务及离岸律所介绍

(一)离岸业务的兴起

提起大中华地区的国际律师事务所,大家可能首先想到的是在内地或者香港提供本地法律服务的英国律所、美国律所乃至欧洲律所等。然而,同学们是否了解,在国际法律市场,有一块已经运作成熟且体系化的离岸业务领域?而专门从事离岸业务的律师事务所,被称为离岸律所(Offshore Law Firm)。

离岸律所设在大中华地区的办公室主要从事英属维尔京群岛(British Vir-

---

* 本部分公益导师:许文洁,美国杜克大学、华东政法大学法学硕士,华东政法大学法学学士,衡力斯(Harneys)律师事务所上海办公室业务团队的重要成员,就各类离岸公司事务向客户提供服务,其中包括并购(私有公司或上市公司)、首次公开发行、合资企业、股权融资、银行及金融以及集团重组等事宜。曾处理众多高端跨境交易,其中涉及生物医药、通信、教育、电信媒体、技术、能源、基础设施及房地产等众多领域。在 2017 年加入衡力斯之前,曾作为中国执业律师就职于君合律师事务所上海分所,随后作为注册外地律师(美国纽约)就职于英国高伟绅律师行香港办公室。

志愿者:林大山,上海交通大学国际法学硕士。

gin Islands,BVI)和开曼群岛(Cayman Islands)的法律业务。截至2021年底,在香港证券交易所上市交易的2219家公司中有1245家公司的注册地为开曼群岛或BVI。① 就私募股权基金市场而言,开曼群岛是离岸基金最为青睐的司法管辖区,开曼群岛亦已通过各项立法,使其在私募股权基金以及开放和封闭式基金领域的监管走在世界前沿。在并购及投融资领域,BVI公司亦非常活跃。仅2012年,BVI向中国的间接海外投资就已经达到70.72亿美元。根据2017年的数据统计,约2/5的BVI公司在中国内地、香港或者澳门特区有相关投资。②截至2021年,共有291家BVI公司依然选择在中国新设立外商投资企业,实际投资额达到52.8亿美元,在商务部公布的2021年主要外资对华投资来源地前15个国家(地区)排名中位列第三。

(二)离岸群岛的优势

J律师向同学们提问:"同学们知道为什么那么多公司选择BVI和开曼群岛作为它们的上市主体注册地吗?"

见同学们都面面相觑,J律师向同学们介绍起了BVI和开曼群岛设立公司的优势:

法律制度。BVI和开曼群岛作为英国的海外领地(British Overseas Territories),很大程度上沿袭了英国完善的法律体系和公司监管制度,允许海外人士在其领土上成立公司,其中"离岸"的含义就是指投资者的公司注册在离岸司法管辖区,投资人不用亲临注册地,而其业务运作可以在注册地以外的世界各地直接开展。③ 这些离岸中心的公司制度具有较大的灵活性,对公司活动的监管通常会比其他司法管辖区宽松,公司向公众披露的信息量有限,使得复杂的商业交易或重组能够更顺利地进行,因而吸引了很多公司将离岸中心作为上市主体的注册地。

稳定性。BVI和开曼群岛在其历史上一直维持着经济、法律和政治稳定,具有稳定而发达的法律体系与制度。当地拥有数百家活跃的银行和国际金

---

① The Stock Exchange of Hong Kong Limited, "HKEX Fact Book", 2021, p33.
② Elise Donovan, "Going for Global Growth: Why China Chooses the BVI", https://www.ifcreview.com/articles/2018/june/going-for-global-growth-why-china-chooses-the-bvi/, last visited on May 28, 2022.
③ 陈忆:《律师在离岸公司业务中的法律服务》,载《法治研究》2007年第10期。

融机构,具有先进的银行系统。

公司成立的速度。一般公司成立可在一周内完成,公司成立时没有最低实缴出资要求,公司可以由一名股东和一名董事组成,股东可以是公司实体或个人,对股东所在地没有限制。

税收待遇。BVI和开曼群岛通常对仅在其境外从事纯粹持股业务的公司免征企业所得税、资本利得税、增值税等。同时,BVI和开曼群岛遵循国际税务条例,也参与国际的税务信息交换。

保密和隐私。BVI和开曼群岛为投资者提供了高度的隐私保护,没有强制性审计的要求,也不强制要求披露股东的姓名/名称,从而为投资者提供了最大的保密程度。

(三)离岸业务领域

离岸业务分为法律服务和非法律服务。法律服务主要包括公司事务、基金、私人财富管理、诉讼/破产业务等。非法律服务主要是负责设立并日常维护在离岸司法管辖区设立的法律实体。

第一,离岸融资业务。首先是银行业务,包括传统存贷业务、银行间市场短期资金拆借、银团贷款为主的中长期资金借贷,以及全球委托保管、资产管理以及个人信托等业务。其次是离岸证券业务,以离岸债券、股票和集体投资计划为主要形式展开,其中离岸债券的规模占比最大。离岸证券通常以非公开、半私募的方式在多个经济体发行,从而豁免在岸司法管辖区(Onshore Jurisdictions,与离岸司法管辖区(Offshore Jurisdictions)相对)对募集说明书、许可和登记等方面的限制。而离岸债券免除利息预扣税有助于降低离岸融资成本。

对于上述两项离岸融资业务,离岸律所提供公司事务和投资基金服务。

公司事务是指涉及离岸司法管辖区法律的跨境投融资交易提供法律服务,一般包括:

(1)离岸公司在外国投资,为其草拟/审阅认购文件、股东协议以及合并/兼并方案和协议等。

(2)离岸公司融资,在向银行借款时,银行会要求离岸司法管辖区的律所出具法律意见书。离岸公司发行债券,也需要离岸律所出具离岸司法管辖区的法律意见书,审阅标准贷款及担保文件的条款/条件。

(3)离岸公司首次公开发行股票、首次公开发行债券前,离岸律所出具离岸司法管辖区的法律意见书并对离岸公司进行尽职调查,对重组架构提供法律意见。

投资基金业务包括离岸司法管辖区基金的合同起草、设立登记、重组到关闭等各个阶段的法律和非法律服务。其中,起草/审阅所有基金文件,基金设立、基金条款设计、基金管理,这部分工作由法律团队负责;根据反洗钱法、美国《海外账户纳税法案》(Foreign Account Tax Compliance Act,FATCA)、共同申报准则(Common Reporting Standard,CRS)要求进行申报,这部分工作由其他支持团队负责。

第二,离岸信托业务。主要针对拥有离岸公司、投资组合和离岸保险单的主体,当委托人发生居住地或是工作地迁移时,也可采用离岸信托进行财产委托管理。离岸信托业务还是重要的税务规划工具,能够规避强制继承权或是遗产法对财产分配的制约,保护财产免遭诉讼损失和不当索赔。而且,离岸市场完善的隐私保障体系也能极大程度地保护委托人的隐私。

相对应地,离岸律所还提供私人财富管理服务,为大型家族企业设计所有权架构、家族遗产规划,为企业设计合适的跨境企业管治架构,以维护家族和企业继承规划的资产。

除了上述业务之外,离岸律所还提供纠纷调解/破产及重组服务,即对复杂商业纠纷、破产及重组案件提供诉讼策略,在离岸司法管辖区出庭应诉。

(四)离岸律所与在岸律所的不同之处

离岸律所和在岸律所的相同之处在于它们主要都是服务于公司与个人,为投融资和财富管理提供法律服务,例如为公司融资提供尽职调查、出具法律意见书等服务。但和在岸律所相比,离岸律所有这样一些不同之处。

1. 执业的司法管辖区不同

离岸律所只提供离岸中心的法律咨询。大部分离岸中心如开曼群岛、百慕大等都是英国的海外领地或前殖民地,保留了英国的司法制度。因此,很多离岸律所起源于英国,其专业人士也往往拥有英联邦地区的学习经历和律师执业资格。

2. 服务内容不同

第一,传统在岸律所只是为客户提供法律方面服务,离岸律所往往设有专门提供公司秘书服务的机构。离岸律所的代理服务机构通常在各个离岸中心有代表处,接受客户的委托,帮助客户在海外注册离岸公司。离岸律师大多有海外从事注册离岸公司的经验,同时熟悉各国法律以及外汇管制政策。离岸律师根据客户自身的不同情况和需求,就离岸司法管辖区的选择、拟注册何类经济实体、可能遇到的法律问题等,为客户进行全面详细的分析并提供个性化的服务,从而帮助客户以最少的时间、精力、费用和最经济的税负,注册一家最合适的离岸公司。

除此之外,离岸律所的代理服务机构可以为客户注册离岸公司提供所需的配套服务,以此来完善服务内容,为客户提供一站式服务。具体的服务内容包括:协助客户以最低费用在注册地设立虚拟办事处、代收信件传真、代接电话;代理离岸公司的年检或续牌、代缴税费服务等。

2008年金融危机后,为了打击海外避税,美国出台了《海外账户纳税法案》,要求全球金融机构向美国通报美国人在海外的金融资料,以供美国政府查税。经济与合作发展组织(Organization for Economic Co-operation and Development,OECD)发布了共同申报准则,要求签署国的金融机构间相互披露对方国家公民在本国的经济财产情况。针对上述合规要求,离岸律所为客户提供FATCA和CRS申报服务,以满足金融账户信息申报的合规要求。

第二,离岸律所依托离岸中心的优势,为高净值人士提供离岸信托服务。离岸中心通常税负低,保密性好,且法律制度较为宽松,因此很多高净值人士更愿意将财富投资于离岸中心。

二、"离岸魔圈"律所在中国

英国"魔圈"(Magic Circle)律师事务所的概念广为人知,对于离岸律所而言,也有相对应的"离岸魔圈"。"离岸魔圈"由 *Legal Business* 杂志于2008年首次提出,由在离岸司法管辖区执业的领先律师事务所组成,具体包括:Appleby(毅柏律师事务所)、Bedell Cristin(博达信律师事务所)、Carey Olsen(凯瑞奥信律师事务所)、Conyers(康德明律师事务所)、Harneys(衡力斯律师事务所)、Maples and Calder(迈普达律师事务所)、Mourant Ozannes、Ogier(奥杰律师事务所)、Walkers(汇嘉律师事务所)。按律师人数计算,Maples and Calder是全球规模最大的离岸律师事务所。

(一)"离岸魔圈"律所在香港特别行政区

截至2023年8月,根据香港律师会官网的统计,9家"离岸魔圈"律所有8家在香港开了办公室,人数规模见表1。其中,Walkers规模最大,拥有35名律师;Harneys和Maples & Calder次之,拥有33名律师;接下来是Conyers,律师人数为31名。

表1　在港离岸律所的人数规模

在港离岸律所	香港办公室律师人数（人）
Walkers（汇嘉律师事务所）	35
Harneys（衡力斯律师事务所）	33
Maples & Calder（迈普达律师事务所）	33
Conyers（康德明律师事务所）	31
Ogier（奥杰律师事务所）	30
Mourant Ozannes	15
Appleby（毅柏律师事务所）	14
Carey Olsen（凯瑞奥信律师事务所）	13

（二）"离岸魔圈"律所在中国内地

Appleby、Harneys在中国内地注册成立代表处提供法律服务，Appleby于2013年8月获得中国司法部颁发的法律执业许可证。Appleby在中国内地没有专门的律师团队。

Harneys于2017年6月以塞浦路斯瑞拓律师事务所驻上海代表处的名称在中国司法部注册执业。截至2023年8月，Harneys的上海代表处拥有近四十位专业人士组成的团队。

其他离岸律所在中国内地设有联络办公室，但只是发挥业务拓展职能，没有专门的律师，不直接对外提供法律服务。

三、"离岸魔圈"律所合伙人教育背景及执业资格概览

截至2023年8月，Harneys上海办公室有3名合伙人。

根据香港离岸魔圈律所官网，截至2023年8月，离岸魔圈律所香港办公室的本地合伙人一共有96人，他们的背景见表2。

表2　"离岸魔圈所"香港办公室合伙人的毕业院校

排名	毕业院校	人数（人）
1	香港大学	10
2	剑桥大学	6
3	新西兰奥克兰大学	6

(续表)

排名	毕业院校	人数(人)
4	牛津大学	5
5	墨尔本大学	5
6	伦敦政治经济学院	4
7	伦敦大学学院	4

从教育背景上看,所有本地合伙人都有普通法司法管辖区高校的学习经历。50%的合伙人毕业于英国高校,将近25%的合伙人毕业于澳洲高校,其他合伙人则毕业于香港、加拿大、新西兰和新加坡等地区的高校。目前还没有内地高校出身的华人合伙人。这与离岸中心的起源与发展密切相关,离岸中心大多是英国的海外领地或是曾经的殖民地,与英国法律制度有相同的渊源。

从律师执业资格上看,离岸律所的律师大多拥有两地甚至三地的律师执业资格。绝大多数的本地合伙人拥有不止一个地区的律师执业资格。除了业界常见的中国内地、中国香港、美国纽约州律师执业资格外,很多律师还拥有英格兰及威尔士、百慕大、英属维尔京群岛、新加坡的律师从业资格。拥有英联邦法域的律师职业资格,能够从事更多业务,拥有更多的晋升空间。大多数的本地合伙人同时拥有英属维尔京群岛、英格兰及威尔士、中国香港三个地区的律师执业资格。

从执业经历上看,多位律师在加入离岸魔圈律师之前,都曾在知名外资所工作,例如高伟绅、贝克麦坚时、安理、富而德、年利达等。

香港"离岸魔圈"律所青睐于招有工作经验的律师,经常招收英国魔圈律所的律师,比较少直接招应届生。离岸魔圈律所的律师需要有一定的业务拓展能力。Harneys上海办公室则招募各个资深程度的律师,包括应届毕业生。

四、薪资待遇与工作时长

又到了大家最关注的薪酬待遇环节了!对于离岸律所而言,薪资待遇有一定灵活性,就香港特别行政区起薪而言,"离岸魔圈"律所通常与英国魔圈律所看齐。这些律所的律师也会相互跳槽。与传统的在岸律所相比,离岸律所工作强度略低一些,一年会有1500-2000小时的工作计时要求,或许是"性价比"相对较高的选择。

离岸律所的晋升道路与英国"魔圈"律所类似,大家可以参考之前的英国律所课程。从 Intern（实习生）、Paralegal（律师助理）、Trainee（见习律师）、Associate（初级律师）、Senior Associate（资深律师）、Counsel（顾问）一路到 Partner（合伙人），合伙人又分为 Salary Partner（授薪合伙人）和 Equity Partner（权益合伙人）。

五、进入路径

离岸律所中只有 Harneys 的上海办公室在中国内地提供法律服务，同学们可以尝试向官方 HR 邮箱投递简历。除了上海，同学们还可以尝试申请离岸律所的香港办公室，以寻找实习和工作机会。但由于香港出入境政策限制，香港高校应届毕业生在申请时会更有优势。

此外，一些离岸律所也会举行招聘会（Job Fair），举行的地点一般会在中国香港和英国高校。很多律所还会有专项实习生计划，派驻到开曼群岛、英属维尔京群岛、根西岛等离岸中心学习当地的法律制度、熟悉工作内容。但由于离岸律所在中国尚在发展中，并不会像在华业务较为广泛的英国或美国律所一样定期开展实习生计划，如果同学们对离岸律所感兴趣，可以多关注离岸律所的官网以及社交媒体的招聘动态，多主动尝试，或许会有意想不到的收获！

小 D 的沙漏时刻

J 律师给小 D 派了一个任务："今天有一个国内客户咨询，如何选择适合设立离岸公司的离岸司法管辖区？是选择 BVI、百慕大群岛还是开曼？我们所里的数据库已有详尽的资料，请你帮忙整合精简一下，做成双语版对比表吧。"

在 J 律师的指导下，小 D 开始从所内资料入手，从以下几方面梳理这三个离岸司法管辖区的情况：公司类型、公司设立需要的时间、公司章程要求、公司信息披露要求、账簿及会计要求、增资减资要求、注销流程、公司税收等。

经过这番研究，小 D 对不同离岸司法管辖区的选择有了更深入的认识，以后可以更好回答同类咨询了。

小 D 速记

离岸律所主要从事离岸业务,大多与融资、信托、公司业务相关。此外,离岸律所还通常设有代理服务机构提供公司秘书服务。

由于 BVI、开曼群岛稳定的政治环境、灵活的法律制度、信息保密制度等,使离岸群岛成为很多集团上市主体的设立地。

相比英美律所,离岸律所在中国内地处在不断发展中,而在中国香港法律市场已比较成熟。

离岸律所薪酬待遇以及晋升路径和英国"魔圈"律所基本一致,工作强度略低于英国"魔圈"律所。

离岸律所的律师大多拥有两地甚至三地的律师执业资格,毕业院校大多为(前)英联邦地区高校。

由于离岸律所在华尚在发展过程中,相对应的实习/工作机会相对有限,需要发挥主观能动性,多关注、多尝试。

乙
TWO

公共事业单位

法院：在这里读懂"审判"*

"叮铃铃——"上课铃准时响起，大家迅速回到自己的座位上。"今天的特邀嘉宾为在法院从事多年审判工作的K法官，大家欢迎！"魔法师介绍道。K法官和蔼地微笑着，环视四周，看着同学们青春的脸庞与对知识渴求的眼神，似乎看到了我国未来法治的希望，迫不及待开启了精彩的演讲。

"大家好！我是K法官，很高兴有机会向大家介绍法院里的工作。相信大家对法院都有些印象。每个人的家乡所在区县都会有基层法院，有时乘坐公交车路过，还可一瞥她的威严真容。那么大家对法官这个职业有多少了解呢？"听到这里，小D脑海中浮现出在众多卷宗材料中伏案写作、在法庭上一槌定音、头戴假发与身披法袍的老者形象。

"绝大多数同学对于法律职业的理解可能都来自影视剧作品或综艺节目，比如《律政俏佳人》《金装律师》《傲骨贤妻》这些律政剧，还有以实习律师成长为主题的综艺节目《令人心动的Offer》。不过，这些节目主要说的是律师，很少提到法官。此外，在《控方证人》等一系列经典影片中，法官常被塑造成戴着假发、身穿长袍的智者形象。

"但这些都属于英美法系中对抗式法庭的模样，而我国的法院体系与法庭辩论与此大不相同。在我国的制度背景下，庭审过程中并不会出现陪审团，而且法官的角色往往更为主动。并且，我国的法官并不像英美法系那样需要戴着假发开庭。

"那么我国法院是如何运作的？法官的日常工作内容有哪些？如何在我国成为一名法官？这些也是大家在做职业选择与规划时十分关心的问题。接下来我将围绕这些展开具体介绍。"

---

* 本部分公益导师：匿名，法学博士，某法院审判长，曾执笔起草多个司法解释，出版多部著作，发表文章数十篇。
志愿者：王一然，中国政法大学宪法学与行政法学专业硕士研究生。

一、法院全景概览

法院不仅是一座庄重威严的建筑物,而且是一个国家的审判机器,行使国家的审判职能。根据《宪法》和《法院组织法》,人民法院是国家的审判机关,通过审判刑事、民事、行政、国家赔偿等案件,惩罚犯罪,解决纠纷,维护国家安全、社会秩序和公平正义。

我国法院依照层级可划分为四级,包括基层人民法院、中级人民法院、高级人民法院和最高人民法院。最高人民法院是国家最高审判机关,监督地方各级人民法院和专门人民法院的审判工作,可以设立巡回法庭。目前,最高人民法院已在深圳、沈阳、南京、郑州、重庆、西安分别设立了巡回法庭。

除了最高人民法院,我国依据行政区划设置地方人民法院,包括高级人民法院、中级人民法院和基层人民法院。以广东省为例,与广东省对应的是广东省高级人民法院;与广东省各市对应的为各市中院,如广州市中级人民法院;与县、区对应的是各基层人民法院,如天河区人民法院。

这四级法院发挥着不同的功能作用,各有各的审级职能定位。基层人民法院侧重于准确查明事实、实质化解纠纷;中级人民法院重在二审有效终审、精准定分止争;高级人民法院则重点关注再审依法纠错、统一裁判尺度;最高人民法院则负责监督指导全国审判工作、确保法律正确统一适用。[①]

此外,我国也设置了专门人民法院,这类法院管辖的案件具有专门性,体现了审理案件的专业化和管辖的集中化。专门人民法院并不依据行政区划设置,这也是区别于地方各级法院的一个显著特点。最典型的如北京、广州、上海的知识产权法院,它们专门审理与知识产权有关的案件,这样有利于进一步增强对知识产权的司法保护,完善我国知识产权审判体系;又如杭州、北京、广州的互联网法院,集中力量审理新类型的疑难互联网案件,有助于提高网络空间的司法治理能力。

二、揭秘法院内部运作

法院的高效运作离不开默契配合的内部工作人员与精细分工的组织架构。当谈到法院,我们脑海中首先浮现的就是法官。但是除了法官,法院内部还有法官助理、书记员、司法干警等众多工作人员,也有管理行政事务的行政人员。

[①] 《关于完善四级法院审级职能定位改革试点的实施办法》。

这些专业勤恳的司法工作者是法院制度得以顺利运转的活力源泉。此外,在组织架构方面,法院内部设有不同的职能部门,不仅有面向大众开放的立案大厅、咨询等窗口,还包括众多审判庭以满足审理不同类型案件的需求。

(一)人员组成

当前我国法院人事制度采用的是法官员额制。2001 年《法官法》第 50 条规定了最高人民法院可以制定法官员额比例,这为推进法官员额制改革打下了基础。2002 年《最高人民法院关于加强法官队伍职业化建设的若干意见》规定,"在综合考虑中国国情、审判工作量、辖区面积和人口、经济发展水平各种因素的基础上,在现有编制内,合理确定各级人民法院法官员额"。这使法官员额制改革的方向更加清晰和具体。2014 年中共中央全面深化改革领导小组出台《关于司法体制改革试点若干问题的框架意见》和《上海市司法改革试点工作方案》,法官员额制改革正式拉开了序幕。② 直到 2017 年,最高人民法院院长率领 366 名法官举行了隆重的最高人民法院首批员额法官宣誓仪式,标志着最高人民法院机关首批员额法官选任工作圆满完成,也标志着法官员额制改革在全国法院已经全面落实。③

法官员额制度全面推开后,各级人民法院不再任命助理审判员,法院工作人员被系统地分为法官、审判辅助人员和司法行政人员三类,见图 1。

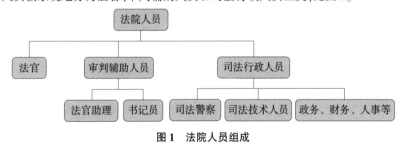

图 1　法院人员组成

法官是依法行使国家审判权的审判人员,其首要职责在于审理案件,包括刑事、民事、行政诉讼以及国家赔偿等,在职权范围内对其所办理的案件负责。

---

② 宋永盼:《法官员额制及其配置机制问题研究》,载中国法院网,https://www.chinacourt.org/article/detail/2016/03/id/1827042.shtml,访问日期:2022 年 5 月 29 日。

③ 《最高法通报人民法院司法改革试点工作有关情况》,载国务院新闻办公室网,http://www.scio.gov.cn/xwfbh/qyxwfbh/Document/1557376/1557376.htm,访问日期:2022 年 5 月 29 日。

实行法官员额制后,原有的法官队伍一分为二,包括入额法官和未入额法官。入额法官又被称为员额法官,未入额的法官仍保留原有职务和待遇,但各级人民法院不得对未入额法官核定独立办案任务,未入额法官应按照法官助理序列正常晋升职级。

法官并不是单枪匹马地作战。实践中,往往以审判团队为单位来审理案件。审判团队以法官为核心,辅以审判辅助人员。审判辅助人员包括法官助理和书记员等,他们好比法官的左膀右臂,在法官的指导下从事与审判相关的工作。法官助理负责审查案件材料、草拟法律文书等审判辅助事务,会介入对案件实质性内容的处理,更侧重"业务性";书记员负责法庭审理记录等审判辅助事务,主要在程序性事务中承担记录、整理、归档、校对等职能,更侧重"事务性"。④

司法行政人员并不从事审判工作,而是负责处理法院的行政事务,维持法院组织与管理的正常运作,包括政务、财务、人事以及技术等人员。虽然司法行政与审判相分离,但司法行政是审判的重要后勤保障。行政与审判的分类管理,有利于促进审判工作的独立高效开展。司法警察作为司法行政人员,负责法庭警戒、人员押解和看管等警务事项。此外,法院根据审判工作需要,还可以设置司法技术人员,负责与审判工作有关的业务。

不同层级的法院法官会做不同的工作。基层和中级法院侧重于审理案件。高级法院的法官有时需要参与立法及重大司法解释的讨论。

(二)审判组织

庭审过程中,在法庭前方正中央严肃端坐的就是审判人员,有时我们看到的不止一人,而是三人甚至多达九人。当只有一人时,说明该案由法官一人独任审理。当法官为三人以上时,表明该案由合议庭审理。

法律规定的审判组织包括独任法官、合议庭、审判委员会和赔偿委员会。法官在审判组织内部是平等关系,在评议案件时按照少数服从多数的原则作出决定。案件的审理一般由合议庭或者法官一人独任完成。合议庭的组成人员可以全部由法官组成,也可以由法官或者人民陪审员共同组成。

各级人民法院均设审判委员会,由院长、副院长和若干资深法官组成。当遇到重大、疑难、复杂案件的法律适用问题时,以及是否对本院已经发生法律效力的判决、裁定、调解书再审时,往往由审判委员会讨论决定。

---

④ 《司法改革热点问答》,载中国法院网,https://www.chinacourt.org/article/detail/2017/04/id/2823769.shtml,访问日期:2022年5月29日。

(三) 内设机构

不知道大家有没有到法院旁听过案件。旁听案件的地方就是审判庭。审判庭是法院内部典型的内设机构。人民法院内设机构包括审判业务部门和非审判业务部门。非审判业务部门包括审判辅助部门、综合行政部门以及其他部门。表1以北京市高级人民法院为例,展现了人民法院内设机构的分布情况。

表1 北京市高级人民法院机构设置情况[5]

北京市高级人民法院机构设置情况		
机构类别	机构名称	
审判业务部门	立案庭	
	刑事审判第一庭	
	刑事审判第二庭	
	未成年人案件审判庭	
	民事审判第一庭	
	民事审判第二庭	
	民事审判第三庭	
	行政案件审判庭	
	国家赔偿办公室	
	审判监督庭	
	申诉审查庭	
	执行局	执行一庭
		执行二庭
		执行三庭
	研究室	
	审判管理办公室	
审判辅助部门	诉讼服务办公室	
	法警总队	

---

[5] 《北京市高级人民法院机构设置情况》,载于北京法院网,http://bjgy.bjcourt.gov.cn/article/detail/2019/06/id/4053568.shtml,访问日期:2022年5月29日。

（续表）

北京市高级人民法院机构设置情况		
综合行政部门	政治部	干部处
		组织宣传处
		教育培训处
		离退休干部管理处
	新闻宣传办公室	
	监察室	
	办公室	
	档案处	
	司法行政装备管理处	
	信息技术处	
其他	机关党委	
	机关工会	
	《法庭内外》杂志社	
	法医技术室	
	机关后勤服务中心	
	国家法官学院北京分院	

审判业务部门往往以审判庭的形式呈现。审判庭一般按立案、刑事、民事、行政、审判监督、执行等专业领域分设。法官员额较少的中级人民法院和基层人民法院，可以设综合审判庭或者不设审判庭。人民法院还可以根据工作需要，设立必要的审判辅助机构和行政管理机构、综合业务机构等。

法院古老却弥新。在元宇宙、人工智能和大数据风靡全球、引领潮流的同时，在最高人民法院顶层设计的指导下，⑥我国法院建设也朝着现代化、信息化的方向发展，逐渐开启智慧法院的时代。智慧法院的建设对各司法工作人员、

---

⑥ 最高人民法院出台了《人民法院信息化建设五年发展规划(2016—2020)》《关于加快建设智慧法院的意见》等一系列政策文件，指导全国法院信息化建设。2022年4月20日，最高人民法院网络安全和信息化领导小组2022年第一次全体会议审议了《人民法院信息化建设五年发展规划(2022—2026)》等文件以及《人民法院在线运行标准体系》等信息化标准。

传统组织架构和运行规则提出挑战的同时,也是我国法院建设的新机遇。

三、以法官为志业

那么,成为法官的条件有哪些?如何才能成为一名法官?进入法院工作是否就是进入"体制内"?接下来就让我们谈谈这些具体的问题。

(一)条件与门槛

法官属于公务员的范畴。⑦ 刚从高校毕业的学生想进入法院成为一名法官,可以先从法官助理做起。作为法官的重要后备军,法官助理以中央政法专项编制人员为主,按照综合管理类公务员进行管理。

那么如何才能成为法官助理呢?答案是考试。报考地方基层人民法院和中级人民法院的法官助理,需要通过法律职业资格考试和国家公务员考试。此外,在报考时还需要毕业于普通高等学校政法专业,年龄在35周岁以下。⑧

成为法官助理后,经遴选可以被任命为法官。初任法官一般到基层人民法院任职,再通过层层遴选到中级人民法院、高级人民法院和最高人民法院任职。举例来说,在中级人民法院担任法官助理满一定年限,通过考核、考试成为初任法官后,必须再到基层法院任职,通过遴选的方式成为中级人民法院法官。但是这种遴选竞争会非常激烈。不仅有任职年限的要求,遴选名额也相对有限,并且会与多家平级法院一起竞争。目前上海、广东、福建等地法院已开始从优秀法官助理中遴选员额法官,并在基层人民法院任职。⑨

除了从法官助理中遴选法官外,也可以从律师或者法学教学、研究人员等从事法律职业的人员中公开选拔法官。当然,这些人员除了应当具备法官任职条件外,还应具备其他条件,如参加公开选拔的律师有工作经验的限制,实际执业不能少于五年;参加公开选拔的法学教学、研究人员应当具有中级以上职称,从事教学、研究工作五年以上,有突出研究能力和相应研究成果等。

---

⑦ 根据《公务员范围规定》(2019年12月23日中共中央组织部制定,2020年3月3日发布),各级审判机关中列入公务员范围的人员包括最高人民法院和地方各级人民法院的法官、审判辅助人员、司法行政人员。

⑧ 《司法改革热点问答》,载于中国法院网,https://www.chinacourt.org/article/detail/2017/04/id/2822714.shtml,访问日期:2022年5月29日。

⑨ 中华人民共和国最高人民法院编:《中国法院的司法改革2013-2018》,人民法院出版社2019年版,第49页。

与此同时,法院中还有很多其他司法工作人员,如书记员或聘用制法官助理。现在新进入法院的书记员一般为编制外的工作人员[10],须与人民法院签订聘任合同,期限一般为3~5年,期满可以续聘。聘任合同解除或者终止后,双方即解除聘任关系,受聘任人员将不再具有国家工作人员身份,不再履行书记员职责。当然,这类聘任合同制工作人员流动性也往往较大。根据《法官助理、检察官助理和书记员职务序列改革试点方案》的规定,符合条件的编制内书记员将会逐步转任法官助理,书记员原则上将不再占用中央政法专项编制,主要实行聘用制管理。

(二)晋升与考评

法官职业内部也有等级的划分,有着极大的晋升空间。我国实行法官单独职务序列管理制度,共分为四等十二级,见图2。最高为首席大法官,由最高人民法院院长担任;其次是一级大法官和二级大法官;再次为一级高级法官、二级高级法官、三级高级法官、四级高级法官;最后是一级法官、二级法官、三级法官、四级法官和五级法官。

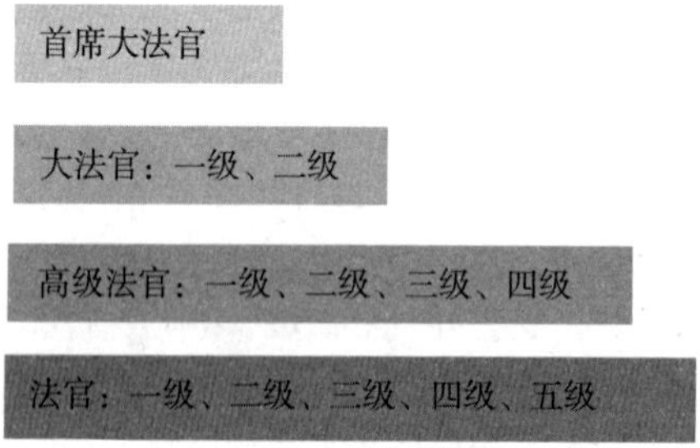

```
首席大法官

大法官:一级、二级

高级法官:一级、二级、三级、四级

法官:一级、二级、三级、四级、五级
```

图2 法官等级序列

晋升的时间根据级别的不同而有所不同。根据《中华人民共和国法官等级暂行规定》的规定,五级法官至三级法官,每晋升一级为三年;三级法官至一级法官,每晋升一级为四年。一级法官以上等级的法官晋级实行选升。具体选升办法可以参考《高级法官等级选升标准(试行)》,例如任二级法官时间满四年

---

[10] 根据《人民法院书记员管理办法(试行)》法发〔2003〕18号,在该办法实施前,存在国家核定编制内正式录用的书记员,而该办法下发后人民法院再新招收的书记员,将实行聘任制和合同管理,也就是人们常说的编制内和编制外的区分。

的,可以选升至一级法官;任一级法官时间满八年的,可以选升至四级高级法官。

法官等级与行政职级脱钩,主要依据法官的德才表现、业务能力、工作实绩和工作年限等确定法官等级。⑪ 法官的晋升根据按期晋升、择优选升和特别选升相结合的方式。这种有别于其他公务员的独特的法官晋升机制,有利于较大幅度提高法官的工资水平。

法院内部设置专门的法官考评委员会负责法官的考核工作,年度考核结果分为四个等次,包括优秀、称职、基本称职和不称职。考核结果是调整法官等级、工资的重要依据。法官工资制度与其职责相适应,并定期增资,经年度考核确定为优秀、称职的,可以晋升工资档次。法官在审判工作中有显著成绩、重要贡献或者有其他突出事迹的,给与奖励。

(三) 薪资待遇

就薪资待遇而言,在实行法官员额制基础上,我国正逐步建立与法官单独职务序列相衔接,且有别于其他公务员的工资制度。⑫ 法官工资制度改革后,员额内法官工资将分为基本工资、津贴补贴和奖金三个部分,审判辅助人员、司法行政人员工资结构不变。未入额的法官会保留原有的职务和待遇,原来享有的津贴补贴保留不变,按照审判辅助人员标准领取津贴补贴和绩效奖金。

据了解,北京法院法官的年收入约 25 万元。法官助理的年收入约 18 万元。书记员也是根据级别对应相应的工资,初入职的书记员的月薪约 5,000 元。北京法院每年会招录聘用制书记员和法官助理,有相应的待遇规定,如在北京法院 2022 年的招聘公告中,转正定级后的审判辅助人员年收入为 84,000—125,040 元(含"五险一金"个人负担部分)。⑬

司法改革后,法官助理入额条件会有所提高。以北京为例,基层人民法院入额一般在六年左右,并且中级人民法院只能去基层人民法院入额。就相应的工资涨幅而言,一般会考虑两个方面:一是级别;二是工作年限。此外每年都有适度涨幅,在一两百元左右。

---

⑪ 《法官、检察官单独职务序列改革试点方案》。
⑫ 《法官、检察官单独职务序列改革试点方案》和《法官、检察官工资制度改革试点方案》。
⑬ 《北京法院 2022 年公开招聘聘用制审判辅助人员公告》,载北京法院网,https://bjgy.bjcourt.gov.cn/article/detail/2022/03/id/6589679.shtml,访问日期:2022 年 5 月 29 日。

(四) 工作与责任

鉴于法官属于体制内的工作,有人可能会认为这份工作应该是舒适安逸的。事实并非如此。法官一年要处理相当多的案件,也会经常加班。2021年,全国法院法官人均办案242件。⑭ 除开庭外,法律文书的撰写也会耗费大量的时间精力,而一天的工作时间有限,因此法官也经常加班。实践中会不断产生新型的或重大疑难的法律问题,这些问题都需要由法官最终想办法解决。

另外,错案责任追究和终身责任制体现了"谁审理,谁裁判,谁负责"的原则,法官在职责范围内对办案质量终身负责。若出现审判质量瑕疵,如文书制作瑕疵、法律引用瑕疵等,也会承担相应责任。

沉甸甸的责任背后体现的是法官这份职业崇尚的理想信念。法官的天职是"挥法律之利剑,持正义之天平",以专业为扎实基础,以法律为坚定信仰。作为正义的捍卫者,在个案中,法官不会以一方当事人的利益为裁判导向。从更宏观的层面来看,在我国民主法治建设进程中,法官的角色也不容忽视。法官作出的每份判决,不仅会对法律职业共同体产生影响,随着媒体的不断发展,也会在社会中产生巨大的普法与价值引领作用。

小 D 的沙漏时刻

在法院民一庭,小 D 开启了崭新的实习生活。第一天来到法院,在法官助理姐姐的带领下,小 D 对法院内部的建设和各庭的分布有了一定的了解,和大家打过招呼后,便在自己的工位上坐了下来,开始了一天的工作。

作为实习生,小 D 不可避免地要从装订卷宗、熟悉打印机的使用等做起。翻阅着手里的卷宗,一个个案件清晰地展现在小 D 的眼前。虽然装订卷宗本身是件十分机械并枯燥的事情,但小 D 抓住一切机会学习法官分析案件的思路。

整理了近 200 份卷宗后,法官助理姐姐也开始将撰写文书的工作分配给小 D。第一次撰写文书并不那么顺利,在案件事实的分析、法律的适用、文字的表达等方面,小 D 深深感觉到自己的不足。在向法官助理姐姐以及法官不断请教后,小 D 对文书的构造、案件材料的分析逐渐上手,也能够写出一份有模有样的裁判文书。

除了在座位上整理案卷、撰写文书外,小 D 也有机会可以旁听案件。亲临庭审现场让小 D 深刻感觉到了法官、原告与被告三方对抗的精彩场面。一场庭审下来,

---

⑭ 《最高人民法院工作报告》,载最高人民法院网:https://www.court.gov.cn/xinshidai-xiangqing-391381.html,访问日期:2023 年 8 月 16 日。

小 D 对诉讼的程序和实体部分有了更深刻的理解。

实习将近一个月,小 D 非常珍惜在法院实习的这段时间,体会到从事法律职业,需要终身学习。作为法律人,小 D 的学习成长之路还有很长……

小 D 速记

法院依照层级可划分为四级,包括基层人民法院、中级人民法院、高级人民法院和最高人民法院。

除了地方人民法院,我国也设置专门人民法院,这类法院管辖的案件具有专门性,体现了审理案件的专业化和管辖的集中化。

我国实行法官员额制度。法院工作人员被系统地分为法官、审判辅助人员和司法行政人员三类。

法官是依法行使国家审判权的审判人员。法官的首要职责在于审理案件,包括刑事、民事、行政诉讼以及国家赔偿等,在职权范围内对其所办理的案件负责。

法官助理负责审查案件材料、草拟法律文书等审判辅助事务,会介入对案件实质性内容的处理,更侧重"业务性"。

书记员负责法庭审理记录等审判辅助事务,主要在程序性事务中承担记录、整理、归档、校对等职能,更侧重"事务性"。

司法行政人员并不从事审判工作,而是负责处理法院的行政事务,维持法院组织与管理的正常运作,包括政务、财务、人事以及技术等人员。

人民法院内设机构包括审判业务部门和非审判业务部门。非审判业务部门包括审判辅助部门、综合行政部门以及其他部门。

成为法官助理需要通过法律职业资格考试和国家公务员考试。

法官职业内部分为四等十二级,包括首席大法官;一级大法官、二级大法官;一级高级法官、二级高级法官、三级高级法官、四级高级法官;一级法官、二级法官、三级法官、四级法官和五级法官。

我国已经建立了错案责任追究和终身责任制。"谁审理,谁裁判,谁负责",法官在职责范围内对办案质量终身负责。

检察院：立检为公的正义使者*

近半个学期倏忽而过。小 D 走入阶梯教室时，发现前排坐着一位师姐，便往后一排入座。

熟悉的铃声响起，魔法师开门见山道："今天，我们邀请到了 L 检察官，带领大家走进检察院。她在检察系统内设机构改革前，曾先后在政工部门、公诉部门、民行部门、办公室等部门工作，还曾经借调到最高人民检察院新闻办、浙江省人民检察院宣传处。希望大家认真聆听、踊跃发言！"

小 D 没想到，坐在自己前方的这位"师姐"竟是今天的实务嘉宾。这时 L 检察官走上讲台说："同学们好！大家看过电影《寒战》吗？里边那个检察官英俊帅气、逻辑清晰。说起检察院，会不会一下子想到国家公诉人身着制服、佩戴检徽，在法庭上与辩护律师唇枪舌剑的样子？"

"如果想通过影视剧的艺术表现形式了解检察院的部分工作，给大家推荐 2020 年初的热播剧《决胜法庭》。这部剧更贴近当下真实的检察院工作。实际上，无论是激烈控辩还是探索真相，都仅仅是检察日常工作的冰山一角。希望今天通过我的分享，能帮助同学们进一步了解检察院。"

一、检察院种类及其业务类型

人民检察院是我国的法律监督机关，包括最高人民检察院、地方各级人民检察院和军事检察院等专门人民检察院。不过，军事检察院由于其特点，在日常生活中出现的频次较低。军事检察院设立在中国人民解放军军中，受中央军委、军委政法委和最高人民检察院领导，管辖部队营区内发生的刑事案件、军内人员犯罪的案件和退役军人涉嫌军人违反职责罪的案件等。

---

* 本部分公益导师：胡雨晴，中国政法大学博士后研究人员，曾从事检察工作多年，并被抽调至最高人民检察院、浙江省人民检察院协助工作，历经公诉部门、民行检察部门和办公室等多岗位锻炼，有着丰富的检察业务和综合工作经历，荣立个人三等功二次，其个人自媒体"进击的小丸子"全网关注者八十余万。

志愿者：刘章雨，中国政法大学刑法学专业硕士研究生，研究生支教团成员，曾于致诚公益律师事务所、益桥中国、国际免费午餐实习，曾担任哈佛大学中美联合峰会助教。

各级检察院之间是领导关系。最高人民检察院作为最高检察机关,领导地方各级人民检察院和专门人民检察院的工作,上级人民检察院领导下级人民检察院的工作。与人民法院上下级之间监督与被监督的关系不同,检察机关上下级之间的领导和被领导关系呈现出一体化的特点,详见图1。

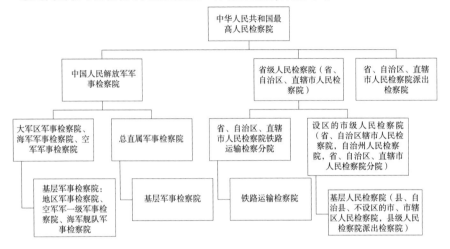

图1 我国检察机关级别分列图

检察院到底承担着什么职能?八个字概括就是"三大监督,一捕三诉"。"三大监督"即侦查监督、审判监督、行政执法监督;"一捕三诉"即批捕、公诉、抗诉、公益诉讼。① 同时各级检察院行使的职权多样化,使每位检察人对应承担的角色更加多元。

目前检察机关的工作可以总结为"四大检察,十大业务"。四大检察即刑事检察工作、民事检察工作、行政检察工作和公益诉讼检察。十大检察业务包括轻刑事犯罪、重刑事犯罪②、经济犯罪、职务犯罪、监所执行检察、民事检察、行政检察、公益诉讼、未成年人案件、控告和申诉业务。

---

① 刘华:《聚焦"三大公诉三大监督"推进新时代检察工作专业化发展》,载江苏检察网,http://www.jsjc.gov.cn/jcyj/jcll/201811/t20181114_679945.shtml,访问日期:2022年5月29日。

② 重刑事犯罪包括危害国家安全罪、危害公共安全罪、故意杀人罪、抢劫罪、毒品犯罪等。

二、如何入职检察院？

想成为一名检察官并非易事，首先要经过检察官助理这一检察官的过渡性阶段。在这一阶段内，没有独立的办案资格，主要协助检察官办案。

应届毕业生可以参加公务员招考进入检察机关。其中市级及以上检察院主要招收硕士研究生及以上学历的学生，基层人民检察院和中西部地区的市级及以上检察院也会有本科生可以报考的岗位。招考名额主要根据院内编制的空缺情况来分配。一般空缺较多，招录名额相应也较多，相反，就可能少招甚至不招。总体而言，检察机关的招录名额是一个动态调整的过程，综合考虑各种因素来确定。③

应届生报考检察院的检察官助理职位需要经过一系列的选拔。首先，需要满足初审条件。表1以《北京市检察机关2022年度考试录用公务员招考简章（普通职位）》中的检察业务职位要求为例，除表中列出的内容以外，还可能有户籍和生源地等要求。我们要仔细查看职位表的具体要求。很多同学可能会误以为只有学习刑法学专业才可以报考检察院，其实并非如此，简章中的对应职位中有时也会明示民法、行政法、经济法、诉讼法、知识产权法等专业，因此要及时关注。

表1 2022年度北京市检察院第一分院和北京市朝阳区检察院检察业务职位招考条件④

	北京市检察院第一分院	北京市朝阳区检察院
学历要求	仅限硕士研究生	本科或硕士研究生
学位要求	硕士	与最高学历相应的学位
专业要求	研究生：法学（0301），且本科阶段专业要求为法学类（0301）	本科：法学类（0301）；公安学类（0306）研究生：法学（0301）；公安学（0306）；法律（0351）

---

③ 宋文国：《职场人物深度访谈：检察官的真实世界》，载微信公众号"CUPL法学院实验班研究生会"，https://mp.weixin.99.com/sliwZmXOgneFr8E-VFJL9ELg，访问日期：2023年8月31日。

④ 《北京市各级机关2022年度考试录用公务员公告》，载北京市人民政府网，https://www.beijing.cov.cn/gongkai/rsxx/gwyzk/202111/t20211112_2535949.html? eqid=94d0f37d0000f5f4000000026467898a，访问日期：2023年8月31日。

(续表)

	北京市检察院第一分院	北京市朝阳区检察院
英语成绩	大学英语六级成绩425分以上	本科生大学英语四级成绩425分以上;研究生大学英语六级成绩425分以上或通过英语专业八级水平考试
法律职业资格	通过国家司法考试或国家统一法律职业资格考试(A类)	通过国家司法考试或国家统一法律职业资格考试(A类)
政治面貌	中共党员或共青团员	中共党员或共青团员
招考人数	9人	2人
面试与计划录用比例	5∶1	5∶1

其次,经由笔试、面试等多重考核。应届考生先在网上报名提交相应检察机关的报考申请,经过资格审查、网上缴费后参加公务员统一招录笔试,包括行政职业能力测验和申论两科。笔试通过后进行资格复审,由招考单位进行结构化面试,还可能有专业科目考试,部分单位还需要进行心理测试,之后通过政审、体检等程序才得以录用。

如果毕业后进入法院、司法行政部门等单位,可以通过公开选调进入检察院。如果进入级别较低的检察院,可以通过公开遴选、选调进入级别更高的检察院。公开遴选、选调一般按照报名与资格审查、考试(笔试和面试)、体检与组织考察、决定任职的顺序进行。表2为江西省人民检察院的报考条件。

表2　2021年江西省人民检察院公开遴选的职位资格条件⑤

岗位	专业、学历要求、职业资格	工作经验
检察官助理岗一	法律类,全日制硕士研究生取得法律职业资格A证	1.任检察官、法官职务2年以上(含员额制改革前任命的检察官、法官); 2.具有3年以上检察院或法院业务部门办案(辅助办案)工作经历; 3.在省级以上检察院、法院组织的业务竞赛中个人获得表彰奖励的,可放宽至全日制大学本科学历和法学学士学位。

---

⑤ 《招252人!2021年江西省省直单位公开遴选公务员公告来啦!》,载微信公众号"江西组工微讯",https://mp.weixin.99.com/sHQ97wdGpaBqhCtWZZdkIA,访问日期:2023年8月31日。

(续表)

岗位	专业、学历要求、职业资格	工作经验
南昌铁路运输分院检察官助理岗	刑法学、诉讼法学,全日制硕士研究生,取得法律职业资格证书A证	1. 任检察官、法官职务2年以上(含员额制改革前任命的检察官、法官); 2. 具有2年以上检察院或法院(辅助办案)工作经历。

除了以上路径,如果同学们毕业后先从事了律师行业或投身法学教学科研工作,仍可以通过公开选拔转行为检察官,但需满足下表中的基本条件。

表3 从律师和法学专家中公开选拔检察官的基本条件⑥

律师	法学专家
拥护党的领导,忠于宪法法律	拥护党的领导,忠于宪法法律
具有坚定的社会主义法治信仰、良好的职业操守	具有坚定的社会主义法治信仰、优良的师德和学术品行,公道正派
具有独立办案能力,执业经验丰富,或者通晓境外法律制度并具有成功处理国际法律事务的经验,或者精通某些特殊专业领域的法律实务	自觉贯彻中国特色社会主义法治理论,善于理论联系实际
实际执业不少于5年,从业声誉良好	具有讲师及以上职称,从事教学或者科研5年以上,有突出研究能力和优秀研究成果,具有法律实务工作经验的优先

各检察机关根据工作需求以及检察官的级别,设置不同的资格条件。⑦ 因犯罪受过刑事处罚、被开除公职的或被吊销律师、公证员执业证书或者被仲裁委员会除名的人将无法担任检察官。

---

⑥ 《从律师和法学专家中公开选拔立法工作者、法官、检察官办法》厅字〔2016〕20号。
⑦ 比如根据浙江检察网2019年1月3日发布的《2019年从律师和法学专家中公开选拔法官、检察官公告》,显示浙江省检察院对报名选任四级高级检察官的律师的要求为硕士研究生毕业实际执业8年以上,博士研究生毕业实际执业6年以上;对报名选任四级高级检察官的法学专家的要求为具有讲师(或相当于讲师)以上职称;硕士研究生毕业从事法学教学或者科研7年以上,博士研究生毕业从事法学教学或者科研5年以上。结合第四部分中检察官级别的阐述,我们也可以发现,从检察官助理做起按部就班晋升的工作年限或许多于律师、法学专家通过社会招聘成为检察官的工作年限。

三、检察院内部组织体系

在重新调整了检察职权后,最高人民检察院在 2018 年 12 月 27 日发布了《2018-2022 年检察改革工作规划》,推动检察机关内设机构改革,健全和规范检察机关组织机构,构建科学高效的检察组织体系。据此,各级检察院都进行了内设机构改革。这是检察机关恢复重建以来规模最大、调整最多、影响最深的一次重塑性变革。

过去在名称上,最高检内设机构以"厅"命名,地方机构则称部、局、处、科等不一。现在要求地方主要业务机构统一称"部"。业务机构按数序统一命名排列,统称为"某某检察部",见表 4。

表 4 河北省人民检察院机关内设机构设置和职能配置情况[8]

机构名称	职能配置
第一检察部	对内称普通刑事犯罪检察部。负责对除第二、三、四检察部承办案件以外的刑事案件的逮捕、起诉,开展相关立案监督、侦查监督、审判监督及相关案件的补充侦查,办理相关刑事申诉案件;负责指导开展检察机关社会治安综合治理工作
第二检察部	对内称重大刑事犯罪检察部。负责对危害国家安全、公共安全犯罪,故意杀人、抢劫、毒品等犯罪案件逮捕、起诉,开展相关立案监督、侦查监督、审判监督及相关案件的补充侦查,办理相关刑事申诉案件
第三检察部	对内称职务犯罪检察部。负责对省监察委员会移送职务犯罪案件的审查逮捕、起诉,开展相关审判监督及相关案件的补充侦查,办理相关刑事申诉案件
第四检察部	对内称经济犯罪检察部。负责办理破坏社会主义市场经济秩序犯罪案件审查逮捕、起诉,开展立案监督、侦查监督、审判监督及相关案件的补充侦查,办理相关刑事申诉案件
第五检察部	对内称刑事执行检察部。负责对监狱、看守所和社区矫正机构等执法活动监督,负责检察机关直接受理的刑事案件的侦查工作
第六检察部	对内称民事检察部。负责民事案件审查、抗诉,对民事诉讼活动进行监督,办理民事申诉案件
第七检察部	对内称行政检察部。负责行政案件审查、抗诉,对行政诉讼活动进行监督,办理行政申诉案件

---

[8] 《河北省人民检察院机关内设机构设置和职能配置情况介绍》,载河北省人民检察院官网,https://www.he.jcy.gov.cn/jwgk/jczn/201903/t20190301_2501954.shtml,访问日期:2022 年 5 月 29 日。

(续表)

机构名称	职能配置
第八检察部	对内称公益诉讼检察部。负责办理破坏生态环境和资源保护、食品药品安全、损害英烈名誉领域损害社会公共利益的民事公益诉讼案件,办理生态环境和资源保护、国有财产保护、国有土地使用权出让等领域的行政公益诉讼案件,办理公益诉讼申诉案件
第九检察部	对内称未成年人检察部。负责办理涉及未成年人犯罪和侵害未成年人犯罪案件的审查逮捕、起诉,开展立案监督、侦查监督、审判监督及相关案件补充侦查,办理相关刑事申诉案件;开展未成年人司法保护和预防未成年人犯罪工作
第十检察部	对内称控告申诉检察部。受理控告、申诉、信访;承办国家赔偿案件和国家司法救助案件;加挂"信访工作办公室"牌子,负责接待群众来访、处理群众来信事项,指导全省检察机关信访工作
法律政策研究室	负责全省检察调研及理论研究,相关法律法规修改研究论证,司法体制改革综合协调工作;承办省人民检察院检察委员会日常工作及对台事务
案件管理部	负责案件受理流转、办案流程监控、涉案财物监管、法律文书监管、案件信息公开、办案质量评查、业务考评和业务统计分析研判,指导人民监督员工作及业务应用系统应用
检务督察部	负责对全省检察机关执行法律、法规和上级规定、决定情况进行督察;检察官惩戒委员会具体工作,开展内部审计;省检察院党组巡视领导工作小组日常工作。与"巡视工作领导小组办公室"实行"一个机构,两块牌子"
检察信息技术部	负责管理、指导和协调全省检察技术工作和技术性证据检验、鉴定、审查等工作;加挂"网络信息工作办公室"牌子,负责省检察院网络安全和信息化领导小组办公室日常工作,指导全省检察信息化建设工作
司法警察总队	领导司法警察训练、管理、值勤工作,管理警用装备,组织实施重大警务活动
检务保障部	制定实施全省检察机关财务和装备等规划。协助省有关部门管理经费、资产等;负责省院机关财务管理、资产管理、公务接待、后勤服务等工作
政治部	内设干部处、宣传处、干部教育培训处、基层建设指导处,分别负责全省检察机关干部人事、机构编制、表彰奖励、宣传教育、党的建设等思想政治工作;在干部处加挂"检察官遴选委员会办公室"牌子,承担检察官遴选的日常工作及检察官遴选委员会交办的各项任务
机关党委	机关党建
离退休干部处	离退休工作

通过观察河北省人民检察院的内设机构情况可以很清楚地看到在检察机关捕诉一体改革后,不再区分公诉部门和侦监部门,此前的审查逮捕、出庭公诉等职能现在由各部门承担。原来的民事行政检察部门也分列为民事检察部和行政检察部,并增设了专门的公益诉讼检察部。根据最高人民检察院2012年10月发布的《关于进一步加强未成年人刑事检察工作的决定》,省级、地市级检察院和未成年人刑事案件较多的基层检察院,原则上都应争取设立独立的未成年人刑事检察机构。基层情况不同,是否设立未成年人刑事检察部也存在差异。

除了诸多内设机构,检察院里的工作人员也实行分类管理,一般包括检察官、检察辅助人员(检察官助理、书记员)以及检察行政人员(包括办公室、政治部、行政后勤人员等)。书记员负责案件记录等检察辅助事务。检察技术人员负责与信息化工作有关的事项。

四、从检察官助理到检察官——常规检察生涯的模式

(一)检察官助理的工作内容

考入检察院后,通常不会立即安排到具体某个业务部门。一般会被安排在政治部协助工作,等待定岗。当然不同机关的惯例不同,也可能会被暂时安排在其他部门。一段时间后,组织会通过谈话了解部门意向,同时结合总体需求安排定岗。

小 D 的沙漏时刻

在政治部,小 D 参与了收发通知、撰写稿件、录入信息、统计数据和筹办活动等各项任务,还协助了宣传和组织人事的工作。通过行政部门的多重工作任务,小 D 得以观察检察院内部的运作机制和各部门分工情况。

"捕诉一体"办案机制改革后,现在通常由一名检察官或一个办案组承办、整合一个刑事案件的侦查监督、审查批捕、审查起诉、刑事申诉等刑事检察全流程各项工作。以第一检察部的检察官助理为例,平时的主要工作可能包括参与调取审查证据、提审犯罪嫌疑人、撰写法律文书(包括审查报告、审查逮捕意见书、讯问笔录、询问笔录、批准逮捕决定书、起诉书、检察建议书等)和协助开庭等。有时还会参与行政事务通知的上传下达,统计定期、临时的大型或小型数据。

> **小 D 的沙漏时刻**
>
> 小 D 在 X 区检察院第一检察部（内部所称的普通刑事犯罪检察部）实习期间，切实参与了盗窃、诈骗、故意伤害等昔日刑法课堂上的现实案例。每一次接触新类型的案件都是一个学习的过程，包括法律和司法解释的规定、证据审查、疑难问题的理论综述和类案检索等。
>
> 来第一检察部实习的第二天上午，小 D 就有机会和带教检察官一起去看守所提审盗窃案犯罪嫌疑人王某。王某系初犯，在朋友家借住时偷走了朋友的苹果电脑。王某对自己的行为懊悔不已，所以讯问时，他供认不讳。当检察官按照惯例问王某有无立功情形时，他突然举手大声道："有！我要检举和我同监室的刘某。"带教检察官露出一副愿闻其详的表情，说道："你要检举他什么？"王某愤慨地说："刘某整天在监室里骂公安局和检察院，太过分了！"带教检察官和小 D 大跌眼镜，本来还以为能有什么犯罪相关的线索。检察官无奈地表示："这不算立功，要检举揭发他人犯罪才可以。"后来提审过程中，小 D 还见识到了各种风格迥异的犯罪嫌疑人，有的积极认罪，有的沉默不语，有的痛哭流涕、后悔不已。
>
> 小 D 回忆起实习期间最充实的一天是这样度过的：8:00 打开办公电脑，对即将开庭的案件进行最后一次梳理，协助检察官对开庭材料进行校对。9:30 协助检察官出庭公诉，记录庭审笔录。11:00 庭审结束后回到办公室，继续协助审查其他案件，草拟案件审查报告。14:30 接待律师，收集律师意见，将意见进行汇总后交给检察官。15:00 出发去看守所提审犯罪嫌疑人。16:00 对犯罪嫌疑人依法进行讯问，对其供述进行记录，并进一步审查案件事实、审核犯罪嫌疑人前后供述是否一致、是否存在非法证据。17:30 将草拟好的审查报告及案卷呈交检察官，以便检察官做出最后决定。日常还会穿插着对案卷进行扫描、装订和归档。
>
> 小 D 印象最深刻的经历是在第一次参与办理网络赌博类案件时，面对一叠堆积如山的案卷，着实让一直遵纪守法、从未接触过赌博的自己一时不知所措。在检察院经常会接触到社会黑暗面的案件，这些曾经觉得匪夷所思且离自己很遥远的案子，真真切切地到了眼前。小 D 决定从网络赌博与一般网络游戏的区别入手，考察实践中开设网络赌场的构罪标准，确定案件性质和主从犯，并结合量刑标准给出量刑建议。

由于业务不同，负责民事、行政、公益诉讼检察的部门工作与刑事检察部门相比也存在差异。这些部门的工作可能涉及具体民事案件的支持起诉、督促履行职责、监督执行等相关工作。比如在参与虚假诉讼案件查处时，去法院调卷，获取第一手资料；到银行调取流水记录，在几百页的账单中挖掘蛛丝马迹；

跟当事人斗智斗勇,对言词证据去伪存真;还可能跟公安协调对接,请求公安协助查询信息,向公安移送犯罪线索;开展对公益诉讼的宣传,随同检察官赴各机关单位进行工作上的接洽等。

(二)检察官助理的发展方向

检察官助理主要的两个培养方向是办案和行政。组织会结合单位工作需要和个人职业规划综合考虑进行培养。检察官助理的一般培养流程,见图2。

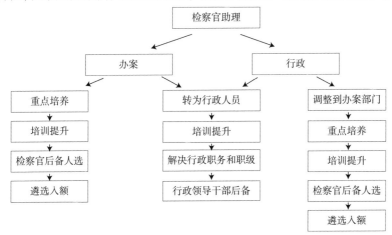

图2 检察官助理的一般培养流程图

(三)检察官及晋升之路

我国实行检察官员额制⑨,以省为单位,员额比例不超过编制总数的39%。⑩ 不同地区具体情况不同,故员额数量亦不同。想要申请入额需要满足5年(硕士、博士学位放宽)法律工作经验的条件,市级以上检察院还可能对年限要求更长。实践中,工作5年、10年多才入额的情况都存在。通过申请、笔

---

⑨ 2013年3月1日,中共中央组织部、最高人民检察院联合下发了《关于印发〈人民检察院工作人员分类管理制度改革意见〉的通知》中组发〔2013〕11号,明确在中央政法专项编制限额内,综合考虑检察官、检察辅助人员、司法行政人员的岗位职责、工作任务量等因素,确定各类人员员额比例。

⑩ 《最高人民检察院关于人民检察院全面深化司法改革情况的报告》,载最高人民检察院官网,https://www.spp.gov.cn/zdgz/201711/t20171102-204013.shtml,访问日期:2023年8月19日。笔

试、面试、业绩展示、考察、专业评审等综合考核,经过讨论决定、公告任命等程序后才能成为一名员额检察官。在初任检察官人员上任前,有的单位还会组织统一的培训,内容包括法律知识、办案技能、职业道德等。

检察官根据其业务部门,可能负责的工作包括对法律规定由人民检察院直接受理的刑事案件进行侦查;对刑事案件进行审查逮捕、审查起诉,代表国家提起公诉;开展公益诉讼工作;开展对刑事、民事、行政诉讼活动的监督等。在实际工作过程中,更要求检察官能够准确地把握与警察、法官配合与制约的尺度,处理各类案件中律师的介入,学会应对形形色色的当事人。

如果是省级、市级检察院检察官助理初任检察官,一般会安排到基层人民检察院任职。作为一名基层人民检察院的检察官可以通过检察官遴选(不同于上文所述的上级检察院检察官助理和司法行政人员的遴选)进入上级检察院。除了遴选,还可以通过借调去上级检察院暂时工作,借此机会了解上级检察院的工作情况,进而开拓视野。借调通常是上级检察院向下级检察院借调人员帮助工作,被借调者的编制仍属于被借调单位。借调期满,被借调者回原单位工作。

随着能力提升、经验丰富,也会实现职级的晋升。我国对检察官实行单独职务序列管理,根据德才表现、业务水平、检察工作实绩和工作年限等确定了四等十二级,见表5。采取按期晋升和择优选升相结合的方式,其中特别优秀或者工作特殊需要的一线办案岗位检察官按照规定程序也可以进行特别选升。⑪

表5 检察官等级

首席大检察官	
大检察官	一级大检察官
	二级大检察官
高级检察官	一级高级检察官
	二级高级检察官
	三级高级检察官
	四级高级检察官

---

⑪ 《2018-2022年检察改革工作规划》。

(续表)

首席大检察官	
检察官	一级检察官
	二级检察官
	三级检察官
	四级检察官
	五级检察官

五、检察官的职业保障、纪律要求与责任风险

薪资待遇也可能是一部分同学较为关注的问题。《法官、检察官工资制度改革试点方案》明确了检察官、检察辅助人员工资水平分别高于当地其他公务员一定比例的政策,并保留检察津贴、办案岗位津贴、法定工作日之外加班补贴额度。试用期正式转正以后,工资由职务工资、级别工资、地方性补贴、特殊津补贴、其他和年终奖金六部分组成。第一部分,职务工资,全国都是统一标准;第二部分,级别工资,一般5年一晋级,2年一晋档;第三部分,地方性补贴,与地方经济水平挂钩;第四部分,特殊津贴,比如检察系统的检察津贴、办案岗位津贴;第五部分,其他,比如交通补贴、住房补贴、话费补贴等,各地的具体执行标准也不一样;第六部分,年终奖金,主要是由个人年度考核等次决定的绩效考核奖,以及应休未休的工休假补贴等构成。

检察官助理一般比员额检察官的工资略低。从事行政后勤服务的工作人员一般薪资待遇比检察官助理低。总体而言,检察官实行和职责相适应的工资制度,按照等级确定工资待遇,年度考核确定为优秀、称职可以按规定晋升工资档次,与公务员工资同步调整。福利则取决于各检察院及其所在地区的经济状况。部分检察院每天供应早餐、午餐。落户政策各地不同,比如北京市的检察院一般会解决检察人员(不包括聘任制工作人员)户口问题。

面对可能存在的职业风险,同学们在决定是否选择检察院时可能会犹豫。不过也不用太担心。2016年的《保护司法人员依法履行法定职责规定》规定了严惩对检察官及其近亲属实施报复陷害、侮辱诽谤、暴力侵害、威胁恐吓、滋事骚扰等违法犯罪行为。如果检察官因为依法履行职责却遭受不实举报、诬告陷害、侮辱诽谤,致使名誉受到损害,检察院会和有关部门及时澄清事实、消除不良影响,并依法追究相关单位或者个人的责任。在办理恐怖活动犯罪、黑社会性质组织犯罪、重大毒品犯罪、邪教组织犯罪等危险性高的案件时,经申请可以对检察官及其近亲属采取出庭保护、禁止特定人员接触、隐匿检察官近亲属身份等措施。若检察官因公致残、因公牺牲、因公死亡或者病故,国家也提供相应的保障待遇。

如果选择成为一名检察官,在人际交往方面要更加审慎。《检察人员纪律处分条例》规定了各种类型的违纪行为和相应处分办法,比如禁止泄露案件秘密、接受吃请、私下会见、谋求特殊待遇等。轻则记过,情节严重的还可能被开除。生活中,朋友邀请聚餐、聚会,检察官都需要审慎地选择是否应约前行,并且和朋友明确原则。很多腐败都是始于平时社交中埋下的隐患,因此作为检察人员要牢记"人情里面有原则,交往之中有纪律"。

2015年《关于完善人民检察院司法责任制的若干意见》明确规定了检察人员对履行检察职责的行为承担司法责任,在职责范围内对办案质量终身负责。其中司法责任包括故意违反法律法规责任、重大过失责任和监督管理责任。以违法办案行为为中心的问责机制,是每一位检察官心中的红线。这也要求同学们在求学阶段夯实法律基本功、提升实务技能,在步入工作岗位后,用专业为职业护航。

习近平总书记在二十二届国际检察官联合会贺信中提出了"检察官作为公共利益的代表"明确了检察机关指控犯罪的国家公诉和关系民生民利的公益诉讼双轮驱动的模式。法律守护者、公益代表人的双重身份,将成为新时代检察机关的新站位。

临近本节课尾声,L检察官鼓励大家:"要成为一名合格的检察人员,不仅要有主观上的热情与干劲,还要有扎实的理论功底、必备的业务能力以及合格的政治素养。漫漫从检之路,每一个案例都是一场开卷考试。我们可以自行查阅一切法律依据,但答案必须无限接近正解。用责任提醒初心,用汗水浇灌成长。"

小 D 速记

"捕诉一体"办案机制改革后,现在由一名检察官或一个办案组承办、整合一个刑事案件的侦查监督、审查批捕、审查起诉、刑事申诉等刑事检察全流程各项工作。

应届生报考检察院需要满足初审条件,通过公务员考试笔试关、面试关,可能还有专业科目笔试等多重选拔。

并非只有硕士研究生学历才可以报考检察院,基层检察院和中西部地区的市级及以上检察院也可能有本科生可以参与报考的岗位。

并非只有学习刑法学专业的硕士研究生才可以报考检察院,具体参考各检察院的招录简章。民法、行政法、经济法、诉讼法、知识产权法等专业的要求都可能会在简章中的对应职位中明示。

检察院招录简章中会明确招录岗位、职位对应的政治面貌要求。

检察官助理没有独立的办案资格,主要协助检察官办案。

要经过检察官助理这一过渡性阶段,符合条件、经过多重选拔才能成为员额检察官。各地区的员额数量根据地区情况而不同。

如果是律师、法学科研工作者,则在满足条件的情况下可以通过公开选拔的程序成为检察官。

检察官助理可以通过公开遴选去上级检察院工作,也可以通过借调去其他单位暂时工作。

检察官实行单独职务序列管理,根据德才表现、业务水平、检察工作实绩和工作年限等确定了四等十二级。

检察官实行和职责相适应的工资制度,按照等级确定工资待遇。

检察官对履行检察职责的行为承担司法责任,在职责范围内对办案质量终身负责。

公安：替你负重前行的人[*]

预备铃响起，小 D 匆匆忙忙赶向阶梯教室。经过教师休息室时，小 D 瞥见一个青年男子用肩膀夹着电话，右手在纸上记录着什么，左手则从桌上拿起一顶藏蓝色的警帽戴到头上。小 D 心想，这大概便是今天的嘉宾了。

一阵清脆有力的脚步传来。小 D 刚坐定，便听见洪亮爽朗的开场白："同学们下午好，我是经济犯罪侦查的 M 警官，今天很荣幸受邀来给大家介绍咱这行儿的情况。"

借着窗角斜射进来的阳光，小 D 看清了 M 警官的形象：警帽下的消瘦面容不失清癯，厚实的警衔也挡不住肩部鼓起的三角肌，微微隆起却不影响他挺拔站姿的小腹，就是这么几对矛盾的概念组成了他和蔼但威严的形象。"咱们先从警察是啥以及有哪些类型说起。"M 警官的两根手指熟稔地夹起一根粉笔，略微思索了下便在黑板上板书了起来。

一、一个大多数人不假思索的概念——何谓警察？

"大家平时大多见过警察，可有人仔细想过警察到底是干什么的吗？抓坏人的？关坏人的？帮忙困难群众的？正是因缺乏对这个熟悉概念的仔细思考，加上一些错误的宣传，大多数人对于警察这一概念有不少误解。"M 警官的神情掠过一丝无奈。

"警官，我家里进了蝙蝠，快来帮我赶走！""喂，警察吗？我老伴下不了床，你们赶快派人来帮忙扶一下。""110 吗？麻烦帮我扛一下煤气罐，我一个人扛不动……""何谓警察？"M 警官在黑板上写下四个大字。"大家认为这些事情是警察需要做的吗？如果不是，那警察又是干什么的呢？又是什么导致了民众对警察的误解呢？"

---

[*] 本部分公益导师：匿名，某区级公安局资深民警。
志愿者：陈礼伟，中南财经政法大学侦查学本科、南京大学法律硕士，现任浙江天册（深圳）律师事务所律师助理。曾于某县公安局刑侦大队、中信证券股份有限公司、北京金杜（深圳）律师事务所实习。

教室里鸦雀无声。

M 警官接着说道:"我告诉大家,上述听起来很荒谬的事情都真实发生过。举例而言,以前南京报警服务台每天平均接警 3000 次,其中一半是包含骚扰电话的'废警',另外一半大约 70% 是非警务的求助报警。这些求助报警里,就有很多前面说的情况。警察真正需要干的事,是由我国《人民警察法》规定的,其中第 2 条明确规定了警察的五大任务①,这五大任务又可归类为三大职能,分别是执行法律、维持秩序和公共管理②。"

"帮百姓驱赶蝙蝠、扛煤气罐不就是警察在维持社会秩序、履行公共管理职能吗?"听到这里,小 D 不假思索地反问道。

"哈哈,好问题。但此处的公共管理是指以国家和政府为中心的治安行政管理,不是对民众的呼声有求必应。在以往,很多人对警察的职能范围有太宽泛的想象,这主要是由于以前的'四有四必'③宣传口号造成的。这一口号导致了当时警力的大范围滥用以至于许多真正需要出警的事项因此被耽搁,警察的任务往往超出他们的法定义务,过度劳累。所幸,后来公安部专门出台了《110 接处警工作规则》规范性文件,不再把'四有四必'作为警察职责。"M 警官回答道。

二、同一名字下的多样面孔——警察的分类

解决了警察是干什么的问题,我们接下来再探讨下哪些人是警察。在马路上管理交通岗的、在监狱和看守所门口站着的、在办公室接电话的、专门在警察局修电脑的,这些好像都和警察有点关系,但是他们职责好像又截然不同,那他们是警察吗? 这个问题其实涉及警察分类。因课堂时间有限,我们这里介绍的警察仅局限为我国的人民警察,不包括境外警察或我国人民武装警察。因为境外警察的入职需要相应地区或国家的公民身份或永久居留权,而根据我国《国防法》第 22 条④,人民武装警察属于军人而非国家公务员,且在法律规范依据

---

① 《人民警察法》第 2 条规定:人民警察的任务是维护国家安全,维护社会治安秩序,保护公民的人身安全、人身自由和合法财产,保护公共财产,预防、制止和惩治违法犯罪活动。

② 张兆端:《警察哲学:哲学视阈中的警察学原理》,中国人民公安大学出版社 2007 年版,第 49—50 页。

③ 所谓"四有四必",是指"有警必接、有难必帮、有险必救、有求必应"。这本是福建公安机关于 1996 年率先作出的承诺,此后不久,公安部要求全国各级公安机关认真践行此承诺。

④ 《国防法》第 22 条规定:中华人民共和国的武装力量,由中国人民解放军、中国人民武装警察部队、民兵组成。

上,人民武装警察也不由《人民警察法》规范,而由《人民武装警察法》规范。

警察的分类标准有很多,通常有三种:一是根据隶属部门,二是根据职责类型,三是根据工作特点。

从隶属部门的区分来看,根据2012年修订的《人民警察法》第2条规定,人民警察包括公安机关、国家安全机关、监狱、劳动教养管理机关的人民警察和人民法院、人民检察院的司法警察。在2013年11月15日中共十八届三中全会发布《中共中央关于全面深化改革若干重大问题的决定》后,依据其中第9节第34条规定,废止劳动教养制度,因此劳动教养机关的人民警察业已取消,大多分流去其他单位或转为戒毒警察和社区矫正警察。

在行政管理上,公安机关的人民警察还需分为公安行政系统单独管理的警察和公安部、国务院其他部门共同管理的警察,如森林警察、铁路警察、海关缉私警察、航运警察、民航警察。而国家安全机关(国安部及其下属机构管理)、监狱(司法部及其下属机构管理)、人民法院和人民检察院(最高法、最高检及其下属机构管理)的警察则完全不隶属公安部门管理。

近年来我们国家公安隶属关系变动频繁。2019年2月27日,国务院印发了《公安部职能配置、内设机构和人员编制规定》,撤了一批警种的直属关系,又新加了一批警种。具体如图1所示。

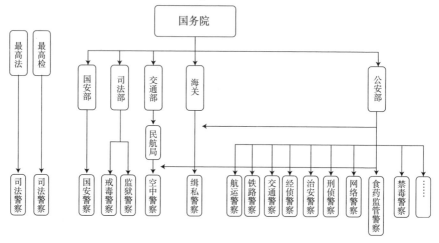

图1 我国警察归口示意图

如果按职责来划分,警种类型繁多。参照《人民警察法》第6条规定的公安职责,人民警察一般可分为刑事侦查警察、治安警察、交通管理警察、户籍管理警察、警务督察、经济犯罪侦查警察、禁毒警察、网络警察、监所警察、特勤警察、国内安全保卫警察、技术侦查警察,以及新增设的食品药品监督警察、社区矫正警察。在行政管理上,县级以上公安机关的行政划分一般也支持了这种划分,如公安部在下属局级划分中,就划分出办公厅、情报指挥、研究室、督察审计、人事训练、新闻宣传、经济犯罪侦查、治安管理、刑事侦查、反恐怖、食品药品犯罪侦查、特勤、铁路公安、网络安全保卫、监所管理、警务保障、交通管理、法制、国际合作、装备财务、禁毒、科技信息化等机构。⑤

根据公安机关人民警察职位类别和工作特点,公安机关招警职位分为综合管理职位、执法勤务职位和警务技术职位这三类。(1)综合管理类:指履行行政工、文秘、审计、财务装备、科技管理、信访、后勤保障等职能的岗位;纪检监察、党务、离退休干部管理、群团等机构参照综合管理岗位进行管理。(2)执法勤务类:指履行指挥处警、国内安全保卫、经济犯罪侦查、治安管理、刑事犯罪侦查、出入境管理、公共信息网络安全监察、监所管理、交通管理、禁毒、反邪教、反恐怖、警务督察、法制等职能的岗位。(3)警务技术类:指专职从事专业技术工作,为公安机关履行职责提供刑事技术、行动技术、网络安全技术、警务信通技术等专业技术支持的岗位。

三、遐迩一体,各司其职——部分警种的具体职能

"讲完了分类,我们再讲讲常见警种具体干些什么。"M警官转身在黑板上写下"职能"。

法学生从事的警察工种,首先按直属部门划分为司法警察和公安警察。其中,司法警察由各级人民检察院、法院招录,共同工作内容为押解、安保;不同之处在于,检察院法警可能需要承担部分批捕和公诉的审查辅助工作,法院法警需要承担部分强制执行工作。整体而言,与公安警察相比较,法警的紧急事务较少,待遇则视地方各有千秋。公安机关招警职位分为综合管理职位、执法勤务职位和警务技术职位三类,其中综合管理类和警务技术类岗位职责和一般公务员较接近,执法勤务类岗位则最能代表人民警察的参与刑事诉讼和治安行政

---

⑤ 《公安部官网机构职能说明》,载中华人民共和国公安部官网,https://www.mps.gov.cn/n2254314/n2254315/index.html,访问日期:2023年8月15日。

管理的执法职能,所以我们只介绍执法勤务类岗位中的职责。图 2 是执法勤务警察里关于刑事诉讼的大部分任务流程。

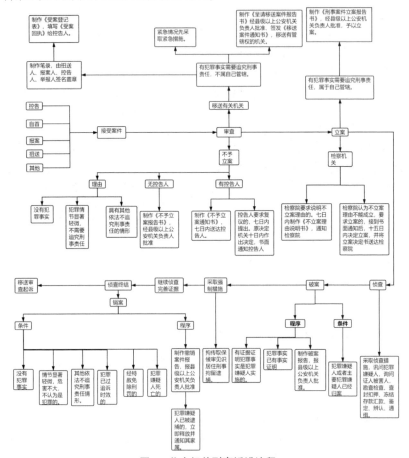

图 2 公安机关刑事诉讼流程

经侦警察和刑侦警察都具有犯罪侦查的职能。经侦警察主要负责证券、金融犯罪案件,生产、销售假冒伪劣商品犯罪案件,侵犯知识产权犯罪案件,妨害公司、企业的管理秩序的犯罪案件,部分扰乱市场经济秩序犯罪案件、部分侵犯财产犯罪案件的侦查、指导、协调工作。经侦警察的侦查工作往往需要从纷繁复杂的会计资料、账册、经济合同中找出漏洞,再去各地出差调取证据,需要较强的专业知识和商业意识。刑事犯罪侦查警察主要负责各种重大案件的调查,受理和侦办一般刑事案件、因果关系明确的重大刑事案件和危害国家安全的一般现行案件;承担刑事案件现场保护和现场勘查工作,参与重大刑事案件现场勘查、侦查工作;参与追捕犯罪在逃人员、上级公安机关开展的统一行动和大案、串案的侦破工作;刑事侦查阵地控制、刑事特情、刑嫌调控、犯罪情报资料搜集等刑侦基础业务建设和国内安全保卫基础工作;刑侦协查、协作和堵卡工作;依法查处违法犯罪嫌疑人员,按法律程序进行填报、呈报强制措施、报卷、诉讼。

另一种常见警种是治安警察,主要负责进行社会治安管理、维护社会治安秩序、处理治安案件,预防、发现和制止违法犯罪,处理一般违法案件,管理特种行业,管理危险物品,管理禁违禁物品,了解并掌握社会治安动态,预防和处理治安灾害事故,进行治安巡逻,发动群众参加维护社会治安秩序等工作。对于网络警察的工作,大家可能也比较关心。当下,网警工作非常全面,既要负责辖区互联网单位的网络安全、信息服务合规治理,比如备案管理、病毒防治、安全管理培训等,又要侦办辖区信息网络违法犯罪案件;配合其它警种开展技术侦察、定位和计算机违法犯罪现场勘验及电子物证检验鉴定工作;开展信息网络技术情报侦察工作,开展互联网信息巡查、情报侦察和处置工作。

除前述之外,交通警察主要负责依法查处道路交通违法行为和交通事故,维护城乡道路交通秩序和公路治安秩序,开展机动车辆安全检验、牌证发放和驾驶员考核发证工作,开展道路交通安全宣传教育活动,道路交通管理科研工作,参与城市建设、道路交通和安全设施的规划,组织宣传交通法规,依法管理道路交通秩序,管理车辆、驾驶员和行人,教育交通违章者,勘查处理交通事故,以维护正常的交通秩序,保证交通运输的畅通与安全。

最后,每年公开招录人数比较多的警种还有监狱警察,主要从事监狱管理、执行刑罚、改造罪犯工作。对监狱内的犯人具有内部侦查权力,查处余罪漏罪,执行收监、减刑、假释、释放等程序内容。

四、千凿万锤出深山——如何成为警察

那么,怎样才能成为一名警察?前面提及,除了武警的身份是军人外,大多数警察的身份都是国家公务员,既然是国家公务员,那就可以通过每年的公务员考试来考取警察职位。当然,作为一种特殊的职位,除了公考之外,如果满足一些特殊条件,还可以通过警校联考和社会招警考试来进入警察系统,见表1。

表 1　成为警察的路径⑥

方式	是否有编制	笔试内容	学历要求	户籍限制
国家公务员考试	公务员编制	申论、行测、公安专业知识	大专及以上	大部分不限制户籍⑦
各地方公务员考试	公务员编制	申论、行测、公安专业知识	大专及以上	部分地区限制户籍⑧
公安院校统一招警考试	公务员编制	申论、行测、公安专业知识	公安院校公安专业毕业生	部属院校和省属院校公安专业毕业生原则上回生源地公安机关入警；在校期间转移户口按入学前户口安排岗位⑨
社会招警考试	部分公务员编制	根据公告内容而定	一般大专及以上，有针对退伍军人的岗位学历会放宽限制	一般有户籍限制
辅助警力招聘考试	无编制	申论、行测、公安专业知识，一般只考申论和行测	一般大专及以上，有针对退伍军人的岗位学历会放宽限制	一般有户籍限制

（一）公务员考试报考公安机关（省考、国考）

各地政策虽然可能存在差异，但公务员考试是大多数法科生成为警察的主

---

⑥ 《2020年公安招警考试公告即将发布》，载微信公众号"江西省人事招考中心"，https://mp.weixin.qq.com/s/MZrVn8Qc_GjDDOQMQkjs-Q，访问日期：2023年8月15日。

⑦ 国考招警中大部分岗位不限制户籍，户口申请依照当地落户政策执行，但部分岗位限制户籍，如《公安部直属事业单位2022年度统一招录人民警察及工作人员职位一览表》的部分在京岗位备注栏中就注明仅限京内生源报考。

⑧ 《2022年度上海市公安系统人民警察学员招考简章》，载上海市公务员局官网，https://shacs.gov.cn/recruits/282/article/725?n=2022%E5%B9%B4%E4%B8%8A%E6%B5%B7%E5%B8%82%E5%85%AC%E5%AE%89%E7%B3%BB%E7%BB%9F%E4%BA%BA%E6%B0%91%E8%AD%A6%E5%AF%9F%E5%AD%A6%E5%91%98%E6%8B%9B%E8%80%83%E7%AE%80%E7%AB%A0,访问日期：2022年5月29日。要求报考对象具有上海市常住户口（不含高校集体户口及各省市驻沪办工作集体户口）。

⑨ 《人力资源社会保障部等六部门关于公安院校公安专业人才招录培养制度改革的意见》第5部分第6条："部属院校和省属院校公安专业毕业生原则上回生源地（本行业）公安机关入警。笔试、面试、体检、体能测评、考察等均合格的毕业生，原则上按照笔试总成绩由高到低的顺序选择职位。职位选择工作由省级公务员主管部门负责组织。"

要途径。和一般公务员职位的考试不同,警察职位的公考通常包含六个阶段:笔试、资格审核、面试、体能测试、体检、政审公示,其中部分特殊岗位(如计算机、财务岗位等)还另有专项能力测试。

根据《人力资源和社会保障部、卫生部、国家公务员局关于印发公务员录用体检特殊标准(试行)的通知》第1条的规定,除了国家安全机关的专业技术职位(如上述计算机、财务岗位),一般而言,人民警察招录的体检要求裸眼视力4.8及以上。所以,如果有同学已经戴上了眼镜但想做警察,可以考虑先去做全飞秒等视力矫正手术。

笔试一般为行政职业能力测试、申论和公安基础知识,有的地方只考其中两门(如重庆、广东),浙江等地则加考心理测评。行政职业能力测验、申论和公安基础知识满分均为100分。公共基础知识和一般公务员相同。公安基础知识包括公安基础理论和公安业务知识。行政职业能力测试和申论与普通公务员考试采用同一份试卷。

笔试通过后,需要审核考生的准考证、学位证等文件;在确认考生符合岗位报考条件后,考生会收到体能测试通知,上面写有体测的时间、地点。根据报考人员笔试成绩和报考的职位类别,按拟录用职位名额1∶3的比例从高分到低分确定参加面试人员。

面试采取结构化面试办法,主要考察应试者的综合分析能力、言语表达能力、人际合作意识与技巧、求职动机等。满分为100分。具体要求按照公安部《公安机关录用人民警察面试工作暂行规定》执行。部分专业性较强的职位加试专业技能。满分为100分。加试专业技能的职位面试成绩=结构化面试成绩×60%+实际操作技能成绩×40%。

体能测试分为摸高、4×10米折返跑、男1000米(女800米)三个项目。测试非竞争性,及格就能通过,且要求不高,几百人可能只会有3、4个人不及格。全程进行录像以及考生签字确认结果。摸高有一次当场复试机会,折返跑有一次试跑机会,长跑则既没有复试也没有试跑机会。每及格一项就会有一个盖章和签名,合格者进入下一环节。

根据报考人员总成绩和报考的职位类别,按拟录用职位名额1∶1的比例从高分到低分确定体检人员。体检的具体标准和办法按照人力资源社会保障部、卫生部、国家公务员局制定的《公务员录用体检特殊标准(试行)》执行,体检表写明是警察标准。各省对特殊体检标准有进一步细化规定,部分地方如深圳,特殊标准项目只进行一次,不允许复检。

体检合格的人员,进入政审阶段。由于名单要上报省公安厅审批,所以时间比普通公务员长,可能达2个多月。政审完毕后,在人社网进行一周的公示。公示期间若无问题,予以录用,陆续办理调档,入职等手续,静候报到通知。

特别提醒大家,鉴于公考竞争激烈,选择有时大于努力。大家如想报考警察,在报考时的岗位选择也很重要。如果大家想选择中央直隶的行政机关,那么以2022年国考招警考试为例,一共有8个部门进行国考警察岗的招录,分别为公安部、国家移民局、长江航运公安局、首都机场公安局以及各地的铁路公安局、出入境边防总站、海关缉私、民航空中警察总队局,共计2386个岗位。这些部门当中,铁路公安局往往是每年招录人数最多的部门,招录条件相对较低。而公安部则一般要求研究生及以上学历进行报考,相对来说报考人数比较少,但是由于招聘岗位也不多,仅33个,因此竞争也更为激烈。

(二) 其他路径

"警校联考的许多内容与公考类似,且仅面向警校生单独招录,此处便不再介绍了。特别地,我简单介绍一下社会招警考试。"

社会招警即执法单位(主要指公安局)在非国省考期间单独招录带有编制的警察岗位,一般来说这部分岗位的招聘公告的即时性比较强,少规律可循。但可以肯定的是,上海每年都会开展社会招警,青海最近几年也一直在招聘。

社会招警考试虽不如公考复杂严格,但也有一定招考条件。其中,对于公务员编制的岗位,不同地区的报考要求可能会有所出入,但大多参照公务员招警考试标准,要求报考公安机关人民警察职位的年龄为30周岁以下;省级及以上公安机关、监狱录用人民警察的报考年龄条件按照现行公务员报考年龄规定执行,即35周岁以下;应届硕士、博士研究生(非在职)和报考法医职位的年龄为35周岁以下;报考特警职位的年龄为25周岁以下,学历要求为大专及以上。而针对辅警,退役军人,学历条件可能放宽至中专或高中(较少)。

不同于公考的是,因较低的招录门槛,社会招警的职位部分是公务员编制,部分是事业编制。有时候还有针对辅警招录的事业编岗位。招录多采取面向退役士兵、基层服务项目人员、在职人员和其他社会人员倾斜的形式。

社会招警考试内容和公考相差不大,目前的社会招警考试大多采取笔试与面试相结合的考查形式。其中,笔试一般包括申论、行测、公安专业知识/公共基础知识,具体考察的科目应以考试招录公告为准。此外,一般警察岗位都有体能测评考查环节,未通过体能测评者,不能进入面试环节。

五、大鹏一日同风起——职业晋升路径

公务员的晋升体系比较复杂,而警察在一般公务员体外又有额外晋升路径,也就更为复杂。首先,人民警察和一般公务员一致,对于职位的衡量有着职务和公务员等级两个维度的标准。而不同于一般公务员,人民警察还存在警衔制度,警衔的高低也会反映人民警察执业经历、能力、职位的高低。总体而言,人民警察的晋升会体现为职务、公务员等级、警衔三个维度。

(一)职务

依据我国《公务员法》第17条规定,国家实行公务员职务与职级并行制度,根据公务员职位类别和职责设置公务员领导职务、职级序列。公务员的职务晋升有领导职务和职级(即非领导职务)两种模式。

其中,领导职务即负有领导义务的职位,如局长、主任等,从乡科副职依序升为国家正职。在公安机关中,依据《公安机关组织管理条例》第11条的规定,公安机关领导成员和内设综合管理机构的警官职务由高至低为:省部级正职、省部级副职、厅局级正职、厅局级副职、县处级正职、县处级副职、乡科级正职、乡科级副职。公安机关内设执法勤务机构警官职务由高至低为:总队长、副总队长、支队长、副支队长、大队长、副大队长、中队长、副中队长。

职级则是依据隶属关系接受领导指挥,履行职责的职位对应的级别。职级序列按照综合管理类、专业技术类、行政执法类等公务员职位类别分别设置,其中行政执法序列为从二级执法科员依序升为一级督办。在公安机关中,依据《公安机关组织管理条例》第12条的规定,公安机关及其内设综合管理机构警员职务由高至低为:巡视员、副巡视员、调研员、副调研员、主任科员、副主任科员、科员、办事员。公安机关内设执法勤务机构警员职务由高至低为:一级高级警长、二级高级警长、三级高级警长、四级高级警长、一级警长、二级警长、三级警长、四级警长、一级警员、二级警员。

《公务员职务与职级并行规定》第9条规定了相应领导职务对应的最低职级,结合《公安机关组织管理条例》,警职的对应关系如:四级警长对应乡科级副职和四级主任科员,四级高级警长对应县处级副职和四级调研员。

(二)公务员等级

根据《公务员法》第21条的规定,公务员的领导职务、职级应当对应相应的级别;公务员领导职务、职级与级别的对应关系,由国家规定。因此,公务员除

了其所任职务以外,还有级别。公务员的级别高低,既体现公务员所任职务的等级高低、责任轻重和职位难易程度,又反映公务员的德才表现、工作实绩和资历等素质条件和工作状况。

一般而言,每个领导职务和职级都对应多个公务员等级,其目的在于在公务员没有晋升职务和职级的情况下,仍能通过级别来提高工资和其他待遇,达到激励效果。

《公务员职务与职级并行规定》第8条规定了综合管理类公务员职级对应的公务员级别,例如四级主任科员对应二十四级至十八级、四级调研员对应二十级至十四级。

(三)警衔

警衔制度是警察区别于其他公务员所独有的晋升制度。根据《人民警察警衔条例》第5条的规定,相对于警衔低的人民警察,警衔高的人民警察为上级;当警衔高的人民警察在职务上隶属于警衔低的人民警察时,职务高的为上级。

根据《人民警察警衔条例》第七条,人民警察警衔共有五等十三级,其中警员有一级和二级;从警司到警监则各有三级,再往上便是总警监和副总警监。另外,担任专业技术职务的人民警察的警衔,在警衔前冠以"专业技术"。而行政职务警察的警衔则根据《人民警察警衔条例》第八条确定,如科员(警长)职对应三级警督至三级警司;处(局)级正职对应三级警监至二级警督。

六、苟利国家生死以——警察工作的特殊事项

(一)值班

因为职业的特殊性,犯罪活动不会专门在工作日和公务员工作时间才发生,故为应对这一点,警察有专门的值班制度。

根据《公安机关人民警察内务条令》第33条、第34条的规定,公安机关应当实行24小时值班备勤制度,由领导干部带班,安排适当警力备勤,配备相应器材和交通工具,保障随时执行各种紧急任务;县级以上公安机关及刑警、巡警、交警部门和看守所、拘留所、派出所应当设置值班室,建立值班备勤制度。故相较于其他公务员,警察除了八小时的日常工作外,还须履行值班义务,值班备勤制度由县级以上公安机关自主建立,并按照不同工作强度需求划分为一级、二级和三级备勤,对警察的在岗或在单位备勤时间进行强制要求。

通常而言，轮班周期视警力数量而定，一般为 4-7 天，每次值班需 24 小时在公安机关备勤。值班时需要接待报警、报案、检举、控告、投案自首或者其他原因来访的人员；发生案件、事故或者其他紧急情况，立即报告上级，并按照上级指示或者预案做出应急处理；及时、妥善处理公文、电话等；维护本单位工作、学习、生活秩序，承担内部安全保卫工作；完成领导交办其他任务。此外，《人事部、财政部关于执行人民警察值勤岗位津贴有关问题的通知》根据机构层级和警种不同，分别执行每天 50 元、40 元、30 元和 20 元的值勤岗位津贴标准，各地对此略有调整。

(二) 特别风险

警察的职业特点决定了警务工作与风险伴生，主要包括人身损害、心理疾病等风险。警察遭遇的人身损害风险发生频率高、危害后果大。其中，派出所民警、交警、刑警等基层一线警种任务最重，牺牲人数也最多。

"成为一名警察，是勇敢者的选择。欢迎各位同学加入我们！"

小 D 的沙漏时刻

小 D 刚从检察院移诉完案件回到局里，便接到中队长电话："昨天那个案子的嫌疑人家属到门口了，你赶快去接待一下。"

"提审视频和回传文书就差你的了，快点传过来。"好不容易泡茶倒水招待完嫌疑人家属，小 D 又在电脑上看见了法制办的通知，忙在电脑上搜索查文件。不一会儿，内勤部门又说值班民警出去办案了，让小 D 给报案人做份笔录……

"还有上次那个偷车案的苦主给你送了面锦旗放值班室了，你抽个时间去拿，那里锦旗太多了，别总占着位置。"

居民的认可让小 D 顿感自己的付出得到了最实诚的回报。回首过去 1 个月，在一次次出勤侦查和移送起诉中，小 D 加深了自己对法学理论知识的实践认知；在和反稽查人员的博弈中，小 D 也逐渐熟悉了复杂市井的弯弯绕绕。

离开值班室，街上灯火鳞次栉比地闪耀着，小 D 看着安定祥和的闹市，满足地抬头仰望起了天空。他觉得，无尽的远方和无数的人们，都与他有关。

小 D 速记

警察的三大职能是执行法律、维持秩序和公共管理。

人民警察是公务员,武装警察是现役军人。

警察的分类标准和种类多种多样,招警考试时公安机关招警职位分为综合管理职位、执法勤务职位和警务技术职位 3 类。

虽然有侦查职能的警察因警种不同负责的案件类型不同,但其刑事诉讼流程相同。

任何一种招警考试的体检均要求裸眼视力 4.8 以上。

法学生如想成为警察一般是通过报考公务员招警考试实现。

社会招警考试的门槛较低,但相应招警职位不一定均为编制警察。

国考招警的中央职位较难,一般要求硕士研究生学历,其他大多岗位如长江航运公安局和铁路公安局招警较多,门槛也较低。省考招警时,可能职位名额因地区不同而差距显著。

警察的职业晋升能体现在职务、公务员等级、警衔三种体系上。

警衔和职务关系不大,不影响指挥权,但有时影响警察上下级关系。相对于警衔低的人民警察,警衔高的人民警察为上级。当警衔高的人民警察在职务上隶属于警衔低的人民警察时,职务高的为上级。

相较于一般公务员,警察有额外的工作时间要求,如值班,相应也有额外的警衔津贴。

仲裁：商事仲裁的多种可能[*]

小 D 在课间刷手机时看到瑞士联邦最高法院在一份声明中表明，国际体育仲裁法庭裁决中国游泳运动员孙杨禁赛 8 年的结果没有违背公共秩序的基本准则，驳回了孙杨的最终上诉，最终孙杨禁赛 51 个月，并持续到 2024 年 5 月底。这到底是怎样的机制？禁赛这种处罚也可以通过仲裁作出？对裁决不满还能上诉到法院？

对于仲裁，小 D 并没有太多认知，但凡提及脑海中冒出来的关键词都是高大上、高费用、难捉摸。这时魔法师走进了教室，向大家介绍了今日的嘉宾是来自某仲裁委员会的秘书长 N 老师。随着一声干脆利落的"大家好"，N 老师带着和蔼的笑容，开始了今天的课程。

"大家对仲裁行业了解多少呢？"N 老师话音刚落，小 D 兴奋地接道："孙杨仲裁案！"

N 老师笑道："体育仲裁也是仲裁的一种，还有别的吗？"教室里先是叽叽喳喳了一阵，很快又安静下来。显然大家对自己的答案没有信心。"其实，商事仲裁、投资仲裁、劳动仲裁以及农村土地承包经营纠纷仲裁等，都属于我们常说的仲裁。其中，商事仲裁在世界范围内得到的适用最为广泛。如果大家想做仲裁员，最常见到的也会是这类案件，所以今天我主要跟大家讨论商事仲裁。"

一、什么是仲裁？

作为争议解决方式之一，仲裁指当事人合意将争议提交给由双方选择的，或为双方指定的非政府裁决机构，并由其遵循中立的、给予任一方陈述案情

---

[*] 本部分公益导师：陈福勇，清华大学法学博士、北京大学法学硕士、中国政法大学法学学士，美国加州大学伯克利分校法学院访问学者，现任北京仲裁委员会副秘书长，兼任亚太地区仲裁组织副主席、中国法学会民事诉讼法学研究会常务理事。

志愿者：潘舒然，中国人民大学知识产权法学硕士、武汉大学法学学士，现任职于君合律师事务所。

机会的审裁程序,作出具有约束力的裁决的程序。① 仲裁相比较于诉讼等其他争议解决方式而言,其主要优势在于保密、灵活、专业和易于执行。② 保密是因为仲裁具有不公开的法定原则,灵活则体现在双方当事人拥有更多的自主权和程序选择权,专业是体现在仲裁员的专业性中,易于执行是因为作为《纽约公约》的缔约国,我国仲裁机构作出的仲裁裁决能够在国际范围内得到承认与执行。

近些年,我国的仲裁事业得到了迅猛的发展。据司法部统计,截至2019年底,全国共设立260个仲裁委员会,工作人员6万多名;累计处理各类案件300万件,标的额4万多亿元,案件当事人涉及70多个国家和地区。③ 随着"一带一路"的逐步推进和全球化的日渐深入,国际贸易商事纠纷对仲裁的需求越来越多,这直接促进了仲裁业务国际化的发展,同时也增加了包括我国在内的各国对仲裁人才的需求。

为了使大家对仲裁机构有更加直观的印象,N老师从宏观的角度向大家介绍了境内外知名的仲裁机构。由于香港和内地处于不同的法域,因此将香港国际仲裁中心放在境外仲裁机构中介绍。

(一)仲裁机构

很多同学往往会对仲裁机构的性质存在一定的疑问。由于仲裁本身就是一种商事纠纷的民间自我解决机制,所以仲裁机构的公信力在很大程度上取决于其机构的独立性。譬如国际商会仲裁院(ICC),附设于国际商会,是一个国际性的民间组织,不属于任何国家和地区。除此之外,一些国际性的仲裁机构可以分为三类:一是社会组织;二是会员公司或者担保公司;三是商会的下属机构。譬如待会儿向大家介绍的伦敦国际仲裁院(LCIA)、新加坡国际仲裁中心(SIAC)等,这些仲裁机构都属于非营利性的有限责任担保公司。

我国境内的仲裁机构应该属于什么性质呢?《仲裁法》第14条规定了在我国仲裁委员会独立于行政机关,与行政机关没有隶属关系。为了完善仲裁制

---

① [美]加里·B.博恩:《国际仲裁:法律与实践》,白麟、陈福勇等译,商务印书馆2015年版。

② 陈福勇:《仲裁案源从哪里来?——对S仲裁委的个案考察》,载《法律和社会科学》2010年第1期。

③ 《仲裁司法审查案件数量呈增长态势》,载光明网,https://legal.gmw.cn/2020-12/24/content_34489137.htm,访问日期:2022年5月11日。

度,提高仲裁公信力,中共中央办公厅和国务院办公厅于2019年4月印发《关于完善仲裁制度提高仲裁公信力的若干意见》,并在其中指出仲裁委员会是政府依据《仲裁法》组织有关部门和商会组建,为解决合同纠纷和其他财产权益纠纷提供公益性服务的非营利法人。关于仲裁委员会的运行机制和具体管理方式,各地通常会结合实际情况,自行探索改革。

(二)境外知名仲裁机构

境外的一些较为著名的仲裁机构主要有香港国际仲裁中心(HKIAC)、国际商会仲裁院(ICC)、伦敦国际仲裁院(LCIA)、斯德哥尔摩商会仲裁院(SCC)以及新加坡国际仲裁中心(SIAC)等,见表1。

表1 境外知名仲裁机构④(按简称的英文字母排序)

仲裁机构	HKIAC	ICC	LCIA	SCC	SIAC
成立时间	1985年	1923年	1892年	1917年	1991年
总部地点	中国香港	法国巴黎	英国伦敦	瑞典斯德哥尔摩	新加坡
现行规则	《香港国际仲裁中心机构仲裁规则》(2018版)	ICC Rules of Arbitration 2021	LCIA Arbitration Rules 2020	SCC Arbitration Rules 2017	SIAC Rules 2016
案件数量	2020年受理案件483件,2019年受理案件503件,2018年受理案件521件	2020年受理案件946件,2019年受理案件869件,2018年受理案件842件	2021年受理案件387件,2020年受理案件444件,2019年受理案件406件	2021年受理案件165件,2020年受理案件213件,2019年受理了175件	2021年受理案件469件,2020年受理案件1080件,2019年受理案件479件
案件主要类型	主要涉及国际贸易和货物销售、公司、海事、建筑工程、银行及金融服务业、知识产权等	主要涉及建筑工程、能源、通信和技术、金融保险、贸易、工业设备等	主要涉及银行和金融、能源资源类、航运与商品类、基础设施建设等	主要涉及服务合同、运输合同、公司收购、股东权益、建设合同等	主要涉及贸易、商事、海商、公司、建筑工程类等

(三)境内知名仲裁机构

仲裁服务业不仅有利于优化一国的经济发展环境,同时也是衡量一国投资

---

④ 数据来源于各仲裁机构官网,访问日期:2022年5月18日。

环境的重要指标,更是一国国际地位和影响力的体现。中国境内的仲裁机构主要有北京仲裁委员会/北京国际仲裁中心(BAC/BIAC)、中国国际经济贸易仲裁委员会(CIETAC)、深圳国际仲裁院(SCIA)以及上海国际经济贸易仲裁委员会(SHIAC)等,具体情况如表2所示。

表2 境内主要仲裁机构⑤(按简称的英文字母排序)

仲裁机构	BAC/BIAC	CIETAC	SCIA	SHIAC
成立时间	1995年	1956年	1983年	1988年
总部地点	北京	北京	深圳	上海
现行规则	《北京仲裁委员会仲裁规则》(2022版)	《中国国际经济贸易仲裁委员会仲裁规则》(2015版)	《深圳国际仲裁院仲裁规则》(2022版)	《上海国际经济贸易仲裁委员会仲裁规则》(2015版)
案件数量	2020年至2021年受理案件数量增长速度较快,2021年受理案件7737件,2020年受理案件5617件,2019年受理案件6732件	受理仲裁案件数量呈稳步增长趋势,2021年受理案件4071件,2020年受理案件3615件,2019年受理案件3333件	2021年受理案件7036件,2020年和2019年受理案件数量未见官网发布	2021年受理案件1753件,2020年受理案件1618件,2019年受理案件1520件
案件主要类型	主要包括买卖合同纠纷、国际贸易类纠纷、金融类合同纠纷、建筑工程类纠纷、投资类纠纷、借款纠纷、服务纠纷、知识产权纠纷、影视文化和租赁纠纷等	主要包括一般货物买卖纠纷、股权投资和股权转让纠纷、服务合同纠纷、建筑工程纠纷、机电设备纠纷、金融纠纷等,同时也受理域名争议案件	主要包括金融和资本市场、国际投资、知识产权、海事问题、国内外贸易、不动产、建筑工程、股权投资等案件	主要受理金融类、货物和国际贸易类、公司股权和投资经营类案件。此外,还涉及私募股权、互联网金融融资租赁、航空服务、能源与环境等新型案件

(四)仲裁机构的内部分工

关于仲裁机构的组织架构和人员情况,由于不同的仲裁机构发展的背景有所不同,因此各家仲裁机构的组织架构也不完全相同。在此以北京仲裁委员会(以下简称"北仲")为例介绍仲裁机构内部的机构设置。

仲裁机构内部主要有三支队伍,分别是委员会委员、仲裁员和机构工作人

---

⑤ 数据来源于各仲裁机构官网,访问日期:2022年5月19日。

员。根据北仲的仲裁规则,委员会下设的办公室指派工作人员担任案件秘书,负责案件的管理工作。通过图1,可以更清晰地了解北仲的组织架构。北仲通过这样的模式以保持其作为中立仲裁机构的独立性。⑥

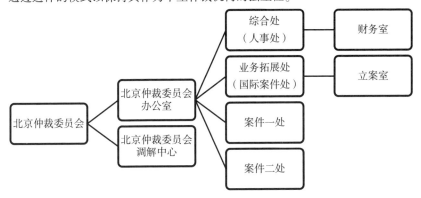

图1 北京仲裁委员会办公室的组织架构

北仲的委员队伍是由中国顶尖且资深的专家和学者组成的。大家敬爱的著名民法学家江平老师担任前五届的主任,第六届至第七届主任由著名民法学家梁慧星老师担任,现第八届主任则由曾任北京市司法局党委委员、副局长、一级巡视员的郭卫老师担任。目前,北仲的副主任由中国法学会民法学研究会会长王利明老师担任,委员包括李跃平(曾任中国安能建设集团有限公司党委副书记、董事、总经理)、易继明(北京大学国际知识产权研究中心主任)、孟庆国(清华大学国家治理研究院执行院长)、陈洁(中国社科院法学所商法室主任)、李曙光(中国政法大学法与经济学研究院院长)、靳晖(北京博锐开放政策研究院院长)、师虹(国际商会国际仲裁院副主席)、王贵国(浙江大学国际战略与法律研究院院长)、威廉·布莱尔(最高人民法院国际商事专家委员会委员)、姜丽丽(曾任中国政法大学仲裁研究院副院长、秘书长)等知名专家学者,姜丽丽老师兼任秘书长。委员会主任不兼任仲裁员,副主任和委员只有在双方当事人选定的情况下才可以担任仲裁员。北仲通过如此闪耀的阵容努力确保机构的高度独立,确保案件不受其他因素的干预。

---

⑥ Dr. Chen Fuyong & Sun Wei, "Looking Beyond Rules-An Analyzing Insight into the Competitive Attractions of BAC", LexisNexis Dispute Resolution Law Guide, 2014, pp.314-352.

二、仲裁行业的进入路径

对仲裁机构有了初步了解后,小 D 举手发问:"委员会的委员都是德高望重的前辈,那么像我们这样年轻的学生要通过怎样的方式才能加入北仲呢?"

N 老师微笑着说道:"对于年轻的学生来说,如果想来到北仲工作,大部分都会加入北仲仲裁秘书的团队。按照北仲的仲裁规则,委员会下设的办公室指派工作人员担任案件秘书,北仲办公室由秘书长领导,分设业务拓展处(国际案件处)、案件一处、案件二处及综合处四个处室。其中,业务拓展处(国际案件处)全面统筹北仲的宣传、拓展及研究等各类工作,且负责办理全部国际案件及部分国内案件,案件一处和案件二处负责办理国内案件,每个处室在办理案件的具体分类方面没有明显差异。仲裁秘书分别毕业于北京大学、清华大学、中国人民大学、中国政法大学、复旦大学、外交学院、北京航空航天大学、香港中文大学、英国伦敦大学、德国科隆大学等国内外著名高校的民商法、诉讼法、仲裁法等专业,在任秘书均为硕士及以上学历,这样一支细致严谨、专业高效的仲裁秘书队伍可是北仲年轻的'名片'呢。"

小 D 的沙漏时刻

小 D 在北仲实习时,每天早上 8 点半上班,通常下午 6 点下班,有时候需要加班到晚上 9 点。在实习过程中,小 D 主要负责协助办案工作的进行。小 D 需要负责接收当事人的立案申请,审核立案材料,确认案件受理后还需要负责组织、推动和管理案件的仲裁程序,协助仲裁秘书处理案件。具体而言,受理案件后,小 D 需要向当事人送达仲裁通知,协助组庭相关事宜,制作庭审笔录,核对裁决书以及其他相关的程序性事项。

除了办案工作,小 D 还接到了法律研究的工作,需要小 D 结合立案及办案工作实践,研究立案及办案相关的案件实体和程序方面的法律问题,同时对仲裁法、仲裁规则、仲裁制度、多元争议解决领域的理论和实践问题进行研究。

工作之余,北仲经常邀请法学学者和各行各业的专家为北仲的仲裁员、外聘专家和机构工作人员进行培训,小 D 作为仲裁秘书实习生,一方面需要组织和协助这些活动的进行,另一方面也会作为学习者参与这些关于国际仲裁、国际贸易、国际条约修订等的培训或研讨会。

经过一个月的实习,小 D 觉得北仲的仲裁秘书工作既充实又有意义——不仅能接触到高层次的社会经验,也能了解最前沿的法律动态、提高自身实证研究的能力,还能够锻炼自己的独立思考、主动表达的能力。

小 D 的好友小 G 在香港国际仲裁中心(HKIAC)实习。在与小 G 的交流中,小 D 发现,境外仲裁机构的仲裁秘书和境内仲裁机构的仲裁秘书所从事的工作既有相同的地方,也有不同的地方。

据小 G 分享的观察,HKIAC 秘书处的副顾问(Deputy Counsel)通常在早上 9 点上班,晚上 7 点到 8 点之间下班,偶尔周末会加班。Deputy Counsel 所负责的工作并没有北仲赋予仲裁秘书的职责范围那样广泛。HKIAC 秉持着仲裁机构和仲裁庭的权力相互制约的原则,Deputy Counsel 更多负责的是组庭前事项,譬如管辖权的异议、案件的合并、加入第三方当事人、案件是否符合简易程序要求、对仲裁员的质疑等程序性事项,同时也会对仲裁员作出的裁定进行审核。小 G 认为在 HKIAC 的实习经历使自己可以接触第一手的国际要案,有机会参与修订规则,深入研究一些比较前沿的仲裁问题,这些都给予了自己学习的机会,小 G 觉得十分值得。

三、仲裁秘书的职业发展

听完 N 老师的介绍,小 D 觉得进入仲裁机构工作既能够接触到各领域顶尖的仲裁员,又能通过仲裁机构的研讨会学习专业知识,简直是自己理想的状态。但是他还想了解更多,于是提问:"请问 N 老师,一般成为仲裁秘书后,大概的职业发展路径会是什么样的呢?"对此,N 老师给出了进一步的回答。

一般来说,仲裁秘书发展的路径是多样的,主要分为两大类:第一类是坚持留在仲裁机构工作的;第二类是离开仲裁机构,从事其他职业的。以下分别从这两个类别进行介绍。

(一)仲裁机构内部发展路径

在仲裁机构内部,仲裁机构努力给每一位仲裁秘书创造比较好的发展空间。以北仲为例,北仲除秘书长外,副秘书长、各处处长、立案室负责人和高级主管等,均从仲裁秘书中公开选拔。

N 老师自身的工作经历就是从一线仲裁秘书到处长到副秘书长逐级晋升的。

小 D 的同学小 F 对仲裁机构中的一批神秘而专业的人士——仲裁员队伍产生了巨大的疑问,于是小 F 也向 N 老师提出了关于如何当选仲裁员的疑问。

N老师为小F讲解,每一家仲裁机构都在努力建设仲裁员的队伍,因为优秀的仲裁员队伍不仅有利于案件的解决,更有利于仲裁机构保持其生命力。仲裁员又可以分为兼职仲裁员和独立仲裁员。

仲裁员往往是由仲裁机构聘用的,并具有专业知识的人员。以北仲为例,要想成为北仲的仲裁员,首先,要满足《仲裁法》第13条对仲裁员的要求之一:

(1)通过国家统一法律职业资格考试取得法律职业资格,从事仲裁工作满8年的;

(2)从事律师工作满8年的;

(3)曾任法官满8年的;

(4)从事法律研究、教学工作并具有高级职称的;

(5)具有法律知识、从事经济贸易等专业工作并具有高级职称或者具有同等专业水平的。

其次,北仲制定了《仲裁员聘用管理办法》和《仲裁员守则》等文件,对仲裁员的聘用要求以及独立性和中立性的具体要求均作出了详细的规定,仲裁员候选人也应当满足这两个规定中的要求。

最后,一名合格的仲裁员不仅仅要具备专业知识,还应当具备良好的职业操守和推进仲裁程序的实践技能。因此,北仲开展了针对仲裁员实际技能的专业培训。目前,北仲和清华大学、中国政法大学联合组织了系统的仲裁员培训班,只有通过了培训的考核,才有可能成为北仲的仲裁员。需要注意的是,即使经过了培训,也并不是立即就能够加入仲裁员的队伍。目前参加完培训,在排队申请仲裁员的有1000多位专家。除此之外,为了提高仲裁员的专业水平,北仲从2005年开始每月定期举办仲裁员沙龙或专业研讨会议活动,以提高仲裁员的专业水平和学习热情。⑦ 要想成为一名合格的仲裁员,要能够从专业能力、职业道德、综合素质等全方位各方面经受住考核和筛选。这一点在任何一个仲裁机构都一样。

对于年轻的法科学生来说,不论是先从事公司法务、律师还是科研工作,只要在所在领域持续耕耘,成为专家,最终都有可能担任仲裁员,这甚至是许多人规划职业之初并没有想过的。

---

⑦ 参见王红松:《共同培育亚洲国际仲裁人才》,载北京仲裁委官网2011年7月14日,http://www.bjac.org.cn/news/view? id=1954,访问日期:2022年6月2日。

(二)仲裁机构外部发展路径

从仲裁机构离职后,往往有多种选择。很多人会选择转行做律师,除此之外有些人也会坚守学术梦或者加入国际组织等。职业的选择就是不同人生的选择,这取决于每个人对自己人生的规划,N老师接着向大家介绍了仲裁机构外部发展的不同职业路径。

1. 转行做律师

律师一直是埋藏在很多法学学子心中的职业梦想,因此很多人从仲裁机构离职后也会继续追逐属于他们的律师梦。作为代理律师在仲裁案件代理过程中叱咤风云也是很多法科学子向往的职业风采。

随着仲裁的普及和案件数量的增加,开展仲裁业务的律所数量也在逐渐增加。以下是知名法律评级机构钱伯斯(Chambers)对在中国境内开展争议解决业务的律所进行的评级信息,见表3、表4让大家有一个直观的感受。

表3 钱伯斯争议解决榜单的内资律所[⑧]

级别	律所名称
第一级别	方达律师事务所
	汇仲律师事务所
	金杜律师事务所
	中伦律师事务所
第二级别	环球律师事务所
	竞天公诚律师事务所
	天同律师事务所
	通商律师事务所
	君合律师事务所
	康达律师事务所

---

⑧ Chambers Ranking, "Great China Region Ranking, Dispute Resolution: Arbitration (PRC Firms) in China", https://chambers.com/legal-rankings/dispute-resolution-prc-firms-%E4%B8%AD%E5%9B%BD-116:2191:60:1, last visited on May 29, 2022. 本表不作为律所推荐排名,仅供参考;同等排名不分先后。

(续表)

级别	律所名称
第三级别	金诚同达律师事务所
	锦天城律师事务所
	天元律师事务所
	通力律师事务所
	奋迅律师事务所
第四级别	安杰律师事务所
	大成律师事务所
	德恒律师事务所
	观韬中茂律师事务所
	虹桥正瀚律师事务所
第五级别	北京天达共和律师事务所
	达辉律师事务所
	汉坤律师事务所
	京都律师事务所
第六级别	上海博和汉商律师事务所

表4 钱伯斯仲裁榜单的国际律所⑨

级别	律所名称
第一级别	Herbert Smith Freehills
第二级别	Clifford Chance
	Shearman & Sterling
	Sidley Austin LLP
	Allen & Overy
	Quinn Emanuel Urquhart & Sullivan, LLP

⑨ Chambers Ranking, "Great China Region Ranking, Dispute Resolution: Arbitration (International Firms) in China", https://chambers.com/legal-rankings/dispute-resolution-arbitration-international-firms-china-116:2123:60:1, last visited on May 29, 2022. 本表不作为律所推荐排名,仅供参考;同等排名不分先后。

(续表)

级别	律所名称
第三级别	Freshfields Bruckhaus Deringer
	King & Wood Mallesons
	Skadden, Arps, Slate, Meagher & Flom LLP and Affiliates
	CMS
	Latham & Watkins
第四级别	Dentons
	DLA Piper Hong Kong
	Fangda Partners
	Hogan Lovells International LLP
	Norton Rose Fulbright

同时,钱伯斯每年也会提名在仲裁领域的著名律师,表5为最新报告中提到的内资律所著名律师。

表5 钱伯斯仲裁榜单的内资律所律师[10]

级别	姓名	律所
业界元老	李洪积	通商律师事务所
业界贤达	高移凤	环球律师事务所
	康明	方达律师事务所
	王家路	通商律师事务所
	黄滔	金杜律师事务所
	叶渌	金杜律师事务所
	张丽霞	华贸硅谷律师事务所
	张守志	金杜律师事务所

---

[10] Chambers Ranking, "Great China Region Ranking, Dispute Resolution: Arbitration (PRC Firms) in China", https://chambers.com/legal-rankings/dispute-resolution-arbitration-prc-firms-%E4%B8%AD%E5%9B%BD-116:2371:60:1, last visited on May 29, 2022. 本表不作为律师推荐排名,仅供参考;同等排名不分先后。

(续表)

级别	姓名	律所
第一级别	曹丽军	中伦律师事务所
	师虹	方达律师事务所
	邢修松	环球律师事务所
	费宁	汇仲律师事务所
	刘郁武	金杜律师事务所
第二级别	董纯钢	竞天公诚律师事务所
	董箫	君合律师事务所
	费佳	金杜律师事务所
第三级别	霍伟	中伦律师事务所
	金立宇	汉坤律师事务所
	刘驰	君泽君律师事务所
	陈鲁明	君合律师事务所
	朱永锐	大成律师事务所
第四级别	马志华	达辉律师事务所
	缪斌	方达律师事务所
	孙巍	中伦律师事务所
	徐三桥	竞天公诚律师事务所
	赵芳	汇仲律师事务所
第五级别	胡科	竞天公诚律师事务所
	杨超	安杰世泽律师事务所
	朱华芳	天同律师事务所
	张梅	金杜律师事务所
潜质律师	陈菁菁	汇仲(上海允正律师事务所)
	纪超一	北京天达共和律师事务所
	刘炯	锦天城律师事务所

2. 其他职业选择

除了律所,其实也有很多其他的职业选择。这往往需要每个人根据自己的兴趣和对人生的规划做出属于自己的选择。有的人自始至终都心怀学术梦,因此在离开仲裁机构后,会选择继续读书深造或者进入高校从事学术研究,最终成为国际私法领域的专家;也有的人因为在仲裁机构工作时接触到许多国际组织,譬如海牙常设仲裁法院(PCA)、联合国国际贸易法委员会(UNCITRAL)等,喜爱在国际组织工作带来的视野和氛围,因此选择加入国际组织。此外,也有人会选择加入公司成为法务一员。

四、职业生涯规划

不知不觉中,课堂来到了尾声。小 D 向 N 老师提问:"如果之后想进入仲裁行业,同学们现在可以做什么准备呢?该怎样提高自己的竞争力呢?"

(一)法律知识储备

无论从事哪一种和法律有关的工作,对法律知识的储备都是必不可少的。法律知识储备能够决定一名仲裁秘书、仲裁员或者代理律师的专业程度。仲裁案件中的问题可以分成两类:一类是实体问题;另一类是程序问题。对于实体问题,往往由案情以及当事人对法律的选择决定。但是程序问题,往往涉及仲裁中的一些基础法律概念和框架,了解这些基础知识,有助于青年仲裁人更好地参与仲裁过程。N 老师整理了以下 8 本仲裁入门的基础书籍,见表 6,推荐给大家。

表6 仲裁入门书籍推荐

书名	作者
International Arbitration: Law and Practice	Gary B. Born
International Arbitration: Cases and Materials	Gary B. Born
Redfern and Hunter on International Arbitration	N. Blackaby, C. Partasides, A. Redfern, M. Hunter
Comparative International Commercial Arbitration	J. D. M. Lew, L. A. Mistelis, S. M. Kroll
A Guide to the UNCITRAL Arbitration Rules	C. Croft, C. Kee, J. Waincymer
The UNCITRAL Arbitration Rules: A Commentary	D. Caron, L. Caplan

(续表)

书名	作者
A Guide to UNCITRAL Model Law on International Arbitration: Legislative History and Commentary	Howard M. Holtzmann, Joseph E. Neuhaus
Recognition and Enforcement of Foreign Arbitral Awards: A Theoretical and Practical Commentary to the 1958 New York Convention	B.R. Karabelnikov

除此之外,也鼓励有热情的同学攻读国际仲裁的学位,系统地学习国际仲裁的相关知识,譬如清华大学法学院国际仲裁与争端解决项目、日内瓦大学的国际争议解决项目、瑞典斯德哥尔摩大学的国际商事仲裁法项目、伦敦玛丽女王大学的国际仲裁项目等,都有助于系统地积累国际仲裁相关的知识。

(二) 英文能力

仲裁的语言是双方当事人选定的语言,在国际贸易日渐发展的今天,争议双方当事人选择英语作为仲裁语言的情况较多。同时,仲裁领域中相当一部分有价值的信息都是通过英文传播的。因此,良好的英文写作和口语表达能力对于仲裁从业者来说十分重要。在此基础上,如果拥有其他语言能力,那也会为仲裁工作带来一定程度的便利。建议青年学生多听、多看、多说来提高自身外语水平。

(三) 参加模拟商事仲裁比赛

近年来,越来越多的学校和仲裁机构都在举办各种类型的仲裁比赛,例如 Vis Moot、FDI Moot 等,参与这样的比赛不仅有利于青年人了解国际商事仲裁,同时也有利于提高外语表达水平,为将来的实务工作打好基础。

其中一年一度的 Vis Moot 是仲裁人的大聚会。国际商事仲裁模拟仲裁庭辩论赛(Willem C. Vis International Commercial Arbitration Moot)是为纪念已故著名国际商法学家 Willem C. Vis 先生而举办,由联合国国际贸易法委员会主办,是联合国机构在世界范围内举办的唯一模拟仲裁庭赛事。大赛每年 3 月份先后在香港和维也纳[香港赛简称"Vis (East) Moot",维也纳赛简称"Vis Moot"]举办,维也纳赛自 1994 年至今已在维也纳举办了 24 届,香港赛自 2004 年开始已在香港举办了 14 届。在香港和维也纳正式比赛前,世界各地的许多组织和机构都会举办 Pre-moot,北京仲裁委员会、中国国际贸易仲裁委员会、上海国际经济贸易仲裁委员会均有举办 Pre-moot 的经验。Vis Moot 的经历不仅能够帮助青年仲裁人提高法律和英语的表达,也有助于加强对法律与案例的论证,同时还能够认识志同道合的伙伴们。

> **小 D 速记**
>
> 仲裁指的是当事人合意将争议提交给由双方选择的,或为双方指定的非政府裁决机构,并由其遵循中立的、给予任一方陈述案情机会的审裁程序,作出具有约束力的裁决的程序。
>
> 在我国,仲裁委员会是政府依据仲裁法组织有关部门和商会组建,为解决合同纠纷和其他财产权益纠纷提供公益性服务的非营利法人。
>
> 境外的一些著名的仲裁机构主要有香港国际仲裁中心(HKIAC)、国际商会仲裁院(ICC)、伦敦国际仲裁院(LCIA)、斯德哥尔摩商会仲裁院(SCC)以及新加坡国际仲裁中心(SIAC)等。
>
> 中国境内的仲裁机构主要有北京仲裁委员会/北京国际仲裁中心(BAC/BIAC)、中国国际经济贸易仲裁委员会(CIETAC)、深圳国际仲裁院(SCIA)以及上海国际经济贸易仲裁委员会(SHIAC)等。
>
> 从事仲裁秘书职业发展路径主要有两种:一种是在仲裁机构内部发展;另一种是走出仲裁机构成为律师、学者、公司法务、国际组织工作人员等。
>
> 成为仲裁员的要求比较高,不仅要满足《仲裁法》规定的内容,同时也要接受仲裁机构专业的培训,还需要一个良好的时机。

公证：守正求真的别样之旅[*]

"铃铃铃——"清脆的上课铃，伴随一阵悠扬动听的音乐，"法科生的明天"又要开课了。

"同学们！很高兴见到你们，我是 Q 公证员，今天和大家聊聊公证行业。"耳边传来充满活力的男声。小 D 抬起头，只见一位身着黑色西装的男士站在讲台正中，笑盈盈地进行自我介绍。

"有多少同学了解过公证行业？"阶梯教室只有寥寥几位同学举起了手。

"公证是预防纠纷的，让老百姓不打或少打官司。当然，除了预防纠纷，公证也有其他作用。"Q 公证员眨了眨眼睛。"电视里彩票抽奖的时候旁边一脸严肃的公证员同学们有没有印象？侮辱、诽谤等网络暴力发言，很容易被发布者删除，通过公证办理保全证据公证，固定'证据'，也有助于维权。"

"对哦，很多明星都是这样做的。"不少同学点头赞同，若有所思。

"虽然公证行业比较低调，但公证的独特效力决定了公证的发展潜力是巨大的，深入各行各业生活的方方面面。了解公证工作对法科生全面了解法律行业，做出职业选择有重要意义。"

一、什么是公证处

公证是公证机构根据自然人、法人或其他组织的申请，依照法定程序对民事法律行为、有法律意义的事实和文书的真实性、合法性予以证明的活动。公证处是依法设立，不以营利为目的，依法独立行使公证职能、承担民事责任的证明机构。公证具有公益性、非营利性，是公共法律服务的一部分。

公证实行司法行政机关行政管理和公证协会行业管理"两结合"的公证管理体制，与律所管理有相似之处。司法行政部门主要负责公证机构设立审批、公证员任命、执业监督检查等监督、指导工作；公证协会主要通过行业自律，依

---

[*] 本部分公益导师：匿名，毕业于中国某知名大学，现任某公证处副主任、公证员。
志愿者：刘芷菲，上海交通大学法学硕士、湖南大学法学学士，曾在法院、律所实习。
本文所用信息收集时间截至 2022 年 5 月，仅供参考。

照法律和协会章程指导业务。

(一) 公证机构设置

公证机构不按行政区划层层设立,可以在县、不设区的市、设区的市、直辖市或者市辖区设立;在设区的市、直辖市可以设立一个或者若干个公证机构。省、自治区、直辖市司法行政机关根据其拟定的本行政区域公证机构设置方案审核批准公证机构的设立。

各个公证机构可以受理公证业务的地域范围由省、自治区、直辖市司法行政机关划定,公证机构不得超出执业地域范围执业。传统公证机构的执业区域为所在设区的市的辖区,但是,公证执业区域正在逐步放开。司法部《关于深化公证体制机制改革 促进公证事业健康发展的意见》规定,一般证明性公证事项可放开至省级行政区域。对于继承等民生类公证服务事项、涉及不动产的公证服务事项,以及重大财产处分等涉及群众切身利益、审查核告知公证程序要求高的公证事项,结合实际情况,稳慎推进扩大执业区域。例如,广东省司法厅2020年发布的《关于调整公证机构执业区域的通知》规定,自2021年1月1日起,全省公证机构的执业区域由公证机构所在的地级以上市辖区变更为广东省全省;涉及不动产事项的公证,除委托、声明、赠与、遗嘱公证外,其他公证事项仍由不动产所在地(地级以上市辖区内)公证机构负责办理。

(二) 公证机构的类型

我国公证机构体制改革进行了很多年,近年来仍在不断发展、创新,公证机构的类型将随着公证体制改革的深入不断发生变化。《公证法》将公证机构定性为"证明机构",但没有明确公证机构体制。2000年以前我国的公证处全部为行政编制。2000年司法部启动深化公证工作改革后,我国公证机构的性质主要由行政体制逐渐转向事业体制。2016年和2017年,司法部会同有关部门,先后印发《关于推进公证机构改革发展有关问题的通知》《关于推进公证体制改革机制创新工作的意见》,明确了公证工作改革的方向和路径,确定了改革配套政策,并要求在2017年底前将现有行政体制公证机构全部改为事业体制。截至2017年11月,全国889家行政体制公证机构已全部转为事业体制。

公证体制的改革尚在不断推进中,目前较为常见的公证处类型包括事业体制、合作制、备案制,也有捐赠法人性质的公证处等。2017年7月13日司法部、中央编办、财政部、人力资源社会保障部印发的《关于推进公证体制改革机制创新工作的意见》中明确规定"创新编制管理制度。建立健全符合公证业发展需求的编制管理制度,对划入公益二类的公证机构实行备案制"①。2021年司法部印发《关于深化公证体制机制改革 促进公证事业健康发展的意见》指出,要推进公证机构分类改革,落实事业体制公证机构有关改革政策、规范推进合作制公证机构建设发展。②《全国人民代表大会常务委员会执法检查组关于检查〈中华人民共和国公证法〉实施情况的报告》(以下简称《公证法实施报告》)指出,要根据《关于深化公证体制机制改革 促进公证事业健康发展的意见》,结合检查中各地区各类公证机构运行情况,研究论证在经济欠发达地区保留公证机构为公益一类事业单位的可行性,由政府给予场所、人员、经费等保障,满足人民群众基本公证服务需求;其他地区公证机构为非营利法人的社会服务机构,在坚持公益性的同时,按照市场规律运行,自主开展业务,独立承担法律责任。但是,由于《公证法》第6条未对公证机构的组织形式作区分,客观上导致了事业制、合作制两种不同体制公证机构的趋同化管理,未来公证机构的组织形式有待进一步明确。③ 概括而言,事业体制公证处是指由司法行政部门直接管理,依法独立行使公证职权,以公证收费为主要经费来源的公证机构。在事业体制公证机构中,又分为全额拨款、差额拨款、自收自支等三种情况。④ 备案制公证处是指公证机构实行备案制度,由司法行政部门按照规定程序批准设立的公证机构。备案制公证处属于事业体制公证机构。合作制公证处是由公证员(合作人)自愿组合、共同参与,财产由合作人共有,以其全部资产对债务承担有限责任的公证机构。

无论公证处的性质为何,公有与公益属性始终是共同要求。《公证法》第6条规定,公证机构是依法设立,不以营利为目的,依法独立行使公证职能、承担

---

① 《司法部、中央编办、财政部、人力资源社会保障部印发〈关于推进公证体制改革机制创新工作的意见〉的通知》。

② 《司法部关于印发〈关于深化公证体制机制改革促进公证事业健康发展的意见〉的通知》,载中国政府网,https://www.gov.cn/zhengce/zhengceku/2021-07/10/content_5623995.htm,访问日期:2023年8月28日。

③ 《全国人民代表大会常务委员会执法检查组关于检查〈中华人民共和国公证法〉实施情况的报告——2021年12月21日在第十三届全国人民代表大会常务委员会第三十二次会议上》,载中国人大网,http://www.npc.gov.cn/npc/c30834/202112/ce7508b19a8248dfab686ef9c91bf8dc.shtml,访问日期:2023年8月28日。

④ 刘子阳:《好消息! 全国889家行政体制公证机构提前全部完成改制任务》,载微信公众号"法治日报",https://mp.weixin.qq.com/s/910ugxsZivl7zwlAaWQkSw,访问日期:2023年8月28日。

民事责任的证明机构,从法律上明确了公证的公益性。《公证法实施报告》指出,要加强公证公益法律服务保障。司法行政部门要会同有关部门梳理出密切关系民生的公证公益法律服务事项,实行清单化管理;研究论证将公证公益法律服务纳入各级基本公共服务体系,给予经费保障和资金支持。[5] 司法部公共法律服务管理局有关负责人指出,对关系到民生的公证服务应该收费低廉,而且要进行动态的调整,能低则低。比如,对老年人、未成年人、残疾人以及特定人群,在办理公证服务时要能减则减、能免则免;对于市场可以调节的,要严格地论证定价。同时,司法行政机关和公证协会也将公证机构、公证员开展公益服务的数量、质量纳入评估体系,这也直接体现出公益属性。[6]

二、如何成为一名公证员

(一)条件与门槛

成为公证员的条件是由《公证法》强制规定的,通过国家统一法律职业资格考试,取得法律职业资格证书是成为公证员的必备条件,由于公证业务重视经验,因此公证员年龄一定要超过 25 岁。

另外,还需符合下列条件之一:第一,直接进入公证机构实习 2 年,经考核合格;第二,先从事 3 年以上其他法律职业经历,随后在公证机构实习 1 年以上。实习结束后,由公证机构出具推荐书,向司法局提出申请,经考核合格,取得公证员执业证。

此外,公证机构也欢迎法律共同体的其他人员进入公证员队伍,从事法学教学、研究工作,具有高级职称的人员或具有本科以上学历,从事审判、检察、法制工作、法律服务满 10 年的公务员、律师离开工作岗位经考核合格的也可以担任公证员。

(二)公证员的编制

公证员不一定是行政编制或是事业编制,具体情况需要根据其所在的公证处性质综合而论。公证员通常可以参加技术职称评定,实行灵活的绩效工资分

---

[5] 刘子阳:《好消息!全国 889 家行政体制公证机构提前全部完成改制任务》,载微信公众号"法治日报",https://mp.weixin.qq.com/s/910ugxsZivl7zwlAaWQkSw,访问日期:2023 年 8 月 28 日。

[6] 《关于优化公证服务更好利企便民的意见》,载中国政府网,http://www.gov.cn/xinwen/2021zccfh/19/index.htm,访问日期:2022 年 5 月 30 日。

配。但为了保障事业单位的公益性,人社部门原则上不允许将事业单位的业务收入与事业单位工作人员的个人收入直接挂钩。更鉴于中央政府近些年来一直在致力于减少、降低行政事业性收费,公证机构保留事业体制,部分省份公证收费标准被控制在较低的范围内。

根据2017年司法部《关于推进公证体制改革机制创新工作的意见》,很多公证处创新编制管理制度,通过"备案制"等方法,事业体制公证处保留行政编制,但是其中的公证员不具有行政编制,相当于只配置事业单位的户头,但是不占国家的编制和财政拨款。该类"备案制"事业体制公证处大多实行企业化管理模式,采用更加灵活的职称评聘政策和绩效工资政策,自负盈亏,业务收入依法纳税。

(三)公证员的薪资

公证员有权获得劳动报酬,享受保险和福利待遇;有权提出辞职、申诉或者控告;非因法定事由和非经法定程序,不被免职或者处罚。

司法部2021年6月29日《关于深化公证体制机制改革 促进公证事业健康发展的意见》中强调,要提高公证从业人员待遇,吸引优秀人才从事公证行业。司法部发布的《全国公共法律服务体系建设规划(2021—2025年)》载明,为扩大公证服务供给,将大力发展公证员队伍,到2025年达到2万名。未来,随着公证行业的不断发展,公证从业人员待遇提高亦可期。

(四)公证员评级

公证系列专业技术职务名称,简称为职称,包括一级公证员、二级公证员、三级公证员、四级公证员。

四级公证员为初级公证员,即初级专业技术职务。四级公证员可以申请评定高级专业技术职务任职资格,其中,三级公证员为中级专业技术职务,又称中级公证员;二级公证员为副高级专业技术职务;一级公证员为正高级专业技术职务。

评选条件主要考察申请人的学历、资历、学识水平和工作业绩条件,包括是否具有丰富的公证业务实践经验,是否出版过具有较高学术价值的法学专著、译著或公证专业论著,是否积极参与国内外学术交流活动。在公证员岗位上做出突出贡献的专业技术人员,可不受学历、资历、职称、身份等条件限制,破格申报评审相应专业技术资格。[7]

---

[7] 参考《公证员职务试行条例》《浙江省公证员系列高、中级专业技术资格评价条件(试行)》《安徽省公证员系列专业技术资格评审标准条件(试行)》。

三、公证业务领域

公证文书具有五种效力,与公证处业务息息相关的是公证的证据效力、强制执行效力。其中,证据效力是指经过法定程序公证证明的法律事实和文书,除有相反证据足以推翻的以外,人民法院都应当作为认定事实的根据。强制执行效力是指在债务人不履行或不完全履行债务时,债权人可以直接凭公证书向有管辖权的人民法院申请强制执行。此外,公证还具有不可撤销的效力、对抗第三人的效力、法律行为生效要件的效力。

《公证法》对于公证业务领域进行了"概括式+列举式"的规定,将公证机构的业务领域分为公证事项和公证事务两部分。

不过,在上述法律明确规定的业务范围外,公证机构也可以从事其他法律服务,从而形成公证综合法律服务体系。公证常见的业务领域可参见表1、表2。

表1 常见公证事项

公证类型	公证内容
合同协议公证	房屋买卖、赠与、租赁协议; 国有土地使用权出让、转让合同; 矿业权、林权转让合同; 夫妻财产协议; 离婚协议; 遗赠扶养协议、赡养协议、意定监护协议; 出国留学协议; 工伤事故赔偿、交通事故赔偿协议
金融事务公证	银行贷款合同; 担保合同; 典当合同; 融资租赁合同; 保理合同; 信托合同
公司事务公证	发起人协议、股权转让协议、股权质押协议; 公司章程; 公司会议监督; 公司授权书; 解除劳动合同; 公司对外担保行为; 股东资格继承

(续表)

公证类型	公证内容
有法律意义的文书和事实公证	出生、生存、死亡； 身份、曾用名、住所地(居住地)； 学历、学位； 经历、职务(职称)、资格； 有无犯罪记录； 婚姻状况； 亲属关系； 财产权； 收养、抚养；收入、纳税
继承类公证	放弃继承权声明； 法定继承、遗嘱继承； 遗产分割协议； 接受遗赠
现场监督类公证	投标招标； 拍卖； 开奖
单方法律行为公证	授权委托； 声明(承诺)； 遗嘱
保全证据公证	保全互联网电子证据； 保全物证、证人证言、当事人陈述； 保全送达文书证据； 其他保全证据

表2 公证事务和公证综合法律服务

公证事务	公证综合法律服务体系
提存事务； 公证抵押登记事务； 代办法律事务； 公证保管事务； 公证参与司法辅助事务	公证代书事务； 公证咨询事务； 公证调解事务； 尽职调查事务

小D的沙漏时刻

对公证处业务进行简单了解后，小D正式开始了在公证处的实习工作。第二天上午，出租公司甲公司和新租户乙公司的代理人到公证处申请办理租赁合同公证。小 D 协助承办公证员进行了接待,在审查了甲公司、乙公司的法人资质及代理人的身份和代理权限等证明材料后,受理了公证申请。小 D 向甲公司、乙公司告知了合同约定的违约条款:乙公司不按期支付租金和物业费,且经催告仍拒不交纳或失联时,甲公司有权解除合同并将出租房屋收回。乙公司对此表示同意。

明确合同内容后,小 D 进一步告知双方,应当在合同中明确用于催告的联系地址等信息,腾退出租房屋的条件,以及房屋中存放物品的处理方式,以使合同内容更加完善。乙公司当场表示同意甲公司有权在单方收回房屋时自行处置房屋内物品。小 D 审查了双方达成一致意见的租赁合同,并办理了公证。

半个月后,乙公司突然关门并无法联系。甲公司决定按约定单方收回出租房屋,并到公证处申请办理单方收回出租房屋现场保全证据公证。甲公司的代理人来到公证处,在公证员哥哥的指导下,小 D 监督该代理人在自己面前按照乙公司留下的联系地址、电话和电子邮箱,拨打电话、以特快专递发出催告函及催告电子邮件。10 天后,特快专递被退回,电子邮件也未收到回复,符合合同中对于"经催告失联"的认定情形。小 D 审查核实相关情况后,决定对单方收回出租房屋现场进行公证据保全。

当天下午,小 D 事先联系了居委会工作人员、甲公司工作人员,和另一位公证员哥哥共同来到租赁办公场地,进入现场,进行物品清点,全程进行录像。小 D 对于现场物品进行贴标、编号、登记、装箱并密封。清点完毕后,小 D 和公证员哥哥以及在场人员在物品登记清单和现场记录上签名,清点的物品交由甲公司工作人员按照合同处理。

回到公证处后,小 D 起草保全证据公证证词,经审批后出具了公证书。至此,甲公司通过公证无须诉讼就顺利收回了出租房屋。

公证服务参与到金融领域有利于防控金融风险,是一项前置预防为主的司法证明制度,不仅能对银行信贷、融资租赁、融资担保、商业保理等金融服务领域产生的各类债权文书赋予强制执行力,从而略过诉讼程序,降低成本,债务人不履行或不完全履行赋予强制执行效力的公证债权文书时,债权人可向公证机构申请执行证书,并可凭原公证书和执行证书向有管辖权的法院申请执行。近年来被越来越多的当事人所采用,尤其成为银行、资产公司等金融机构实现债权时的优先选择。

公证机构业务不仅包括公证事项和公证事务,近几年涉及社区服务、尽职调查、法律咨询、诉前调解等方面。2016 年最高人民法院《关于人民法院进一步深化多元化纠纷解决机制改革的意见》指出,各级人民法院要加强与公证机构的对接。支持公证机构对法律行为、事实和文书依法进行核实和证明,支持公证机构对当事人达成的债权债务合同以及具有给付内容的和解协议、调解协议办理债权文书公证,支持公证机构在送达、取证、保全、执行等环节提供公证法律服务,在家事、商事等领域开展公证活动或者调解服务,2017年最高人民法院、司法部发布《关于开展公证参与人民法院司法辅助事务试点工作的通知》,在北京、内蒙古、黑龙江、上海、江苏、浙江、安徽、福建、广东、四川、云南、陕西12省(区、市)开展公证参与司法辅助事务试点,试点期限为一年。

> **小D的沙漏时刻**
>
> 实习的第二周,小D了解到所在公证处和地方法院合作成立了司法辅助中心,公证处会派驻公证员到法院开展工作。
>
> 公证员可以在法院干什么呢?怀着这样的好奇心,小D申请到合作成立的司法辅助中心帮忙。
>
> 在公证员姐姐的指导下,小D发现公证员在司法辅助中心的作用举足轻重。上午帮助法院送达文书后,下午又马不停蹄地参加到一起民间借贷的案件调解过程中。
>
> 公证处的林公证员告诉小D:"经公证的债权文书具有强制执行效力,可以不经诉讼直接成为人民法院的执行依据,减少司法成本,提高司法效率。以公证书的强制执行效力为例,根据最高人民法院、司法部《关于公证机关赋予强制执行效力的债权文书执行有关问题的联合通知》、中国公证协会《办理具有强制执行效力债权文书公证及出具执行证书的指导意见》的相关规定,目前可以由公证机关赋予强制执行力的文件包括:(1)借款合同、借用合同、无财产担保的租赁合同;(2)赊欠货物的债权文书;(3)借据、欠单;(4)还款(物)协议;(5)以给付赡养费、扶养费、抚育费、学费、赔(补)偿金为内容的协议;(6)符合赋予强制执行效力条件的其他债权文书。在实践中,第6类文书获得开放性解释,包括但不限于附有担保协议的合同、贷款合同、抵押合同等。作为多元纠纷解决机制的重要组成部分,公证服务越来越多地进入人们的视野。实践中,公证发挥着重要的司法辅助作用,越来越多地参与到法院的调解、取证、送达、保全、执行过程中,有效缓解了人民法院'案多人少'的压力。⑧"

公证在国内外都有广泛的应用。国际公证联盟(Union International del Notariado,简称UINL)成立于1948年,是一个非政府性的国际公证人组织。中国

---

⑧ 王金虎:《公证改革,为了更便民利企》,载光明网,https://news.gmw.cn/2021-10/23/content_35253906.htm,访问日期:2022年5月30日。

公证协会于 2003 年 3 月正式加入国际公证联盟,与其他成员国一起组建成了世界公证网络。经过外交认证,中国出具的公证书也可以在国外使用。

四、公证行业的前景

公证工作是全面依法治国的基础性、服务性和保障性工作,在推进法治国家、法治政府、法治社会一体建设中发挥着重要作用。司法部 2019 年 1 月 29 日发布《全面深化司法行政改革纲要(2018—2022 年)》,将"推进公证制度改革"作为完备公共法律服务体系建设措施的十项措施之一。2021 年 6 月 29 日《关于深化公证体制机制改革 促进公证事业健康发展的意见》将公证制度认定为重要的预防性司法制度,公证服务将结合律师、司法鉴定、仲裁、司法所、人民调解等法律服务资源,共同构建成覆盖城乡的公共法律服务网络体系。

现在,公证的功能越发多元化,公证行业呈现出欣欣向荣、蓬勃发展的姿态。推进公证服务体系建设,发展公证法律服务业,对于践行以人民为中心的发展思想,更好地满足人民群众日益增长的美好生活需要具有重要意义。

"若在座有同学认同'崇法、尚信、公正、求真'的理念,坚持中立、独立、诚信,且有强烈的社会责任感和职业荣誉感,愿意在律所、公检法等传统法律职业外另辟蹊径,则将公证员作为目标职业也不失为不错选择。"

小 D 速记

公证实行司法行政机关行政管理和公证协会行业管理相结合的公证管理体制。

不同公证机构有固定的执业区域,由各省划定。但目前公证执业区域正在逐步放开。

普通毕业生进入公证机构成为公证员需要满足年龄 25 岁以上、通过法律职业资格考试、公证机构实习两年以上或先从事 3 年以上其他法律职业经历,随后在公证机构实习 1 年以上。

公证体制改革仍在不断推进,关于公证处的性质未有明确定论。目前较为常见的公证处类型包括事业体制、合作制、备案制,也有捐赠法人性质的公证处等。

公证员职称包括四级:四级是初级专业技术职务,三级公证员为中级专业技术职务,二级公证员为副高级专业技术职务,一级公证员为正高级专业技术职务。

公证机构的公证业务分为公证事项和公证事务两部分。近几年也涉及社区服务、尽职调查、法律咨询、诉前调解等方面,公证业务呈现多元化趋势。

国际组织：国际公务员的世界情怀[*]

早前了解到本节课的主题是国际组织工作，小 D 早早就坐在了教室的前排，这类职业似乎离日常生活很远，想要了解也渠道无多。

上课铃响起，一位气质温和、举止干练的年轻女士走进了教室。"大家好，我是 R，曾在荷兰海牙的国际刑庭工作多年，现于法国里昂的国际组织工作。恰好这段时间回国休假，很高兴受魔法师邀请，为大家介绍法学生在国际组织的就业情况。在开始正式的讲授之前，我想问大家一个问题：你们心中国际公务员的工作是怎么样的？"

"高大上""语言要求高""为全球的利益工作"，大家七嘴八舌地讨论起来。小 D 也举手答道："在各个国家能享受工作需要的特权和豁免。"

闻言，R 笑道："这位同学国际法学得很不错。以我的亲身经历看来，大家的回答也都是对国际公务员工作的贴切形容。但是，既然我们在谈求职与就业，就要再进一步问几个问题：国际组织有哪些工作机会？怎样进入国际组织工作？国际组织的工作环境和待遇怎么样？"

这几个问题让教室里的同学们陷入了短暂的沉默。"确实，"小 D 心想，"国际组织听起来就门槛很高，本科生很难有国际组织的实习机会，最多也只是纸上谈兵。"

同学们的反应似乎也在 R 的预料之内。她点了点头说："这几个问题的确是为难没有特意了解过的同学了。在今天的课程里，我会尽量给大家初步的答案。"

一、国际组织相关法律岗位

"先来说说国际组织有哪些工作机会吧。"R 转身，在黑板上写下"法律岗

---

[*] 本部分公益导师：付玮玮，荷兰莱顿大学国际公法硕士（Advanced LLM 项目）、中国政法大学法学学士，现任国际刑警组织档案管制委员会法律官员，曾在国际刑事法院和前南斯拉夫特别刑事法庭实习，曾在黎巴嫩特别刑事法庭检察官办公室工作十年，任出庭律师。

志愿者：冯丽羽，英国剑桥大学国际法学博士研究生，北京大学国际法学硕士，中国政法大学法学学士，曾在英国高伟绅律师事务所、大成律师事务所等实习。

位"四个字。"在国际组织里每个人都是在做一枚螺丝钉,承担的是某一项具体的工作。我们法学生这种'螺丝钉',在国际组织有很多可用之处。我个人认为,法学生在国际组织的去处主要有五个。"

(一)联合国法律事务厅

在最著名的国际组织——联合国中,最核心的法律部门就是联合国法律事务厅。它的主要职责包括:在公法和私法领域向秘书长、秘书处各部厅和联合国机关提供法律咨询;代表秘书长参加法律会议和司法程序;为参与国际公法、海洋法和海洋事务及国际贸易法的法律机关履行实质性和秘书处职能;履行《联合国宪章》第 102 条赋予秘书长的职能。在联合国招聘网站(UN Careers)上,可以查询法律事务办公室内所有开放的法律官员和实习生职位。图 1 是联合国法律事务办公室的组织机构,表 1 是具体工作内容。

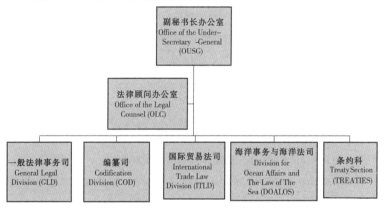

图 1 联合国法律事务厅的组织机构

表 1 联合国法律事务厅各办公室工作内容

办公室名称	工作内容
副秘书长办公室	为秘书处和联合国主要机关及其他机关提供统一的法律服务;总领法律厅其他部门工作
法律顾问办公室	就国际公法规则,包括国际刑法和人道法、联合国决议和条例以及《联合国特权和豁免公约》的解释和起草编写法律意见,以及拟订规范联合国与对外关系的法律文书; 为维持和平行动、议事规则、业务行为向联合国机关提供咨询意见; 处理与美国和其他东道国政府签订的总部协定引起的问题; 与国际法院保持联络,履行秘书长根据《法院规约》承担的责任等

(续表)

办公室名称	工作内容
编纂司	鼓励国际法的逐步发展和编纂,特别是提供实质性的服务和协助; 促进国际法的教学、研究、传播和广泛了解,包括: (a)编写和印发经常性和临时性法律出版物(如《联合国法律年鉴》《国际法院判决摘要、咨询意见和命令》《国际仲裁裁决汇编》《联合国法律汇编》,国际法委员会的工作以及与预防和制止国际恐怖主义有关的国际文书); (b)组织关于国际法各专题的课程和讨论会; (c)维持该司的网站和网上出版物; (d)负责联合国国际法视听图书馆的发展和维护,以促进教育、培训、传播和研究
一般法律事务司	解释《联合国宪章》某些条款、大会决议和决定、方案和活动的条例、细则以及其他行政通知; 就联合国官员、特派专家和(或)第三方的欺诈、腐败或其他不法行为的可信指控提供咨询和实质性行动,将此类行为的案件移交国家当局,并配合国家诉讼程序; 解决联合国与采购活动、单独管理的基金有关的争端、争议和索赔; 在其他司法和仲裁机构代表联合国,以履行本组织根据《联合国特权和豁免公约》承担的义务,为合同或私法性质的索赔提供适当的解决方式等
国际贸易法司	向联合国国际贸易法委员会及其附属机构提供法律研究服务; 协助联合国各机关、机构和会议处理与国际贸易法有关的事项; 为涉及国际贸易法的技术合作活动、培训提供实质性支持
海洋事务与海洋法司	就《联合国海洋法公约》向各国和政府间组织提供法律和技术服务,并进行研究和编写研究报告,促进对《海洋法公约》和《执行协定》的有效实施; 向大会提供关于海洋法和海洋事务的服务以便利大会每年审查海洋事务的发展情况; 在海洋法和海洋事务领域提供培训、研究和技术援助
条约科	根据《联合国宪章》第102条分析、登记、归档、记录和公布条约和其他国际协定; 根据多边条约履行秘书长的保存职能; 发行出版物,维护电子数据库和信息系统,并就条约法和有关事项提供咨询和信息等

(二)联合国国际法院

"既然提到联合国,我想同学们也一定想到了它的主要司法机关——国际法院。"

国际法院的职能大概包括两项:负责解决各国之间的争端,并就联合国提交给它的国际法律问题发表咨询意见。

国际法院书记官处目前约有100名员工。书记官处分为12个部门,与法学专业相关的部门包括法律事务部和法官秘书。其中,法律事务部每两年会招收一批法官助理(Law Clerk to Judges),以协助法官做法律研究工作。每一位法官助理的初始合同为两年,最长在职时间为四年。对于每一位学习国际法并希望从事国际法研究和实践的法律人来说,国际法院法官助理可以说是传说中的"金蛋"职位了。所以尽管此职位对于申请人的各项要求都颇高,每(两)年总会有数以千计的国际法人向国际法院投去简历,希望能经过层层严格筛选成为法官助理,工作在国际法解释和应用的最前沿。希望有兴趣的同学也积极尝试。表2是国际法院2022年法官助理的招聘简章。①

表2 国际法院2022年法官助理的招聘简章

职责	资格要求	语言
在指定法官的指导和监督下,法官助理将为其提供与法院待决案件有关的法律研究和相关协助。法官助理还可能被要求为参与特定案件的专案法官提供法律上的协助和支持。在法官的指示下,法官助理也可能不时被要求为书记官处执行特定的法律任务。	具有顶尖大学的法学学位,以及突出的国际公法学术背景或该领域的专业经验;具有一流大学学位和充分专业经验者可被视为满足顶尖大学法学学位的要求。具有国际公法的硕博学习经历将被视为加分项。最好有两年在国际组织、政府、律师事务所或其他私营部门的国际争端解决的经验。	法语和英语是法院的官方语言。申请者需要具备其中对一种语言的深入理解和写作能力,以及对另一种语言的良好理解和基本沟通能力。申请人对联合国其他官方语言的了解将被视为加分项。

(三)专门化国际组织/部门

除了以上两个最典型的法律人去处,联合国专门机构和其他一些专门化的国际组织也给同学们提供了不少机会。如果说在联合国法律事务办公室或者国际法院中,同学们应该具备综合全面的国际法知识;那么在专门化的国际组织或部门中,同学们对某一领域国际法的深入学习或特殊经验会更受青睐。

"这类的国际组织或部门数量众多,难以穷尽介绍。所以,我列举了几个此类组织,见表3,给同学们提供参考。"R说道。

表3 专业化国际组织或部门工作内容

组织或部门			工作内容
公法类	1	国际刑事法院 International Criminal Court	调查并在必要时审判被控犯有国际社会关注的最严重罪行,即种族灭绝罪、战争罪、危害人类罪和侵略罪的个人

---

① UN Jobnet, "Law Clerk to Judges of the Court (Associate Legal Officer) of the International Court of Justice (ICJ)", https://www.unjobnet.org/jobs/detail/37753474, last visited on May 29, 2022.

(续表)

		组织或部门	工作内容
公法类	2	国际刑事法庭余留机制 International Residual Mechanism for Criminal Tribunals	承担卢旺达问题国际法庭和前南问题国际法庭若干职能的责任,包括追查和起诉其余逃犯;上诉程序;复审程序;再审;藐视法庭罪和伪证罪的审判;移交国家管辖的案件;保护被害人和证人;刑罚执行监督;档案的保存与管理等。
	3	缅甸问题独立调查机制 Independent Investigative Mechanism for Myanmar	收集最严重国际罪行和违反国际法行为的证据,并利用缅甸问题独立实况调查团移交的资料,为刑事起诉准备档案。
	4	叙利亚问题国际公正独立机制 International, Impartial and Independent Mechanism (Syria)	收集和分析在叙利亚犯下的国际罪行的信息和证据,以协助对这些罪行拥有或可能在未来拥有管辖权的国家、区域或国际法院或法庭的刑事诉讼。
	5	红十字国际委员会 International Committee of the Red Cross	根据1949年日内瓦四公约的授权,帮助受冲突和武装暴力影响的人,促进保护战争受害者的法律的实施、应对冲突地区的灾难。
	6	国际海洋法法庭 International Tribunal for the Law of the Sea	根据《联合国海洋法公约》,裁决解释和适用而产生的争端。
	7	国际民航组织 International Civil Aviation Organization	对《国际民用航空公约》(《芝加哥公约》)的行政和治理方面进行管理。就国际民用航空的标准和建议措施及政策达成协商一致;对安全和空中航行的多边战略性进展进行协调;监测并报告航空运输部门各种绩效衡量标准;以及审计各国在安全和安保方面的民用航空监督能力。
私法类	8	国际统一私法协会 International Institute for the Unification of Private Law	通过统一规则、国际公约和制定示范法、一套原则、指南和准则,协调各国的国际私法。
	9	世界知识产权组织 World Intellectual Property Organization	寻求建立一个平衡和可利用的国际知识产权制度,鼓励创新,在维护公共利益的同时促进经济发展。
	10	世界贸易组织 World Trade Organization	处理国家间贸易规则的唯一全球性国际组织。核心是世贸组织协定,目标是帮助商品和服务的生产者、出口商和进口商开展业务。
	11	世界银行集团 World Bank Group	宗旨是向成员国提供贷款和投资,推进国际贸易均衡发展。由国际复兴开发银行、国际开发协会、国际金融公司、多边投资担保机构和国际投资争端解决中心5个成员机构组成。

(续表)

		组织或部门	工作内容
私法类	12	亚洲开发银行 Asian Development Bank	促进亚太地区各国经济的增长与合作。负责该地区的一些重大项目,并通过国际债券市场筹集资金。向低收入发展中国家以优惠条件提供贷款。促进亚洲及太平洋区域较贫穷国家的减贫和生活质量的改善。
	13	国际投资争端解决中心 International Center for Settlement of Investment Disputes	致力于国际投资争端解决,管理大多数国际投资案件。向投资者和国家提供帮助,促进国际投资。通过调解、仲裁或事实调查解决争端。
	14	常设仲裁法庭 Permanent Court of Arbitration	提供仲裁服务,解决会员国、国际组织或私人当事方之间的国际协定引起的争端。这些案件涉及领土和海洋边界、主权、人权、国际投资,国际和地区贸易等一系列法律问题。
	15	国际商会 International Chamber of Commerce	国际商会有3项主要活动:规则制定、争端解决和政策宣传;在制定管理跨境业务行为的规则方面拥有相当权威;支持联合国、世界贸易组织和许多其他政府间机构的工作。
	16	新加坡国际仲裁中心 Singapore International Arbitration Centre	总部设在新加坡的非营利性国际仲裁组织,根据自己的仲裁规则和贸易法委员会的仲裁规则管理仲裁;为来自世界各地的当事人提供案件管理服务。
	17	香港国际仲裁中心 Hong Kong International Arbitration Center	目的是协助有纠纷的当事人通过仲裁或其他方式解决争议;由香港主要的商业及专业人士组成,是亚洲解决争议的中心。
	18	中国国际经济贸易仲裁委员会 China International Economic and Trade Arbitration Commission	是一个主要的常设仲裁机构,通过仲裁独立、公正地解决经济和贸易争端。
	19	国际清算银行 Bank for International Settlements	中央银行拥有的一家国际金融机构,它"促进国际货币和金融合作,并充当中央银行的银行";通过其会议开展工作,方案和通过巴塞尔进程,追求全球金融稳定和促进其互动。

(四)劳工法、行政法、组织法专业职位

国际组织和大多数公司一样,都需要有自己的法务部门,统筹管理组织里的一应法律事务。这些法务部门主要的工作内容主要与劳动法、行政法、国际组织法和比较法相关。这些法律职位分散在各个国际组织的人事部门、行政部门和负责解决劳动争议的部门。例如,联合国环境署、世界卫生组织、国际刑警组织、绿色和平组织的人事部门,都会招聘擅长劳动法和行政法的法律官员。这类的职位无法穷尽列举,表4以几个相关法律官员的职位为例,具体说明了职位的工作内容。

表4 劳工法、行政法、组织法专业职位工作内容

序号	部门	级别	职位要求
1	联合国争议法庭 United Nations Dispute Tribunal	P3级别法律官员	向联合国争议法庭的法官提供实质性、技术性和行政性帮助,以便对案件进行裁决;审查提交给法庭的案件;根据需要编写背景材料和问题摘要以协助法官;起草法律文本,处理涉及行政法解释和适用的各种复杂法律事项
2	联合国司法办公室 Office of Administration of Justice	P3级别法律官员	就有关对行政决定提出上诉和实施纪律事项的问题向客户提供咨询意见;代表客户在联合国争议法庭和联合国上诉法庭出庭并提起诉讼;查明法律问题,起草法律文件和信函的审查意见和建议
3	法律事务厅一般法律司 General Legal Division of the Office of Legal Affairs (OLA)	P3级别法律官员	就实质性合同和采购、联合国行政法的解释和适用问题进行法律研究,并向联合国主要机关和附属机关提供法律咨询、备忘录;接受自愿捐款、与非营利性和私营部门合作、解决对本组织的索赔等
4	粮农组织 United Nations Food and Agriculture Organization	P3级别法律官员	就涉及国际法、公法、私法和发展法问题的广泛的法律事项进行法律研究和分析,审查和编写法律意见或咨询意见;起草或监督起草国家级的立法、评注、条例和其他法律文书、法律意见、简报、报告和有关信函的建议文本;编写或协助编写次区域、区域和全球范围或相关的背景文件、研究报告、报告和其他法律文本
5	禁止化学武器组织 Organization for the Prohibition of Chemical Weapons	P4级别高级法律官员	就行政法问题和秘书处的业务活动提供法律咨询和协助;研究和起草关于行政法问题的法律意见(例如,关于索赔、指控和投诉;调查;纪律事项);根据总干事办公室和秘书处其他司、处或办公室的要求,审查或编写关于内部规则和程序解释的法律意见和研究报告等
6	全面禁止核试验条约组织 Comprehensive Nuclear Test Ban Treaty Organization	法律与对外关系部实习生	进行法律研究;协助审查法律文件;更新和维护法律事务科的研究档案;协助更新立法数据库等

(五) 非法律岗但接收法律背景申请者的职位

同学们如果查找国际组织的就业机会,不要忘记一件事:很多职位虽然名称不包括"法律"字样,但是接收法律背景申请者。例如,在联合国招聘网站(UN Careers)中,此类职位就不会列举在法律(Legal)项下,而是在政治、人权和人道事务(Political, Human Rights and Humanitarian)项下。在申请此类职位时,法律背景固然重要,但招聘组织更看重的是申请人与职位有关的工作(实习)经历。表5列举了联合国中几个这样的职位,供大家参考。

表5 非法律官员但接收法律背景申请者的职位

序号	所涉领域	机构及部门	级别	职位内容及学位要求
1	政治事务	叙利亚问题国际公正独立机制 Office of the IIIM-SYRIA	P3级别政治事务分析师	职位内容:深入研究和分析有关严重违反国际人道主义法的信息和证据,例如种族灭绝、危害人类罪和战争罪等。 学位:犯罪学、法律、历史、政治/社会科学或相关领域的高等大学学位(硕士或同等学历)。
2	政治事务	联合国政治事务和建设和平部 Department of Political Affairs and Peacebuilding	P5级别政治事务特别助理	职位内容:与主管政治和建设和平事务副秘书长办公室以及和平与安全支柱部门、联合国发展系统和人道主义行动者的其他对口部门和办事处联络等。 学位:政治学、国际关系、国际经济、法律、公共管理或相关领域的高等大学学位(硕士或同等学历)。
3	政治事务	联合国反恐办公室 Office of Counter-Terrorism	P3级别政治事务官员	职位内容:保持对与一般政治问题有关事件的最新了解,特别是反恐办公室工作人员负责的国家和专题任务等。 学位:政治学、国际关系、国际经济学、法学、公共管理或其他相关专业的高等大学学位(硕士或同等学历)。
4	人权事务	联合国人权高专办公室 Office of the High Commissioner for Human Rights	P3级别人权事务官员	职位内容:协助促进各国对人权的尊重,提供协助各国政府的咨询服务和技术合作;谈判技术合作协议,担任各个国家项目经理等。 学位:法律、政治、国际关系或相关领域的高等大学学位(硕士或同等学历)。

（续表）

序号	所涉领域	机构及部门	级别	职位内容及学位要求
5	法治	联合国南苏丹共和国特派团 United Nations Mission in the Republic of South Sudan	P4级别法治官员	职位内容：制定并实施与东道国法治和加强司法系统有关的政策；就司法机构的法律框架体制改革提供咨询意见；为检察机关和执法机关提供援助。 学位：必须有法律方面的高等大学学位（硕士或同等学历）；法律或相关领域的一级大学学位、律师资格或同等学历，加上另外两年的相关法律经验，可代替高等大学学位。
6	民政事务	联合国科索沃特派团 United Nations Mission in Kosovo	P3级别民政事务官员	职位内容：就影响区域的政治、社会和经济问题，酌情向特派团和其他行动者提供资料和分析；确保将当地居民的关切和看法有效地传达给特派团和其他行动者。 学位：社会科学、政治科学、国际关系、公共管理、人类学、法学、经济学或相关领域的高等大学学位（硕士或同等学历）。
7	选举事务	联合国外地特派团 Field Missions	P5级别高级选举事务官员	职位内容：在下列法律起草和改革；投诉和争端解决；全面进程管理、规划和预算编制；基础设施发展等领域设计、领导、监督、协调和协助执行选举援助方案和进程。 学位：政治学、国际经济学、国际关系、法律、公共管理或相关领域的高等大学学位（硕士或同等学历）。

二、申请方式

看来经过刚才的介绍，同学们都有些惊讶，应该是没有想到，国际组织是个有这么多工作机会的"宝库"。有了这个基础，下面介绍国际组织工作的申请流程就简单多了。申请国际组织的工作与申请其他工作一样，都需要在网上提交申请，初选通过后再参加笔试和面试。这些申请大同小异，图2以联合国为例，介绍一般的申请流程。

1. 搜索职位空缺：在 https://careers.un.org 网站中点击"搜索职位空缺"（Search Job Opening）栏目，申请人可以进行任意搜索职位。显示的空缺职位是可以申请的。
2. 资格评估：申请人如果对某个职位空缺感兴趣，应特别关注该职位在教育背景、工作经验、语言和能力方面的具体标准，达到标准方可申请。
3. 开始申请：申请人可以在联合国人才管理平台 Inspira 中创建一份不与任何具体职位空缺挂钩的申请草稿。点击 Inspira 主页顶部的"我的申请"，然后点击右上角的"创建申请草稿"。申请人一般需要提交的材料包括以下方面：教育、工作经验、语言、技能和培训、求职信。
4. 评价和评估：提交申请后，申请人可能要经历各个评价和评估阶段。入围的申请人可能受邀参加笔试、演示、技术测试、知识面试、胜任能力面试等各类形式的评估。
5. 查询申请状态和入选：申请人可以在 Inspira 中查询申请状态。被甄选出任职位空缺的申请人会立即收到通知。被甄选的申请人必须在收到通知后的 5 个工作日内，通过电子邮件确认他们仍然有兴趣且可以出任该职位。如果五个工作日内没有收到确认，则可能甄选另一名申请人。

图 2　联合国职位的申请流程

三、联合国青年专业人员计划 YPP 和初级专业官员方案 JPO

以联合国为代表的国际组织为青年学生和法律从业人员就业提供了不少特定的招收计划和招收名额，联合国青年专业人员计划和初级专业官员方案就在其中。联合国青年专业人员计划（Young Professional Program，简称 YPP）[②]是联合国的一项招聘计划，旨在选拔有才能的高素质专业人士进入联合国秘书处，开启作为国际公务员的职业生涯。这项计划对于申请人的工作年限没有要求，目的就是扩充联合国的青年人才资源储备。因此，只要满足如年龄和国籍等相关条件，意向进入联合国求职的相关专业人才都可报名考试。

考试分为一般性知识笔试、专业知识笔试以及面试三个部分。成功入选的申请人将在未来三年内被列入联合国青年专业人才库。联合国秘书处中的各个部门在需要 P1/P2 级别员工时，会优先参考人才库里的候选人。根据各个部门的需要，他们可能直接从人才库中选择员工，也可能在人才库中挑选几位候选人再进行一轮面试。联合国会为成功就职的候选人提供一份为期 2 年的定期合同，2 年期满后，根据工作表现可续签。

中国在过去的几年中一直是该计划的参与国，这也给中国籍的青年人才提

---

② Young professionals program, https://careers.un.org/lbw/home.aspx? viewtype = NCE, last visited on May 29, 2022.

供了和全世界青年人同台竞争的机会。法学背景的学生可以报名参加该项目里法律官员、人权官员和政治官员等职位的考试,考试的相关要求见表6。

表6 联合国青年专业人员计划(YPP)考试概览

申请机会	资格要求	考试科目
·YPP考试每年举行一次,对参加年度招聘活动的国家的国民开放。参加国名单每年公布一次并且每年变化。 ·在联合国没有代表或者代表人数不足的国家将被邀请参与YPP项目。	·具有参与国的国籍; ·有至少一个与申请的考试科目相关的一级大学学士学位; ·年龄为32岁及以下; ·精通英语或法语。	·根据联合国工作人员的需要,申请人申请的考试科目不同。职责、能力和教育要求也会因地区而异。 ·YPP考试包括笔试和口试。

初级专业官员方案(Junior Professional Officers, JPO)则是为联合国秘书处征聘初级专业官员。这一方案根据联合国与相关国家之间的双边协议进行,主要招募拥有高等大学学位和至少两年专业经验的年轻人士,提供的职位一般在P1或P2级别。JPO初始任期一般为12个月,可以延长,但是相关人员无法直接获得正式职位。JPO方案的主要目标是向年轻专业人员提供在多边国际合作领域获得实际经验的机会。在我国,国家留学基金管理委员会开放JPO的申请机会,入选者有机会前往联合国难民署等机构工作。

四、待遇和福利

对于不熟悉国际组织的人来说,国际公务员的待遇和福利似乎是一个很神秘的话题。但事实上这是国际组织里最不神秘的地方了。以联合国为例,它的每一级别的工资标准以及福利制度均可以在官方网站 icsc.un.org 找到。

联合国的职位分为专业职类和一般事务职类,不同职务的基本工资有所差别。专业职类工作人员职级以P或D开头,要求在工作的某一方面具有国际专门知识。他们通常通过全球招聘录用人员,雇员在职业生涯中可能在该组织的不同工作地点任职。联合国系统的职位绝大多数要求若干年工作经验,尤其是中级和高级的职位,工作经验是必需的,越高级的职位要求越多的工作经验。整个联合国系统的基本薪金是相同的。同时,根据工作地点生活费用和美元汇率的不同,员工的薪金可能会受到一些调整补充,确保同一薪级的所有工作人员在每个工作地点都有类似的购买力。表7是不同级别职位的基本薪金薪酬范围。[3]

---

[3] United Nations Careers, Pay and benefits, https://careers.un.org/lbw/home.aspx? viewtype=sal&lang=en-US, last visited on May 29, 2022.

表7　联合国专业职类薪酬范围

职级	年薪（单位：美元）
初级 Entry Level Professionals (P1–P3)	37,000–80,000
中级 Mid-Career Professionals (P4–P5)	67,000–106,000
高级 Senior Level Professionals (D1–D2)	95,000–123,000

对秘书、文书、文本处理或会计等职位感兴趣的同学，如精通英文或法文，并了解相关的工作知识，可申请任何一般事务职类。这些职类的工作人员通常在当地征聘和支付报酬。将根据当地的工资表领取工资。这些员工的薪级表是定期审查的。联合国支付的薪金、赠款和津贴通常免征所得税。

国际组织的工作人员也会享受一些特殊的福利待遇，大类类型如表8所示。

表8　国际组织的福利待遇

补贴	休假	健康保险	退休金
联合国视员工的不同情况，可能为他们提供租金补贴、抚养津贴、子女教育补助金、搬迁旅费和运费、派遣补助金、艰苦条件津贴危险津贴和休息和疗养假等。	根据合同类型，员工每年有18天到30天的假期，10个带薪假日；每个工作地点的假日不同。员工也可能有资格享受探亲假旅行。	员工将有资格参加一项由联合国赞助的医疗保险计划，保险费由员工和组织共同分担。	被任用六个月或六个月以上的员工可以获准参加联合国养老基金，连续工作5年以上，可以在退休后享受养老金。

图3是2022年联合国的薪资范围公示，供大家参考。[④]

	I	II	III	IV	V	VI	VII	VIII	IX	X	XI	XII	XIII
Gross	207,368												
Net	152,363												
Gross	188,253												
Net	139,747												
Gross	150,252	153,708	157,164	160,623	164,082	167,539	170,994	174,455	177,911	181,367			
Net	114,666	116,947	119,228	121,511	123,794	126,076	128,356	130,640	132,921	135,202			
Gross	134,514	137,376	140,243	143,107	145,961	148,827	151,792	154,824	157,864	160,897	163,933	166,965	170,003
Net	103,660	105,663	107,670	109,675	111,673	113,679	115,683	117,684	119,690	121,692	123,696	125,697	127,702
Gross	115,949	118,384	120,821	123,253	125,690	128,123	130,561	132,994	135,430	137,863	140,300	142,730	145,170
Net	90,664	92,369	94,075	95,777	97,483	99,186	100,893	102,596	104,301	106,004	107,710	109,411	111,119
Gross	94,871	97,036	99,200	101,481	103,830	106,180	108,533	110,883	113,231	115,579	117,933	120,277	122,627
Net	75,602	77,247	78,892	80,537	82,181	83,825	85,473	87,118	88,762	90,405	92,053	93,694	95,339
Gross	77,884	79,887	81,891	83,892	85,897	87,899	89,901	91,908	93,909	95,911	97,918	99,921	102,090
Net	62,692	64,214	65,737	67,258	68,782	70,303	71,825	73,350	74,871	76,392	77,918	79,440	80,963
Gross	60,203	61,993	63,784	65,575	67,370	69,163	70,958	72,743	74,537	76,328	78,120	79,914	81,704
Net	49,254	50,615	51,977	53,337	54,701	56,064	57,428	58,785	60,148	61,509	62,871	64,235	65,595
Gross	46,413	47,806	49,198	50,646	52,164	53,688	55,207	56,729	58,249	59,771	61,291	62,811	64,332
Net	38,523	39,679	40,834	41,991	43,145	44,303	45,457	46,614	47,769	48,926	50,081	51,236	52,392

图3　2022年联合国薪资表

---

④ Salary scale for the Professional and higher categories-effective 1 January 2022, https://www.un.org/Depts/OHRM/salaries_allowances/salary.htm, last visited on May 29, 2022.

五、实习项目介绍

实习,可以让学生了解国际组织的工作方式,学习国际法的应用知识,也可以为自己的简历增添砝码,让自己在毕业时更具职场竞争力。如果同学们对实习有兴趣,可以到每一个国际组织的网站上查询它们对实习生的要求。

表9 联合国实习申请概览

查询实习职位	申请材料	实习时间
联合国实习职位空缺,可以在联合国招聘官网 careers.un.org 查询。	申请应该通过 careers.un.org 就业门户网站提交。一般要求实习生准备以下文件:实习生承诺书、实习意向和时间安排、推荐信、大学/法律学习成绩单、医疗保险复印件、书面写作样本等。	实习期至少两个月,最长可达六个月。一旦被选中,必须在毕业前或毕业后一年内开始实习。

与国内工作的实习不太一样,国际组织的实习生没有"转正"一说,这一点应该引起同学们的关注。"无机会转正",是指联合国内实习项目和所有招聘流程是分开运作的,实习生在实习期结束之后必须离开工作单位,并没有"留用"一说。但是,在实习期结束6个月后,前实习生是可以申请实习单位的职位空缺的。在招聘流程里,前实习生并不会被特别优待,还是需要和全世界的申请者竞争。但是,前实习生因为具有实践优势而对工作内容熟悉,在众多简历中是占有一定优势的。此外,这里所说的不能留用,指的是正式的职位。这样的职位需要被放到联合国招聘网站上,以正式公开的流程来筛选。而临时合同则不同。在联合国的各个部门,根据自己的工作需要,可能会有临时合同的预算。在特定需要下,部门可以招聘临时员工,而这个招聘过程则不需要通过正式公开的流程。但是需要注意的是,临时合同多数时间较短,一般为三个月或半年,虽然基于项目需要合同可能被延长,但多数部门都规定临时合同最多不得延长过一年。临时员工在待遇和福利上都没有正式员工的完善。例如,临时员工可能不享受工资免税的制度。

多数国际组织,不为实习生提供工资或补助。例如,联合国实习生不领工资。所有与旅费、保险费、住宿费和生活费有关的费用必须由实习生或其赞助机构承担。联合国对实习期间发生的事故和(或)疾病引起的费用不承担任何责任。此外,实习生需要自行解决签证事项、旅行和医疗保险。可供对比的是,世界银行集团的实习不允许学生自费,实习申请时必须提供由第三方赞助的证明,或由学校提供可转换学分的证明;国际货币基金组织统一为实习生提供报酬。

这样的规定给很多申请国际组织实习的学生造成了困难。在中国,除了家庭自费外,还有两个途径解决实习费用的问题:第一,是申请一些联合国以外的国际组织的实习项目,如世界知识产权组织和黎巴嫩特别问题法庭等机构,可以为无法负担实习费用的实习生提供补助。"国际组织实习生"是一个分享中国的国际组织实习信息和经验的微信公众号,也可以为同学们提供参考信息。第二,是申请奖学金,包括申请自己所在校外或某些企业/律所提供的奖学金,也包括申请国家留学基金委为国际组织实习提供的奖学金。表 10 为国家留学基金委的奖学金办法中的一些关键信息摘要。

表 10　国家留学基金委的国际组织实习奖学金概览

派出渠道	资助对象	实习期限	资助范围	申请条件
申请人可以通过国家留学基金委与有关国际组织合作项目,或通过单位或个人渠道联系留学基金资助。	重点资助到主要的政府间国际组织和具有重要影响力的非政府间国际组织实习。实习地点应为海外的国际组织总部及总部外机构办事处等。2022 年国家留基委与有关国际组织实习生合作项目(第一批)计划选派 113 人到国际组织实习。⑤ 此外,国家留基委还提供了 7 个以初级专业人员(JPO)身份到联合国难民署任职的机会。⑥	实习期限一般为 3-12 个月。实习结束前如获同一岗位延期,可向国家留学基金委申请延长资助一次,延期后总资助期限一般不超过 12 个月。	国家留学基金资助一次往返国际旅费、资助期限内的奖学金和艰苦地区补贴。奖学金包括伙食费、住宿费、交通费、电话费、医疗保险费、交际费、一次性安置费、签证延长费、零用费等,资助期限为 3-12 个月。通过与有关国际组织合作渠道和自行申请渠道录取的国际组织实习人员资助标准统一确定为 1800 欧元/人/月、2400 美元/人/月或 2500 瑞士法郎/人/月。	具有中华人民共和国国籍,不具有国外永久居留权。身体健康,心理健康,诚实守信。申请时年龄满 18 周岁,不超过 32 周岁(特殊岗位要求除外)。国内、国外本科及以上在校生或学士及以上学位获得者(含在资助期内的国家公派出国留学人员、国内在职人员)。通过单位或个人渠道联系国际组织派出的申请人在申请时应已持有国际组织正式实习录用通知且尚未开始实习。

---

⑤ 《2022 年与有关国际组织实习生合作项目(第一批)》,载国家留学网,https://www.csc.edu.cn/article/2286,访问日期:2022 年 5 月 31 日。

⑥ 《2022 年与联合国难民署初级专业人员(JPO)合作项目》,载国家留学网,https://www.csc.edu.cn/article/2287,访问日期:2022 年 5 月 31 日。

小 D 的沙漏时刻

在海牙凉爽的夏日清晨，小 D 骑着自行车从家出发，前往国际刑事法院开始第一天的实习。书记官处法务部来自法国的 C 法律官是小 D 的顶头上司，在小 D 办理完安检和入职手续之后请小 D 在餐厅里喝咖啡。"我们办公室的工作比较繁杂，"C 一边点咖啡一边跟小 D 说，"但是对于新来的实习生我们不会直接安排非常复杂的工作。而且我们会为你提供一系列的培训，包括对几个数据库的运用，所以你不用担心。在我们这里工作，最重要的就是不懂就要问。你问得越多错得越少，所以我们是很欢迎实习生提问的。"小 D 仔细地听着上司的交代，认真地点点头。C 也笑着拍拍小 D 的肩膀说，"放松放松，你会在这里交到很多朋友的！"

小 D 被分配到实习生专用办公室，里面已经有了来自科特迪瓦、哥斯达黎加、英国、约旦、摩尔多瓦的实习生，办公室里热闹无比。大家热情地欢迎了小 D，七嘴八舌地询问他什么时候到荷兰，住的房子找好了没等。来自哥斯达黎加的小 P 在热情拥抱小 D 之后，更是点出说中文的小 D 的到来让这个办公室成了真正的"六种官方语言"办公室。这时 C 走进办公室，给小 D 布置了第一项任务。书记官处法务部需要处理法院员工对书记官的行政决定的复议申请。C 让小 D 把这两个星期以来收到的员工复议申请以时间顺序排列，对每一个复议申请的内容进行总结，列一个表格，以便法务部办公室在两天后开会安排工作的时候使用。小 D 赶紧打开了电脑，找到复议申请文件夹，开始了第一天的工作。一个下午，小 D 跑了两次 C 的办公室问了几个关于内容和格式的问题，也确认了具体的截止期限。同办公室的实习生们也教小 D 学会了用法院复印机的使用方法。小 D 在一个下午就完成了一大半的工作。六点下班时间到，办公室的英国实习生小 O 提议为欢迎小 D 大家一起去海边聚会。于是大家各自又邀请了他们熟悉的其他办公室的实习生，一群人骑着自己的自行车，向着海牙著名的席凡宁根海滩前进。

小 D 速记

联合国法律事务办公室、国际法院、专门性国际组织及部门、劳动法/行政法/组织法专业职位以及非法律专业但招收法律背景申请者的职位，都是法学生申请国际组织工作时可以考虑的去向。

国际组织的工作机会主要是通过官网申请获得。职位空缺与招聘要求都可以在相关组织官网查看。

中国学生可以通过参加联合国青年专业人员计划(YPP)考试、国家留学基金委开放的初级专业官员方案(JPO)等,获得联合国的工作机会。

国际组织的职位分为专业职类和一般事务职类两大类,前者通过全球招聘,后者仅在组织当地招聘,待遇水平也不一样。

国际组织的正式员工享受工资免税、补贴、休假、健康保险、退休金等福利。

国际组织的实习工作没有直接留用的机会,但是可以自行申请其他职位空缺。

国际组织的实习一般是2-6个月。一旦被选中,必须在毕业前或毕业后一年内开始实习。

大多数国际组织不为实习生提供工资、保险、旅行的费用。中国的学生可以通过国家留学基金委与有关国际组织合作项目,或自行申请得到实习机会后,联系留学基金资助。国际组织的资助标准根据地域划分,并有相关公示。

学术科研：独立之精神，自由之思想*

又到了本周的"法科生的明天"课程，小 D 发现今天的阶梯教室座无虚席，连过道上和教室后门旁边都挤满了旁听的学生。讲台上，魔法师正在和一位看起来十分儒雅的中年男士聊天。等到小 D 好不容易在教室后排找到一个空位坐下，上课铃正好响起。

"同学们好，"魔法师说，"本周的课程由来自著名法学院的 S 教授主持，主题是法学学术科研的职业规划。大家欢迎！"魔法师说罢，教室里响起了热烈的掌声。

"同学们好，"S 教授站在讲台上，问出了今天的第一个问题，"在场的同学有多少现在或曾经拥有过从事学术研究的想法？请举一下手。"教室里大概有 1/3 的同学举起了手。

"看来大家对法学学术研究热情挺高。"S 教授示意大家将手放下，"今天这节课我将给大家简单介绍一下中国法学学术界的职场现状，从而帮助大家更好地做出职业规划。"

一、高等院校岗位体系

目前国家关于高校岗位的规定是人社部和教育部《关于高等学校岗位设置管理的指导意见》(国人部发[2007]59号，以下简称《指导意见》)，将高校岗位分为管理岗位、专业技术岗位、工勤技能岗位三种类别。简单来说，管理岗指的是承担院校行政事务管理的职位，如校长、院长等，工勤技能岗更多地指向后勤事务，大家通常理解中的从事学术科研工作的"大学教师"一般指向专业技术岗。根据《指导意见》，中国大陆高校专业技术岗位分为 13 个等级，见表 1。

---

* 本部分公益导师：李学尧，中国政法大学法学博士后、浙江大学法学博士、硕士、学士，曾访学美国哈佛大学、美国耶鲁大学、英国剑桥大学等，现任上海交通大学凯原法学院教授、法律交叉学科负责人、法律与认知科学研究中心主任、上海交通大学教育立法与咨询服务基地执行主任、上海市法学会法社会学研究会副会长，曾任上海财经大学法学院院长、讲席教授。

志愿者：姚雨墨，法学硕士、学士，哲学学士，曾在联合国、大学、律所、非政府组织、政府型智库等不同机构从事研究政策及法律工作。

除非另有注明，本文所用信息收集时间为 2020 年 5 月，仅供参考。

表1 中国高等院校专业技术岗位等级设置

等级	岗位等级	岗位名称
1	正高级	教授一级岗位
2		教授二级岗位
3		教授三级岗位
4		教授四级岗位
5	副高级	副教授一级岗位
6		副教授二级岗位
7		副教授三级岗位
8	中级	讲师一级岗位
9		讲师二级岗位
10		讲师三级岗位
11	初级	助教一级岗位①
12		助教二级岗位
13		员级岗位

"虽然大家同是教授、副教授或讲师,但是彼此之间也是分等级的。就像在一些公司,虽然大家都是程序员,却也有 P4 和 P11 的区别。"S 教授风趣地说,教室里传来了一阵善意的笑声。

专业技术岗位一般分为三类:教学岗、研究岗、教研岗。顾名思义,教学岗专注于教学工作,研究岗专注于学术科研产出,而教研岗则兼顾两者。一般来说,中国高校专业技术岗位以教研岗为主,也存在一定比例的研究岗,专门的教学岗则相对较少。②

---

① 此"助教"为正式岗位名称,并非指教学助理(如学生作为老师某门课程的助教)。下文"助理研究员"同样并非研究助理。

② 传统英国高等教育体系对此具有较为明确的划分,一般分为教学职业岗(teaching career)、研究职业岗(research career)、教研职业岗(research and teaching career),不同职业路径在晋升途径、名称等有所区别。详情可参见 Wikipedia, "Academic ranks in the United Kingdom", https://en.wikipedia.org/wiki/Academic_ranks_in_the_United_Kingdom, Last visited on February 25, 2020。

近年,国内部分高校对岗位制度进行了改革,以期与国际接轨,例如北京大学就引入了助理教授(Assistant Professor)、无固定期限预聘制(Tenure Track)③等概念,见表2。

表2 北京大学教学科研职位制度④

教研系列岗位	教学系列岗位	研究技术系列岗位
教授(Full Professor)	教学教授(Teaching Professor)	研究员(Research Professor)
副教授(Associate Professor)	教学副教授(Senior Lecturer/Teaching Associate Professor)	副研究员(Research Associate Professor)
助理教授(Assistant Professor)	讲师(Lecturer)	助理研究员(Research Assistant Professor)
	教学助理(Teaching Assistant)	

青年教师进入高校一般从讲师/助理教授做起,部分学校还有师资博士后一职。严格来说,师资博士后虽然可以享受与讲师/助理教授相似的职称待遇,并且博士后经历会被计入高校工作经验,但是其并没有教师编制,因此严格意义上来说不算高校教师。部分高校规定,若师资博士后在进站期间满足一定条件(如科研成果等),出站时可以被聘为在编正式教师,但是比例一般不会太高。

"大家将来在求职时一定要注意招聘职位的名称和性质。与此类似的还有无编制的讲师/助理教授一职,这是长聘制度改革后的产物,我们将在本节课后半段详细解释。"

二、中国法学院招聘要求

那么,应聘者需要满足什么条件才能进入中国的法学院任教?

"由于在座的各位绝大部分都是本科或硕士在读学生,所以我们接下来讨论的主要是讲师/助理教授级别的招聘。为了使大家能够更直观地了解目前中国法学院的招聘门槛,我以教育部第四轮学科评估中法学学科获得A-及以上

---

③ 也可翻译为"长聘制度"。
④ 《关于印发〈北京大学教学科研职位分系列管理规定(试行)〉的通知》,载于北京大学人事处官网,https://hr.pku.edu.cn/zczd/xxjbmzd/index.htm,访问日期:2022年5月23日。

评级的高校及部分其他知名高校⑤(共 20 所)的网络公开招聘数据做个分析。因为部分资料并未在网络公布,部分数据可能会出现缺失,且不同高校每年放出的公开职位并不相同,可能会在一定程度上影响分析的准确性,但是结果仍然具有很强的参考价值,详见图 1 和表 3。"

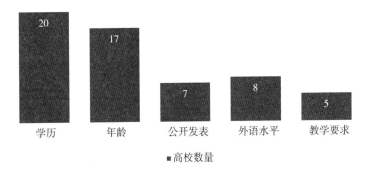

图 1　部分高校法学学科招聘要求分析

表 3　部分知名法学院青年教师招聘要求汇总

学历要求	所有高校(20 所,100%)均要求应聘者具有博士学位或本学科最高学历; 部分高校(6 所,30%)要求应聘者具有博士后研究经历或至少一年以上的海外访问学习经历; 部分高校(8 所,40%)对"本土博士"和"海外博士"进行区分对待; 部分高校(3 所,15%)对应聘者取得博士学位高校的排名具有要求
年龄	绝大多数高校(17 所,85%)对应聘者的年龄存在要求,一般为 35 周岁以下(12 所,60%); 其他情况包括 30 周岁(武汉大学)、40 周岁(上海交通大学、浙江大学)、31 或 35 周岁(北京师范大学)、32 或 35 周岁(山东大学)等
公开发表	部分高校(7 所,35%)对应聘者公开发表或科研项目提出了硬性要求; 但是所有高校都要求应聘者在应聘时提交自己的学术成果

---

⑤　在第四轮学科评估中法学学科获得 A-以上评级的高校包括(同等评级中排名不分先后):中国人民大学、中国政法大学(以上为 A+级);北京大学、清华大学、华东政法大学、武汉大学、西南政法大学(以上为 A 级);对外经济贸易大学、吉林大学、上海交通大学、南京大学、浙江大学、厦门大学、中南财经政法大学(以上为 A-级)。其他部分知名高校包括北京师范大学、南开大学、复旦大学、山东大学、中南大学、西北政法大学。

	(续表)
语言水平	部分高校(8所,40%)对应聘者的外语水平提出了硬性要求; 少部分高校还要求应聘者掌握两门及以上外语; 在实践中,应聘者的外语水平实际上为固定考察指标
教学要求	部分高校(5所,25%)对应聘者的授课水平或每年开课级别、课时数量作出了硬性要求; 在实践中,该指标也是衡量应聘者竞争力的较为重要的衡量指标之一

(一)学历要求

"在学术界求职,最基本的门槛就是学历。"S教授说,"在样本包括的20所高校中,所有高校都要求应聘者拥有博士研究生学历或本学科最高学历,见表4。部分学校对求职者还有更高的要求,比如浙江大学要求应聘者'一般应具有博士后科研经历',北京师范大学要求应聘者'在国内外知名高校取得博士学位并具有博士后经历',山东大学招聘副研究员时要求应聘者为'国内著名高校或研究机构优秀博士后'。"

表4 部分高校对应聘者博士取得学校的要求

西南政法大学⑥	博士毕业于国内知名高校(毕业高校所在学科最近一次学科评估B+及以上等级)或海外知名大学(毕业当年,毕业学校位列"世界大学学术排名"(ARWU)前500位); 博士毕业于"一带一路"沿线国家知名高校(国外就读时间不少于1年);或经"一带一路"沿线国家部级以上单位推荐的该国具有博士学位的在职人员
武汉大学	世界排名前200大学或学科世界排名前100或读博期间有特别突出科研成果的博士毕业生,可申请博士后重点资助
南开大学	来自世界排名前100所高校或国际知名研究机构的优秀应聘者优先

除此之外,部分高校还对应聘者取得博士学位的学校提出了要求,例如学校需要在某些排行榜(如QS、US NEWS、ARWU、THE、教育部学科评估排名等)上取得一定名次或评级。部分高校对"本土博士"和"海外博士"区别对待,见表5。这种区别对待可能基于不同的考虑,例如一般来说,海外高校博士选拔标准和培养强度相对国内同等级高校来说更高;部分学科的性质(如国际法、比较法等学科的研究)要求应聘者拥有海外经历等。

---

⑥ 部分高校,如华东政法大学、西南政法大学等政法学院因为法学院系较多,不同院系或不同学科对应聘者的要求有时并不一致,此处摘录的可能是部分院系部分学科的要求。下同。

表5 部分高校对应聘者海外经历的要求

中国人民大学	招聘时内地与海外高校博士分为两个类别
中国政法大学	有海外学历或1年以上海外学习经历者优先; 海外回国人员优先考虑英美名校 SJD,或法国、日本名校博士
华东政法大学	具有德国、日本、美国、英国(其中之一)的海外留学背景优先; 具有海外留学或访问1年以上经历; 有德国、瑞士、日本留学经历(1年半以上)
吉林大学	有专门面向海外博士的招聘
浙江大学	一般应具有博士后或连续1年及以上海外留学或研究经历
北京师范大学	在国内外知名高校取得博士学位并具有博士后经历或海外工作经历
复旦大学	国内外著名大学或研究机构法学博士后,或具有海外著名大学或研究机构法学博士学位
山东大学	海外知名大学或研究机构优秀博士后或博士,国内著名高校或研究机构优秀博士后

尽管部分高校规定,硕士研究生学历持有者可以担任助教职位,工作满一定年限后可以晋升为讲师/助理教授,但在实际操作中这样的现象越来越少见了。在部分高校,即使硕士研究生学历持有者可以担任辅导员等行政职务,但是其之后一般也需取得博士研究生学历才可以从事学术研究工作。[7]

(二)年龄要求

招聘中另外一项可能有些令人惊讶的要求是年龄。在样本中,85%的高校(20所中的17所)[8]都对应聘者的年龄提出了要求,一般的规定是讲师/助理教授职位应聘者年龄在35周岁及以下,也有部分高校的要求是30或40周岁,见表6。

表6 部分高校对应聘者年龄的例外规定

武汉大学	应届毕业的博士一般不超过30周岁,往届毕业的博士以及博士后出站人员年龄不超过35周岁
上海交通大学	不超过40周岁

---

[7] 部分人才特别紧缺的小众学科可能存在例外,如部分小语种学科的同学取得硕士研究生学历后即可在国内高校任教。而对于法学学科,取得博士研究生学历一般为进入学术界最基本的要求。

[8] 华东政法大学和复旦大学在招聘公告中未规定年龄要求,而中南大学则未提及(不代表无年龄要求)。

(续表)

武汉大学	应届毕业的博士一般不超过 30 周岁,往届毕业的博士以及博士后出站人员年龄不超过 35 周岁
浙江大学	年龄一般在 40 周岁以下
北京师范大学	D1 级别要求 35 周岁及以下,D2 级别要求 31 周岁及以下
山东大学	研究员、博士后要求 35 周岁及以下,助理研究员要求 32 周岁及以下

这一点同样可以解释。相对来说,中国博士毕业年限平均较短[9],即使之前有过其他工作经历或毕业后从事博士后研究,大部分人在求职时年龄都在 30 周岁左右,35 周岁的要求一般为照顾海外博士。此外,如果应聘者年龄过大,学校可能会担心其在入职后是否有足够的精力承担教学和科研任务,以及学术生涯是否会过短,影响科研产出。

"其实高校把年龄要求设置在 35 周岁还有一个隐藏原因。"S 教授调皮地眨了眨眼睛,"国家社会科学基金青年项目申请的年龄上限是 35 周岁。相对年度项目来说,青年项目申请难度较小,更容易获得立项,给高校带来科研经费收入和学术声誉。"

(三)公开发表论文或科研要求

高校在教师招聘中比较看重的另一项指标是应聘者的科研成果。在我们的样本中,对应聘者的科研成果明确提出要求的高校有 7 所,占比 35%,一般的要求是 2-3 篇核心期刊论文或参与过一定级别的科研项目,见表 7。对于何为"核心期刊",每所学校有不同的标准和各自的期刊等级目录,有些目录可以在高校科研处等网站上找到。

表 7　部分高校对应聘者公开发表的要求

中国政法大学	国内博士,需发表 3 篇核心期刊论文或者 1 篇权威期刊论文;海外知名大学应届博士,需有较好的科研成果[10]

---

⑨　中国博士平均毕业年限为 3~4 年,欧洲博士平均毕业年限为 4~5 年,美国人文社科类博士平均毕业年限为 5~7 年。

⑩　对海外大学应届博士不要求论文是因为海外期刊发表难度相对更大,且海外博士毕业一般以通过博士论文答辩为标准,不要求博士候选人拥有论文发表。博士候选人在毕业时一般会完成一篇质量较高的、经导师批准的求职论文(job market paper)以寻找教职。但在实际情况中,即使是海外名校博士,没有高质量的论文发表在寻找教职时也会举步维艰。

(续表)

华东政法大学	在(法学类)CSSCI 期刊(独立)发表学术论文 2 篇及以上； 在权威期刊上发表过学术论文 1 篇以上，或在 C1 级刊物上发表学术论文 3 篇及以上，或在 C 刊上发表过学术论文 5 篇及以上，或出版专著 5 本及以上
西南政法大学	近 5 年，以第一作者发表 1 篇学术论文被 SCI/EI/SSCI/CSSCI 等国内外权威科技论文检索工具或文摘收录；或 主持完成省部级一般以上等级科研项目 1 项；或 参研完成省部级重点以上等级科研项目 1 项目排名前 5；或 参研完成国家级一般以上等级科研项目 1 项目排名前 7
南京大学	曾在法学类一流期刊、权威期刊或其他高水平学术刊物上发表过学术论文
浙江大学	在重要学术期刊以第一作者或通讯作者发表论文，已在 SSCI 期刊上发文者优先
北京师范大学	以第一/通讯作者发表相关领域高水平论文至少 6 篇，国家社会科学基金重点项目及相当级别项目负责人（D1 级别）； 以第一/通讯作者发表相关领域高水平论文至少 3 篇，主持国家级科研项目或获得博士后基金资助（D2 级别）

"但是，同学们千万别被 35% 的数据骗了。"S 教授敲了敲黑板，教室里顿时发出一堆哄笑声。

样本中余下高校只是未在招聘公告中明确列出科研成果要求，并不代表他们没有这方面的要求，例如北京大学要求应聘者提供"已发表学术成果清单，3 份代表性学术成果、论著"等，见表 8。这种对科研成果没有明确要求的高校可能事实上要求更高。现实中，如果没有高质量的学术成果发表或参与高级别的科研项目，想要在竞争日趋激烈的教职市场上找到满意的工作基本是不可能的。不仅中国的情况是这样，美国、日本、欧洲更是如此。

表 8　部分高校对应聘者学术成果的要求

北京大学	已发表学术成果清单，3 份代表性学术成果、论著
清华大学	高水平的学术成果，发表的论文、著作、科研项目名单
上海交通大学	已在国内外重要期刊发表过高水平学术论文
对外经贸大学	已有高质量的学术论文发表
吉林大学	已取得了一定的研究成果
山东大学	3 篇代表性论著全文

(四)外语水平、教学水平等其他要求

1. 外语水平

除了学历、学术成果等"硬实力",高校还十分看重应聘者的一些"软实力",比如外语水平。有些领域的研究对学者的多语言能力提出了较高的要求,例如国际法学者必须熟练掌握英语,做大陆法系民法研究的学者很多都精通德语、日语或意大利语等。更重要的是,目前的法学研究已经很少局限于某个单独的法域,比较法研究已经十分普遍,而且英语作为国际通用语种,存在大量中文缺少的研究资料。此外,法律作为一门高度专业化的学科,有着许多自己的专业名词和固定表达,即"法言法语",大家平时还应当注意法律外语(如法律英语)的学习和积累。

在前面的样本中,一共有8所高校(40%)对应聘者的外语水平直接提出了要求,见表9。但同样,这不代表其他学校对此没有要求。事实上,至少能够使用英语从事学术研究是进入学术界的基本技能,部分高校直接提出应聘者应当能够使用英语进行学术发表和授课。

表9 部分高校对应聘者外语水平的要求

中国政法大学	精通一门以上专业外语
北京大学	具有较高的外语水平,能用英语讲授相关课程
华东政法大学	精通两门外语(中外文献研究中心);熟练掌握一门外语
南京大学	具有相应岗位要求的外语能力
南开大学	具有较高的外语水平
复旦大学	有熟练的专业英语能力

2. 教学水平

"师者,所以传道受业解惑也。"作为大学教师,尤其是年轻教师,承担一定的本科生和硕士研究生教学任务是必须的。在前述样本中,一共有5所高校(25%)对应聘者的授课水平或教学任务提出了要求。同样,这并不代表其他未作明确要求的高校对此没有要求。事实上,非常多的高校在面试时都会要求应聘者进行试讲。

表10 部分高校对应聘者教学水平或教学任务的要求

北京大学	教学能力强,讲课效果好
清华大学	每年至少应承担2门课程(其中至少一门主干课或基础课),学时在96学时以上
吉林大学	具有讲授本学科领域本科生课程和从事科学研究的能力
上海交通大学	积极参与人才培养工作,完成学校及学院规定的教学任务,指导和培养研究生
中南财经政法大学	能胜任学校的科研和教学任务

以上几点只是高校在招聘教师时提出的常见要求。如若有志于学术研究,应当认真打好专业基础,努力进入知名高校攻读博士学位,并且不断提高自己的研究和写作能力,争取在读期间就拥有较高质量的学术成果。此外,有志于跨学科研究的同学,还应当积极学习其他学科的知识,全方位提升自己的竞争力。

三、法学学者日常工作及职业晋升

"经过层层选拔之后,如果你被心仪的院校录取成为一名光荣的人民教师,恭喜你,你的'青椒'之路正式开启。如果说博士阶段是新手村,那么此时你才真正进入世界大地图,前面还有很长的打怪升级之路在等着你。"S教授笑着说。

"接下来我将给大家介绍目前国内学术界职业发展情况,主要分为学者日常工作、职业晋升路径和晋升标准三个部分。在实践中,各个学校在职业晋升路径和标准方面存在较大差异,本部分仅为大家初探学术界职业现状提供参考。"

(一)法学学者的日常工作

1. 学术科研

学术科研是所有大学教师最基本也是最重要的工作,大部分大学教师的职业晋升和福利待遇都与科研成果直接挂钩。基本的学术科研活动包括但不限于:从事领域内学术研究并发表学术论文;申请学术科研项目或基金[11];推进科研课题并产出相关成果(如论文、专利、结项报告书等);撰写或翻译学术著作、编写教材;参与学术、教学评奖;参与学术讲座、学术会议等学术交流活动;参与

---

[11] 级别包括国家级、省部级、校级等,项目类型包括重点项目、一般项目、青年项目等,不同级别及不同类型的学术科研项目在申请要求、项目经费、结项要求等指标上存在差异。

学校的教学与科研建设;担任学术期刊审稿人;其他相关学术科研活动。

大学教师的学术科研工作并非只有很多人认为的"发论文"而已,就拿申请科研项目来说,填写申报材料就占据了大学教师许多日常工作时间。此外,在不同的学术科研基金需要采用何种申报方法、如何尽可能多地申请到科研经费、不同级别科研项目的成果要求、不同学术期刊的发文偏好、出版学术专著的篇幅等事项上,需要青年教师在现实中不断摸索并积累经验。

2. 课堂教学

青年教师一般每年都需要完成一定课时的本科生授课。除本科生基础课程之外,拥有硕士或博士研究生导师资格的教师每年还需要开设规定数量的研究生课程。此外,部分高校可能还会要求导师承担一定的校外教学任务(如成人教育,面对法官、检察官、律师等法律从业人员的职业培训等)。其他教学任务可能包括参与教研室组织的教学研讨会、参与学科建设、参与高校教师教学能力竞赛等。

一般情况下,教学活动在高校教师考核和职业晋升中所占比重较小,因此很多高校都存在着"重科研,轻教学"的现象。现在越来越多的高校都致力于改善这种状况,如提高教师考核中课堂教学所占权重等。其实,科研与教学并不冲突,学术基本功扎实的教师一般授课质量也很高,许多高校中最受学生欢迎的教师很多也是学术做得最好的那一批。

3. 学术指导

对于硕士和博士研究生导师来说,指导自己名下研究生的日常学习与研究是其基本职责,这些指导工作可能包括:开设对应级别的研究生课程、指导研究生学位论文、指导和帮助学生达到学校的毕业要求(如发表一定数量和一定级别的期刊论文)、指导学生日常学术科研活动(如学术论文、学术课题、科研竞赛等)、为学生的学术职业发展提供建议等。

学术指导工作的对象并不仅仅是研究生,部分高校强制要求青年教师对本科生进行学术指导,例如担任本科生班级学术导师、指导本科生毕业论文等。大学教师还应当帮助和引导对于学术抱有热情的本科生学术科研入门,例如招收高年级本科生担任研究和教学助理、指导本科生学术科研和实践项目(如大学生创新项目、社会实践项目等)、指导本科生参与学术竞赛(如"挑战杯"竞赛、法律知识竞赛、模拟法庭竞赛)等。此外,资深教师还应当为青年教师的学术科研和职业发展提供帮助,协助学校/学院的学科建设和人才队伍建设。大学教师应当积极参与到指导学生的工作中。这不仅是教师这一职业的应有之义,更是一个思维碰撞和头脑风暴的过程。在这个过程中,受益的不仅仅是学生,教师也会在与朝气蓬勃的"后浪"的交流中受到很多启发。

4. 行政任务

"所有大学教师最熟悉的行政工作可能就是贴发票和报销了。"S教授刚说完,讲台下面就传来了一阵笑声,"随着中国大学岗位职责划分专业化程度的不断提升,其实现在不担任管理职位的大学教师基本不需要承担什么行政工作。"

如之前提及,高校岗位一般分为管理岗、专业技术岗和工勤技能岗三种。与学术科研及教学无关的工作一般都由工勤技能岗人员承担,通俗一点说,就是后勤工作由专业的后勤人员负责。对于部分与学术科研及教学有关的行政工作,一般由专职的行政人员负责,如辅导员负责管理日常学生事务,教学秘书负责与教学有关的行政事务(如选课、安排上课时间和教室等),团委书记负责与党、团有关的学生事务等,上述职位一般与教学科研职位有所区分。在某些高校中,行政人员可能会承担部分教学工作,但一般仅限于本科生形势政策课程或思政课程之类,不会涉及核心专业课程。通常来说,从事学术科研和教学工作的专业技术岗人员不会兼任上述这些行政职位。

另外的一些行政工作则属于管理岗位的职责,如院长和副院长需要负责整个学院的教学、科研、教师队管理和学生工作,包括但不限于组织讨论和决定学院的发展规划、建立和完善学院不同级别学生的培养模式(如本硕博学生的培养方案等)、建设和管理学院师资队伍(如人才引进、教师考核等)、管理和分配学院经费、组织和管理学生工作(如组织学生活动、发展学生党员等)等。一般来说,在院长之下会有分管不同工作(如科研、教学、党务和学生工作)的副院长。对于青年教师来说,比较常见的能够担任的行政职位有副院长、院长助理等。有些高校还规定青年教师必须兼任一定年限的班级辅导员、班主任、班导师等。

5. 其他工作

除上述四项之外,对于法学院教师来说,比较常见的其他工作可能包括与司法机关和其他法律机构进行合作(如与法院、检察院进行科研项目合作,组织实务人员到学校开设实务课程,与律师事务所合作开展讲座、选拔实习生、设立奖学金等)、高校教师到基层组织(如基层法院、检察院等)挂职锻炼、为行政机关提供法律咨询和建议、从事兼职律师积累实务经验、参加各类普法活动(如法律援助中心相关活动等)等。对于有学术理想的青年教师来说,这些经历可能会使个人履历锦上添花,但是不可与本职工作本末倒置。高校教师还是应当以学术科研和课堂教学为工作重心。

(二)职业晋升路径

1. 基本晋升路径

目前中国高校职业晋升基本沿袭"助教-讲师-副教授-教授"或"助理教授-副教授-教授"的路径,研究岗则遵循"研究实习员-助理研究员-副研究员-研究员"的路径。目前在实际操作中,应聘者在入职以后,基本是从讲师(中级职称)开始做起。在部分高校中(一般为非知名高校),一些履历十分出色、拥有突出科研成果的应聘者有一定可能被破格授予副教授职位。

除此之外,一所高校中比较常见的教师职位还包括讲席教授、客座教授、兼职教授、荣誉教授等。其中,一些职位可能只是荣誉性质的,并不承担实际的科研和教学工作,如荣誉教授等;一些职位可能会定期到该校进行授课或指导研究,如讲席教授、客座教授;而一些职位可能需要承担一部分日常的教学或科研任务,如兼职教授。但这些职称并不属于本节课关注的常规晋升体系,因此不作讨论。

2. 长聘制(Tenure-Track)改革及师资博士后

现在很多高校招聘青年教师并不会给编制,而是采用无编制讲师/助理教授或师资博士后的方式招聘。目前,中国公立高校的编制指标由中央政府部门下发到各高校,每所高校在一定期间内只能享有固定数量的编制名额。在国内博士毕业生数量不断增加、国外博士生回国比例不断上升的背景下,高校教师对于"编制"的竞争自然也愈加激烈。

长聘制(Tenure-Track)是我国高校借鉴美国学界引入的一种人事管理制度,又称为"非升即走"制度。在长聘制下,美国高校对每年新入职的助理教授有一个6~7年的考察期。在这期间,助理教授需要努力达到学校规定的科研、教学及其他要求。考察期结束时,高校会对助理教授进行综合考察,通过考察者获得终身教职[12],而未通过者则需自行离开,这就是所谓的"非升即走"。该制度的目的是保护大学教师的学术自由和言论自由,防止一些教师因其研究结果或个人言论不符合学校高层(如校长、校董)或其他利益相关方(如政府官员、大学捐赠人等)的要求而被解雇。

目前国内许多知名大学,如北京大学、清华大学、上海交通大学、武汉大学等,均引入了长聘制,制度的具体内容和实施方法因学校的不同而有所差异,但是比较有代表性的是武汉大学的"3+3"制度。在"3+3"制度下,新入职教师可

---

[12] 获得终身教职的教师有可能是助理教授,也有可能是副教授和正教授。除非终身教职教授犯下严重的错误(如学术不端、性骚扰等),不得被学校解雇,除非该教师主动离职。

获得与在编同等级教师相同的福利待遇(如安家费、廉租房、子女安排入学等)和科研支持,并承担相同的科研任务。但是新教师不享有编制,只能算作"临时工"。三年之后,学校会组织专家对相关人员三年内的学术成果进行审核评定(学院、专家组、学校等不同级别的层层审核),达到要求者(一般要求是在规定级别的刊物上发表一定数量的文章、申报成功一定级别的科研项目或基金等)可以转为在编固定教职教师,不合格者会进入下一个三年考核期。第二个考核期结束后,仍未达到要求者会被要求离开。这种制度考察总时长为6年,与美国高校的考察期类似。但是与美国高校可以真正提供终身教职相比,通过中国长聘制选拔的高校教师在很多情况下并不会拥有"终身"教职,在后续考核中学术成果不达标者依然可能被辞退。

中国政法大学也存在类似的"预聘制聘期考核"制度,若新入校教师于入校满3年考核不合格的,不予续聘;若入校满6年,未达到副教授七级岗位聘任业务条件,亦不予续聘。

"但是武汉大学'3+3'制度实施后,学界甚至社会舆论都对此存在很多争议。一个争议点是教师期满取得编制的比例较低;另一个争议点是所谓的'新人新制度,旧人旧制度',即该制度只适用于新入职的青年教师,许多老教师并不需要承担如此巨大的科研和教学压力。因此,我建议大家将来求职时一定要通过公开和私人渠道充分了解目标单位的人事制度。"

师资博士后则是另一个概念。师资博士后一般享受与同等级在编教师相似的职称和福利待遇,并承担相同的科研任务,如华东政法大学规定"师资博士后进站后可认定具有研究系列中级专业技术职务任职资格,时间从进站起算",但是师资博士后一般不拥有高校编制。部分高校规定,在进站期间,若师资博士后的科研成果达到学校要求,可能在出站时被聘为学校的在编教师,但是未达标者只能取得博士后身份。

3. 硕士/博士研究生导师资格

严格来说,研究生导师资格并不是高校职称体系的一部分,只是教师招收和培养研究生的一种资质。从某种意义上来说,研究生导师资格是对一名教师学术能力和资历的肯定。

若想取得研究生导师资格,首先,要确认所在高校拥有相应学科的硕士点或博士点。其次,各高校研究生导师名额由学校内部自行分配,遴选周期、选拔人数和考核指标均由各高校自行决定。一般来说,研究生导师资格由学校内部的专门委员会进行审核,审核结果经公示生效。表11和表12为互联网公开的部分高校导师资格遴选标准,其中表 11 为硕士生导师标准,表 12 为博士生导师标准。⑬

表 11 部分高校硕士研究生导师遴选标准⑭

指标	常见标准	规定高校
职称	申请人一般具有副高级(即副教授)及以上职称,不满足此项条件者需要拥有博士研究生学历且满足其他相关条件(如学术成果)⑮	全部高校(8 所,100%)
学历	申请人至少拥有硕士研究生学历(主要为照顾部分因历史条件等因素未取得博士研究生学历的资深教师)若申请人职称未达到副高级,则需要拥有博士研究生学历	全部高校(8 所,100%)
年龄	对申请人设有最高年龄限制(一般集中在 55-60 周岁⑯)	中国政法大学、北京大学、西南政法大学、上海交通大学(4 所,50%)
科研成果	申请人在规定时间内拥有一定级别和数量的论文、专著或者其他重大发表,或者拥有重要专利、承担重大科研项目及课题⑰	全部高校(8 所,100%)

---

⑬ 硕士研究生导师分为学术型硕士研究生("学硕")及专业型硕士研究生("专硕")导师,但是高校普遍对学术型硕士研究生导师各方面要求更高,因此在这里我们仅讨论学术型硕士研究生导师的遴选标准。同样,本节只讨论高校教师全职担任研究生导师的情况,不包括部分校外人员在高校兼任研究生导师。

⑭ 样本中包括中国政法大学、北京大学、华东政法大学、西南政法大学、上海交通大学、浙江大学、厦门大学、中南财经政法大学 8 所高校。

⑮ 如华东政法大学规定不具有副高级以上专业技术职称但已取得博士学位的教师,需聘任为硕士生导师的,应有五年以上高等教育或相关工作经历。

⑯ 北京大学、西南政法大学规定首次申请人年龄一般不得超过 55 周岁;上海交通大学规定为不得超过 57 周岁;而中国政法大学设定的最高年龄限制为 60 周岁。

⑰ 如中国政法大学规定申请人近三年来,在核心学术刊物上公开发表过 2 篇(含两篇)以上学术论文;或有正式出版的个人学术专著。华东政法大学规定申请人一般应出版过专著(含合著),或近 5 年在正式出版物上独立发表 10 篇以上论文(其中 3 篇须发表于核心期刊);承担国家级或省部级科研项目。西南政法大学规定选聘学术型硕士生导师,其近三年科研或教育(教学)成果须至少达到下列要求之一:发表校定 D1 类以上期刊论文(或校定 D1 类以上智库成果)合计 3 篇,其中至少发表校定 C 类期刊论文(或校定 C 类智库成果)1 篇;出版校定 D 类以上个人独著 1 部;主持国家级科研项目或教育(教学)改革项目 1 项,或主持完成省级科研项目或教育(教学)改革项目 1 项,或主持完成重庆市教委项目 2 项;获得省部级以上科研成果奖或教育(教学)成果奖且署名在前 5 位。

(续表)

指标	常见标准	规定高校
教学经验	申请人拥有一定的教学经验,能够开设硕士研究生级别课程,并指导学生硕士论文⑱	除西南政法大学以外的其他高校(7所,87.5%)
经费	申请人拥有适合硕士研究生培养的科研项目和用于硕士研究生培养的科研经费	中国政法大学、上海交通大学、浙江大学(3所,37.5%)

表12 部分高校博士研究生导师遴选标准⑲

指标	常见标准	规定高校
职称	申请人一般具有正高级(即教授)职称,部分情况下副高级也可以申请⑳	全部高校(9所,100%)
学历	申请人需要拥有博士研究生学历;放宽条件主要是为照顾年龄较大的资深教师,且附带的额外科研成果要求较高㉑	除浙江大学以外的其他高校(8所,88.9%)
年龄	对申请人设有最高年龄限制㉒	除浙江大学以外的其他高校(8所,88.9%)

---

⑱ 如中国政法大学规定申请人近三年来,承担的本科教学任务年均不少于72课时,且必须通讲过本专业一门(含一门)以上主干课;有较丰富的教学经验,能保证教学质量,并能独立开设一门(含一门)以上本专业硕士生的主干课程。中南财经政法大学规定申请人一般应开设过2门以上本科课程,其中1门应为专业课或专业基础课,教学效果优良;同时,能开设1门以上的本专业硕士生必修课或指定选修课。

⑲ 样本中包括中国人民大学、中国政法大学、北京大学、华东政法大学、西南政法大学、上海交通大学、南京大学、浙江大学、中南财经政法大学9所高校。

⑳ 如中国政法大学规定具有副教授(或相当职称)专业技术职务人员可申请遴选博士生导师,申请人须符合博士生导师遴选的条件,且教学科研成果显著突出;南京大学规定"原则上具有教授或相当职称,业绩突出的副教授也可以申报"。

㉑ 如华东政法大学规定对极个别1960年1月1日后出生不具有博士学位但教学和研究成果比较突出,在相关学科或专业领域具有重大学术影响,各方面表现突出且评价优良的教师,经校学位评定委员会批准,可以破格受聘担任博士生导师;西南政法大学规定如无博士学位,除须具备上述条件外,还需至少发表校定A类期刊论文1篇,或原发校定B类期刊论文2篇,或主持完成国家级重点科研项目或教育(教学)改革重点项目1项。

㉒ 北京大学、华东政法大学规定首次申请人年龄一般不得超过55周岁;南京大学、中南财经政法大学、中国政法大学的规定分别为不得超过57周岁、58周岁和59周岁;中国人民大学和西南政法大学设定的最高年龄限制为60周岁;而上海交通大学则作出了区分对待正高级职称者应在60周岁以下,具有博士学位的优秀副高级职称和特别优秀的中级职称者年龄应在55周岁以下,讲席教授、特聘教授年龄应在65周岁以下,两院院士不受此限。

(续表)

指标	常见标准	规定高校
科研成果	申请人在规定时间内拥有一定级别和数量的论文、专著或者其他重大发表，或者拥有重要专利、承担重大科研项目及课题的部分； 相较于硕士研究生导师遴选，选拔标准有所提升㉓	全部高校（9所，100%）
研究生指导经验	申请人已经完整培养过硕士生，或在国内外参加过博士生指导小组协助培养过博士生； 实践中，大学教师一般需要已取得硕士研究生导师资格才能够申请博士研究生导师资格	除北京大学、浙江大学以外的其他高校（7所，77.8%）
教学经验	申请人拥有一定教学经验，能够指导博士研究生课程学习和学术论文	中国政法大学、北京大学、华东政法大学、上海交通大学、浙江大学、中南财经政法（6所，66.7%）
经费	申请人拥有适合博士研究生培养的科研项目和用于博士研究生培养的科研经费	中国政法大学、上海交通大学、南京大学、浙江大学（4所，44.4%）

4. 管理岗位

简单来说，高校的管理岗位分为校级管理岗位和非校级管理岗位两种。校级管理岗位包括校长、副校长、校党委书记等。这些职位一般由相关政府部门（如中共中央组织部、国务院教育部等）任免，具有一定的行政级别㉔，高校自身

㉓　如中国政法大学规定教学科研并重的教师，专著1部、论文7篇以上，其中至少有1篇在权威期刊上发表；以科研为主的教师，专著1部、论文9篇以上，其中至少有1篇在权威期刊上发表；或权威期刊上发表论文4篇以上。华东政法大学规定申请人近八年或任职教授后，在权威期刊上独立发表科研论文或译文1篇以上；或在核心期刊上独立发表科研论文或译文8篇以上；或在国家级出版社独立出版专著或译著2部以上；或主持承担国家级科研项目。其中，翻译类成果占其所在类别比例不超过50%。西南政法大学规定申请人至少满足下列要求之一：主持国家重大或重点科研项目或教育（教学）改革重点项目1项；主持国家级重大项目子课题或国家级一般项目（含年度项目、青年项目、西部项目、后期资助项目、中华外译项目等）或主持完成省部级项目1项，并原发校定B类以上期刊论文（或校定B类以上智库成果）1篇或原发校定C类期刊论文（或校定C类智库成果）合计3篇；出版校定B类以上学术著作1部；获得省部级以上科研成果奖或教育（教学）成果奖三等奖且署名第一，或者二等奖且署名在前三位，或者一等奖以上且署名在前五位。

㉔　不同的高校具有不同的行政级别。目前，除中央民族大学、东北大学、华东师范大学、中国海洋大学、湖南大学、电子科技大学、华南理工大学（以上7所为正厅级）、国防科学技术大学（直属中央军事委员会，为正军级）以外的其他31所前"985"工程高校由中共中央直接管理，为副部级大学，这些高校的党委书记、校长行政级别为副部长级，常务副校长、党委第一副书记为正厅级，其他副校长和党委副书记为副厅级。其他本科院校为正厅级高校，高职高专院校为副厅级高校。

无任免权。

对于非校级管理岗位,例如二级学院院长等职位,高校自身具有人事任免权。高校可能从学校在职在编教师中选择,也可能直接对外公开招聘,如厦门大学在 2015 年就曾经对外公开招聘法学院院长,见表 13。

表 13 厦门大学诚聘法学院院长公告(2015 年 3 月 4 日)

应聘条件	具有博士学位,身体健康,年龄 50 周岁以下,特别优秀者不超过 55 周岁(计算至 2015 年 3 月 1 日); 海外应聘者应为海外知名大学或著名科研机构的教授;国内应聘者应为一流大学法学院知名的教授,其中"长江学者奖励计划"特聘教授、国家级"百千万人才工程"入选者优先予以考虑; 具有国际化的学术视野,在相应学科研究领域取得国内外同行公认的重要成就,有较高的学术声誉; 具有良好的团队协作精神和较强的组织、协调、实施能力; 聘期内能够全职到校工作
岗位职责	负责法学院的全面行政工作,包括学院的学科建设、人事和行政等工作; 探索创新人才培养的新模式,推进教学和课程体系改革,培养具有创新能力的优秀人才; 带领学院在法学学科领域开展国际前沿研究,取得标志性成果,建设高水平的科研平台,积极推进成为国家级智库; 积极引进国内外高层次人才,培养中青年骨干教师,建设一支在国内外具有较高知名度和影响力的师资队伍; 加强并拓展与国际知名大学、学术组织或研究机构的科研合作与学术交流,建立长期稳定的合作关系; 制定学院发展战略,创新管理理念,建立高水平的管理模式和运行机制; 其他岗位职责在聘任合同中具体约定

5. 其他学术性及荣誉性称号

除上述职称和资质外,现实中还存在着其他一些面向高校教师的学术性称号,如《厦门大学诚聘法学院院长公告》中提及的"长江学者奖励计划""百千万人才工程"等。这些称号不属于高校岗位体系,也不附带行政级别,却是对学者学术研究水平的极大肯定。若能获得这些称号,教师在学界将会获得较高的知名度,在职业晋升、福利待遇、科研经费等方面获得更好的支持。

目前,法学学界存在着不同级别、不同地域范围内的学术性和荣誉性称号,评选标准和时机也各不相同。可以将其一般分为以下三类:

(1)全国性和地方性。前者包括之前提及的"长江学者奖励计划"等,辐射范围为全国;后者包括地方性人才计划,如深圳市"孔雀人才"计划、上海市"曙光学者"等,辐射范围为地方。

(2)政府类和行业类。前者的资助来源为政府机关,如"长江学者奖励计划"由教育部主持甄选;后者为某一行业组织设立,如"全国十大杰出青年法学家"由中国法学会评选,仅面向法学学科。

(3)普通类和专项类。前者一般面向主体较广,对申请人的资格限制较少;后者则专门面向某一群体,如"海外高层次人才引进计划",只面向在海外学习工作的高层次人才。

(三)职业晋升标准

高校教师职业晋升标准在各地及各高校并不统一,地方政府和各高校拥有一定的自主决定权。尽管如此,一些考核和晋升教师时参考的指标较为类似,我们以《〈上海市高等学校教师职务和其他专业技术职务聘任办法〉实施细则》(简称实施细则)这一地方规定和《武汉大学高职教师系列专业技术岗位聘任试行办法》(简称试行办法)这一高校规定为例为大家具体说明。

根据实施细则,可以将上海市高校教师考核及晋升指标概括为学历及资历、基础理论及专业知识、教学任务、实践经历、科研成果、其他能力(外语、计算机等)6个部分,见表14。

表14 《上海市高等学校教师职务和其他专业技术职务聘任办法》实施细则概览

学历及资历	教授	具备博士学位,并担任5年及以上副教授职务; 具备硕士学位,并担任8年及以上副教授职务; 获得研究生班毕业证书、第二学士学位或者具有研究生学历而未获得硕士学位,担任9年及以上副教授职务; 获得学士学位或者本科毕业学历,并担任11年及以上副教授职务
	副教授	具备博士学位,并担任2年及以上讲师职务; 具备硕士学位,并担任5年及以上讲师职务; 获得研究生班毕业证书、第二学士学位或者具有研究生学历而未获得硕士学位,担任7年及以上讲师职务; 具备学士学位或者本科毕业学历,并担任8年及以上讲师职务; 博士后出站人员在站进行博士后研究的时间可视同于担任讲师职务的年限
	讲师	具备博士学位或者满足其他相关要求。 获得研究生班毕业证书、第二学士学位或者具有研究生学历而未获得硕士学位,担任3年及以上助教职务; 具备学士学位或者本科毕业学历,担任5年及以上助教职务,并学习过硕士研究生主要学位课程,考试成绩合格

(续表)

	助教	具备学士学位
基础理论及专业知识		除从事公共基础课(公共马克思主义理论与思想政治教育、公共外语、公共体育、计算机应用基础等),以及艺术等特殊学科教学的教师外, 凡1958年1月1日至1962年12月31日之间出生的教师受聘教授,应具备硕士学位; 凡1963年1月1日以后出生的教师受聘教授,应具备博士学位; 凡1963年1月1日以后出生的教师受聘副教授,应具备硕士学位
		高等学校初聘各级职务的教师均应具有相关专业必需的基础理论和专门知识。 凡1958年1月1日以后出生的非相关专业毕业教师受聘高一级职务岗位,应进修完成四门以上相关专业硕士研究生主要课程,且成绩合格; 或者由相关单位确认已掌握相关专业硕士研究生主要课程内容
教学任务		高等学校教师应当完成学校规定的教育教学任务 教授、副教授原则上每年系统承担一门及以上本、专科生基础课或专业基础课; 教授原则上每5年应指导或者合作指导过一届合格的硕士研究生,或者指导助教、讲师成绩显著; 经学校批准在国内外进行学术交流或者进修的教师,学术交流或进修期间的教学工作量可不作要求
实践经历		高等学校教师晋升高一级职务前,一般须有实际部门工作或实践经历,其中35岁及以下的青年教师晋升高级职务必须有累计一年及以上的践习时间。
科研成果	教授	应聘教授岗位的候选人自任现职以来的近5年取得的学术、技术成果,除符合下列第1款外,原则上还应当符合第2-7款中的1款: **学术论文**:独立或作为第一(通讯)作者在国内外重要学术刊物发表高水平学术论文3篇及以上;或应具有作为主要完成人(排名前3位)获得省(部委、直辖市)级以上奖励(不含提名奖)的教学成果3项及以上,并要求独立或作为第一(通讯)作者在国内外重要学术刊物发表高水平学术论文1篇; **发明专利**:独立或者作为第一完成人获国际或国家发明专利2项及以上; **教学、科研成果**:作为主要完成人(排名前3位)另获得省(部委、直辖市)级以上奖励的教学、科研成果2项及以上;或作为主要成员(排名前3位)完成省(部委、直辖市)级以上理论研究或者应用研究项目(课题)3项及以上,通过鉴定或者验收,确认达到国内先进水平,并已取得显著的社会效益或经济效益; **教材、教学参考书**:作为主要编撰人,公开出版教材、教学参考书2本及以上,通过鉴定或者验收,确认达到国内领先水平,且已使用两遍以上,效果良好; **学术论文**:独立或作为第一(通讯)作者在国内外重要学术刊物再发表高水平学术论文2篇及以上; **学术专著**:公开出版过学术专著1部及以上; **教学能力**:获得上海高等学校教学名师奖1次及以上

(续表)

	副教授	应聘副教授岗位的候选人自任现职以来的近5年取得的学术、技术成果,除符合下列第1款外,原则上还应当符合第2-6款中的1款: **学术论文**:独立或作为第一(通讯)作者在国内外重要学术刊物发表高水平学术论文2篇及以上,或应具有作为主要完成人(排名前3位)获得省(部委、直辖市)级以上奖励(不含提名奖)的教学成果2项及以上,并要求独立或作为第一(通讯)作者在国内外重要学术刊物发表高水平学术论文1篇; **发明专利**:独立或作为第一完成人获国际或者国家发明专利1项及以上; **教学、科研成果**:作为主要完成人(排名前3位)另获得省(部委、直辖市)级以上奖励的教学、科研成果1项及以上;或作为主要成员(排名前3位)完成省(部委、直辖市)级以上理论研究或者应用研究项目(课题)2项及以上,通过鉴定或者验收,确认达到国内先进水平,并已取得显著的社会效益或经济效益; **教材、教学参考书**:作为主要编撰人,公开出版教材、教学参考书1本及以上,通过鉴定或者验收,确认达到国内领先水平,且已使用两遍以上,效果良好; **学术论文**:独立或作为第一(通讯)作者在国内外重要学术刊物再发表高水平学术论文1篇及以上; **教学能力**:获得校级教学评比最高等级奖励2次及以上
其他能力	外语能力	高等学校初聘各级职务的教师应当具备规定的外语能力。对外语能力的规定与要求须按照《上海市教育委员会关于调整本市高等学校教师职务和其他专业技术职务任职条件中对于外语要求的通知》(沪教委人〔2006〕57号)、上海市教育委员会关于转发市人事局《关于贯彻落实人事部〈关于完善职称外语考试有关问题的通知〉的通知》(沪教委人〔2007〕30号)文件精神执行
	计算机能力	高等学校初聘各级职务的教师应当具备规定的计算机能力。对计算机应用能力的规定与要求须按照《上海市教育委员会关于转发上海市人事局〈关于完善专业技术人员计算机应用能力考试有关问题的通知〉的通知》(沪教委人〔2008〕25号)文件精神执行。计算机能力由中介机构根据学校教师教育教学、科学研究的需要,组织考核或者考试

相对实施细则,武汉大学试行办法规定的教师晋升指标更为简练,但核心指标一致,为学历及资历、教学任务、科研成果三项,见表15。

表15 《武汉大学高职教师系列专业技术岗位聘任试行办法》概览

学历及资历	教授	应聘教授岗位应具有本科及以上学历,其中1961年1月1日以后出生的必须具有硕士学位,1975年1月1日以后出生的原则上应具有博士学位;任副高满5年且受聘副教授岗位满1年

(续表)

学历及资历	副教授	应聘副教授岗位应具有本科及以上学历,其中1975年1月1日以后出生的必须具有硕士学位; 具有硕士学位且受聘讲师岗位满5年,或者具有博士学位且受聘讲师岗位满2年
	高级讲师	标准同副教授
	讲师	应聘讲师岗位必须具有硕士学位; 受聘助教岗位满3年,或者获博士学位后经3-6个月试用合格
	助教	应聘助教岗位必须具有硕士学位; 获硕士学位后,经3-6个月试用合格
教学任务	教授	专业课教师应系统讲授至少2门课程,其中1门为实践教学课程,年均教学工作量不少于300学时。公共基础课教师应系统讲授1门课程,年均教学工作量不少于320学时 积极担任青年教师导师,认真指导青年教师业务工作,在传、帮、带方面取得较好成效
	副教授	系统讲授1门及以上课程,年均教学工作量不少于300学时
	高级讲师	系统讲授1门及以上课程,年均教学工作量不少于460学时
	讲师	独立讲授至少1门课程,年均教学工作量不少于320学时
	助教	任职以来须承担1门辅导课程,并完成规定的教学辅导及其他任务。
科研成果	教授	应聘教授岗位的候选人取得的学术、技术成果,除符合下列第1款外,原则上还应当符合第2-8款中的1款: 在CSSCI、CSCD及上级别期刊发表专业学术论文5篇或发表SCI、SSCI期刊论文3篇,并参与完成省部级科研项目1项(排名前三)或主持市厅级科研项目1项; 主编或副主编公开出版的学术专(译)著或教材、教学参考书1部(本人撰写字数不少于5万字); 获省部级教学竞赛奖、教学成果奖或科技成果奖; 作为首席指导教师或主教练指导学生参加学科技能竞赛,获省部级三等奖及以上奖励; 担任省级重点专业负责人、省级精品课程主持人或省级教学团队带头人; 参与省级及以上教学研究项目1项(排名前五)或主持完成校级及以上教学研究项目1项; 参与省部级(排名前三)或国家级科研项目(排名前五)1项,或者主持完成校级及以上科研项目1项,或者获国家发明专利授权1项; 发表SCI、SSCI期刊论文1篇

(续表)

科研成果	副教授	应聘副教授岗位的候选人取得的学术、技术成果，除符合下列第 1 款外，原则上还应当符合第 2-8 款中的 1 款： 在 CSSCI、CSCD 及以上级别期刊发表专业学术论文 3 篇，或发表 SCI、SSCI 期刊论文 2 篇； 公开出版学术专(译)著或教材、教学参考书 1 部(本人撰写字数不少于 3 万字)； 获校级及以上教学竞赛、教学成果或科研成果奖励； 作为主教练或主要指导教师(排名前二)指导学生参加学科技能竞赛，获省部级及以上奖励； 担任省级重点专业负责人、省级精品课程主持人或省级教学团队主要骨干(排名前三)； 参与校级及以上科研项目或教学研究项目(排名前三)； 获与本专业相关的国家发明专利或实用新型专利授权(排名前二)； 在 CSSCI、CSCD 及以上级别期刊发表学术论文 1 篇
	高级讲师	应聘高级讲师岗位的候选人取得的学术、技术成果，除符合下列第 1 款外，原则上还应当符合第 2-8 款中的 1 款： 在规定的中文核心期刊发表教学研究论文至少 3 篇，且任现职近五年内教学质量须达本单位教学指导委员会评价的优秀等次 2 次及以上； 第 2-7 款同"副教授"第 2-7 款； 在规定的中文核心及以上级别期刊发表学术论文 1 篇
	讲师	在正式发行的学术期刊上发表与专业或教学相关的论文至少 1 篇
其他		45 岁以下青年教师晋升高一级专业技术职称，须至少有 1 年担任辅导员或班主任工作经历并考核合格

以上只是高校教师考核和晋升中常见的一些标准，各高校可能还会规定其他指标，如科研项目经费总额、教学竞赛获奖情况、指导学生发表及获奖情况等。

"在这里再次提醒大家，如今国内学术界求职竞争愈发激烈，不仅知名高校是这样，连普通'985''211''双一流'工程高校，乃至其他普通本科及专科高校的要求也水涨船高。上述例子只是地方和高校规定的最低要求，实践中具体要求肯定会高很多。"

四、对青年学生的职业规划建议

"我个人认为，学术科研的职业规划从申请攻读博士研究生学位时就应该启动。本节课的最后部分，我将给未来有志于从事法学学术研究的青年人们——也包括台下坐着的你们——一些职业发展建议。希望能够帮助你们将来少走弯路。"

(一)国内读博 or 国外读博?

如之前提及,国内部分高校在招聘时更偏向国外博士,因此很多同学在面对"国内还是国外读博"的抉择时总是偏向出国留学。其实这种想法并不一定是对的,每个人的学术背景、家庭背景乃至个人性格完全不同,应当在充分考虑自身各项条件的基础之上审慎作出决策,国内、国外读博的对比分析,见表16。

表16 国内及国外读博的优势及劣势

	国内	国外
优势	申请难度较低,平均毕业时间短; 平均花费较低; 学习及生活环境较为熟悉,有家人及朋友陪伴,精神压力相对较小; 可以在读博期间适应国内学术界规则; 能够利用导师及培养自身人脉; 读博期间可发表论文	增长见识,培养国际视野,拓宽思维; 国外学界在研究方法、跨学科研究、前沿理论及研究等方面较为先进; 在部分学科(如国际法、比较法等)学习和研究上占据优势; 更丰富的国际交流机会; 锻炼外语水平、抗压能力、沟通交流能力等软实力; 某些情况下回国求职可能更有优势(如人才引进计划、求职优待等)
劣势	处在文化和思维舒适区,可能不利于未来的学术发展; 除自己的研究工作以外,可能还要在其他事项上分散注意力(如帮导师处理琐事、处理人际关系等); 博士期间福利待遇较低; 求职竞争激烈,同质化严重	申请难度高,平均毕业时间长; 部分国家或地区(如美国、英国等)花费较高㉕,提供丰厚奖学金及生活补助的博士项目申请十分激烈㉖; 脱离熟悉的地理和文化环境(包括但不限于气候、语言、饮食、生活习俗、冬季日照时长),离家人朋友距离较远,容易产生精神压力和负面情绪(如抑郁、思乡、自我怀疑等,轻则影响学业,重则危害身心健康); 远离国内学术界,未来回国发展可能出现"水土不服"; 可能丧失参与国内学术科研活动的机会(如论文发表、学术项目申请等)

㉕ 如英国高校人文社科领域的博士项目极少不为欧盟之外的国际学生提供奖学金,4年的学费和生活开销超过100万元(伦敦、曼彻斯特等大城市花费更高,超过150万元);多数美国法学院法律学术博士(S.J.D/J.S.D)项目不提供奖学金和生活补助,且申请人在申请前需要持有美国法学院的法律硕士(LL.M./Master of Laws)学位,拿到硕士和博士学位的所有开销至少为100-150万元,若攻读职业法律博士学位(J.D./Juris Doctor),在没有奖学金的情况下,所有开销合计超过150万元。

㉖ 部分欧洲大陆国家,如荷兰、德国、瑞典等,很多情况下免去博士学生所有学费,并提供丰厚的生活补助(一般情况下超过每月1300欧元,约合10 000元人民币)。但是这种项目并非每年都会招生,且每次招生名额极少,一般在1-3个之间,由全世界范围内所有硕士学生一同竞争,竞争十分激烈。

因此,在博士择校时,并没有一个固定的答案告诉你是应该"坚守祖国"还是"远渡重洋",每个人必须根据自己的实际情况,包括但不限于学术能力、家庭经济条件、抗压能力等,作出最适合自己的选择。此外,如今国际高等教育交流愈发频繁,国内一些高校和国外院校合作设立了"联合培养博士"项目,学生在国内完成基本博士课程的学习后,前往国外合作院校访问学习1年或以上,毕业时拿到两个学校的博士学位,这就为"国内还是国外"的问题提供了一种更好的解决思路。

(二)民商法 or 宪法及行政法 or 跨学科?

作为法学本科生,除公共基础专业课之外,大家还要学习不同的部门法。教育部共给出了16门法学核心课程[27],其中一些领域比较热门,如民商法、经济法、国际法等,不但学术成果数量遥遥领先,连每年的研究生考试录取分数线都水涨船高,因此被称为"显学";另外一些领域,如法理学、宪法、行政法等,相比之下就比较冷门。造成这种现象的原因多种多样,如部分学科对学习者的理论功底要求更高、实践中需求量相对较小等。近年来,一些新兴交叉学科,如法律与经济学、法律与人工智能等,也在中国法学版图上攻城略地。选择印象中容易就业的热门学科,还是遵循本心学习"冷门学科",抑或是投入跨学科研究的怀抱,这是许多同学面临的难题。

图2使用了与之前分析招聘要求时相同的数据集,即中国部分知名法学院(20所)的招聘公告,分析总结出不同学科领域的出现频率。但是应当注意,由于高校招聘偶然性较大,并不是所有高校每年都进行招聘,且每次招聘领域也具有随机性,因此该分析结果并不具有代表性,只是为各位同学提供一些参考。[28] 令人稍显惊讶的是,在所有领域中出现频次最高的为法学理论,为14次;紧接着是"显学三巨头"民商法、经济法和国际法,均为13次。另一个引人注意的现象是,人们印象中比较冷门的法律史(11次)、宪法(10次)、行政法(9次),都排在另一门"显学"刑法(9次)之前或与其持平。

---

[27] 这16门核心课程包括:法理学、中国法制史、宪法、行政法与行政诉讼法、刑法、刑事诉讼法、民法、民事诉讼法、经济法、商法、知识产权法、国际法、国际私法、国际经济法、环境资源法、劳动与社会保障法。

[28] 部分政法院校,如中国政法大学、华东政法大学等,不同二级学院有不同的招聘要求,按出现频次分别计入。

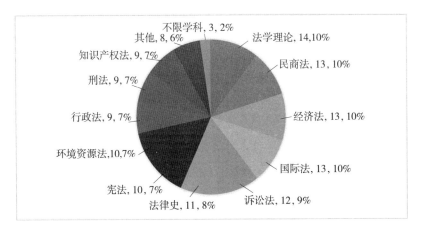

图 2　20 所法学院招聘学科频率分布饼状图

为什么会出现这种出乎许多人意料的结果呢？其实冷门领域的"爆冷"并不是无迹可寻。热门领域学习和研究的人比较多，尽管学界需求相对也更大，但是竞争也更加激烈。而另一些相对冷门的领域，法学理论是所有部门法研究的基础，与各部门法联系密切；近年我国提出"依宪治国"，学界对宪法学人才的需求量上升；而 2008 年经济危机后，全世界都经历了一轮政府规模及权力的扩张，"看不见的手"逐渐控制了社会生活的方方面面，催生了一系列新的行政法律关系，需要更多的行政法人才从事研究。

因此，这份分析结果告诉我们一个道理，即选择研究领域应当遵循自己的兴趣。学术市场是在不断变化的，在你博士入学时冷门的领域，四年后毕业时可能会变得炙手可热。十几年前的高考状元多半去学了金融和工商管理，而如今的高考状元则更青睐数学和人工智能等学科。更重要的是，学术研究并不是一朝一夕的事情，而是一生的事业，如果选择了自己不喜欢的研究领域，会直接影响到自己的学习和研究热情，甚至缩短学术生涯。

五、总结

"在这节课的最后，我想给大家灌一些鸡汤。"S 教授笑了笑。

很多人认为大学教师是一个很轻松的工作，有编制，福利好，每周只有固定的几节课，每年享受至少 3 个月的假期，这在某种程度上其实是一种误解。就拿职业发展来说，能够进入知名高校做教师的人，很多情况下从小到大都是自己周围的同学中比较聪明的。但是自从选择了学术科研这条路，他们在大部分时间内都埋头于书海，等到三十岁左右好不容易博士毕业了，打败了另外几十甚至上百个同样聪明的人进入高校，却发现工资福利就那么一点，比不上知名律所律师甚至部分基层公务员的工资，前面更是还有好几十年的漫漫晋升路在等着自己。与此同时，自己周围许多起点相近的同龄人都功成名就、收入颇高、家庭美满了，这时候产生的心理落差可不止一点。这不是在劝退大家，实际上做学术是一件很美妙的事情。站在前人的肩膀上，有无数先贤的伟大思想和著作赋予你智慧，你将这些几百甚至上千年来思想家的结晶运用起来去解决现代社会问题，赋予了它们新的生命和活力。在这个过程中，你也在不断挑战着自己的智力、精神甚至体力极限。当你作出一些微不足道但却是前人从未取得的成果时，你会得到非常巨大的自我满足感。

但是，也不必过于神化学术科研这件事，它只是千万条职业发展道路中的一条。科研工作者本质上也是普通人，他们会有普通人都会面临的负面情绪和社会压力，也要考虑柴米油盐酱醋茶的琐碎小事。因此，这节课的目的是帮助大家更加清晰和全面地认识学术科研这个行业，消除信息不平等。在做出最终的决定之前，希望大家都能尽量全面地考虑所有现实因素，包括自己对学术科研的热爱程度、自身的智力水平、情绪稳定性和心理素质、家庭条件，甚至与恋人的未来规划等，这才是对自己、对他人和对这个职业的尊重与负责。

小 D 速记

中国高校岗位分为管理岗位、专业技术岗位、工勤技能岗位三种类别。其中，专业技术岗位分为 13 个等级，包括正高级（教授）、副高级（副教授）、中级（讲师）、初级（助教、员级）等。

部分高校引入西方高校岗位等级制度，以"助理教授"代替"讲师"及以下级别职位。

国内知名法学院校在招聘青年教师时，一般对应聘者的学历、年龄、公开发表、语言水平、教学水平等不同指标存在要求。目前，国内知名高校一般要求青年教师应聘者拥有博士以上科研经历，年龄在 35 周岁以下，并拥有一定数量和级别的科研成果。

大学青年教师的日常工作主要集中于五个方面：学术科研、课堂教学、学术指导、行政任务和其他工作，其中，学术科研工作最为重要，与高校教师职业晋升及福利待遇息息相关。不同高校会制定自己的学术期刊分类标准及科研成果评估方法。

中国高校职业晋升基本沿袭"助教-讲师-副教授-教授"或"助理教授-副教授-教授"的路径,研究岗则遵循"研究实习员-助理研究员-副研究员-研究员"的路径。

国内部分高校于近年实施了长聘制(Tenure-Track)改革,主要通过无编制教师或师资博士后的方式招聘青年教师。在这种制度下,新入职青年教师享受与在编教师相似的职称与福利待遇、承担相同的教学和科研任务,但是只有考核期满达到学校规定要求的教师才会被转为在编教师,未达到要求者需要自行离开,例如武汉大学"3+3"制度。

研究生导师资格作为一种不属于高校职称体系的资质,名额分配和选拔标准由各高校自行决定。

各地及各高校的教师职业晋升标准并不统一,但一般来说,核心考核指标为学历及资历、教学任务、科研成果三项,其他标准包括但不限于基础理论及专业知识、实践经历、外语能力、计算机水平等。

在国内还是国外攻读博士学位各有利弊,青年学生需要根据自己的实际情况做出选择。

选择研究领域时,青年学者应当主要依据自己的学术兴趣决定,其他因素只占次要地位。

丙 THREE

企业法务合规

TMT：创新热土的前沿法律人[*]

12月，寒风习习。小D将自己裹得严严实实的，一溜小跑到了启航楼。冬暖夏凉的石屋果然名不虚传，阶梯教室里的温度令人舒适。

"同学们好！"充满活力的问候吸引了小D的目光，只见一位气质随和、精神抖擞的授课嘉宾穿过过道、踏上讲台。"我是一家互联网公司的总法律顾问，大家可以叫我T老师。这节课，受魔法师邀请，我将带领各位充满朝气的同学走进充满朝气的TMT行业，展示TMT行业法务合规的职业全景图。"

小D打量着这位T老师，心想："或许这就是TMT行业从业者的气质——精英、自由、精力充沛。"

一、行业概览

近年来，人工智能（Artificial Intelligence，简称AI）、区块链（Blockchain）、云计算（Cloud Computing）、大数据（Big Data）崛起，以"ABCD"为代表的互联网新技术深刻改变了人们的生活。TMT行业是以互联网媒介为基础，将电信（Telecommunication）、媒体（Media）和科技（Technology）等行业连接起来的产业。根据2021年8月美国《财富》杂志，世界500强企业中，中国企业共有133家，TMT行业相关企业58家，见表1。[①]

---

[*] 本部分公益导师：姚迪，美国斯坦福大学法学硕士、上海外国语大学法学学士，现任谷歌上海办公室法律顾问。
志愿者：李嘉宁，中央财经大学法学硕士、北京理工大学法学学士，现任小米公司法务。
[①] 《2021年〈财富〉世界500强排行榜》，载财富网，http://www.fortunechina.com/fortune500/c/2021-08/02/content_394571.htm，访问日期：2022年4月10日。

表1 2021年《财富》世界500强企业中的TMT企业(加粗字体为中国企业)

排名	名称	排名	名称	排名	名称
3	亚马逊	126	**中国电信**	304	甲骨文公司
6	苹果公司	129	SK集团	324	广达电脑
15	三星电子	132	**腾讯公司**	328	**苏宁易购**
21	Alphabet公司	150	西门子	334	**中国电子信息产业集团**
26	美国电话电报公司	154	松下	338	**小米集团**
33	微软	159	**联想集团**	339	仁宝电脑
44	**华为公司**	182	惠普公司	354	**中国电子科技集团**
45	威瑞森电信	192	LG电子	374	霍尼韦尔公司
53	德国电信	209	沃达丰集团	382	3M公司
55	日本电报电话公司	217	日本KDDI电信	395	SAP公司
56	**中国移动通信**	221	思科公司	405	**海尔智家**
59	**京东集团**	223	西班牙电话公司	414	佳能
63	**阿里巴巴集团**	229	Orange公司	420	东芝
64	美国康卡斯特电信	230	特许通讯公司	421	纬创集团
76	戴尔科技	235	和硕	423	艾睿电子
86	Facebook公司	237	美洲电信	436	英国电信
88	索尼	251	台积公司	453	慧与公司
98	博世集团	260	**中国联通**	473	三星C&T
108	英特尔公司	288	**美的集团**	485	诺基亚
				488	**格力电器**

二、走进TMT法务合规

在介绍TMT行业进入路径之前,咱们先来看看TMT法务的日常工作内容。TMT行业是非常宽泛的概念,囊括多种建构于现代信息技术的细分领域,硬件制造商、软件制造商、电信运营商、互联网平台企业等都属于TMT行业,法务的工作内容随公司主营业务的不同而不同。

以互联网平台企业法务为例,其主要工作内容包括:合同起草审核,产品、项目合规评审,法规政策研究解读,处理投诉函件及诉讼、仲裁,参与公司突发事件处理、知识产权、反不正当竞争与反垄断、数据合规、隐私保护、国际贸易合规、投融资并购、上市公司公司治理、道德合规、知识管理等。

法务部在公司组织架构中的位置与公司的发展水平、业务形态以及公司对合规的重视程度有关。公司对合规重视程度越高,法务团队就更能够参与公司运营全过程,而不仅是文件审核等后台工作。伴随着技术的革新和商业模式的变化,TMT 企业面临大量、复杂、前沿的法律问题,需要一支专业的法务团队集中处理公司法律事务。

以腾讯公司为例,腾讯建立事业群制组织架构,职能部门支持各大事业群的业务发展。② 职能部门包括财务、行政支持、人力资源、法律与公共政策等条线。法律与公共政策条线的岗位种类丰富,既有维权法务、数据合规法务、劳动法务等专注于特定法律领域的岗位,也有微信事业群法务等与公司业务线对接的岗位。③

根据互联网平台企业的业务类型和运作模式,法务团队通常可分为法务平台部、诉讼仲裁部、知识产权部、监管合规部(可细分为金融合规、隐私合规、反垄断合规、贸易合规等方向)、投资并购部等,见表 2。身处于不断变革的 TMT 行业,法务除了要解决"面向现实"的问题,也要进行"面向未来"的研究。因此,部分互联网企业在法务职能部门之外,设立了专门的研究机构,如阿里巴巴知识产权研究院、京东法律研究院、腾讯研究院等。依托公司多元的产品、丰富的案例和海量的数据,围绕新技术给经济与社会带来的变革开展研究。

表 2 法务团队部分部门的职能

法务平台部	投资并购部	法律政策研究部
与公司业务线直接对接,与业务部门深入沟通,在产品设计、业务规划、商业推广等阶段内,进行法律风险提示并提出优化方案,促进法务和业务的合作,保障业务合规运行。	负责上市合规、融资、兼并收购、投后项目等。以投资方法务为例,其工作通常分为意向沟通阶段、尽职调查阶段、正式谈判签约阶段、投后项目实施整合阶段等。这一过程中,公司通常与外部律师紧密合作,大多数法律文件的起草审核工作都由外部律师完成,但公司法务作为最理解公司商业目的的团队,在公司内部决策、与交易对手谈判、与外部律师对接时仍然发挥重要作用。	主要处理公司日常运营中产生的研究需求,负责分析行业监管趋势,跟踪立法动向,拟制相关研究报告,参与立法、执法政策和前沿案件研讨。

---

② 《业务架构》,载于腾讯官网,https://www.tencent.com/zh-cn/about.html#about-con-4,访问日期:2022 年 4 月 10 日。

③ 《法律与公共政策类职位》,载腾讯招聘网,https://careers.tencent.com/search.html?pcid=40009,访问日期:2022 年 4 月 10 日。

总体而言,职能较为完善的 TMT 法务部,既要通过业务对接团队防范前端法律风险,也要结合高科技产业特点,由知识产权团队进行全方位防御性布局,由数据隐私合规、金融合规等部门加强企业合规管理;既要通过诉讼保障公司权益,通过投资并购高效整合资源、支撑业务发展,也要预先研判前沿问题,提升前瞻性与全局观。法务需要立足公司未来战略,提前启动研究,方能在新技术到来时从容不迫。

在 TMT 行业内部,自 2019 年以来的两大前沿法律问题为数据合规与人工智能。

首先,数据合规。TMT 行业的迅速发展离不开大数据驱动,但在产业扩张的同时,数据合规负面新闻不断,如剑桥分析非法收集脸书(Facebook)用户数据事件,新浪微博诉脉脉不正当抓取数据案等。为加强数据治理,如欧盟颁布《一般数据保护条例》(GDPR),美国颁布《加州消费者隐私法案》(CCPA),中国颁布《个人信息保护法》《网络安全法》等。数据合规要求直接影响着 TMT 企业的商业实践。2019 年 12 月 4 日,国家网络安全通报中心发文通报,要求微店、晋江小说阅读、考拉海购等 100 款 APP 下架整改,此次整治主要针对无隐私协议、超范围收集用户信息,收集使用个人信息范围描述不清等行为。通报公布后,大量 APP 运营商开始调整自身产品运营模式和数据收集利用行为,并要求用户重新同意变更后的隐私政策。

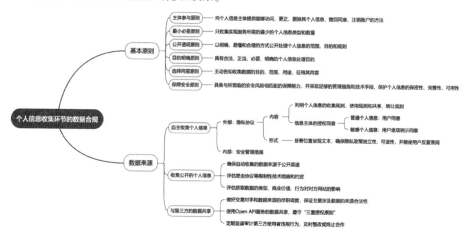

图 1　互联网企业收集用户个人信息时涉及的数据合规问题

其次,国际领先的 TMT 企业都在布局人工智能产业链。2016 年,谷歌、脸书(Facebook)、亚马逊、国际商业机器公司(IBM)、微软五家 TMT 公司宣布成立人工智能联盟,进行人工智能未来应用及标准的研究;④2018 年 6 月,谷歌发布人工智能原则(Google AI Principles)⑤。人工智能掀起的产业浪潮深刻影响着人们的生产与生活,也带来一系列法律问题。比如,具有"类人神经网络"的机器人是否应被赋予同自然人一样的法律人格;如何应对人脸识别技术应用中大量生物特征信息的泄露、滥用风险;如何避免人类将自身偏见纳入算法,导致算法歧视;机器人创作的诗集是否是著作权的客体、著作权归属于谁;在创新型技术交叉使用(人工智能与生命科学)与技术更新迭代(无人驾驶技术)背景下,如何构建人工智能法律伦理框架以平衡技术创新和人权等。

三、入职条件

"平台与待遇,通常是职业选择时的主要关注点。"进入同学们最关注的"如何入门"环节,T 老师提高了音量。

对求职者而言,顶尖的 TMT 企业是一个有助于开阔视野、快速成长的平台;而在待遇方面,以国内一线 TMT 公司为例,新入职法务专员的月薪约人民币 1.5 万-3 万元,再后则取决于晋升情况;法务经理的月薪约人民币 3 万-6.5 万元;法务总监月薪约人民币 6 万元以上,有的可以达到年薪百万以上。级别越高的法务工作者薪资构成越丰富,不仅有基本工资和绩效奖励,还可能有股票期权等可观加成。

"那么,怎样才能够成为 TMT 企业法务团队的一员呢?"T 老师展示了一则 2022 年小米公司校园招聘中法务专员的招聘公告⑥,解读顶尖 TMT 企业法务的门槛要求,见表 3。

---

④ 《科技革新如箭在弦》,载新华网,http://www.xinhuanet.com/world/2017-04/26/c_129573946.htm,访问日期:2022 年 4 月 10 日。

⑤ 《谷歌发布人工智能应用原则:不会开发武器,但会和军队合作》,载澎湃网,https://www.thepaper.cn/newsDetail_forward_2181597,访问日期:2022 年 4 月 10 日。

⑥ 《法务专员岗位》,载小米集团校园招聘网,https://app.mokahr.com/campus_apply/xiaomi/47097#/job/34d76165-0111-4130-a480-7d14e2ece8b3,访问日期:2022 年 4 月 10 日。

表3 2022年小米公司法务专员校园招聘公告节选

岗位要求	法律专业硕士及以上学历优先； 中文+英文为日常工作语言，具备优秀的听说读写能力； 优秀的人际沟通、团队合作、解决问题的能力； 具备中国法律职业资格、海外法律职业资格、掌握小语种优先考虑。

第一，教育背景。随着法学毕业生的增多以及企业对法务人才要求的提高，越来越多的法务岗位要求应聘者具有硕士及以上学历。顶尖TMT企业的校园招聘更是竞争激烈，应聘者通常毕业于顶尖院校，如传统政法强校、一流985/211大学、美国T14法学院等。从长远来看，随着中国企业国际化程度的提高，取得国外法学学位对法务职业生涯非常有帮助，如表5、表6所示的两位顶尖TMT企业的总法律顾问，都取得了海外名校的法学硕士(LLM)或职业法律博士(JD)学位。

表4 蚂蚁集团法务高管履历概览

姓名	陈磊明	职位	曾任蚂蚁集团高级副总裁(负责法律合规工作)
教育背景	1981年毕业于杭州师范学院； 1994年取得加拿大约克大学Osgoode Hall法学院法学博士学位			
工作经历	曾在美国盛信律师事务所担任合伙人和中国业务负责人			
工作成就	长期从事以中国公司为主的各类股票和债务发行及收购兼并项目，在公司治理和监管事项方面有很深的经验和造诣；主管蚂蚁金服法律和合规事务以及相关的风控事务；2014年，被《The American Lawyer》杂志评为2015年"年度交易律师"，表彰其2014年代表阿里巴巴集团经办史上最大规模首次公开发行的卓越工作			

表5 百度集团法务高管履历概览

姓名	梁志祥	职位	百度集团资深副总裁，百度数据管理委员会主席
教育背景	北京大学、澳大利亚新南威尔士大学法学学士，美国耶鲁大学法学硕士			
工作经历	曾供职于中国国务院法制办公室、君合律师事务所，并曾在美国达维律师事务所Davis Polk & Wardwell LLP纽约总部进行工作交流			
工作成就	2005年加入百度，直接参与百度2005年在美国纳斯达克IPO进程，领导团队完成了百度历年的各项重大投资并购、资本运作以及国内外商务合作项目当中的政策和法律支持工作，包括并购91、携程-去哪儿换股、爱奇艺IPO、联通混改、金融分拆、百度资本等重大项目，同时，负责百度数据合规工作，包括数据隐私相关的重要问题决策、战略制定等			

第二,英语水平。在网络申请环节,应聘者通常需要填写英语六级、托福、雅思等标准化英语考试成绩,这是系统初步筛选的重要指标。企业对应聘者英语能力的要求并不局限于考试成绩,而是要求应聘者能将英语作为工作语言,听说读写能力俱佳,能起草修改英文合同、参与英语沟通谈判。此种能力在面试环节考察。此外,一些 TMT 法务岗位欢迎掌握小语种的应聘者,比如 2020 华为校园招聘中的"涉外律师"一职提到,掌握小语种(法、德、西班牙语、俄语等)优先。⑦

第三,相关实习经历。校园招聘面向应届毕业生,具有相关领域实习经历是重要加分项。比如,具有律所投融资部门的实习经历有利于提高应聘 TMT 企业投融资法务的成功率。在顶尖 TMT 企业法务岗位竞争中,应聘者只有表现出足够的专业度,包括对行业的认知和对专业法律问题的理解,才有可能从同龄人中脱颖而出,而这些素质可以通过多参加实习来培养。

应届毕业生通过校园招聘渠道进入 TMT 企业法务部的机会相对较少,社会招聘的需求则相对旺盛。表 6、表 7 为部分 TMT 企业法务团队及总法律顾问名单和规模情况。通常,有 3~5 年律所工作经验或同类型 TMT 企业法务工作经验的候选人更受青睐。比如,刚才展示的两位知名 TMT 企业总法律顾问,就都曾在国际知名律师事务所执业。可见,职业生涯初期在律所接受磨练对日后转型 TMT 法务也有所助益。

表 6　汤森路透旗下亚洲法律杂志(Asian Legal Business,简称 ALB)
2018 年至 2021 年评选的年度中国十五佳法务团队中的
TMT 企业法务团队(排名不分先后)⑧

法务团队	团队人数(人)	法务团队所在地
蚂蚁集团法务团队	200+	中国内地及香港、新加坡、英国伦敦、美国硅谷

---

⑦ 《涉外律师岗位》,载华为校园招聘官网,https://career.huawei.com/reccampportal/portal5/campus-recruitment-detail.html? jobId=176716,访问日期:2022 年 4 月 10 日。

⑧ ALB 年度中国十五佳法务团队,《2018 年榜单》,载微信公众号"汤森路透 ALB",https://mp.weixin.qq.com/s/o-OyrDW9_z8OllhQzuhvcA,访问日期:2022 年 4 月 10 日;《2019 年榜单》,载微信公众号"汤森路透 ALB",https://mp.weixin.qq.com/s/t-UyzX6D1MF52MyokLzm6g,访问日期:2022 年 4 月 10 日;《2020 年榜单》,载微信公众号"汤森路透 ALB",https://mp.weixin.qq.com/s/EgedKBcZ7J5JFpYBbSUtcQ,访问日期:2022 年 4 月 10 日;《2021 年榜单》,载微信公众号"汤森路透 ALB",https://mp.weixin.qq.com/s/4-0PBboOSAVBxJWcKb3RwQ,访问日期:2022 年 4 月 10 日。

(续表)

法务团队	团队人数(人)	法务团队所在地
拜耳(中国)有限公司法务、专利及合规部	未知	北京、上海、昆明
京东集团法务与知识产权部	114	北京
美的集团法务	96	佛山、上海、合肥、无锡、芜湖、日本、新加坡、美国、德国、泰国、俄罗斯
北方华创科技集团股份有限公司法律事务团队	13	北京
腾讯公司微信法务中心	19	广州
阿里本地生活服务公司法务部	30	杭州、北京、上海、成都
滴滴出行科技有限公司法务部	73	北京、杭州
戴森法务大中华区团队	10	上海
京东数字科技集团法务合规部	79	北京
网易集团法务部	100	北京、杭州、上海、广州
高通(中国)控股有限公司法律部	10	北京、上海、深圳
爱奇艺法律部	51	北京、上海、成都
咪咕文化科技有限公司法律共享中心	28	北京、成都、上海、杭州、南京、厦门
清华同方法务部	32	北京
哔哩哔哩法务部	68	上海、东京
第四范式(北京)技术有限公司法律合规部	6	北京

表7　2018年至2021年ALB评选的中国年度十五佳总法律顾问中的TMT行业总法律顾问[⑨]

公司名称	总法姓名	公司名称	总法姓名
蚂蚁小微金融服务集团	陈磊明	京东数科集团	傅彤
美团点评	宋哲	小米集团	孙豳(bin)

[⑨] 同注⑧。

(续表)

公司名称	总法姓名	公司名称	总法姓名
京东方科技集团股份有限公司	冯莉琼	北京快手科技有限公司	贾弘毅
网易集团	刘单单	高通(中国)控股有限公司	赵斌
阅文集团	王峥	京东集团	隆雨
百度在线网络技术有限公司	梁志祥	360集团	许坚
索尼(中国)有限公司	谈臻	海尔集团	张翠美
阿里云计算	秦健		

四、前景展望

关于TMT行业法务工作的未来，T老师表达了自己的看法："优秀的法务不是只沉浸在自己专业的话语体系里做法律判断、法律定性，而是真正按照业务和用户的需求提出合理的、成本最低的商业解决方案。为适应行业创新，TMT法务必须不断更新知识库——既包括前沿法律知识，也包括对新产品、新技术、新商业模式的认识，工作始终充满法律、技术、商业等各方面学习机会，有利于迅速提升综合能力，无论未来是晋升还是转行，行业知识背景和较强的学习能力都是核心竞争力。"

法务并非TMT企业不受重视的成本中心，法务创造价值的理念正在被接受——法务可以创新性地设计一套交易架构使业务在市场落地可行，可以帮助一项业务在竞争格局不利的情况下寻求生存，这些活动都富含商业价值。实力越强的TMT公司，越愿意为法务部门匹配最佳资源。对于求职者来说，TMT法务工作战略地位的提升意味着入行后有机会深度参与公司各项核心业务，工作内容更丰富，成就感提高，也意味着法务的晋升渠道更畅通，薪资更有上升潜力。

小 D 的沙漏时刻

小 D 翻转沙漏,来到某 TMT 公司的知识产权方向法务岗位进行实习。一同实习的小伙伴向小 D 介绍了法务岗位的常规申请方式:按照公司校园招聘官网的要求填写网络申请系统;通过后,参加线上笔试,通过素质测评(包括心理素质、职业道德素养、思维逻辑等)、专业测试(与所申请的法务岗位相关)环节,进入面试环节,经过无领导小组讨论面试、部门主管面试、HR 面试等多轮面试,拿到 Offer。

入职当天,公司人力资源主管 H 总带领小 D 等一群新入职法务助理参观企业独具特色的办公空间和产业园区。小 D 曾在网上看过"全球最美办公室"评选,多家 TMT 企业上榜,如微软美国旧金山办公室、优步(Uber)香港办公室、奥多比(Adobe)美国何塞办公室等。此刻,小 D 终于置身于媒体竞相报道的"别人家的办公室",感受到行业的创造力已渗透到办公空间的设计当中。小 D 还发现,作为新技术的倡导者,TMT 企业将高科技率先应用于自己的"家园",室内导航系统、智能化办公支持系统、智慧物流系统⑩等各种新鲜事物令人大开眼界。

H 总一边引导参观,一边热情地向新人介绍员工福利以及法务晋升路径:"在员工福利待遇方面,我们提供的福利待遇包括公司食堂免费三餐、免费健身房、健康咨询中心、团队建设、带薪休假等。"看到小 D 向往的眼神,H 总继续补充:"在法务团队,晋级路线一般是从法务助理、法务主管、高级主管、高级经理、法务总监(总法律顾问),甚至可能成为公司副总裁、董事会成员。这里想特别澄清一下,不同公司法务条线晋升的顶点有所不同;我司和国内大多数 TMT 公司一样,首席法务官、法务总监不位列公司管理层,而国外头部 TMT 公司则可能达到高级副总裁级别,真正踏入公司高管层。当然,工作一段时间后,法务也可以选择其他职业路线。TMT 企业多元的业务布局为员工提供了丰富的发展机会,比如我司的员工基于对行业的了解,结合自身兴趣,可以申请内部转岗,去公司其他部门工作。"

小 D 对法务的晋级路线很感兴趣,追问道:"那不同级别的法务,工作内容有何差别呢?"H 总解释道:"法务助理,负责文件起草审核、法律检索研究等基础法律工作;中级法务管理小团队,担任项目负责人;高级别的法务,管理公司法务团队,判断重大复杂法律问题,推动法务工作制度完善,协调公司法务部门和其他部门关系,改善企业管理、促进企业法治。""T 先生是公司总法律顾问,是最高级别的法务;不过,法务助理不会在日常工作中直接向总法律顾问汇报,而是对部门经理小 M 负责。"H 总话音刚落,小 M 就向大家走来。

---

⑩ 孟环:《京东新总部大厦推室内地图导航 Follow Me 路痴福音》,载北京晚报——北京新视觉网,https://www.takefoto.cn/viewnews-602361.html,访问日期:2022 年 4 月 10 日。

根据小 M 的自我介绍，小 D 了解到另一条进入 TMT 行业的路径。小 M 是某理工科大学学生，本科学习通信专业，硕士阶段攻读法律硕士学位。他的学校和很多知名 TMT 公司有合作，这些公司常常举办各类挑战赛、体验营、实习计划，不管是理工科程序员，脑袋里充满奇思妙想的设计小天才，还是经管学院的商业精英，都有机会参与其中。

有一天，某 TMT 公司面向校内学生举行开放日活动，这是一睹领先 TMT 公司真容的机会，小 M 立刻报名参与。在开放日活动中，小 M 近距离接触前沿科技、参观办公园区、了解公司业务、体验公司食堂、还与高管交流行业未来和职业规划。在交流中，公司高管介绍，既懂技术，又懂法律，还懂商业的法务是行业内紧缺人才。曾经，小 M 觉得自己本科不是法学专业，在法律就业市场上竞争力不足，但开放日了解到的信息使小 M 意识到，复合背景也是自己的核心竞争力。从此以后，小 M 努力学习，夯实专业基础，同时关注 TMT 行业热点，主动理解行业新技术、新商业模式，培养互联网思维。毕业时，众多 TMT 企业来小 M 的学校举行校招宣讲会，小 M 立刻通过宣讲会向某家心仪已久的 TMT 企业投递简历，小 M 准备充分，顺利通过网申、笔试、面试，成为该公司知识产权法务部的一员。

小 D 速记

TMT 行业是以互联网媒介为基础，将电信（Telecommunication）、媒体（Media）和科技（Technology）等行业链接起来的产业。

TMT 法务日常工作内容包括：合同起草审核，产品/项目合规评审，法规政策研究解读，处理投诉函件及诉讼、仲裁，参与公司突发事件处理，知识产权，反不正当竞争与反垄断，数据合规，隐私保护，国际贸易合规，投融资并购，上市公司公司治理，道德合规，知识管理等。

TMT 企业法务近期关注的热点问题包括数据合规和人工智能等。

领先 TMT 企业法务的用人标准包括：具有本科以上教育背景，通过法考，熟练应用英语，具有 TMT 行业及相关法律领域实习经历等。

应届毕业生进入 TMT 行业通常需要经历网申、笔试、面试等流程。

在校生可以积极参加开放日、相关学科竞赛等企业校园活动，随时关注校园招聘官网信息，有利于了解行业，把握机遇。

金融创投：为投融资护航*

"同学们好,今天课上要谈的职业领域非常特别!"主讲嘉宾 U 老师刚走上讲台,就向同学们抛出了一个问题,"有谁能告诉我,在你们眼里,金融创投行业是什么样的?"

"光鲜!""高端!"教室里的同学们纷纷说出了自己的答案。

"这确实是人们对于金融创投行业的认识。"U 老师笑着说,"那么,作为法律人,能在金融创投行业中发挥怎样的作用呢?今天这堂课,我们就来了解金融创投行业的法务合规工作。"

一、关于金融创投机构的法务合规团队

了解金融创投行业的法务合规,必须先明确两个概念:一是何为金融创投;二是法务与合规有何区别。

首先,什么是金融创投?金融创投是一个广泛的概念,可以覆盖我国金融行业的所有经营业态,既包括银行、证券、保险、信托、资管,也包括创业投资(Venture Capital)、私募股权投资(Private Equity)等投资基金行业。金融创投的覆盖面极广,短短一堂课显然无法面面俱到。所以,本堂课将以银行、证券、保险、创投四个分业为视角,观察法律人在金融创投行业中所起到的作用。

其次,法务与合规有什么区别?一言以蔽之,法务团队与合规团队的职责有所不同。法务团队侧重于为企业降低法律风险,使金融企业的业务在合法的基础上得以顺利开展;而合规团队则侧重于为企业降低监管风险,使金融企业的经营符合监管机构的要求。

---

* 本部分公益导师:谢健,美国芝加哥肯特法学院法学硕士、上海交通大学法学和会计学双学士,金融工作经验跨越前、中、后台多个领域,曾先后担任新加坡银行董事总经理、华泰证券资产管理香港董事总经理、诺亚香港首席运营官及首席法务官、中金香港执行总经理、ING 银行香港分行法务合规董事,曾先后就职于交通银行深圳分行和君合律师事务所。

志愿者:王若川,中国人民大学经济法学硕士、中国政法大学法学学士,现任职于某国有金融机构总部,曾在"红圈律所"、头部公募旗下资管公司的法律合规部、头部券商的法律合规部、国资股权投资基金的风险合规部实习。

在我国，法务合规团队在金融创投行业的地位存在着渐进的变化过程。2008 年经济危机引发系统性金融风险之后，尤其是近 5 年之内，法务合规团队更加显现出了它的重要性。

在银行、保险、证券业，其对应的监管机构颁布了大量复杂的监管规则，这就需要合规团队密切关注监管政策的变化。例如，中国证监会于 2020 年 3 月修订的《证券公司和证券投资基金管理公司合规管理办法》要求，证券基金经营机构应设立合规负责人，并明确合规负责人的地位为高级管理人员。因此，在银行、保险、证券业非常需要合规团队对业务进行把关。在创投行业，金融企业以投资基金为主，基金的募集、投资、管理、退出各个环节都需要法务合规团队的深度参与，与业务团队共同跟进，对法务合规团队的专业性也有极高的要求。

因此，金融创投中的法务合规是金融与法律的交叉融合。法务合规团队虽非金融创投企业中的业务部门，但对中后台的业务支持依旧起到了至关重要的作用。在这个行业中，法律人游刃有余地运用金融和法律知识，为投融资修筑法律的护城河。

二、部门组成与人员规模

(一) 部门组成

从部门组成来看，在金融企业中，法务团队与合规团队可能分属两个部门，也可能被合并为一个部门，如在证券行业，部分证券公司下设法律部、合规部两个部门，也存在部分证券公司单设合规法务部或合规与法律事务部；而在银行体系内，法务与合规一般属于同一个部门，但部门内部也存在着法务、合规团队分别运作的情况。法务、合规部门内部可能下设多个中心和岗位，如部分银行的法律合规部下设法律中心、合规中心、反洗钱中心，有法律事务岗、内控合规岗、反洗钱岗、资产保全岗等多个岗位。

(二) 人员背景与规模

从人员背景来看，法务团队与合规团队的要求不同。法务团队一般由法学院毕业、取得法律职业资格的法科学生组成。合规团队的人员构成更加多元化，背景也更加复合，法律、金融、经济、审计、计算机等背景的人员都可以在合规团队中发挥作用。

人员规模方面，法务与合规团队的人员规模大小会根据金融机构规模、公司内部管理需要、公司的重视程度和业务量的不同，进行一定的调整。相对而言,合规团队的人数要多于法务团队。

但从绝对数量来看,和其他行业比起来,金融机构中的法务、合规团队人数还是比较多的。尤其是大型银行、证券公司、保险公司,人员数量以数十名起步。创投行业的法务合规团队人员规模相对较小,且与投资基金的类型相关。对于专注于相应领域的行业型投资基金而言,由于其核心产品数量有限,法务合规部门的人员规模也相应较小,可能只有两三个人。规模较大的一级市场、二级市场基金,如股权投资基金、债券投资基金等,基金产品的种类和数量繁多,法务合规团队的人员规模也相应扩大,人数可达十余至数十名。

三、进入与晋升路径

(一)资历背景

在教育背景方面,法务合规部门没有明确的目标法学院校,但普遍要求硕士以上学历、绩点优秀,部分外资机构及从事涉外业务的金融创投企业希望应聘者在境内和境外都受过法学教育,对外语能力、外国律师事务所的工作经历有一定要求。因此,如果有志于从事金融创投行业的法务合规工作,就应该努力地取得硕士学位并保持较高的绩点。如果志在进入外资机构,也可以考虑在硕士阶段前往国外修读 JD 或 LLM 学位,并争取在外国律师事务所实习或工作的机会。

在资质技能方面,法务合规部门青睐通过法律职业资格考试、具有一定法律实务工作经验的应聘者,且十分看重律师工作中积攒的实务技能和经验。因此,金融机构更倾向于外部招聘高年级法务合规人员。例如,某金融机构招聘法务方向主管时,要求具有投资银行、资产管理、破产重整、债务重组、信托等相关业务的法务工作经验,熟悉相关领域法律法规和监管规定,在大型律师事务所、证券公司、资产管理公司、信托公司工作 8 年以上,具备一定的管理经验。

此外,法务合规团队十分重视应聘者的学科交叉背景。由于法务合规团队需要对收益和风险作出全面的评估,也经常需要与业务团队合作,涉及与会计师、审计师、资产评估人员等的沟通,故具有法律和金融、财务会计等复合背景的人员在招聘中会占据更大的优势。因此,在校期间就可以考虑参加银行、证券、期货、基金等行业的从业资格考试,考取注册会计师资格也是加分项。同时,也应努力提升自身的沟通能力、创新能力、突破性思维和心理抗压能力,这些都是从事金融法务、合规必备的素质。

(二) 招聘渠道与流程

金融创投企业招聘主要通过人力资源部接收简历,也有部分项目型团队独立完成招聘。应聘者在线投递简历完成网申后,将根据申请的岗位参加相应笔试。笔试题目根据岗位要求设置。例如,基金管理公司法务合规岗的笔试可能涉及英文听力、中英互译和金融法基础类题目;面试则没有统一的考核形式,是对知识储备、工作经验、临场反应和心理素质的综合考察,业务团队主管、法务团队主管和人力资源主管都可能参与。

需要注意的是,法务、合规部门通过校园招聘招收实习生并留用的比例相对有限,主要通过社会招聘完成;部分金融机构的法务部可能在相当一段时间内均无招收应届生留用的计划。

(三) 晋升渠道

金融机构内部一般都有较为明确的晋升渠道,公司的所有员工有统一的职级。由于法务、合规部门的成员多由律师转型,直接从事法务合规工作的应届生人数较少,故其平均职级也相对较高。同时,法务合规部门有着单独的职位,如法务专员、法务经理、法务总监等。应届生进入法务合规部门后,可能从法务专员做起,随着工作年限的增长,每3~4年会有一次级别的晋升,如果表现突出也可能越级晋升。每一次晋升都会带来薪资待遇和员工福利标准的提升。

四、主要职责

(一) 法务部门职责

总体来说,法务部门的职责是针对具体法律问题提出法律意见,制作合同、协议等法律文件,最终目标在于交易的顺利进行。法务部门主要承担的职责如表1所示。

表1 法务部门的基本职责

基本类型	具体说明
法律文件审阅、修改、履行与管理	银行业务中的贷款协议、理财产品的购买协议,证券业务中的开户协议、股票质押回购协议、融资融券协议,保险业务中保单的签订,投资基金业务中的申购赎回协议、投资协议等,都需要法务部门参与起草标准文本,并跟进协议的履行,完善协议的管理制度
参与项目谈判和交易架构设计	在创投基金进行的投资、并购项目中,需要法务团队参与投融资谈判,并与外部律师团队共同完成交易架构设计

(续表)

基本类型	具体说明
完善公司资产的管理制度	制定公司有形资产、无形资产的管理、使用、转让等制度
对接外聘律师	协助公司处理涉诉讼、仲裁案件,指导解决各类纠纷和争议
与司法机关的协调配合	银行法务可能涉及处理司法查询、资金冻结、存款的强制执行等事项
中后台支持	协助人力资源部门处理员工劳资纠纷,协助采购部门管理设备采购合同,承担知识产权管理工作等

需要注意的是,前述基本职责仅能代表金融行业法务团队的职责共性。在金融行业内部不同分业之间,法务团队的职责有所不同,这也取决于金融机构的管理风格、团队能力、资金预算等因素。有些金融机构可能将法务部门的部分职责交由外聘律所完成。

小 D 的沙漏时刻

小 D 作为实习生入职基金管理公司的法务合规部之后,很快迎来了第一个挑战。

该基金管理公司计划募集一支两年期基金,专门用于投资上市公司股票。在基金设立的过程中,小 D 跟随法务团队的前辈们,与外部律师团队进行合作,以《证券投资基金法》《私募投资基金备案须知》等相关法律法规为依托,就基金架构的搭建、基金募集文件的起草与修改、基金的备案等方面提供法律服务。

基金设立后,在投资一家上市公司的股票之前,法务团队将参与对这家上市公司的尽职调查,揭示投资的法律风险,并提出合理化建议,小 D 也参与了尽职调查报告的审查工作。可以预计,法务团队也将为基金的退出提供持续的法律服务。

然而,新冠疫情导致基金投资的股票出现断崖式下跌,投资收益锐减,净值亏损近30%,业务团队为挽留投资人,计划修改基金的投资范围。

针对业务团队作出的这一重大决策,小 D 在法务团队前辈的带领下进行了专门的法律研究,就变更投资范围是否可行、需要履行哪些法律程序、可能存在的法律风险提出了初步的法律意见,并与外部律师合作,对基金合同、风险揭示书、信息披露文件等基金文件进行修订。基金文件修订完成后,法务团队将配合业务团队召开基金份额持有人大会,由投资人就变更基金投资范围事宜作出表决,同意变更者签

> 署了同意函。同时,小 D 也与合规团队配合,与监管机构进行沟通,在基金业协会处完成了备案信息的变更手续。
>
> 最终,该基金在法务团队、合规团队的帮助下,顺利完成了整个基金文件、投资范围、投资策略的修改。

(二)合规部门职责

金融机构处于监管机构的强监管之中,金融行业的合规要求比其他行业更高、合规工作更为繁重。合规部门的职责是参与企业内部运营流程和制度的制定、监督和执行,以及与监管机构的沟通往来和申报披露等。在法务与合规团队同属于一个部门的金融机构中,法务部门与合规部门的职责可能存在一定交叉。一般而言,合规部门主要承担的职责如表 2 所示。

表 2 合规部门的基本职责

基本类型	具体说明
监管法规梳理	对相应金融业务的法律法规、政策、监管规则进行收集、整理、解读与传达
合规咨询与合规审核	对相关业务部门制订的金融产品方案、业务方案、重大项目进行合规风险的评估论证
与监管机构进行沟通	按照监管机构的要求进行审批、备案、定期报告等信息披露,配合监管机构完成问卷调研。尤其是证券业和投资基金行业,行业协会和证券交易所也承担了一定的监管职能,如私募基金产品的发行需要合规部门进行基金业协会备案
关联交易与反洗钱监测	传达并落实执行关联交易、反洗钱的法律法规、准则和监管要求,制定、修改公司内部的关联交易审批制度、反洗钱操作规则,并完成高风险客户监控名单筛查、可疑交易监测分析、数据报送等工作
公司内部的合规培训与合规检查	稽核相关公司制度的执行情况,并配合外部的监管机构对公司的检查,敦促相关部门依照内部合规检查和外部检查的意见进行整改,例如在银行业务中,合规部门将针对信贷风险和员工业务违规问题进行稽核和问责

(三)与非诉律师的区别

法务合规部门作为内部成员,与外部非诉律师的工作有显著的差异。非诉律师更倾向于从法律角度对交易进行分析,以告知法律风险为目标,进行深度的法律研究。而法务合规团队需要更关注业务,有更强的风险意识,从而尽力促成交易、确保交易顺利进行的宏观战略视角进行分析。

内部法务、合规团队不仅仅要对法律风险进行提示,从法律角度寻求最有效的解决方案,还应从公司整体战略、业务部门需求、交易的商业目的等角度,就如何降低或规避风险提出最适合公司业务的、具体可行的方案。在与外部律师的合作中,内部的法务、合规团队将会占据较多的主导权和话语权。此外,法务、合规团队的工作时间相对固定,工作强度上也低于外部律所。

五、薪酬待遇与工作强度

(一) 薪酬待遇

在金融创投行业,不同法务合规团队间的薪酬差异较大。法务合规部门的薪酬构成以基本工资为基础,加上一定的年终奖金,根据公司的总体经营情况、所支持业务部门的业绩表现、团队成员的个人业绩表现等进行综合评定。总体而言,法务合规团队的薪酬待遇不会高于其所支持的业务部门,且律师转型为公司内部法务或合规人员后,基本工资较律所时期会有所降低。

(二) 工作强度

根据金融机构管理模式、工作氛围的不同,团队的工作强度也有所差异。金融企业内部的法务合规团队并未将计费工时(Billable Hours)列入考核指标,工作强度也低于与之合作的外部律师。在行业内部,法务合规团队的工作可分为项目型和常规型。项目型团队的工作强度取决于项目的进展情况,项目前期工作强度较小,项目中后期工作强度明显增加;常规型团队的工作强度则较为固定、可预期。

证券业、创投行业的法务合规团队属于项目型团队,工作时长较难确定。举例而言,IPO 项目临近证监会申报期、私募股权投资项目临近交易文件签署期,都需要为项目进度加班。在 IPO 项目临近申报上会时,为配合来自全球的投资人询价并确定发行价格,法务团队的工作时长和工作强度较项目前期可能显著增加。但总体而言,项目型团队在项目中后期的加班时长还是会略低于律所。

六、前景展望

金融市场的运行必须以法律为准绳,法务合规的使命是为投融资护航。宏观上看,随着国内金融市场法治化进程的推进和金融监管体制的完善,防范重大领域金融风险的法律法规不断出台,我国的金融创投行业形成了强监管的格局,也更加突出了法务、合规的重要性,提升了金融企业对法务、合规人员的需求。近十年来,各家金融机构法务合规团队的人员规模以成倍数目增长。

除了通过公司内部的晋升渠道成为法务总监或首席风控官外,金融创投行业为法律人提供了接触商业、资本的良好视角和机缘。法务合规团队的成员处于法律与商业的交叉地带,可以从一个整体的视角了解金融市场运作的全过程,在与业务部门合作的过程中积累一定的商业思维,并对所处行业的投资运作方式进行深入了解,在未来可以向金融创投企业的核心管理人员转型。

小 D 速记

法务团队侧重于为企业降低法律风险,使金融企业的业务在合法的基础上得以顺利开展;合规团队则侧重于为企业降低监管风险,使金融企业的经营符合监管机构的要求。

法务团队一般由法学院毕业、取得法律职业资格的法科学生组成;合规团队的人员构成更加多元化,背景也更加复合。

金融机构更倾向于外部招聘高年级法务合规人员,并十分重视应聘者的学科交叉背景。

法务部门的职责包括法律文件审阅、修改、履行与管理,参与项目谈判和交易架构设计,完善公司资产的管理制度,对接外聘律师,与司法机关协调配合,中后台支持等。

合规部门的职责包括监管法规梳理、合规咨询与合规审核、与监管机构进行沟通、关联交易与反洗钱监测、公司内部的合规培训与合规检查等。

法务合规部门的薪酬构成以基本工资为基础,根据公司的总体经营情况、团队成员的个人业绩表现等进行综合评定。

工作强度上,项目型团队的工作强度取决于项目的进展情况,项目前期工作强度较小,项目中后期工作强度明显增加;常规型团队的工作强度则较为固定可预期。

法务合规团队的成员处于法律与商业的交叉口,可以从一个整体的视角了解金融市场运作的全过程,未来可以向金融创投企业的核心管理人员转型。

生命科学：朝阳行业的门槛[*]

"同学们好，本节课的特邀嘉宾是我的老朋友 V 总。"魔法师满面笑容地介绍道。"V 总在律所、法院、会计师事务所等单位工作多年，目前在一家著名的医药企业担任法务总监。掌声欢迎！"

一位戴着眼镜的斯文中年男子伴着掌声走上讲台。"大家好！2020 年以来，一场突如其来的新冠疫情席卷全球，疫苗、药品等生命科学相关的法律服务需求增长，生命科学行业已进入发展快车道。那么，这一领域的门槛如何？今天我们就来聊聊生命科学行业的法务合规工作，希望对大家择业能有一些启发。"

一、行业概览

新冠疫情给各国公共卫生体系和医药产业带来了新的挑战，同时也提高了社会各界对生物医药产业的关注。为加快疫情控制，全球各国的科研团队和医药企业马不停蹄地研发疫苗，生产极为紧缺的医用产品。随着经济的发展，公民的消费观念也会发生改变，对于医疗健康的重视程度和需求会不断提升。依托国家政策鼓励扶持与资金投入，生命科学产业在未来具有良好的前景。

医药企业与一般企业相比，企业的成本和利润都比较高，因此行业集中度也相应更高。普通新药研发需要投入大额资金，且研发周期长，一般的小企业很难完成这么大的投入。中国的医药企业的集中度现在还没有这么高。中国目前有数千家医药企业，在未来有可能因集中度提高而数量减少，目前国家政策正在推动生命科学产业进一步提高集中度，因此市场还有很大的空间充分发展。

---

* 本部分公益导师：崔琦，南京大学法律硕士，现任国浩律师（南京）事务所合伙人，南京市玄武区政协委员、民建南京市第十四届代表大会代表，曾先后在四大会计师事务所、律所、法院、政府部门及大型民营企业集团工作，曾任先声药业集团法务总监、公司律师事务部主任，三胞集团、协鑫集团法务负责人。

志愿者：张榆钧，复旦大学法学硕士、武汉大学法学学士，现任职于某内资律所争议解决组。

中国的生命科学产业正处在发展的上升期,一方面,生命科学产业展现了广阔的市场前景;另一方面,其行业特质也决定了较高的市场准入门槛,监管力度大、要求严,行业政策、法律规则瞬息万变。同时,大型医药企业不断加强跨国合作、资源整合,因此需要面对更多复杂的跨国法律问题。此外,生命科学行业专业性较强,行业规范复杂。由此可见,未来的生命科学行业对于企业的法律合规业务有更大需求,同时也要求企业法律部门工作人员具备更加全面、扎实的法律素养。

目前,在中国的生物医药企业主要分为外资企业、内资企业,内资企业又可以分为国有企业和民营企业。具有代表性的内资企业包括:国药集团、复星医药、药明生物、中国生物制药有限公司、恒瑞医药等。具有代表性的外资企业包括:默克(Merck KGaA)、礼来(Eli Lilly and Company)、先正达(Syngenta)、罗氏(Roche)、阿斯利康(AstraZeneca/Medlmmune)、葛兰素史克(GlaxoSmithKline,简称GSK)、雅培(Abbott)、辉瑞(Pfizer)、诺华(Novartis)等。

二、工作内容

"很多人会想,医药公司上上下下应该都是医学院或者药学院的毕业生,做医药公司的法务,是否也一定要有医药相关的背景?"V总提出了同学们普遍存在困惑的问题。

事实上,有医药背景肯定更有帮助,但是通过深入行业,持续学习,法律人的法律专长本身才是法务岗位最需要的。大型生命科学企业法律部区分法务与合规部门,两者工作内容侧重点不同。

(一)争议解决事务

医药企业的产品与消费者的生命健康密切相关,因此医疗产品责任法律争端是医药行业常见的涉诉法律争端。需要注意的是,作为企业的"法律大管家",必须要对潜在的法律纠纷具有前瞻性,在产品的研发、购销等多个环节就要严格监督合规,预防在先。

医药行业法务常见的争议解决工作

- 参与协助公司进行法律纠纷调解、仲裁、诉讼准备(若有);
- 处理患者投诉等法律争端;
- 整理并审查事件背景信息,提供风险评估,并为争端解决提供方案,维护公司合法权益;
- 管理与外聘法律顾问的合作事宜并把控成本。

(二)非诉相关业务

企业的法务部门处理的非诉业务种类与律所的业务相类似,包括协助企业进行投融资项目、并购项目以及资本市场相关业务等,完成法律尽调、风险的评估、对应法律文书的设计并跟踪项目的关键节点。在这些项目中,企业法律部门通常需要与外聘法律顾问协调合作。如果大家有机会在律所的非诉业务组实习,就能更直观地体验到这方面的工作内容。以并购项目为例,由于并购交易双方信息不对称,所以需要通过尽职调查掌握目标公司的真实情况,明确风险,为交易定价和结构设计提供支持。

医药行业尽职调查主要内容

医药行业监管模式比较复杂,各个方面的尽调重点也各不相同。例如,行业许可方面,着重审查企业是否已经取得了生产经营活动所需的行业许可(如《药品生产许可证》《药品经营许可证》),其实际从事的经营活动是否与许可证表明的相符或者属于食品药品监督管理部门备案生产范围或经营范围内,企业的许可证及《药品生产质量管理规范》(GMP)及/或《药品经营质量管理规范》(GSP)认证是否仍然有效等;药品的产品许可主要包括新药证书、药品批准文号、《进口药品注册证》以及《医药产品注册证》等;知识产权也是医药企业的尽调重点,内容主要包括新药或医疗器械发明专利、产品外观设计专利、专有技术、商标、域名、商业秘密等,着重审查知识产权的权属、真实合法性、有无侵权风险等。① 例如,西门子旗下医疗业务板块 Siemens Healthineers AG(简称"西门子医疗")在法兰克福证券交易所成功上市,该项目下中国生命科学及医疗业务的重组,需要律师为重组行动计划、重组文件、政府审批手续、项目交割以及相关中国法律法规提供专业法律建议,而企业法务部门则需要全程参与这些环节,协调企业内部的各个部门共同为完成重组项目提供协助与支持。②

除了大型非诉项目,法务部门日常还需为企业提供公司治理和业务运营相关法律咨询,对公司法律事务提供合理化建议,例如为药品购销、电商平台运营等商业活动提供法律意见、负责起草审核公司日常生产经营及管理中的各类合同和法律文件。要想成为一名优秀的法务,一定要不断拓展知识面,以法律人的视角观察商业社会的运作方式和逻辑。

(三)知识产权管理

知识产权是生命科学企业的核心竞争力,大型的生命科学企业通常会聘请专门的知识产权管理人员负责相关法律事务。如果在座有同学对知识产权有

---

① 《并购医药企业开展尽职调查的关键点》,载微信公众号"金杜研究院",https://mp.weixin.qq.com/s/qxAnPQd92h9ByqFCzjY-xA,访问日期:2022 年 5 月 31 日。
② 《环球协助完成西门子医疗上市的中国业务重组工作》,载环球律师事务所官网,http://www.glo.com.cn/Content/2019/12-23/1843031243.html,访问日期:2022 年 5 月 30 日。

浓厚的兴趣,这份工作一定能让你感受到法律实务工作的巨大魅力。它需要法务人员对法律、产品、技术等不同维度的知识有融会贯通的能力。

> **医药行业法务的知产业务主要内容**
> 提供专利法、著作权法、商业秘密保护法等知识产权法领域的法律咨询,针对专利、技术转让项目提供配套法律支撑工作;通过起草专利申请文件、推进申请程序等工作支持企业的研发项目(Research and Development,简称"R&D");提供自由实施(Free To Operate,简称"FTO")调查评估专利侵权风险,以提供应对策略,降低涉诉风险;处理专利侵权相关法律事务;日常也需要协助起草、审阅涉及知识产权的协议,为股东提供知识产权相关培训。

(四)合规管理

医药行业属于强监管行业,对合规的要求较其他行业更高,在任何一个关键环节没有符合法律法规,都有可能给企业带来巨大损失。这部分的工作对同学们来说可能比较陌生,因为不同领域的合规流程、相关法律法规都非常专业、细致,需要长期的实务经验积累才能考虑周全。合规部门的工作包括对行业相关法律法规和政策的分析(政策分析内容常涉及红头文件等类似的政策性文件),并帮助企业在产品生产、营销等过程中实现合法合规。

> **医药行业法务的合规业务主要内容**
> 广告审查。合规要点涵盖医药类广告的审查、广告代言、功效宣传、功效性比较、医药的合理使用等方面③,防止出现虚假宣传、误导公众的广告行为。例如,2017年"莎普爱思滴眼液"因在广告中存在夸大适应证的情形以及广告宣传内容存在违规情形,遭到社会的广泛质疑,企业的营收遭到重挫。因此,合规人员需要把控企业广告审查的方方面面,熟悉《广告法》《医疗广告管理办法》《药品广告审查办法》《医疗器械广告审查办法》等相关法律法规,监督企业严格遵守各项审批要求和禁止性规定。
> 反垄断合规。医药行业一直是反垄断审查的重要领域。在医改政策相继出台的背景下,医药行业经营者在对其商业模式进行调整的同时,也要关注由此给反垄断合规带来的新风险。例如,"两票制"④模式下,可能多家医药生产企业委托同一家流通企业进行销售,该

---

③ 《LCOUNCIL 医药医疗系列报告》,载微信公众号"LCOUNCIL",https://mp.weixin.qq.com/? ssrc = 11&timestamp = 1693485151&ver = 4746&signature = KicGIjpMhm42jjZJfXQ8d * 2d7o3lu1HWBz4wspr0wtYNe4wPyJr2CjsP45hAtOZlD38bPw0xi8I3ROFZbGfFh74mbMlu6XVPjK-YQ6acnN* ZRycZDXufxrcpMJAwfAFj&new=1,访问日期:2022 年 5 月 15 日。

④ 《关于在公立医疗机构药品采购中推行"两票制"的施行意见(试行)》,在公立医疗机构的药品采购流通过程中,仅允许在药品生产企业到流通企业过程中开一次发票,从流通企业到医疗机构过程中开一次发票。

流通企业因而有机会接触不同医药生产企业的产品价格、销量等敏感信息。为避免被认定为《反垄断法》所禁止的"其他协同行为",医药生产企业在药品集中采购过程中需要注意防止与其他竞争者之间进行敏感信息(如可用于未来定价的信息)的交换。此外,在产品定价方面也要避免过高定价而构成《反垄断法》下"以不公平的高价销售产品"。⑤

反腐败合规。医药企业在产品研发过程中多个节点需要获得相关监管机构审批,科研项目、临床试验也需要获得经费资助,产品购销需要打开市场。在这些流程中,都存在反腐败合规隐患,尤其是购销环节潜在的商业贿赂行为。《反不正当竞争法》和《药品管理法》均明确禁止商业贿赂行为,有的企业为了获得优势竞争利益,轻视合法合规,为此付出惨痛代价。2014年,著名医药企业葛兰素史克(GSK)在华商业贿赂案落下帷幕,GSK管理层决定以各种形式向各地医疗机构医务人员进行行贿⑥,以换取GSK产品的销售推广,该行为无视中国相关法律法规,最终GSK被判处30亿元人民币的巨额罚款,相关人员被判处承担刑事责任。

反腐败合规领域的工作可能涵盖以下内容:制定并完善合规体系,例如制定成文的具体流程,规范采购、业务招待、差旅报销等工作流程,以防范风险,抑制不合规的事情发生;针对业务部门申请的费用和项目进行合规审批,如接待和研究费用,防止其中的腐败行为;⑦针对员工举报,协同外聘法律顾问开展内部调查,确认是否存在腐败行为,对调查结果进行处理,如采取解雇员工等措施;如果进入诉讼环节,法务要参与制定应诉策略;平常加强合规培训,提高员工合规意识。在这一系列过程中,法律部人员不仅需要进行法律研究,更重要的是发挥统筹协调的作用,协调好企业各部门之间、企业法律部与外部律所之间、企业与司法机关之间等关系。

进出口贸易合规。进出口的产品需符合贸易管制及税收征管规定。例如,药品行业要确保药品进出口许可证、进口药品通关单、对精神药物以及麻醉药品专门的准可证等单证齐全合规,医疗器材的监管主要包括旧机电产品禁止进口以及自动进口许可证、进口通关单等。税收方面主要涉及进口关税和进口环节增值税。医药企业法律部门在企业进行进出口贸易过程中要严格把关相关申报流程,避免错误申报、违规申报而使企业遭受损失。⑧

---

⑤ 金杜律师事务所:《医药改革背景下医药行业反垄断合规风险点探析》,载金杜律师事务所官网,https://www.chinalawinsight.com/2017/06/articles/compliance/% e5% 8c% bb% e8% 8d% af% e6% 94% b9% e9% 9d% a9% e8% 83% 8c% 6e% 99% af% e4% b8% 8b% e5% 8c% bb% e8% 8d% af% e8% a1% 8c% e4% b8% 9a% e5% 8f% 8d% e5% 9e% 84% e6% 96% ad% e5% 90% 88% e8% a7% 84% e9% a3% 8e% e9% 99% a9% e7% 82% b9% e6% 8e% a2% e6% 9e% 90/,访问日期:2022年5月30日。

⑥ 温丹阳:《企业合规典型案例:葛兰素史克行贿案》,载"北大法宝智慧法务研究院"微信公众号,https://mp.weixin.qq.com/s/QRu6spzQ-8_DZyznhpGRYA,访问日期:2022年5月31日。

⑦ 杨挽涛:《关注中国反腐败之路》,载中伦律师事务所官网,http://www.zhonglun.com/Content/2016/10-11/1530429499.html,访问日期,2022年5月15日。

⑧ 同前注③。

三、入职与晋升

(一)入职资格

"那么,如何才能成为医药公司法务?"V总环视了教室,看到不少同学的期待神情。

医药行业企业部门的流动性比律所小,法务部门的人员结构更加稳定,对于实习生的数量需求不会特别大,但是优秀的应届生还是有很多机会的。生命科学企业的法务岗位招聘主要通过校园招聘和社会招聘两个渠道,招聘模式遵循企业的招聘流程,应届生入职主要通过校园招聘渠道。社会招聘主要面向有一定年限相关工作经历人士。每次的招聘需求一般根据部门队伍建设需要而定,不会限定在某个层级,因此并不一定企业每年校招都有法务岗位需求。此外,央企/国企、民企和外企之间的招聘模式也有所区别,对于应届生而言,要根据自己的职业规划做出选择。医药行业法务岗位的常见资质要求,见表1。

表1 医药行业法务岗位的常见资质要求

岗位	资质要求
实习生	学历:法学专业的在读本科生和研究生都可以申请; 实习期:通常为三个月到半年的长期实习; 个人能力:申请者应具备踏实、细心、善于沟通等特点,具有良好的团队合作精神; 职业资格:部分岗位会注明要求通过司法考试; 外语水平:外资企业一般还要求申请者具备优秀的英文读写能力,曾经有外资律所实习经验的学生有一定优势
法务助理	实习留用:实习生在结束实习后,有机会留用直接成为法务助理; 校园招聘/社会招聘:法务助理的条件与招收实习生的条件相似(如学历、性格特点、职业资格、个人能力、外语水平等方面); 复合背景:医药企业对知识产权领域的法律人才有特殊需求,有的大型企业法务合规部门会单独设立知识产权组,具有医学或理工科等复合专业背景的应聘者在此类岗位会有一定优势。例如,罗氏集团招聘的"知识产权法务助理"(IP paralegal)岗位就青睐有生物医药教育背景的应聘者

(续表)

岗位	资质要求
法务经理、法务总监、合规主管、总法律顾问	年资要求：通常要积累3~10年不等的在生物医药相关行业工作经历； 法律技能：具备扎实的法律功底，熟悉医药行业相关法律法规和政策，优秀的中英文法律文书起草、写作能力与口语交流能力； 职业资格：通过司法考试或者获得律师执业资格证书；部分外资企业青睐具有海外学习经历的应聘者，负责专利管理业务可能要求具有专利代理人资格证书； 个人能力：高效的工作能力；良好的沟通能力与团队合作精神；能够独立带领团队处理复杂的问题，并承担责任，有很强的自我驱动力以面对多元挑战； 涉外业务：对于需要处理涉外业务的岗位，要求应聘者能够在国际化环境中完成高效工作，并善于处理跨境企业的相关事务，熟悉相关国内法和国际法规则； 在学历背景：通常也有更高的要求，硕士学位是加分项，一些岗位偏好具有LLM学位的申请者； 复合背景：对于特殊的知识产权岗位，有企业要求申请者必须具有相关理工科专业学位，如罗氏集团招聘的专利经理（Patent Manager）岗位，要求应聘者对中国的专利法有深入了解的同时，还必须具有生物医药的学历背景，并对生物医药产业中的知识产权问题非常熟悉（但并非所有的法务岗位都必须具有医学背景或理工科学位）

（二）晋升路径

根据各个企业法律部门的规模和结构不同，法务的职级名称存在较多差异，晋升模式也不完全一样。一般来说，法务合规人员的晋升路径会经历四个阶段，即初级、中级、高级（资深）、法律部门负责人。合规岗位的晋升路径也是类似的从初级到高级的过程。晋升年限则与企业的规模和管理制度相关，大型企业的法律部职级划分可能更复杂更细致，晋升路径较长，小规模企业的法务职级相对较少，晋升年限可能会较短一些。医药行业法务的常见晋升路径见表2。

表2 医药行业法务的常见晋升路径

职级	工作年限
初级——法务助理（Paralegal）	5年以下
中级——法务经理（Legal Manager）	5年
中高级——高级法务经理（Senior Legal Manager）/法务总监（Legal Director）	8年
最高级——总法律顾问（Chief Legal Officer/General Counsel）	10~12年

为了能更加直观地了解生命科学企业法务的职业背景,表3给大家列举两家知名企业的法律顾问作为参考。

表3 知名医药企业法律顾问履历概览

职位	姓名	教育经历	工作经历
雅培公司大中华区法律总顾问	邵明⑨	上海外国语大学法学学士学位(英语专业双学位)、美国哥伦比亚大学法学硕士学位、美国华盛顿大学圣路易斯分校-奥林商学院工商管理硕士学位。	曾于国际领先律所执业多年。
瑞士生命科学公司Lonza公司亚太(大中华区及东南亚)法律与合规顾问	李汝聪⑩	吉林大学法律本科毕业,University of Texas at Austin法学硕士(LLM)毕业,同时持有美国纽约州律师执照以及中国律师资格证。	先后在金杜律师事务所、香港的近律师行(Deacons)、宝洁("P&G")法务工作,在跨境争议解决、政府及内部调查等合规领域有丰富经验,处理过大量医药、娱乐与媒体、供应链等领域的复杂交易与项目。

从知名医药企业法总的职业背景来看,他们都具备长期的行业历练和丰富的职业经历。公司法务具备公司律师与法务的双重身份,实践中根据工作需要切换思考问题的角度。与律师不同的是,法务在面对法律问题时要更多地发挥商业思维站在企业的角度考虑解决方案,宏观把控法律问题,这个过程中还要与不同的部门沟通协调发挥各自优势。

生命科学行业的法务工作具备行业特殊性,法务的工作不仅仅是解决法律问题,更重要的是服务于产品的研发与推广。例如,在进行并购业务时,法律部门不仅是单纯协助完成企业的收购,而是要通过传统的并购措施,辅助配合产品项目的合作。

---

⑨ 《2018 ALB China 十五佳总法律顾问》,载搜狐网,https://www.sohu.com/a/236828694_695873,访问日期:2022年5月10日;《大咖云集|2018 ALB 上海企业法律顾问峰会》,载搜狐网,https://www.sohu.com/a/236010024_695873,访问日期:2022年5月10日。

⑩ CLECSS:《2019年"CLECSS十大杰出青年法律人评选(法务组)"结果公布》,载微信公众号"CLECSS",https://mp.weixin.qq.com/s/10CsDE3_QaySsqhW9-KEYQ,访问日期:2022年5月10日;CLECSS:《专访李汝聪-踏上生命科学公司法律与合规顾问之路》,载微信公众号"CLECSS",https://mp.weixin.qq.com/s/3Mxuo4Q9eBHVQYU1m77S_g,访问日期:2022年5月10日。

职级越高对于知识结构与工作能力的综合性要求也越高。想要在生命科学行业的法务职业中深耕,在入行之后一定不能停下学习的脚步,在日常工作中就应分配一定时间深造学习,拓宽知识面,丰富自身的知识结构。另外,职级更高的法务要承担更多管理职能,并能独立起草法律文件、承担重要职责。

外资企业对英文水平普遍要求更高,而内资企业不一定会将英文水平的要求写在招聘信息中,但优秀的英语读写功力对于需要处理复杂涉外业务的岗位也必然是加分项。

四、工作待遇

V 总说道"在经历不同工作之后,我最终选择了医药企业法务的工作,一方面是自己的兴趣,另一方面也因为这是一个充满潜力的行业,薪酬待遇具有相当的竞争力和吸引力。"

不同企业之间的薪酬差异比较大,例如初创公司与上市公司之间、内资企业与外资企业之间的授薪模式以及福利待遇都存在不同程度的差异。大型生命科学企业的实习生薪资在 100 元/天至 250 元/天不等,上下班时间通常比较宽松,单位会提供相应的员工福利。企业法律部门的正式员工收入与律所相比,其薪酬增长幅度与速度虽不及律师行业,但是企业法务的工作性质不同,强度也比较适中,且随着年资的增长,法律部门的薪资也会达到一个比较可观的水准。医疗保健与生命科学行业法律事务职位薪酬表,见表4。在工作之余还有时间和能力参与不少研究项目和公益项目,这也是得益于法务工作给予诸多的客观条件。中国的生命科学行业发展仍处于稳定上升的阶段,企业利润相较其他行业更高,可以为法务提供更优的薪资待遇。生命科学行业具有强监管的特点,国家对于产品研发及生产销售各环节的法律合规要求严格,大型企业对于法律合规事务也高度重视,由此可以预见生命科学行业的法务薪资在未来还有很大的提升空间。

表4 医疗保健与生命科学行业法律事务职位薪资表[11]

	地点	职位	薪资范围(12个月,人民币/千元)		
			最低值	中位值	最高值
医疗器械注册与法规事务(RA)	北京	注册与法规事务经理	350	400	500
		高级注册与法规事务总监	500	550	650
	上海	注册与法规事务总监	800	1000	1200
		注册与法规事务副总裁	2000	2200	2500

	地点	职位	薪资范围(12个月,人民币/千元)		
			最低值	中位值	最高值
药品法规事务	北京	注册事务专员	150	200	250
		注册事务经理	300	400	500
		高级注册事务经理	400	550	700
		注册事务总监	1000	1200	1500
		注册事务高级总监	1500	1600	1800
		注册事务副总裁	1800	2200	2600

除了基本薪资,成熟的企业还会提供完善的福利保障和员工激励制度。包括但不限于保险制度、带薪休假制度、退休养老计划、弹性休假制度、职务补贴、年度体检、免费健身和员工购股计划等。

五、前景展望

生命科学产业的法律法规专业性强、内容复杂、更新速度快。法务新人除了熟悉相关的行业法规,还有必要加强了解生物医药行业的产业环境、生产研发环节流程以及行业规范背后政策考量。

中国的药品监管法律更新速度很快,自2009年"医改"以来国家持续推进新政策,2019年8月底新的《药品管理法》出台,药品上市许可持有人制度等新制度进入中国市场。

要成为一名优秀的生物医药行业法务,不仅要法律专业功底扎实,还需要

---

[11] 《2022年中国薪酬报告》,载米高蒲志公司官网,https://www.michaelpage.com.cn/salary-report#content-area,访问日期:2022年5月20日。

强大的自主持续学习能力,深入掌握行业模式,掌握日新月异的监管变化。大型的医药企业都很重视法律部门的建设,可以预见在未来企业需要更多优秀的法律人才投身行业实践。

小 D 的沙漏时刻

小 D 坐在宽敞崭新的工位,桌上超大屏电脑和其他工作必备用品一应俱全。正好最近企业有个比较大的并购项目,大家都忙起来了。

带教老师对小 D 说:"考虑到你刚入职,今天的工作任务比较常规,主要是法律检索、合同审核校对以及文件翻译。这周会有新人培训和破冰活动,我也会参与培训讲解工作。除了法律部门,我们还会带你了解其他部门的业务,相信你经过一周的学习后,工作会很快上手!如果你在完成任务的过程中遇到困难,我的独立办公室就在转角位,你可以随时来找我。下班之后部门准备组织一个迎新聚餐,给你接风洗尘!"

随后,小 D 在秘书姐姐的带领下参观了工作环境,干活儿累了可以到公共休息区,饿了还有茶水间 24 小时不间断供应零食、水果和咖啡,就算加班也不愁。

不知不觉一个月过去了,小 D 拿出心爱的笔记本,细数着这一个月的工作经历:

第一周:各种培训、了解各部门业务。

第二周:这周跟着团队上了一个并购项目,要收购一个药品研发企业,其中涉及一个新颖的行业制度——药品上市许可持有人制度(Marketing Authorization Holder,"MAH"),作为行业新手要迅速了解这样一个新制度的来龙去脉,真的要费不少工夫!除了检索并梳理相关法律政策,我还趁着休息间隙向前辈请教了医药研发到生产再到销售的整个流程,再进行更具针对性的政府电话咨询,最终才明白了这个新制度对于医药研发的深刻意义。完成并购项目要协同外聘法律顾问,对目标企业进行全方位尽职调查,一个月的实习时间还远远不够。

第三周:尽调项目还在进行中,我又接到了新任务,整理医药企业广告合规的相关法律政策。在学校积累的检索技能就派上用场了。在这个过程中,我也经常要与广告部门沟通,了解业务的具体流程和内容。也许这就是法务与律师工作最大的区别之一,法务可以站在行业内部去理解法律问题,有助于更快把握一个行业的商业模式,对于法律风险的预测也可以更有针对性。

第四周:这周是实习的最后一周!愉快地跟部门前辈完成最后一次团建聚餐。这周的工作任务比较轻松,主要是参与一些合同审核校对的工作。短短一个月的实习,对于医药健康这个庞大的产业链来说,只能说是管中窥豹。但是却能明显感受到这个行业蓬勃的生机与活力。一方面,企业的研发投入和产出能力越来越强;另一方面,法律政策也为医药企业的良性发展创造了更稳定的外部环境。期待未来医药行业为社会带来更多福祉。

小 D 速记

生命科学行业是朝阳产业,监管力度大、要求严格、集中度高,行业政策、法律规则瞬息万变,大型医药企业不断加强跨国合作、资源整合。

生命科学企业的法务岗位招聘主要通过校园招聘和社会招聘两个渠道,应届生入职主要通过校园招聘渠道。社会招聘主要面向有一定年限相关工作经历人士。

一般来说,法务合规人员的晋升路径会经历四个阶段,即初级、中级、高级(资深)、法律部门负责人。

大部分的实习岗位,法学专业的在读本科生和研究生都可以申请。职级更高的法务经理、法务总监、合规主管、总法律顾问等,通常要具备3年到10年不等的相关行业工作经历。

与知识产权有关的岗位,理工科或医学专业的复合背景会更有优势。

生命科学企业的法务合规工作主要包括以下内容:诉讼仲裁事务、非诉相关业务、知识产权管理、合规管理。

电子商务：寻常生活中的不寻常[*]

一个寻常午后,阳光肆意洒在大地上,花岗岩材质的启航楼上泛着耀眼的白光。小 D 快步走在去法学院的路上,边赶路边打开了网上书城准备下单。

小 D 踏入教室的时候,只见一位身着商务西装、神态略显严肃的男子在讲台上调试设备。

"嘉宾老师来得好早,"小 D 心想,"不如用这段时间赶快把书买下来。"从阅读评论到与卖家沟通,再到下单、填写信息、支付一气呵成,小 D 看着"卖家已接受订单"的界面,心满意足地关闭了网站。这时,手机弹出了两条信息,原来是之前在网上下单为学院购买的活动材料已经到达学校的快递站点了。

"大家好,我是某购物网站的法务总监。同学们可以称呼我为 W 老师。"讲台上的男子用平稳但具穿透力的声音说道。小 D 脑海里"嗡"了一声,心想"这不就是我刚刚下单买书的网站吗?"

"这堂课上,我会带领大家来感知与我们日常生活合一的电商行业,带大家了解电子商务行业的法务合规工作,有兴趣的同学以后在职业选择时也可以考虑一下这条路。"

一、电商行业概述

电子商务(E-commerce),简称电商,是指通过互联网或电子交易方式进行交易活动和相关服务活动,是传统商业活动各环节的电子化、数字化和网络化。[①]

从 20 世纪 90 年代开始,我国电子商务发展正式起步。在智能手机、移动支付、二维码等技术革新推动下,自 2015 年开始,我国电子商务交易规模从"超

---

[*] 本部分公益导师:马强,毕业于北京科技大学文法学院,WELEGAL 法盟联合创始人,从事传统零售行业、互联网行业法务工作约 20 年。
志愿者:李静怡,中国政法大学法律硕士,研究方向为金融法。

[①] 《中文维基百科》,https://www.wiki.fallingwaterdesignbuild.com/wiki/%E7%94%B5%E5%AD%90%E5%95%86%E5%8A%A1,访问日期:2022 年 4 月 11 日。

高速增长期"进入"引领期"②,电子商务行业发展已进入成熟发展阶段,其主要内容包括以大宗商品和工业品为主的产业电商,以消费品为主的零售电商、跨境电商,以及以在线外卖、在线旅游、在线教育、在线租房、在线医疗、交通出行等为代表的生活服务电商。

当前,各国政策加大力度支持电子商务发展。世界范围内已有超过70%的国家通过了电子交易法,为电子商务的发展提供了法律保障。我国首部电子商务行业专项立法《电子商务法》于2018年正式出台,成为指导我国电子商务行业法律法规的"大宪章",明确了国家要促进和鼓励电子商务发展的基调。

(一)电子商务类型

"电子商务领域常使用 B2B、C2C、O2O 等术语,这些术语指代的到底是什么?大家有了解过吗?接下来我们将逐个介绍。"

电子商务涵盖代理商(Agent,即 A 端)、商家(Business,即 B 端)和消费者(Consumer,即 C 端)多类主体,ABC 三个字母分别代表不同的交易方。在此基础上,按照交易对象划分,电子商务可以分为企业对企业(Business-to-Business,即 B2B)、企业对消费者(Business-to-Consumer,B2C)、个人对消费者(Consumer-to-Consumer,即 C2C)、个人对企业(Customer-to-Business,即 C2B)、企业对政府(Business-to-Government)、线上对线下(Online-to-Offline,O2O)等经营模式,见表1。

表1 常见的电商经营模式

经营模式	含义	示例(不分先后顺序)
B2B	企业与企业之间通过网络平台进行交易活动	阿里巴巴、慧聪网、中国供应商
B2C	企业通过网络平台向消费者个人销售产品和服务	京东商城、天猫商城、苏宁易购
C2C	买卖双方为独立的用户个体,双方借助于网络平台开展经营交易活动	易趣网、淘宝网、拍拍网
C2B	消费者提出需求,而后生产企业按需求组织生产满足消费者需求	尚品宅配、红领西服
B2G	企业和政府机关通过网络平台交换数据及交易	电子采购、电子报税、电子通关
O2O	线下商务的机会与互联网充分结合	美团网

② 一般认为,我国电子商务发展历程分为三个阶段:1999-2005 年为"培育期",2005-2015 年为"创新期",2015-2019 年为"引领期"。

事实上,电子商务模式还远远不止这些。随着电子商务模式的演变和完善,B2B、B2C 模式现已结合发展,衍生出 B2B2C(Business-to-Business-to-Customer)等新型电商销售模式。在可以预计的未来,根据市场的需要,形式肯定会越来越多。

(二)电商上市公司特征分析

根据不完全统计,目前,国内共有电商上市公司 80 余家。[③] 从表 2 可以看出:(1)在电商领域方面,电商上市公司主要集中在零售电商、生活服务电商、产业电商、跨境电商四类,前两类约占 76%;(2)在地点方面,近六成电商上市公司注册主体位于北京、上海、杭州三地,绝大多数位于沿海地区;(3)在上市时间方面,自 2018 年起,新上市电商公司高达 50 家,虽然实体经济受疫情影响较大,但从电商上市数量来看,资本市场对电子商务产业整体信心充足,电商发展前景较好。

表 2　部分电商上市企业一览[④]

名称	领域	地点	上市时间
ST 冠福	产业电商类	泉州	2006 年 12 月 29 日
国联股份	产业电商类	北京	2019 年 7 月 30 日
药易购	产业电商类	成都	2021 年 1 月 27 日
慧聪网	产业电商类	北京	2003 年 12 月 17 日
焦点科技	产业电商类	南京	2009 年 11 月 27 日
科通芯城	产业电商类	深圳	2014 年 7 月 18 日
摩贝	产业电商类	上海	2019 年 12 月 31 日
上海钢联	产业电商类	上海	2011 年 6 月 8 日
生意宝	产业电商类	杭州	2006 年 12 月 15 日

③　数据统计截至 2022 年 3 月 27 日,不包含新三板上市公司。以上信息均来自公开渠道,主要参考电数宝(http://www.100ec.cn/Index/dsb_product.html)、天眼查(https://www.tianyancha.com)、《【股价播报】一图看清 80 家电商上市公司最新股价(20211203)》(https://page.om.qq.com/page/O1XjJqSYccE-AC9one3hLHOA0)等。

④　瑞幸咖啡于 2020 年 6 月 29 日盘前因财务造假退市,蛋壳公寓于 2021 年 4 月 6 日因高管被抓、租金贷风波等事件被纽交所退市,*ST 欧浦于 2021 年 7 月 14 日被深交所决定终止上市。

(续表)

名称	领域	地点	上市时间
卓尔智联	产业电商类	武汉	2015年8月7日
安克创新	跨境电商类	长沙	2020年8月24日
广博股份	跨境电商类	宁波	2007年1月10日
华鼎股份	跨境电商类	金华	2011年5月9日
跨境通	跨境电商类	太原	2011年12月8日
兰亭集势	跨境电商类	深圳	2013年6月6日
联络互动	跨境电商类	杭州	2014年4月1日
天泽信息	跨境电商类	南京	2011年4月26日
新维国际	跨境电商类	香港	2000年8月2日
星徽股份	跨境电商类	佛山	2015年6月10日
洋葱集团	跨境电商类	广州	2021年5月7日
1药网	零售电商类	上海	2018年9月12日
阿里巴巴	零售电商类	杭州	2014年9月19日
宝宝树	零售电商类	北京	2018年11月27日
宝尊电商	零售电商类	上海	2015年5月21日
波奇宠物	零售电商类	上海	2020年9月30日
达达	零售电商类	上海	2020年6月5日
叮咚买菜	零售电商类	上海	2021年6月29日
歌力思	零售电商类	深圳	2015年4月22日
光云科技	零售电商类	杭州	2020年4月29日
国美零售	零售电商类	北京	1992年4月15日
京东	零售电商类	北京	2014年5月22日
酷特智能	零售电商类	青岛	2020年7月8日
乐信	零售电商类	深圳	2017年12月21日
丽人丽妆	零售电商类	上海	2020年9月29日
良品铺子	零售电商类	武汉	2020年2月24日
每日优鲜	零售电商类	北京	2021年6月25日

(续表)

名称	领域	地点	上市时间
蘑菇街	零售电商类	杭州	2018年12月6日
南极电商	零售电商类	苏州	2007年4月18日
拼多多	零售电商类	上海	2018年7月26日
趣店	零售电商类	北京	2017年10月18日
如涵	零售电商类	杭州	2019年4月4日
若羽臣	零售电商类	广州	2020年9月25日
三只松鼠	零售电商类	芜湖	2019年7月12日
什么值得买	零售电商类	北京	2019年7月15日
寺库	零售电商类	北京	2017年9月22日
苏宁易购	零售电商类	南京	2004年7月21日
团车网	零售电商类	北京	2018年11月20日
万物新生	零售电商类	上海	2021年6月18日
微盟集团	零售电商类	上海	2019年1月15日
唯品会	零售电商类	广州	2012年3月23日
物农网	零售电商类	深圳	2020年12月15日
小米	零售电商类	北京	2018年7月9日
小熊电器	零售电商类	佛山	2019年8月23日
壹网壹创	零售电商类	杭州	2019年9月27日
逸仙电商	零售电商类	广州	2020年11月19日
优信	零售电商类	北京	2018年6月27日
御家汇	零售电商类	长沙	2018年2月8日
云集微店	零售电商类	杭州	2019年5月3日
有赞	零售电商类	杭州	2018年4月18日
阿里健康	生活服务电商类	香港	1972年7月6日
阿里影业	生活服务电商类	香港	1994年5月12日
贝壳找房	生活服务电商类	天津	2020年8月13日

(续表)

名称	领域	地点	上市时间
滴滴⑤	生活服务电商类	北京	2021年6月30日
房多多	生活服务电商类	深圳	2019年11月1日
跟谁学	生活服务电商类	北京	2019年6月6日
京东健康	生活服务电商类	香港	2020年12月8日
乐居	生活服务电商类	北京	2014年4月17日
猫眼娱乐	生活服务电商类	北京	2019年2月4日
美团点评-W	生活服务电商类	北京	2018年9月20日
平安好医生	生活服务电商类	深圳	2018年5月4日
齐屹科技	生活服务电商类	上海	2018年7月12日
前程无忧	生活服务电商类	上海	2014年9月29日
青客公寓	生活服务电商类	上海	2019年11月5日
房天下	生活服务电商类	北京	2010年9月17日
同程艺龙	生活服务电商类	北京	2018年11月26日
途牛	生活服务电商类	南京	2014年5月9日
网易有道	生活服务电商类	北京	2019年10月25日
无忧英语	生活服务电商类	北京	2016年6月10日
携程网	生活服务电商类	上海	2003年12月9日
新东方在线	生活服务电商类	北京	2019年3月28日
新氧医美	生活服务电商类	北京	2019年5月2日
一起教育	生活服务电商类	北京	2020年12月4日
优客工场	生活服务电商类	北京	2020年11月24日
掌门教育	生活服务电商类	深圳	2021年6月8日

---

⑤ 2021年12月3日,滴滴出行在微博表示,公司即日起启动在纽交所退市的工作,并启动在香港上市的准备工作。2022年4月16日,滴滴连续发布三则公告,称其将于2022年5月23日举行股东大会,就公司股票从纽交所退市进行投票。

二、电商行业法务合规业务介绍

电商行业发展如火如荼之际,随之而来的是各类电商运营相关的法律问题。在电商法务合规的工作中,首要内容就是管理企业风险。其中,法务侧重于事中监控和事后解决;合规侧重于事前解决和事中监控,两者互相交叉,共同构成完整的风险防控体系。⑥

下面,以阿里巴巴集团法务合规为例,对电商行业法务合规业务做一个简单的梳理。

(一) 合同管理

电商企业的发展离不开多方交易,交易达成的核心在于合同。对企业而言,合同管理是攸关企业持续健康发展的重要命脉;对企业法务而言,合同管理是防患于未然的关键所在。通常,电商企业涉及的合同形式主要有网络购物合同、网络服务合同、劳动合同、运输合同等,电商企业法务人员应当在充分了解公司业务的基础上制定企业合同策略,编制合同范本,对合同文件进行审核、整理、汇总和存档,负责合同管理体系的建立、完善。

随着电子技术的发展,电子合同逐渐成为电子商务领域最主要的合同形式,合同无纸化成为电子商务交易发展的新方向。《民法典》第 137 条、469 条、491 条、492 条等都对"采用数据电文形式订立的合同"成立的条件及合法性作出具体规定,而具体到如何订立电子合同、规避合同风险、应对合同纠纷层面,则需要电商企业法务人员来应对。

(二) 案件诉讼

电商企业经营过程中难免产生大量交易纠纷,协商不成时可能引致诉讼。对于大型电商企业而言,其通常设置独立的法务合规部门,内部分工明确,有专门的诉讼法务处理纠纷事务;对于小型电商企业而言,由于人数相对较少,企业即使设置法务岗位也主要限于内部事务,案件纠纷常通过外聘律师来解决。从电商企业司法风险角度来看,近五年来,电子商务领域法律诉讼案件数量持续上涨,以电商平台直播带货为例,2020 年"黑猫"投诉平台中涉及直播带货问题

---

⑥ 《独角兽企业法总谈法务管理与合规》,载一法网,http://www.thefirstlaw.cn/news/223.html,访问时间:2022 年 5 月 30 日。

的有效投诉高达12,000余单。⑦ 尽管不同行业的电商企业应对的诉讼案件侧重点不尽相同,但总体来说,主要存在于退款问题、网络欺诈、虚假宣传、商品质量问题、信息泄露、大数据"杀熟"、侵犯知识产权、劳动争议纠纷等。

以阿里巴巴集团下属淘宝网为例,根据《淘宝平台服务协议》的规定,会员在淘宝平台与其他用户交易过程中出现"虚假交易""刷单""售假"等情形时,可以先通过淘宝"全网举报"系统发起举报,淘宝方将在规定工作日内予以处理。同时,用户可以使用淘宝平台的争议调处服务,由淘宝平台客服或大众评审员作为独立第三方作出调处决定。在该决定作出前,会员可通过请求消协调解、投诉、提请仲裁、提起诉讼等路径中止调处,诉讼法务人员根据《消费者权益保护法》《电子商务法》等有关法律负责应诉;在调处决定作出后,会员仍有权采用其他途径解决争议,但通过其他争议处理途径未取得终局决定前,应先履行调处决定。⑧

(三)知识产权管理

随着互联网和电子商务的发展,网店经营门槛放低,知识产权侵权案件频发。2019年正式实施的《电子商务法》加大了电商企业知识产权保护力度,对电商企业知识产权保护义务作出进一步概括性规定,与《商标法》《著作权法》《专利法》等知识产权法律法规成为电商企业知识产权管理的法律依据。

电商企业知识产权管理工作当然离不开法务合规人员。以阿里巴巴集团法务为例,作为起步早的互联网创新企业,阿里巴巴集团知识产权团队建设较为成熟、专业性强、智能化程度高。其知识产权投诉处理流程如图1所示。⑨ 当投诉权利人或卖家认为自己主张的权利没有得到满足时,往往会诉诸法律,请求法院予以救济。因此,电商法务人员的知识产权业务主要有:(1)证据收集,为诉讼案件整理数据、还原事实;(2)法务支持,从法律角度提供意见支持,初步判断涉案商品是否构成侵权;(3)诉讼预防,与业务部门合作,分析诉讼

---

⑦ 《2020年黑猫投诉平台直播电商投诉数据》,载微信公众号"黑猫投诉",https://mp.weixin.qq.com/s/lG6hcTMvu4MPqn4P6C5sPw,访问时间:2022年5月31日。

⑧ 《淘宝平台服务协议》载淘宝网,https://rule.taobao.com/detail-11000666.htm? spm = a2177.7231193.0.0.5f0517eaInWYDv&tag=self,访问时间:2022年5月31日。

⑨ 《阿里巴巴法务团队:庞大商业帝国的保卫者》,载个人图书馆网,http://www.360doc.com/content/18/0220/13/22551567_730976216.shtml,访问时间:2021年3月31日。

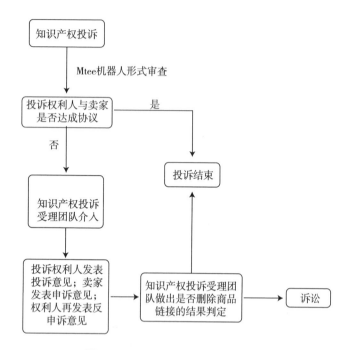

图 1　阿里巴巴知识产权投诉处理流程

请求背景,从而降低诉讼转化率,避免诉讼案件的发生。[10]

(四)合规管理

良好的合规管理是企业发展运营持续稳定的基石,也是企业发展中的重要的软实力和潜在的竞争力。

《电子商务法》对电商企业合法规范交易行为做出明确规定,例如第10条依法工商登记条款、第21条押金收取及退还规则等。除《电子商务法》外,《税收征管法》《广告法》《消费者权益保护法》等法律法规对电商企业合规也提出详细要求,涉及主体资格、记账报税、交易支付、广告宣传、知识产权、公平竞争、消费者权益保护、个人信息保护、电商平台责任等多个维度。以记账报税为例,电商企业法务人员在依法完成工商登记后,还应当在领取营业执照15天内

---

[10] 图片及资料来源,同上注。

设置账簿,进行纳税登记,明细分类账、现金日记账、银行存款日记账等,进而完成抄税、报税和纳税申报业务。

此外,当前直播电商发展火热,大量零售品牌蜂拥而至,其背后电商直播平台的许可及备案合规工作也应得到法务合规人员的重视,依法履行相关许可及备案义务,涉及跨境电商直播的还应当符合跨境电商相关的注册、海关、税务等合规要求。

(五)公司内部调查

公司内部调查(Corporate Internal Investigation)是指公司通过查明其内部发生的事实,从而判断公司相关人员是否存在违反公司内部规定及法律规定的情形。该业务属于企业法务合规部门的重要工作,广泛应用于应对证券监管部门的质询、调查员工收受商业贿赂、窃取公司商业秘密等情形。[11] 目前国内电商上市公司已达80余家,任何违法违规行为均有可能引致监管部门关注,由监管部门会向上市公司发出质询函。

以深陷虚构交易和财务造假风波的瑞幸咖啡(Luckin Coffee)为例,上市公司在收到质询函后,由公司独立非执行董事联合独立法律顾问、法务会计师等成立特别委员会,对事件始末进行内部调查。[12] 2020年3月1日,新修订的《证券法》正式生效实施,全面推行证券发行注册制度,这也意味着上市公司内部调查制度将会发挥日益重要的作用。

三、电商法务入职引领

(一)入职要求

那么,如何才能获得电商法务合规的岗位?表3所列的岗位要求可作为参考。

---

[11] 赵慧丽、周莹:《从瑞幸咖啡案谈上市公司如何做"内部调查"》,载微信公众平台"安杰世泽律师事务所",https://mp.weixin.qq.com/s/uMXz65acsylavfFnFlpMrg,访问时间:2022年5月31日。

[12] "Luckin Coffee Announces Formation of Independent Special Committee and Provides Certain Information Related to Ongoing Internal Investigation", https://www.sec.gov/Archives/edgar/data/1767582/000110465920042189/a20-14831_1ex99d1.htm, last visited on May 9, 2022.

表3　国内电商法务合规岗位要求参考[13]

岗位	学历要求	工作经验	司法考试	其他要求
法务(副)总监	法学类本科及以上学历	10年以上的工作及团队管理经验	通过国家司法考试优先	有相关法律或风险管理领域的10年以上的工作及团队管理经验,熟悉电商行业法律法规,在相关行业电商平台有相关从业经验;有独立思考和分析能力,能够对于相关问题拿出法律专业处理意见并且具有独立解决问题的能力;精通公司法、合同法、广告法、知识产权相关法律事务,熟悉互联网行业相关法律法规要求
法务经理	法学类本科及以上学历	工作年限5年以上或国内外领先律所律师工作经验	通过国家司法考试优先	性格开朗,领悟力强,工作严谨细致,具备优秀的时间管理能力,具备较强的执行力、逻辑思维能力及独立思考意识;具备服务企业用户、渠道管理和全国性采销体系搭建和会员管理相关经验者优先;熟悉行业相关法律法规,尤其是行业投资、融资、税务筹划及运营管理等业务模块相关法律法规;具备优秀的团队管理能力,诚信、稳健,具备良好的沟通能力和资源整合能力
法务专员	法学本科及以上学历	从事与法律相关的工作2-3年以上	通过国家司法考试优先	精通互联网、电商行业法律法规,具有电商平台特别是第三方交易平台3年以上工作经验;具有风控、供应链金融经验的优先考虑;能够独立与所支持业务线的业务侧进行沟通,充分了解需求,并给出指导意见或解决方案,跟踪事项后续进展;能够进行跨部门的良好有效沟通,共同研讨工作问题
法务实习生	大四或研一、研二及以上,法律相关专业	无明确要求	无明确要求	具有良好的逻辑分析能力,专业功底好,文字功底好;具备优秀的人际沟通能力,良好的中英文书面口头表达能力;保密意识强,主动性好,团队合作意识强;工作认真负责,耐心细致;熟练使用Office软件等办公软件

从表3可知:(1)在学历方面,电商企业法务合规岗位鲜有硬性要求,基本同时面向本硕博不同学历招生,对于专业型或者学术型硕士无明显区分,不要

---

[13] 整理自网上公开信息。

求本科阶段为法学专业;(2)除面向在校生开放的法务实习岗位外,其余上至法务总监,下至法务专员,均对法律、企业管理相关工作经验有不同程度的要求,主要分界点为 2~3 年、5 年、10 年,以互联网、电商行业工作经验为佳;(3)尽管招聘启事往往对应聘者是否通过法律职业资格考试不作硬性规定,但在相同条件下,企业仍然对通过法律职业资格考试者优先录取;(4)从岗位其他要求来看,法务合规部门作为其他业务发展的助推器,更看重团队协作能力和组织协调能力,要求法务人员能够跨部门良好有效沟通,具有良好的谈判技巧、语言和文字表达能力及人际交往能力。

(二)优秀电商法务的必备素养

"进入电商行业后,要尽快认清电商法务的本质,才会少走更多的弯路,获得职业上的长足发展。"W 老师提醒道。

1. 熟悉业务运转的各个环节

随着区域供应链的发展以及基层社会门店 B2B2C 模式的加速渗透,电商的业务领域也将进一步扩大,与消费者的联系也日渐密切。因此,从商品下单、货权掌控、货物仓储至产品配送甚至终端销售,法务人员都应当对各环节业务内容有清晰的认知,注重品牌商、经销商以及零售端、消费者态度的转变,对其中蕴含的法律风险进行预先防控,做好业务部门之间的衔接,成为业务部门发展的助推器。

2. 运行节奏快,需要持续性学习

当前涉及电子商务的法律、法规及司法解释数量繁多,这意味着法务人员不仅应当充分研习、运用、掌握已经出台的电子商务相关法律法规,同时应当密切关注立法、修法动态,做到与时俱进,对法律专业知识持续性学习。另外,与日新月异的互联网行业相同,电商行业立足的正是不断更迭换代的新技术。因此,除法律专业知识的学习外,电商法务人员还应当对企业运行动态有较为全面把握,对其中可能涉及的风险有明确认知,这需要法务人员时刻关注业内技术动向,及时向业务部门学习。

3. 把握好互联网技术的运用

效率,是电商行业法务合规业务的重要追求。只有高效的法务合规业务,才会对其他业务部门起到引导作用,才能更早地预知风险,进行事前防控。然而,工作效率的提高靠的不是人力资源的增多,而是互联网技术的发展。不论是电子合同的生成、签署、审批,还是运用大数据技术对案例和法律进行快速化检索,借助于互联网技术的应用,最精简的法务合规团队可以产生最大化工作效率,为企业创造出最有力的法律支持。

在课堂的最后,W老师说:"对法科生而言,电商行业法务合规也不失为一项择业的优质选择。在择业时,也可以考虑先从律所、互联网或电商行业做起,优先选择发展前景较好的平台,积累相关工作经验和专业知识,培养自己的团队写作能力,逐步成长为一名称职、优秀、有价值的法务合规人才。"

小 D 的沙漏时刻

小 D 来到了梦寐以求的 A 公司总部园区。A 公司是国内领先的电子商务公司,涉及业务面极其广泛。园区与湿地公园相邻,不论外界市场如何瞬息万变、股市如何动荡,园区内仿佛世外桃源,巧妙地隔绝了外界的喧嚣。"走,我带你转一转公司。"带教老师笑着说道,"这里包括了员工主办公区、食堂、健身房、报告厅和影视放映厅,可以满足你一天里的所有需求。"小 D 发现,由于园区占地面积较大,员工在建物之间移动时,可以使用园区内的脚踏车,不仅节省时间,还能顺便健身。"不愧是对标谷歌、苹果公司的建设啊",小 D 感叹道。

随后,带教老师带领小 D 乘坐电梯抵达办公楼目的层,穿过一个个充满中国风而又极具现代感的会议室,到达法务部办公区。"我们法务团队的组织架构在国内是非常先进的,不仅有负责特定业务的专业法务,还有负责业务部门(Business Unit,简称 BU)法务,组织架构呈现纵横交错结构。"看小 D 似懂非懂的模样,带教老师继续解释道,"你可以把二者理解为医院的全科医生与专科医生,BU 法务与业务比较贴近,对于某一条业务线中的法律问题和实际情况了解比较全面;专业法务囿于专业范围,对于特定法律问题了解和研究比较深刻。BU 法务在必要时会把特定的专业问题上交专业法务,专业法务在处理诉讼案件或者进行案件复盘时,也需要与 BU 法务进行业务聚焦。在多向进程下,就出现了交错结构啦。"

根据带教老师介绍,A 公司的法务设置有法务总监、高级法律顾问、法律顾问、BU 法务专家、法务专家、法务专员等岗位,应届生平均起薪为每月 7000-15,000 元,工作 2~3 年后基本工资可达每月 25,000 元以上。对于法学院在读学生而言,可以通过申请法务实习生进入公司,部分岗位提供留用机会;对于应届毕业生而言,公司通常提供校招渠道,通过"网申/内推→素质测评→在线笔试→简历评估→面试"的流程可以获得录用通知;对于往届毕业生按照社会招聘渠道进行,企业对这类应聘者更看重过往业务领域积累的工作经验。小 D 了解到,电商行业发展是十分迅速的,常伴随新兴业务的出现,例如最近热门的针对数据的法律合规岗位,不仅要有法律基础,还要理解数据在业务系统中的流转方式,复合背景人才能够更好地满足这一市场需求。

小 D 所在的部门是集团所属的一个 B2C 电商平台,作为实习生,小 D 收到的第一份任务是针对"上架直播 App 需要哪些网络许可证"进行法律调研,完成法律备忘录的编撰。增值电信业务经营许可证(俗称"ICP 证")、在线数据处理与交易业务许可证(俗称"EDI 证")、网络文化经营许可证(俗称"文网文")……面对全新的法律问题,小 D 十分茫然,似乎与过去学到的法律知识毫不相干。小 D 一边感受电商法务与企业业务之间的微妙关系,一边感慨自己法律检索的功底尚有欠缺,只能在前辈指点下勉强推进工作任务。原来,公司早已注意到了这一点,为法务同学设置了跨团队培养机制,专业团队的同学在原岗位接触合规、风控等法律专项业务后,有机会到 BU 团队轮岗,进一步理解前台商业发展和产品运营规律。

小 D 速记

我国电商行业主要包括以大宗商品和工业品为主的产业电商,以消费品为主的零售电商、跨境电商,及以在线外卖、在线旅游、在线教育、在线租房、在线医疗、交通出行等为代表的生活服务电商。

按照交易对象划分,电子商务可以分为 B2B、B2C、C2C、C2B、O2O、B2B2C 等多种形式。

电商上市公司主要集中在零售电商、生活服务电商、产业电商以及跨境电商四类。

超六成电商上市公司的注册主体位于北京、上海、杭州三地,绝大多数位于沿海地区。

电商企业常涉及的合同主要有网络购物合同、网络服务合同、劳动合同、运输合同等。

不同行业的电商企业应对的诉讼案件侧重点不尽相同,主要存在于虚假宣传、商品质量问题、信息泄露、大数据"杀熟"、侵犯知识产权、劳动争议纠纷等。

电商法务人员的知识产权业务主要有证据收集、法务支持以及诉讼预防。

电商企业合规业务主要涉及主体资格、记账报税、交易支付、广告宣传、知识产权、公平竞争、消费者权益保护、个人信息保护、电商平台责任等多个维度。

电商企业招聘要求:在学历方面,基本同时面向本硕博不同学历招生,对于专业型或者学术型硕士无明显区分,对本科专业是否是法学也无明显要求(个别岗位除外)。在工作经验方面,除实习岗位外,其余岗位均对法律、企业管理相关工作经验有要求,主要分界点为 2~3 年、5 年、10 年,以互联网、电商行业工作经验为佳。相同条件下,电商企业对通过法律职业资格考试者优先录取。

丁
FOUR
法律交叉领域

法律培训:"互联网+"的弄潮儿*

阶梯教室里,小D和好友小A正在兴致勃勃地观看罗翔老师的法考授课视频,并时不时按下暂停键,对"法外狂徒"张三的犯罪行为进行评价分析;小B和小C则在一边讨论当前的就业前景,一边相互分享求职技能培训的相关信息。

此时,一位优雅的女士缓缓走进喧闹的教室,同学们看到嘉宾老师后,逐渐停下讨论,课室也慢慢安静下来。

"大家好,我是X,一家互联网公司的CEO,很高兴受魔法师邀请来到这里和同学们进行分享。刚刚进来的时候,我听到大家在讨论与法律培训相关的内容。此前,中国政法大学教授罗翔在B站爆红,我猜测,可能有不少在座同学看过他讲课的视频。那么,大家是否想了解一下罗老师所处的法律培训行业是什么样子呢?作为法律人的你,是否也期待有朝一日成为一名法律培训名师呢?"X总编放眼望去,教室里的一些同学兴高采烈地点了点头。

一、法律培训简介

所谓法律培训,就是指针对特定群体进行法律知识和技能的专业性培训工作,大体包括"职前培训""职业技能培训""运营管理培训"三个方面。

(一)职前培训

职前培训主要面向高校的法学院学生,或是志在从事法律行业的职场新人。根据培训事项的不同,职前培训又可分为"法律考试培训"和"求职技能培训"。

法律考试培训,就是培训机构通过一系列线上或线下的课程辅导,帮助学

---

* 本部分公益导师:王凤梅,复旦大学新闻学院研究生,复旦大学中文系本科生,现任律新社创始人、CEO,华东政法大学兼职教授、上海政法学院兼职教授、上海财经大学兼职硕士生导师,东方法治研究会副秘书长,华政法制新闻研究中心高级研究员,华政中国新兴法律服务产业研究中心副主任,多次获评全国律协及上海律协政法宣传优秀奖。

志愿者:张玉涛,中国人民大学法学博士研究生,合著《中华人民共和国个人信息保护法释义》《教育惩戒法治研究》等多部著作,在《云南社会科学》《思想理论教育》等刊物上发表论文多篇,部分论文被人大复印报刊资料全文转载。

员通过与法律相关的升学考试或职业资格考试。

求职技能培训,是指培训机构通过提供包括课程、简历修改、模拟笔试面试等,帮助高校学生和职场新人对法律职场、律所工作内容等有所了解,有针对性地提高笔试以及面试等求职能力,继而使其获得更好的实习和工作机会。

(二)职业技能培训

职业技能培训主要面向已经就业的法律人(尤其是律师、法务)。培训机构通过系统或专项性的课程培训,帮助其提升法律实务领域的执业技能。总体来看,我国法律服务市场中的职业培训行业已经发展较为成熟,"万法通""律生活""赛尼尔""Acelaw 法培学院"等一批专业的培训机构,均在充分地利用互联网的平台优势,开发、推销培训课程,并将培训内容逐步推向精细化、专业化、类型化。以"赛尼尔"为例,其提供的法律实务课程培训共包括五个基本方面:合同法律实务、劳动用工法律实务技能、海外工程建设法律实务、企业仲裁操作实务和重大法律项目管理实务。①

(三)运营管理培训

运营管理培训主要面向律师事务所管理层及律师。培训者通过分享实践经验、提供技术支持,帮助律师优化管理理念,推动律所构建更加高效的运营管理服务体系。以"律谷科技"为例,其至今已发起了多期"律所运营管理课程培训"活动,围绕律所的管理模式、风险管控、行政人事、信息技术管理、知识品牌等不同内容展开了系统培训指导。②

需要说明的是,以上不同类型的法律培训活动,并非相互割裂的,也有可能并存于同一个机构之中。以"iCourt"为例,其所提供的一系列培训课程,既包括核心业务能力课程(包括出庭、证据、写作、法律逻辑、合同审查、法律顾问、尽职调查、诉讼逆转等),也包括市场开拓能力课程(包括谈判、心理学、演讲、客户管理等),以及法律新科技能力课程(包括可视化、大数据等)。③

(四)综合观察

一般而言,那些从事"求职技能培训""职业技能培训""运营管理培训"等

---

① 《法律实务类培训》,载赛尼尔法律风险管理网,http://www.senior-rm.com/detail.aspx?nid=25&pid=0&tid=0&id=27762,访问日期:2021 年 4 月 10 日。
② 《好久不见,新一季律所运营管理培训课程全面开启!》,载律谷科技网,http://www.legaltech.cc/wechat_news1101.html,访问日期:2020 年 4 月 7 日。
③ iCourt 官方网站,http://www.icourt.cc/,访问日期:2020 年 4 月 7 日。

行业的培训者,往往是在业界具有丰富执业经验、实务技能熟练的法律人。因此,年轻的法科生往往难以直接从事相关培训业务。

当然,对此行业感兴趣者,也可以考虑进入该行业从事产品营销、产品研发、文案写作、品牌策划、平台运营等工作。但这类工作往往更加看重求职者的管理、营销等专业背景,对于具有单一法律背景的法科生而言,建议慎重考虑。鉴于此,接下来,我将会重点针对较为适合年轻法科生的"法律考试培训"行业,作详细介绍分析。

二、法律考试培训

(一) 行业概览

早期的法律考试培训机构主要是通过线下面授的方式,对报名学生进行辅导。随着互联网技术的发展,越来越多的机构采取了"线上+线下"的双重培训模式,且"线上培训"正在日益成为这一模式的重心。

从培训内容来看,相关机构一般以"法律职业资格考试"为主要培训业务,但随着市场规模和师资力量的不断扩张,不少机构也在逐渐开拓服务范围。譬如,"厚大"便将自身定位为"一家以法律行业人才培训为主导的教育培训机构";④ "众合"在官网宣传中则明确将"国家统一法律职业资格考试、法硕联考、法律实务培训"并列介绍为该机构的三大核心业务。⑤

根据表1显示从地域范围来看,当前国内知名考试培训机构的总部地址普遍位于北京,这显然与北京作为我国法学教育的中心密不可分。不过,由于各地普遍具有庞大的法科生群体、旺盛的市场需求,因此,培训机构基本上在全国范围内均建立了广泛的分校点。

表1 法律考试培训机构概览

序号	机构简称	运营主体	总部地址	创立时间
1	万国	北京万国易源咨询有限责任公司	北京	1997年
2	文都	世纪文都教育科技集团股份有限公司	北京	2005年

---

④ 《企业简介》,载厚大法考官网,http://www.houdafk.com/site/hd/index.html#channelIndex/about,访问日期:2023年8月16日。

⑤ 《众合简介》,载方圆众合法考官网,https://www.zhongheschool.com/fakao/about,访问日期:2020年4月7日。

(续表)

序号	机构简称	运营主体	总部地址	创立时间
3	独角兽	北京随考通科技有限公司	北京	2008 年
4	众合	北京方圆众合教育科技有限公司	北京	2009 年
5	厚大	北京厚大轩成教育科技股份公司	北京	2013 年
6	华旭	北京华旭万方教育科技有限公司	北京	2013 年
7	粉笔	北京粉笔蓝天科技有限公司	北京	2015 年
8	瑞达	北京瑞达成泰教育科技有限公司	北京	2016 年
9	觉晓	重庆觉晓教育科技有限公司	重庆	2016 年
10	柏杜	北京哈中教育科技有限公司	北京	2019 年

(二)职业分析

大体而言,适合年轻法律人从事的相关岗位,主要可以分为授课老师、专辅老师、法律编辑三种类型。结合相关培训机构的招聘计划,表2总结了各类岗位的核心职责及任职要求,供大家参考。

表2 法律考试培训岗位类型概览

工作岗位	岗位职责	任职要求
授课老师	1.独立制定相关部门法的教学计划、讲义,并能在线上及线下熟练讲授课程; 2.独立撰写相关部门法的辅导教材及模拟试题; 3.有效解答学生提出的学习问题	1.在读或已毕业的优秀法学博士、博士后,拥有扎实的法学功底,个别学科的特别优秀硕士; 2.通过国家统一法律职业资格考试,熟知近5年内法考命题特点,对命题规律有一定研究; 3.口头表达流利,普通话较为标准,有一定的授课经验者优先
专辅老师	1.辅导学员学习,及时解答学员提出的学习问题; 2.负责相关部门法试题的采集、整理、修订,并能熟练讲解题目; 3.负责学员个性化学习计划的制定及相关辅导资料的整理、审核; 4.组织学员小组学习,参与制作学员学习档案,跟踪学员学习情况	1.法学专业硕士或博士研究生,已通过国家统一法律职业资格考试,分数理想; 2.较强的专业功底及表达能力; 3.理论功底强,熟悉法考制度,对近3年的法考真题有较熟练的掌握; 4.能熟练使用 WPS、Office 等办公软件及办公设备; 5.有培训教育行业工作经验者优先

(续表)

工作岗位	岗位职责	任职要求
法律编辑	1.法律专业资讯的撰稿编辑工作； 2.负责网站、微信订阅号、服务号相关栏目的内容更新、专题策划及原创或采访文章的上传； 3.相关法律资料的查阅、采编、选题、撰写、编辑、校对等工作； 4.完成信息网址内容的策划和日常更新、维护等工作	1.法学本科及以上学历，法学专业； 2.熟悉常规办公软件； 3.扎实的法律基础知识，良好的中文素养和文字撰写功底； 4.驾驭语言能力强，擅长交流和沟通； 5.有法律类图书编辑、网站编辑工作经历者优先

1. 岗位概述

其中，"法律编辑"的岗位性质与法律行业媒体的"媒体编辑"具有高度一致性，只是二者重点处理的法律信息内容有所不同：前者侧重于法律考试的相关资讯及知识点整合；而后者则侧重于法律服务行业资讯、实务技能及深度观点的分析梳理。

与"法律编辑"相比，实际上，"授课老师"和"专辅老师"的工作内容相对更加符合法律考试培训这一行业的本质特征。毕竟，二者都是直接从事与考试内容相关的知识性培训工作。

2. 授课老师和专辅老师

就具体的岗位职责而言，"授课老师"主要负责特定部门法的线上或线下授课；而"专辅老师"则类似于"法律助教"，主要是处理一些辅助性的培训工作。就任职要求而言，二者也具有明显的相似性，均较为看重求职者的如下特质：法学功底扎实、熟悉法考制度及命题规律、表达能力较强。

大体而言，我们可以将"授课老师"和"专辅老师"视为法律考试培训行业中两个层次的职业阶梯，在某些培训机构的晋升机制中，于一定期限内表现优秀的"专辅老师"，有机会成为专门的"授课老师"。当然，这同时也意味着薪酬的大幅飞跃。以"独角兽"为例，其为"法律编辑"和"专辅老师"这两个岗位提供的薪资是月薪 6000 元至 2 万元；⑥而对于"授课老师"而言，则未作特别限定，培训机构一般都会与符合任职要求者展开独立的商谈签约，并提供颇具市场竞争力的薪资待遇。

---

⑥ 《人才招聘》，载独角兽网校官网，http://www.dujiaoshou.cn/company/2014/0102/921.html，访问日期：2020 年 4 月 7 日。

"法学功底扎实"是对于"培训者"而言最为核心的任职条件,而"学历"则能为用人单位提供一个便捷的测量指针。因此,无论是"授课老师"、还是"专辅老师",培训机构一般都要求其具有法学硕士研究生及以上学历,且博士更为优先。值得一提的是,瑞达、厚大等培训机构在宣传师资的时候,除了注重强调团队的规模性之外,还尤为重视突出个别"名师"的权威性;而此类在培训机构中处于"第一梯队"的"名师",一般都具有博士研究生学历。

3. 求职建议

综上,对于具有硕士研究生以上学历、法学功底深厚、表达能力较强且对教育培训事业颇有热情的法科生,可以考虑将法律考试培训视为一种优先的职业选择。不过,需要进一步指出的是,如果硕士研究生毕业之后直接踏入这一行业,一般只能从基础性的教学辅导工作做起,且未来的职业发展可能会受到学历背景的一定阻碍。

因此,我建议志在从事考试培训行业的法科生,在具有合适机会的情况下可以考虑攻读博士学位,如此一来,不仅职业前期的薪酬颇为可观,且未来的发展前景也较为光明。即便在博士毕业之后进入高校专门从事教学科研工作,于课外时间兼职从事考试培训工作,也能够取得较为可观的经济收入。

三、总结展望

经过多年的持续发展,我国的法律培训体系已经初步形成,且依托于互联网平台的"线上培训"逐渐成为主流。相较于其他职业,培训行业对于法律人才的学历门槛要求更高,但往往同时也意味着优厚的薪资待遇。

在这个信息时代,作为"互联网+"的弄潮儿,法律培训正在迎来前所未有的发展机遇;当然,与此相伴的也有日趋激烈的市场竞争。

小 D 速记

法律培训大体包括"职前培训""职业技能培训""运营管理培训"三个方面。三者面向的受众不同,对于培训者的任职要求亦有差异。

法律考试培训机构中,适合年轻法律人从事的相关岗位,主要分为授课老师、专辅老师、法律编辑三种类型。其中,前两者尤其看重求职者的如下特质:法学功底扎实、熟悉法考制度及命题规律、表达能力较强。

无论是授课老师还是专辅老师,培训机构一般都要求其具有法学硕士研究生及以上学历,且博士更为优先。

法律科技：技术驱动法律？*

"同学们好！今天我们邀请到某知名法律科技公司的 CEO Y 总，带大家走进法律与科技的交叉领域。"

只见一位穿着休闲衬衫、戴着智能手表、科技感十足的男士起身走上了讲台。"同学们好，今天还有多少人用笔和纸记笔记？"Y 总笑着问大家。

同学们七嘴八舌说道，"我用思维导图软件做笔记，这样记忆效果更好""我用平板上的笔记软件做笔记，还可以一边录音一边记笔记，之后复习的效率会高很多"。

"看来大家都已经非常习惯于科技带来的变化，平板电脑某种程度上已经代替了纸笔，但你们又是否想过，法律行业也像纸笔一般，也在面临一场科技变革？"

投影仪自动打开，幕布上出现一行大字——法律科技：技术驱动法律？Y 总说，今天我们就来聊一聊法律科技这个为法律带来科技变革的行业。

一、什么是法律科技？

法律科技（LegalTech）是在互联网、大数据、人工智能、区块链等大规模技术变革背景下诞生的新兴业态，广义上凡是采用高新技术手段支持、辅助或替代提供传统法律服务、改善司法系统运作的应用都可以纳入法律科技的范畴。

"这具体到底是什么呢？小 D 似懂非懂地问道。"

Y 总笑了笑，说道："这位同学的问题很好，法律科技到底是什么呢？法律科技，主要是为了向法律人以及法律业务提供技术解决方案。"

---

* 本部分公益导师：王益为，美国哥伦比亚大学、英国伦敦大学法学硕士，北京大学法学学士，现任秘塔科技首席运营官，B 站 up 主（王一快）；拥有十年以上顶级律师事务所从业经验，长期担任北京市创业投资法学研究会理事、北京大学法学院创业企业法律诊所课程导师、北京大学法律人工智能实验室研究员。

志愿者：王沛然，复旦大学法学博士研究生、中国政法大学法学学士，曾公派赴日本中央大学访学交流，上海市优秀毕业生、北京市优秀毕业生，在《政法论丛》《探索与争鸣》《证券法苑》等 CSSCI 刊物上发表论文多篇，参与多项中央部委和地方政府的政策咨询课题。

> **法律科技的历史概览**
>
> 法律科技最初出现在美国,某种程度上是对 2008 年金融危机带来的行业挑战的回应。为了削减成本,同时应对互联网新常态下对海量数据进行分析利用的需求,法律科技行业诞生。这些初创企业们以实现优化律师工作实务、让客户获取法律服务更加便捷为宗旨。①
>
> 在中国,法律科技行业的诞生与"互联网+法律"紧密相连。随着越来越多的线下场景向线上进行迁移,一些创业公司开始将技术与法律相结合,为律所提供数字技术支持[例如搭建内部办公自动化(Office Automatic,简称 OA)系统、内部法律数据管理系统]、为客户提供在线法律服务(例如电子合同服务等)。随着大数据、人工智能等高新技术的不断引进与成熟,越来越多样化的法律科技业务与应用也衍生出来,逐步迈向"大数据+法律""人工智能+法律"。

举个例子,法律行业的各类主体,比如律所、公司法务部门、法院等,都开始拥抱法律科技了。部分律所引入云端协作系统,律师可以在电脑、平板、手机上无缝衔接,与同事一同在线修改某一份协议,省去来回发送不同修订版本的烦恼;律师和法院都可以利用掌上微法院,在手机上完成法院立案、接收法院文书,甚至实现在线开庭;商标律师可以通过智能的商标检索和管理系统,实现自动生成商标检索报告等功能,大幅度减少重复劳动。这些前所未有的便利,都可以说是法律科技的功劳。

二、业务形态与具体应用

其实你们可能已经接触过一些法律科技的应用。在国内,法律科技发展还比较滞后,对于非技术出身的法学院学生而言,目前最需要关注的板块主要集中在信息检索、法律文书翻译、合同审查与文书改错、法律文书起草、公共法律服务等几大领域。

第一个应用是法律信息检索。法律及案例检索是在解决每个法律问题时所必须要进行的一项基础性、前置性的工作。目前的检索方式还在采用机械的关键词完整匹配。法律科技公司正在提升法律检索的智能化、自动化水平,利用语义分析、语义联想等算法技术智能揣测使用者最希望获得的法律法规和案例,呈现最具相关性、实用性的结果。基于自然语言处理和深度学习技术的人工智能正在改造传统的法律检索服务。

目前,国内常用的法律信息检索系统包括国家的裁判文书网、北大法宝、无

---

① Intellectsoft, "What Is LegalTech: Overview + Real-Life Use Cases", https://www.intellectsoft.net/blog/what-is-legaltech, last visited on February 23, 2020.

讼、秘塔检索、威科先行等。相信大家在学习、工作过程中,应该或多或少用过前述数据库,但其智能程度与百度、谷歌(Google)等通用搜索引擎相比仍然有较大的差距。随着后文提到的大语言模型的介入,完成法律检索任务的底层技术和产品形式将发生实质性的改变。

第二个应用是法律文书翻译。如果大家毕业后进入律所从事涉外法律业务,就会发现法律文书的翻译会占据你们大量的时间和精力,尤其是对律所中的实习生和低年级律师而言,翻译是让大家加班的"罪魁祸首"之一。因此,在保证准确的前提下,提升法律文书翻译的速度成为律师们迫切的需求。

小 D 听到这里,问道:"不是可以用谷歌、有道等翻译软件吗?"

Y 总笑道:"没错。但是法律文书翻译对质量的要求非常高,是否表意清楚、用词准确、专业考虑周到、逻辑严密、语序流畅,关系到涉外法律工作的成败。虽然律师们或多或少都会借助计算机工具,但通用的翻译软件并不能达到法律专业性的要求。"

不过,恰恰由于法律文书高度的专业性、规范性和格式性,用机器翻译提升效率的可能性很高。通过使用大量多语言平行翻译的合同、法律法规、法学专著等专业语料进行机器学习,可以培养形成语法严谨、用语专业、语义连贯的智能法律翻译系统。在中文法律翻译领域,国内已有秘塔翻译率先进行了布局。

第三个应用是合同审查。当前的合同审查工作有一系列复杂的标准和流程,且一些合同文字量大,所涉规则繁多,需要专业律师投入大量高度专注的时间。对于部分大型企业的法务而言,常年的协议审查与更新工作是一项庞大的工程。而经过人工智能(AI)训练的智能合同审查系统可以结合深度学习算法、文本分析和自然语言处理技术来理解并审核法律文件,精准指出合同中的缺点及潜在的法律风险,包括一些不常用的、缺失的和常见问题条款。这样一来,律师、法务就能在人工智能的帮助下使法律工作中的常规环节自动化,这不仅可以极大提高工作效率,也让律师有时间和精力更专注于客户服务中比较复杂、高价值的领域。目前,国内已有阿里巴巴、幂律智能、甄零科技、法智易等企业推出了智能合同审查诊断系统的相关产品。

第四个应用是法律文书起草。科技正在辅助人类进行法律文书起草,未来还会逐步实现独立自动生成法律文书的功能。人工智能可以随着数据的积累,不断进行自我学习和改进,并在数据的互相关联性的基础上,将特定法律文书与所有与之相关的法律法规、法院判决等进行关联处理，形成持续改进法律文书写作的动态运作机制。未来，随着大语言模型与知识图谱技术的持续融合发展，起诉书、备忘录、判决书等高级法律文件也有望能通过机器自动生成，从基础性劳动解放出来的人类将处于审阅者、使用者的地位，法律文书写作领域将形成人机协作的关系，大大提高工作效率。

"我们这一代法律人真幸福，"小 D 在内心里感叹道，"可以享受这么多科技的辅助！"

"法律科技的影响对象不限于法律人。"Y 总似乎听见了小 D 的心声。"实际上，法律科技对大众获得更好更便捷的法律服务也大有帮助。例如，公共法律服务也开始呈现出科技赋能的趋势，而这是一个可以更大规模运用人工智能技术的场景。例如，目前很多法院都已经接入了微信小程序，可以实现掌上立案、掌上开庭，减少了律师和当事人来回奔波，通过科技提高了司法便民度。"

当然，国外的法律科技行业起步较早，在文件自动化、智能合约、电子取证、法律咨询、检索分析、文书起草、在线争议解决等服务领域均有分布。我国在法律科技领域，与欧美同行仍有不小的差距，但这也意味着有很大的空间和前景。

三、工作场景与人才画像

有同学举手发言提问："在法律科技公司主要做些什么工作呢？"

"这个问题问得好，"Y 总回答道，"的确，和传统的律所等机构工作不同，法律科技公司的工作可能更像互联网公司的产品经理。"

小 D 的沙漏时刻

小 D 进入了 Y 总所在的法律科技公司实习，这一个月来被安排了不少任务：

第一是市场调研；小 D 完成了与多位诉讼律师的交流沟通，了解他们在实务中的真实需求。这样做是为了收集对新产品的建议。小 D 需要将其写入专门的产品需求文档，并与程序员沟通需求和实现方式。

第二是产品测评；小 D 通过实务案例的全过程模拟或深度参与，完成对新产品的内部使用测评。经过测评，同事们会提出优化意见，不断改进产品。

第三是数据处理；机器也需要学习！小 D 需要用数据"喂养"机器。整理好特定法律的逻辑规则和判例，输入专门系统，这样帮助机器进行学习，帮助 AI 实现更智能的法律推理。

> 第四是课程制作；为了介绍新工具的使用方式，向目标人群传播技术赋能法律工作的理念，小 D 和同事们策划并制作了一期利用 AI 工具提高法律检索效率的线上课程。
>
> 第五是运营宣传；小 D 与几家法律科技及法律新媒体公司公众号联合推送文章，介绍各家现有的法律科技产品，把精心打磨的产品推向市场。
>
> 在实习的最后一天，Y 总对小 D 说道："法律科技公司的理念，是链接法典和代码（Connect code to code），链接法律人与技术（Connect lawyer to technology）。"

在近几年的人工智能浪潮中，第一批创业公司往往是由人工智能领域的学术带头人创立的，其希望搭建底层平台解决多领域的通用问题。第二批公司则开始更注重技术在具体场景的落地，走"AI+行业"路线，包括与法律服务领域相结合的科技企业。这"AI+行业"的领域，需要的就不仅仅是科学技术人才，而是需要对于行业有经验、有洞见的综合素质人才。

小 D 对此产生了浓厚兴趣，问道："要在法律科技公司工作，有什么要求呢？"

对于法学生而言，首先要意识到法律科技行业需要的人才和传统意义上的律师法务是不同的。对于法律科技公司而言，偏向商业方面的综合性人才是最需要的，而在法学院学习的本领在法律科技公司中最主要的作用是提供背景性的知识和思维。因此，希望进入这一领域的法学生应当有意识地提升自己的综合素质，培养沟通理解、策划执行、解决问题、团队协作、创造性思考的能力，对商业运营有基本的理解和思考。另外，如果希望考虑法律科技方向的职业发展，还需要通过一些通识课程对大数据、人工智能、区块链、大模型等新兴技术有更深入的认识，同时保持自己的基本法律素养，有所精专，熟悉传统，思考改进。科学技术专家擅长解决问题，而复合领域人才应该多提出问题，特别是有洞见、有价值的问题，有时候这比解决问题本身更加重要。

当然，扎实的法律功底还是很必要的。因为不论是对法律数据进行处理，还是与技术人员、与用户进行产品方面的交流，都离不开法律知识和法律思维方式的运用。在工作中，我们可能需要对特定法规进行三段论式的拆解，形成推理路径的知识图谱，为每一个法条制作尽可能保留原意的摘要，以及梳理合同中的法律关系以供机器学习。

此外，快速学习和解决新问题的能力也很重要。在工作过程中，会不断遇到新的问题与挑战，比如制作一份赛事台本、拍摄一个宣传视频、就某一领域进行市场调研、制作一份产品需求文档,或是对数千份文档进行结构化处理。这些问题不局限于法律领域,往往需要快速学习和运用,有时甚至需要自己来制定规则而后执行。

最后,要在任何行业做出成绩,都离不开内心对这份工作的情怀——相信自己能给这个行业带来一些好的改变。毕竟相对有着完整培养体系的律师职业来说,在法律科技公司工作是一条全新的道路。新生的事物往往伴随着不确定性,除了判断之外,也需要一些勇气。

四、进入途径与行业展望

目前,国内法律科技公司仍处于起步的初级阶段,但由于各大头部律所都在拥抱数字化转型,青年律师乐于使用新的工具来提高工作效率,法律科技公司的对人才的需求也在增长。部分抢占先机的法律科技公司,也因为同赛道的竞争对手较少,而在短短几年内迅速成长为特定领域的领先企业。

有志于投身法律科技领域的同学,不妨在学习或者实习工作过程,先通过亲自使用相关法律科技工具,如律商联讯开发的 Lexis+AI 系统、秘塔科技开发的 AI 翻译系统和写作猫、摩知轮开发的商标查询和管理系统、iManage 公司开发的法律信息管理系统等,从用户的角度选择自己希望投身的法律科技领域和企业。

由于法律科技公司在国内的规模相对较小,感兴趣的同学们可以关注这些公司的官方网站或官方公众号不时发布的招聘信息。

今天的课程即将结束,Y 总最后总结道:"大家要知道,总体而言,我国对法律科技行业的资金、技术、人才投入还处于严重不足的状态。一方面,相比欧美国家,国内的法律人工智能起步较晚,发展较慢,法律数据的电子化程度较低,对于法律科技的技术积累相对薄弱。另一方面,中国法律服务市场还处于初级阶段,有限的规模也意味着对技术领域人才的资金吸引力仍然不足,而理解法律服务领域的交叉技术人才更是严重短缺。中文世界的法律是一个相对封闭的系统,汉字的特有语言逻辑意味着国际上可解读英语文本的成熟算法并不能直接在我国移植适用,因此法律科技在我国的起步和发展十分依赖国内本土科学家和法律人的努力和支持。

因此,改变法律人传统工作方式的数字化技术还需要一定的普及过程。法律科技大有可为,还要靠同学们来实现!"

小 D 速记

对于国内法学生而言,法律科技领域目前较为热门的板块主要集中在信息检索、法律翻译、文书审查与生成制作、公共法律服务等领域。

法律科技公司工作的内容更多类似于互联网公司的产品经理,工作内容包括市场调研、产品测评、数据处理、课程制作、运营宣传等。

对于法律科技公司而言,偏向商业与技术方面的综合性人才是最需要的,而在法学院学习的本领在法律科技公司中最主要的作用是提供背景性的知识和思维。

法律科技公司规模相对较小,有志于投身法律科技领域的同学,可以先通过使用法律科技产品,作为接触相关法律科技的第一步,并主动关注相关招聘信息。

国内的法律人工智能起步较晚,理解法律服务领域的交叉人才严重短缺,改变法律人传统工作方式还需要一定的过程,广阔天地大有可为。

投行·咨询:法律与商业的十字路口[*]

12月底,迎来了24节实务交流课的最后一课。据说今天的课程涉及隔壁商学院同学常提及的投行和咨询行业,小D打起了十二分精神,满怀期待。

"同学们好! 本学期课程的最后一位实务嘉宾为Z老师,在华尔街投行和顶级咨询公司均有多年工作经验。大家掌声欢迎!"魔法师热情地介绍道。

这时,一位英姿飒爽的男子踏上讲台。只见他穿着深蓝的西装,打着沉稳但又不失一丝俏皮的波点领带,给人一种平和又不失风趣的印象。Z老师示意大家安静下来,说道:"很高兴有机会与大家分享我的从业经验。投行是不少商科同学的向往之地,但是,法律人也可以成为优秀的投行人。今天也会为大家介绍咨询行业,感兴趣的同学不可错过!"

一、投行篇

首先我们需要对投行工作有个初步的理解,有人说,投行从业者类似农村赶场的农民,收购农作物,再将它们卖给有需求的消费者;有人说投行就是把公司变成股票,然后按份兜售给需要的投资者;也有人说,投行是魔法公司,可以实现像马云这样创业青年的梦想,使其一夜之间成为亿万富翁。

(一)初入投行

选择投行,是因为这里是金融江湖中的绝世高手聚集之地。投行侠们使出浑身解数,能让企业在融资的风口浪尖上翩翩起舞。他们手持金融兵器,能为企业开创一片新天地。股票飞镖威力奇大,砸出的资金滔滔不绝;债券锤炼之下,企业实力大增。投行侠们身怀绝技,通晓企业伤病,能引盲领瞎,助企业突破瓶颈。在这个江湖里,要过五关斩六将。先斩"承揽"这关,将生意揽到手。

---

[*] 本部分公益导师:温智敏,美国哈佛大学法律博士,现就职于国内一家大型基金管理公司,曾在美国和我国香港地区从事纽约执业律师、投资银行、私募股权投资等工作。

志愿者:赖飞宇(笔名:法投游侠),北京大学国际法学院普通法法律博士、中国法法律硕士、四川大学法学、管理学双学士(法学、财务管理双专业)。目前已通过CPA、法律职业资格考试。现任职于"三中一华"某家投行,曾在多家律所、投行、投资机构实习。

然后斩"承做"这关,料理各项材料,备好申报文件。最后斩"承销"这关,将股票或债券推向市场,完成最后一击。其中,股权资本市场部像是"隐世高人"所在。不沾红尘,避开扛担子舂米的劳累。只待东风吹来,轻轻一招就完成销售。这样便可使用金融,济世扶苍生。所以,如果你想在这精彩绝伦的投行江湖里一展身手,务必打起十二分之精神,掌握这节课的要领。

在介绍投行具体业务之前,我们需要问自己一个问题,为什么我们要选择投行？投行业务是金融部门和实体经济部门联系最为密切的一个部门,因为投行能直接帮助企业作出投融资决策,帮助企业的成长,甚至会影响到一个产业乃至一个国家的经济走向。对于我们而言,从事投行工作,可以使我们所学到的金融、财会和法律的知识融会贯通,其核心是帮助企业融资,甚至是长期可持续的发展。总体而言,投行是一个急需交叉知识人才的行业,如果你是一个掌握多学科知识的同学,希望能够最大限度运用自己的才能,那么投行对你而言会是一个不错的选择。

投行最主要的功能就是为客户融资,除此之外,投行也会涉猎一些并购的交易。融资一般分为股权融资和债券融资,简单来说,就是卖股权和卖债券,客户公司为了发展公司而通过投行向社会或者特定个体融资,见表1。从交易客体上来说,可以分为股票和债券。从业务流程来说,整个业务分为:(1)承揽,就是把这个业务揽下来;(2)承做,就是去准备财务核查等一系列的底稿,再准备申报文件;(3)承销,就是指把公司的股票或债券卖出去的工作。在投行,承销工作主要是由股权资本市场(Equity Capital Market,简称 ECM)部门进行的,该部门也被认为是投行性价比最高的部门,工作量相对轻松的同时,基础工资与前台部门一致,目前认知度并不高,进入该部门可获得信息差溢价。

表1 投行的常见部门划分[1]

部门	简介
企业融资	如果你在企业融资部门,你需要帮助公司为新的项目和未来项目集资;你应该能够做到通过资产、负债、可转换证券、优先证券或衍生证券等方式确定客户所需的资金数量和构成

---

[1] kernon.cash:《行业研究求职报告:投资银行篇》,载微信公众号"投行绅士 KernonCapital",https://mp.weixin.qq.com/s/OeHx1Wo_3K17ycwgMzmzlA,访问日期:2022 年 5 月 31 日。

(续表)

部门	简介
并购	使一个公司购买另一个公司的交易是许多投资银行资金收入的一个重要来源。如果你从事这类工作,应该成为客户的咨询者,为交易估值、创造性地确定买卖结构,并协商对自己有利的条款
项目融资	项目融资的范围正在迅速扩大,包括为公司或政府主要的资产负债表上提到的基础设施和石油资产项目筹资。项目融资交易已经成为将外资引入发展中国家的最主要的渠道之一
交易	投资银行中一些最令人羡慕的工作往往是交易。交易员的责任是在商业银行、投资银行和大型机构投资者中进行资产、股票、外汇(简称 Forex 或 FX)、选择权或期货的买卖
结构化融资	包括金融工具的创新,以便重新将资金流入投资者中(作为有资产支持的证券)

那么在中国乃至世界的投行市场上,有哪些优秀的投行是值得大家关注呢?在这里,我会将投行分为内资投行和外资投行。综合各类国内榜单,国内业务排名靠前的投行包括中金公司、中信证券、中信建投、华泰联合、海通证券、国泰君安等。

对于外资投行的排名,行业里通常比较认可 Vault 的权威性,表 2 中展示了 Vault 2022 年最新的投资银行的前五大投行供大家参考。

表 2　Vault 2022 年前五大投行概览

排名	名称	简介	在华办公室
1	森特尔维尤合伙公司(Centerview Partners)	Centerview Partners 是一家有名的精品投行,在纽约、伦敦、旧金山、帕洛阿尔托和洛杉矶都设有办事处。在 Centerview,只有两种业务:并购咨询和重组。两种业务都为客户解决战略、财务和运营问题	无
2	艾弗考尔合伙公司(Evercore)	Evercore Inc.及其附属公司是一家投资银行及投资管理公司,于 2005 年 7 月 21 日在特拉华州注册成立,总部位于纽约。这家公司是拥有艾佛考尔股份有限公司的控制权益的股份公司	无
3	美驰公司(Moelis & Company)	Moelis & Company 是一家投资银行咨询公司。该公司向客户提供战略和财务建议,其客户包括公司、政府和金融投资者等。该公司向多个行业提供财务咨询服务。该公司为客户提供决策支持服务,包括并购、资本重组和结构调整以及其他企业融资事宜。该公司通过北美、南美、欧洲、中东、亚洲和澳大利亚的 20 多个办事处向客户提供信息流和跨境解决方案	北京、香港

(续表)

排名	名称	简介	在华办公室
4	摩根士丹利（Morgan Stanley）	摩根士丹利是一家全球领先的国际性金融服务公司，业务范围涵盖投资银行、证券、投资管理以及财富管理等。摩根士丹利是最早进入中国发展的国际投资银行之一，多年来业绩卓越	北京、上海、香港、台北
5	拉扎德公司（Lazard）	拉扎德公司（Lazard Freres），也译为雷达飞瑞公司、瑞德集团（Lazard Freres）由亚历山大·拉扎德（Alexandre Lazard）、艾里·拉扎尔（Elie Lazare）和西蒙·拉扎德（Simon Lazard）兄弟三人于1848年共同创立。拉扎德投资银行是华尔街最神秘的投行，有150多年历史，在很长时间内都是一家家族企业，也是近几十年来最好的国际投资银行之一	北京、香港

此外，在中国有主要业务和团队的外资投行主要有：高盛、摩根大通、瑞银、瑞信等，见表3。

表3 在华活跃外资投行概览

序号	名称	简介
1	高盛集团（Goldman Sachs）	高盛集团成立于1869年，是全世界历史悠久及规模最大的投资银行之一，总部位于纽约
2	摩根大通集团（JP Morgan）	摩根大通集团2000年12月由J.P.摩根公司和大通——曼哈顿公司合并而成，是美国主要的商业银行。业界称西摩或小摩，中国人习惯称为"摩根银行（MogenBank）"，总部在美国纽约
3	瑞银集团（UBS）	瑞银集团成立于1862年，瑞银的业务遍及全球所有主要的金融中心，总部设于瑞士苏黎世，在50个地区设有分支机构
4	瑞信集团（Credit Suisse）	瑞信集团成立于1856年，在投资银行业务方面，瑞信提供各类型的产品及服务，包括环球证券销售、交易及执行、避险基金的经纪代理服务、募资、财务顾问服务及广泛的投资研究

"同学们或许对上面的投行的名字还很陌生，但是当你逐渐深入了解这个行业的时候，你会发现，每一家能够在历史舞台中脱颖而出的投行，背后一定有精彩的故事。由于课堂时间有限，感兴趣的同学可以自己在课后深入探索每一家投行的故事。"Z老师笑着说。

(二) 打怪升级

要进入投行这个金融江湖，其实有两条路可以走：

第一条路是依靠人脉,想方设法找到一位投行前辈,拜他为师,然后通过他的引荐进入门派。这条路最关键的就是人脉,但人脉来源很玄妙,外人难以捉摸。一般来说,学长学姐、比赛选手、实习生才有机会结识前辈,获得力荐。所以如果你有这三种身份,就像获得了投行的入门门票,有机会开启第一条路的旅程。

第二条路就是通常的校园招聘。这条路更公平公开,但门槛也更高。你需要通过层层选拔,考核你的投行修为。最后胜出的人可以顺利加入门派,开始在投行江湖中闯荡。

所以,总结一下,人脉或考核,这就是进入投行的两条必由之路。想要在这条路上不断前行,就需要你早做准备,打好基础,这样才能在投行这个江湖立足。

1.校友资源:同学们可以留意一下毕业后投身投行领域的师兄师姐,不妨向他们请教或者打听是否有相应的招聘信息,有时或许能获得内推机会。在投行江湖里,校友资源就是你手中的绝世宝刀,它的力量无与伦比。你可以悄悄探查一下,哪位前辈已在投行界炙手可热,然后暗地里追随他的脚步,蹲点他经常出现的地方。在某个月黑风高的夜晚,你可以突然现身,把这位前辈逮个正着,向他哀求传授功夫。如果他是个气度不凡的前辈,就可能与你说几句推心置腹的话,让你在招聘季直接进门。到时候,你就可以越过层层关卡,直接达到投行界的顶峰地位,成为令诸侠闻风丧胆的高手!

当然,这需要你锻炼好自己的本事,让前辈看到你天资聪颖,将来成就不凡,所以他才会破例相助。否则,若你根基尚浅,前辈也只能眼睁睁看着你在入门试炼中失败,然后将你打回再练级。所以在这投行江湖里,校友资源固然重要,但自己的实力才是根本。

2.比赛经历:同学们可以通过参加一些专业性比赛,认识到担任评委的行业前辈,从而获得工作或实习推荐的机会。

在投行江湖里,参加各种比武大会是锻炼身手、获得认可的绝佳途径。你可以挥洒热血,报名参加像"令人心动的OFFER"这样的选拔赛。到时候,你就有机会与投行界的前辈高手过招切磋。如果你能在比试中通过层层考验,打败一个又一个对手,那你的实力和潜力就会让前辈刮目相看。他们很可能会在比赛结束后私下接触你,说要收你为徒,亲自给你开启投行之门。届时你将一战成名,直接跻身顶级高手之列!

当然,比武夺魁还需要个人武艺过硬。所以在参赛之前,一定要练好内力,务求在论道术时能言善辩,出奇制胜。这样你才能在一众选手中脱颖而出,让前辈印象深刻。比赛之余,还要多交朋友,这样胜算才更大。

3.实习经历:同学们也可以通过实习,提前了解投行,并留意是否有进一步留用的机会。

在业内俗称的"三中一华"(中信证券、中金公司、中信建投、华泰证券)中,中金公司和华泰证券一般会有正式实习生的名额,享有实习薪酬,并且外出走访可以享受正式员工的差旅待遇。正式实习生的招募要求比较严格,需要经历一次或以上的面试,一般是由项目组成员自行招聘并报人事部审核。人事部在审核时,一般会着重关注本科、研究生院校是否与同期的正式实习生相匹配;如果项目组招聘的实习生达不到人事部的要求,人事部可以拒绝发放实习岗位录用通知,也曾听说有实习生受到副总裁(VP)的认可,但是仍就被人事部拒绝的案例。

校园招聘则是获得投行有留用机会的实习的主要方式,一般分为暑期实习生和校招实习生。校园招聘,就像一场考武大会,你需要通过四重关卡才能脱颖而出。

第一重关卡是简历审查,这就像检查你的武器装备和身手底细。简历必须工整漂亮,内容不含错误,并突出你在投行道路上的诸多造诣,这样方能通过第一关。重点提示,优秀的简历一般是一页中文加一页英文,需要保证简历内容没有低级错误,排版美观,这是取得项目组基本信任的重要法宝。

第二重关卡是笔试,这是对你基础内力的检验。你需要展示过硬的行测写作、纯熟的英语阅读,并在投行专业知识上全面突出。只有内力深厚,才能在笔试中气贯长虹。一般投行的笔试关考核的内容分为三类:行测、英语阅读和专业知识。建议同学们在准备时着重关注专业知识,行测和英语阅读可以参考国考和六级考试的有关资料。

第三重关卡是初试,这是对你志向和意志的考核。面试官将追问你为何选择投行之路,能否忍受玄武峰之巅的寒风苦雨。此时你要表现出坚定不移的意志,才能通过此关。在第一轮面试中,面试官一般会问一些基础的问题。例如:你为什么选择从事投行工作?能否接受高强度的投行工作?这些问题的主要目的是判断你能否胜任投行的工作要求。因此,对于想要去投行工作的同学,也要认真思考自己的身心是否能够适应投行高强度的工作。如果从来没有在投行实习过,可以请教已在投行工作的学长学姐,问一问具体的工作强度,以便有更加直观的感受。

最后一关是决试,这是对你专业造诣的最终检视。面试官会根据你的法律或财务根基,灵活发问,看你是否对资本市场或财务问题了如指掌。这一关过不好,就很难跻身顶尖高手行列。面试官一般会进一步提问专业性问题。通常而言,投行的工作分为法律和财务,投行会根据面试者的背景,将面试者分为法律组和财务组。对于法律组的面试者,更多地会被问到与资本市场有关的法律问题;对于财务组的面试者来说,更多地会被问到会计、财务管理、财务核查等有关的问题。

所以,想要通过这四重关卡,就要提前积累深厚内力,练就过硬本领,这样才能在这场考武大会中脱颖而出,跻身投行顶级高手!

当你成功晋级,正式踏入投行江湖,你将作为一个开端级弟子开始修炼。这时,你要谦逊学习各类基础功夫,如财务核查、业务核查、法律核查等。你还要修炼文书处理的绝技,熟练掌握 Word、Excel、PPT 等武器。

在此期间,你要坚持打好内力基础,燚烧斗志,忍受寂寞。一两年后,你就可以攻关保荐资格考试,晋升为高阶弟子。到那时,你将开始接触高深的承揽工夫,直接面对客户来源,揽下他们的上市、再融资或并购生意。

再上一层是总堂长级高手。你将组织带队,独当一面。再上便是掌门人的副手,最终可望成为全盘掌控投行江湖的掌门人。但这条路漫漫其修远兮,途中功亏一篑者多也。

所以,要在这江湖中步步高升,就需自强不息,砥砺前行。虽然路远意长,但只要你心怀理想,脚踏实地,就一定能在投行的这片江湖里闯出一片天地!

如果未来不想从事投行工作怎么办呢?毕竟投行工作真的很累,熬夜到凌晨,把机场当做宾馆是基本操作。对于一般人来说,的确很难熬下来。长期在高压的工作环境中,人的身心健康可能会受到严重损害。对于法律人来说,未来的选择也比较多样化,可以跳回律所从事金融业务,也可以直接跳到投资口,即私募股权投资。当然,实际情况来看,很少有从投行跳槽到律所的操作,毕竟现在律所资本业务的强度已经不低于投行了。由于投行这些年快速扩招,从投行跳槽到投资也变得越来越难。投行内部的退出途径可能是更多人的选择,比如从前台跳到后台业务部门,比如质控、内核等岗位。

(三)投行需要的"十八般武艺"

很多法学生担忧,我真的可以胜任这份工作吗?毕竟学的专业是法律,突然转型到金融行业,会不会很困难?接下来举几个例子给大家打打气。有"并购女皇"之称的华泰联合总裁刘晓丹是北京大学的民商法专业法学硕士;著名"投行小兵"毕业于清华大学法学院,是法律科班出身;《亲历投行》的作者班妮更是从律所转到券商开始投行的生涯。

如果我们放眼世界,会发现法律人似乎有从事投行工作优良的基因。例如,曾任摩根士丹利投资银行部中国区 CEO 的竺稼毕业于康奈尔大学法学院;曾任摩根大通中国区主席、港交所 CEO 的李小加先生毕业于美国哥伦比亚大学法学院;曾任高盛主席的 Blankfein 毕业于哈佛法学院,先从事税法律师,后从小投行商品交易员做起。如果大家觉得那些人离自己都太远了,那么我们且看近处的阿里巴巴公司。阿里巴巴的十八罗汉之一蔡崇信先生毕业于耶鲁法学院,也曾经是华尔街律师,后转入投行业,如今已成为优秀的投资人。

说了这么多,相信大家都开始满怀期待,相信自己也会成为下一个蔡崇信。那么对于投行工作人员而言,究竟需要具备什么样的能力呢?

1. 知识层面

在知识层面,财务功底是必不可少的。对于投行而言,需要做的大部分工作都是基于公司的三大报表(资产负债表、利润表、现金流量表)开展的。如果你想要了解公司的报表,你就要有扎实的财务能力;你需要明白公司对于每一笔业务是如何记账的,在报表中是如何体现的,这是正向的思维过程。同时,你也需要具备逆向的思维过程,看到报表,就能大概估摸出这家公司的盈利水平、成本控制能力、上下游议价能力等基本情况。同时,你也需要具备相关的金融知识,因为在业务中,需要具备估值定价、投资兼并、市场分析等一系列基础知识。

除此之外,对于法律人而言,我们还具有特别的优势。因为在投行工作中,法律知识越来越受重视,投行业务的开展需要在合规的框架下开展。有些投行由于不重视合规,曾经面临巨额的罚款。我们作为法律人,接受了良好的法律体系化教育,在从事投行业务时,可以很好地识别出潜在的风险并提供解决方案,法律人的法律背景将越来越为投行所看重。

2. 性格层面

在性格方面,投行更加喜好开朗外向的人,因为本身的工作压力非常大,投行人需要具备非常强的抗压能力。当面对客户的时候,他们都可以非常自然随和地与对方进行沟通,当面临分歧的时候,也可以很好地沟通协调,拿出折中的方案。

3. 考证建议

这时,台下的小 D 举起了手,"老师您说了那么多,我知道自己要具备财务和金融的知识,但是由于日常接触的都是法律的知识体系,我对财务和金融的知识并不熟悉,我如何能高效地掌握财务和金融知识呢?"

Z老师微笑地望向小D回答道:"从我个人出发,我本科主修法律,辅修财务管理,算是有一点财务的知识背景。但是我发现,这样的知识背景是远远不够的,应付一下考试可以,但是要你去分析一家企业基本情况的时候,大脑就完全处于空白的状态。后来我发现,考证是一种在短期内快速增加自己知识储备的方法,说到考证,可以先讲一个我自己的小故事。那年我大学二年级,股市大涨;到6月的时候,我准备入场,最终8月腰斩出场。我当年炒股失败,恼羞成怒,誓要钻研股票之道。我先考会计从业资格证充电,发现仍不足以悟透股票涨跌。于是继续漫漫考证,兢兢业业获取证券从业资格证、基金从业资格证、初级会计、司法考试(现称"法律职业资格考试")、注册会计师(CPA)、注册税务师等证书。结果虽然仍对股票一头雾水,但知识已积累如山。所以考证就是我们修内力的捷径。它能快速增长知识,但终归只是手段。我们必须保持热情,满怀好奇,才能在考证路上不断追问,从中获取真知灼见。就考证而言,我想多说一句:"我觉得考证不是目的,而是一个增加自己知识储备的手段。如果你寄望于考完了证就能'飞黄腾达',那我只能说,大概率你的愿望要落空。就我自己的经历来说,如果没有对知识的热爱和好奇,你也很难坚持下去。很多同学可能会对金融行业的证书很感兴趣,我这里也简单介绍一下。就投行而言,若将难度从难到易排列,比较受欢迎的证书有CPA、法律职业资格考试、保荐代理人,以及投行从业必备的证券从业资格。大家可以在网上搜索相关考试的具体内容和时间。"

Z老师看着台下眼里充满光的同学,坚定地说,"虽然准备考试的过程很苦很累,但是当你做好这个选择的时候,请一定要坚持下去,因为你会发现,坚持往往会创造奇迹。"

(四)法律人的"投行基因"

小D举手提问,"我在想,我们作为法律人,有从事投行工作的特别优势吗?毕竟对于职业的转型,如果我们没有任何投行的基础,总感觉有些吃亏。"

Z老师点了点头,"法律人肯定是有从事投行工作的优良基因的,否则,也不会有那么多法律人在投行领域中脱颖而出。就我个人的经验来说,法律人从事投行工作有以下三个优势:思辨能力、终身学习能力和了解客户需求的能力。"

1. 思辨能力

系统的法学教育让法律人比其他专业的同学具有更强的思辨能力。而在投行,具有思辨能力十分重要,这个能力主要体现在可以使交易对手方更容易同意己方的意见。在投行中,通常会有两种冲突:一是投行业务部门和合规部门之间的冲突;二是投行外部的,例如,在并购谈判中收购方和被收购方之间的利益冲突。思辨能力作为一种重要的能力,其主要核心在于流动性思考。也就是说,我们要站在己方,也要站在他方去思考问题。我们首先要对自己的目标有充分的理解,建立好底线思维;同时,我们也要站在对手的角度上,看对家对这个交易的需求。通过来回比较,我们尝试在这个过程中找到最大交集。除此之外,习惯性正反两面的思辨思维,可以帮助我们洞察对手的思维方式,更加容易与对方建立起互信,这对于交易的达成来说至关重要。

2. 终身学习的能力

有句老话说,选择法律行业就等于选择了终身学习。我想每个法律人对于这句话都是绝对赞同的。用我自己来举例,我第一次学习民法的时候是在大学一年级,当时是 2014 年,到近两年,《民法典》《个人信息保护法》等各类法律、法规出台,许多律师都在朋友圈吐槽又要脱发了。

对于法律人而言,终身学习的能力一定是需要具备的。因为你学生时代所学的很多知识,到了你工作的时候,都将成为"废纸",唯一不变的是我们终身学习的能力,这样才能让我们在不断变化的行业和市场里不断学习,占据领先优势。

3. 了解客户需求的能力

除了终身学习的能力,投行和律所很像的一点就是,我们面对的都是活生生的人,这两个行业都是服务型行业,我们核心工作是了解、满足客户的需要。

对于一个好的法律人而言,学会站在客户的角度思考问题,是最基础的能力。作为投行的工作人员,你需要站在企业的立场上去思考。只有深入了解客户的需求,才能知道客户在哪个阶段适合进行融资扩张,或进行并购和投资,以及判断标的匹配度。在真正理解了生意的本质后,与创业者进行平等对话,让客户觉得你是懂他的,之后整个项目推进一般也比较顺利。[②]

当然,律所和投行在业务分工上也有较大差别,业务的分工决定了其对专业知识要求的不同。从首次公开募股(IPO)业务来看,A 股发行人律师的主要任务是出具律师工作报告和法律意见书。对于大部分初年级律师来说,大部分

---

② K 先生:《我们对精品投行的理解与思考》,载搜狐网 2017 年 6 月 28 日,https://www.sohu.com/a/152804966_606543,访问日期:2020 年 5 月 12 日。

时间都会被供应商、客户、政府部门走访和网络核查工作所占满,这部分工作虽然无聊且耗时,但这却是 IPO 律师的核心工作。当然,其他资本市场律师的大部分工作也会与这两部分有关。当职级高一些后,更多的时间会放在对公司法律风险的核查以及对交易所、证监会关注法律问题的回复上。

对于投行从业者来说,初年级分析师主要工作分为法律、业务和财务三类。也就是说,你需要了解公司法律、业务和财务的全面情况;在这种要求下,你需要对会计、资本市场法律以及公司所涉及的行业有充分的了解,在了解的过程中,你会与律所、会计所、审计师和公司内部各个部门人员进行连接,掌握他们的专业语言是高效工作必不可少的技能。虽然有一些投行会请自己的券商律师和券商会计师,但是对于大部分投行来说,需要能够全面覆盖的初年级从业者。

小 D 的沙漏时刻

作为投行 IPO 业务岗的实习生,小 D 进入项目组的第一天,便被安排参与对项目公司的合规访谈,并形成相应的纪要文稿。首先,小 D 从项目负责人处获得了被访谈的对象资料,主要包括项目公司高管及一部分一线员工。在与上述人士确定好合适的访谈时间和地点后,小 D 与投行项目负责人就具体的问题框架进行了设计,并针对不同业务人员,着重设计了不同的问题。在完成访谈工作后,小 D 进一步对访谈材料进行了整理,形成了访谈纪要。

上述工作虽然很枯燥且辛苦,但是对于小 D 而言,这是他可以最快理解项目企业的方式之一。通过与项目公司高管及一线员工进行访谈,使小 D 可以对整个项目公司的运营进行全面的理解。小 D 本身具有丰富的法律功底,有些隐藏的法律问题也可以在访谈中逐渐显露身影。这些隐藏法律问题的发现和解决,是项目 IPO 过审的重要前提。通过发现并解决公司潜在隐患,使小 D 逐渐积累起作为法律人的自豪感,也使其坚信他可以在投行这条路上越来越好。

二、咨询篇

咨询行业也是大家非常感兴趣的行业。咨询行业其实是个很大的概念,从战略、管理、人力、财务、IT、营销、房地产、工程、技术、法律等不同角度提供专业咨询服务的公司都可以称为咨询公司。但是一般大家提起咨询行业,脑子里面蹦出来的一般就是所谓的"三大",即麦肯锡公司(McKinsey & Company)、波士顿咨询公司(Boston Consulting Group)、贝恩咨询公司(Bain & Company)。

(一)咨询——识别问题、解决问题

咨询公司对于企业而言可以类比为外部的智囊团或军师。咨询公司基于自己的行业经验,为企业发展的方方面面提供战略层面的专业指导和支持,或为企业在经营中遇到的特定问题进行识别、诊断并提供解决方案。

以麦肯锡提供的技术咨询服务为例,咨询公司可以在基础设施和云、企业架构和数字化平台、网络安全等领域为客户提供服务。以其中的网络安全服务为例,咨询公司可以帮助企业评估其企业网络安全性,识别系统漏洞和风险,也可以在出现危机事件(如企业遭受勒索软件攻击)后为企业提供一系列危机应对和善后服务。

简而言之,咨询公司是由一批掌握行业经验的专业人士组成,他们识别企业经营过程中遇到的问题,并结合自己的专业经验,提出可落地的解决方案。

(二)打怪升级

实际上,进入咨询公司的渠道和进入投行的渠道类似,也都离不开他人推荐和校园招聘。各大咨询公司都有比较完善的招聘流程,官网一般也会详细说明岗位信息、面试流程、工作体验、职业发展路径等信息,同学们可以自行前往心仪的咨询公司官网进一步了解。

同学们可能会好奇,加入咨询公司后会有怎么样的职业上升途径?

咨询公司内部晋升线一般可以分为 7 个阶段:实习生、初级分析员、高级分析员、咨询顾问、项目经理、董事经理和合伙人。对于实习生来说,主要工作为研究贡献数据、帮助制作 PPT,这是咨询行业最基础的工作;当成为分析员时,将会对整理的数据进行分析,并且整合实习生完成的 PPT;咨询顾问则会承担一部分外部沟通的工作,联系并了解外部客户的需求;对于项目经理来说,他们不仅需要联系外部客户,还需要承担内部管理的工作,整合并确定一整本报告;董事经理和合伙人是咨询公司最重要的"思想领袖",将会从宏观层面对公司的经营发展进行规划。

简单介绍完了咨询公司内部的架构及晋升,同学们肯定很好奇,咨询行业对员工有怎样的能力要求呢?以麦肯锡为例,它对员工有下列四条要求,对应四个问题,可以作为参考,见表 4。

表 4　麦肯锡对员工的能力要求[③]

能力	释义	问题
个人影响力 (Personal Impact)	与他人有效的交流能力,是创造积极、长期改变的关键	谈一谈当你需要与你意见相左的人共事时,你会如何应对这样的挑战
开创精神 (Entrepreneurial Drive)	以创新的思维克服困难,达成目标,以开放的精神接受新方法、新思路	谈一谈当你跳出舒适区取得的成就
问题解决能力 (Problem Solving)	这个能力需要员工从问题导向进行思考,知道某件事存在什么问题,能够如何解决,并且能够提出多种问题解决策略	举例说明,你是如何在面对艰难挑战下,识别重要问题,分析事实和数据,得出结论和建议,并如何表达你的思想
包容的领导力 (Inclusive Leadership)	在多元化的大背景下,如何有效带领不同背景的团队成员各展所长	分享一个你与不同背景的成员高效工作的例子

不难看出,上面的能力都是比较"虚"的能力,很难突击提升,也绝对没有标准答案。对于有志于在专业咨询领域长期发展的同学来说,不妨在日常工作生活中多问问自己上面的几个问题,从日常工作生活中不断提升自己这四方面的能力。

三、总结展望

近年来,我国不断加大市场领域的开放力度,例如设立自贸区、制定负面清单、各行各业逐渐放开外资持股比例限制等,都体现了国家对于我国金融、咨询等专业服务国际化、法治化的信心。对于法律人而言,我们的金融和咨询服务市场越开放,越需要一批熟悉国际法律规则的优秀人才。因此,可以乐观预期,整个行业未来对于金融、咨询、法律背景的复合高端人才的需求只会越来越大!

最后,Z 老师送给大家一句话:做好准备,再去行动,你们会看见一般法律人看不到的精彩,会承担更多风险,但也会有更多的回报!

[③] McKinsey, "WHAT WE LOOK FOR", https://www.mckinsey.com/careers/interviewing, last visited on April 5, 2022.

> **小 D 速记**
>
> 　　投行是一个高强度、高回报的行业,法律人也可以从事投行工作,投行有不少法律背景出身的成功人士。
> 　　对于法律人而言,如果想要进入投行,需要加强财务的知识;除了自学外,还可以通过参加相关的考试来提升专业知识能力。
> 　　他人推荐和校园招聘是应届生进入投行、咨询领域的主要渠道,可以自行前往投行或咨询公司的官网进一步了解更多招聘信息。
> 　　了解客户的需求,是投行、咨询、法律等专业服务从业者都需要具有的能力。

叁

九九
归一

拥抱人生的N种可能

知我探索：积极心理学工具箱*

上课铃响了，教室里仍在窃窃私语。

不知不觉，第 17 周已快结束了。期末在即，哪怕再调皮的学生都开始有紧张感。魔法师在开学第一课说过，这门课的考核会综合考虑课堂参与程度和五篇课后研讨心得。虽然大二以上的学生都可以自由选择以"合格/不合格"的形式结课，但这五篇心得却难以蒙混过关，因为魔法师要求选择自己最感兴趣的 5 次实务交流课、基于个人情况和职业规划展开分析。更何况，表现优秀者还有机会获得近水楼台的实习机会。

那么，这 5 篇心得该选择哪些主题，又该如何进行有深度且量体裁衣的探讨呢？

魔法师似乎看穿了大家的心思，敲了敲黑板，示意同学们安静。

"经过学期初的宏观介绍以及 24 节实务交流课，相信同学们已对常见的法律职业选择有了初步的了解。当然，在座的不少同学也有切身的实习经历。"魔法师的目光不经意地从小 D 身上扫过。小 D 下意识地摸了摸口袋里的沙漏，有些不舍。

"剩下的 5 节课，就让我们的视角从法律职业切换到人生旅途，反过来指导当下的选择——你该如何确定自己的职业方向？"

一、积极心理学

作为讨论的基础，首先和大家分享一个大多数法律人不太了解的概念：积极心理学。在心理学这门学科的早期，心理学家们主要针对焦虑、困惑等心理

---

* 本部分公益导师：郑丹妮，美国哈佛大学、上海交通大学法学硕士，中山大学法学学士，现任哈佛华南校友会副会长，先后任职于知名外所、内所，在法院、英美律所、券商、世界银行均有实务经历。社会企业"缔璞"创始人、缔璞法律奖学金发起人，旗下运营知名法律职业生涯教育平台"D 调魔法学园"，笔名 D 调魔法师，曾主持"哈佛法律人"职业发展系列公益访谈。

志愿者：张寅峰，美国宾夕法尼亚州立大学法学硕士、华东政法大学法学学士，现任职于（美国）盛德国际律师事务所，曾于知名外所、内所以及多个国际智库及科创类 NGO 实习。

问题、心理疾病进行研究、诊断与治疗,相关的成果被称为"消极心理学"。直到2000年,美国的两位心理学家马丁·塞里格曼(Martin Seligman)和米哈里·奇克森特米海伊(Mihaly Csikzentmihalyi)发表论文《积极心理学导论》,引发心理学界的一场革命。

在积极心理学的理论框架下,心理学是一种更普遍的科学,关注积极的情绪体验、性格优势、积极的人际关系、幸福与健康等。"幸福"可以说是积极心理学的关键词。此外,积极心理学还分为七个课题,见表1。

表1 积极心理学的课题

感恩之心	个体对自己拥有的事物和经历的欣赏、快乐或积极主动的体验
幸福的基础五因素 (PREMA模型)	P = Positive Emotions(积极快乐的情绪) R = Relationships(美好的人际关系) E = Engagement(沉浸其中的投入) M = Meaning(有意义和目的的事情) A = Achievements(有收获和成就的感受)
美德	人群处于不同文化中所共同认可的美德
主观幸福感	个体对自己生活状态的满意程度与积极情绪体验的频率
意志力	驱使自己完成目标的动力和坚韧精神
福流	从事自己所喜爱的事情时产生的积极体验
意义和目的	在生活、工作中发现和追求的意义

哈佛大学曾有一门非常受欢迎的幸福课,授课老师为以色列籍的泰勒·本-沙哈尔(Tal Ben-Shahar),感兴趣的同学可以检索公开的课程和出版的书籍。我个人也是通过他的著作体会到积极心理学的魅力以及在现实生活中的运用,比如:

(1)关注过程:登上山顶或漫无目的地登山,都无法获得实质的幸福;幸福源于攀登过程的整体体验。幸福的生活靠日积月累而成,而非仰赖一次非凡的经历。因此,应享受通往高价值目的的过程。

(2)优化目的:我们应该根据自己的价值观和爱好选择自身目的,而非一味地遵循他人的期望。当追求既愉悦又有意义的目标时,就能产生对现在与未来都有影响的双重效用。

(3)反复尝试:最大化幸福水平的方法是反复尝试,注重内在体验的质量;通过反复实验,了解我们真正想做的事情。此外,我们也可以记录日常活动,并对活动中产生的愉快感与获得感进行评估。

（4）转换视角：生活中，将积极的体验视为收入，将消极的体验视为支出；当积极体验超过消极体验时，便收获人生的富余。工作中，将任务视为义务，也视为权利，有助于提升自己的职业获得感。

（5）学会休息：尝试减少生活中多余的忙碌，给自己时间专注于回顾和发现有意义与令人愉悦的事情。

亚里士多德曾说："幸福是生命的意义和目的，是人类生存的终极目标。"实现幸福既不是单纯地满足眼前的欲望，也不是特意无限延长满足感。那么，如何借助积极心理学来寻找"幸福"的职业方向呢？

二、职业性格测试

要寻找"幸福"的职业方向，首先要明白每个人对"幸福"的关注点和界定是不同的，适合的职业方向自然也不同。因此，择业的出发点是了解你自己（Know yourself）。相信在座的同学们在花季雨季的时候都曾做过心理测试。"知己知彼"中"知己"的常见方法，就是先通过相对成熟的模型和标准化的测试来了解或验证自己的职业性格，再考虑个人特质与职业的匹配程度。

（一）MBTI 测评①

迈尔斯-布里格斯类型指标（Myers-Briggs Type Indicator，简称 MBTI）测评是国际上较为全面、权威的职业人格评估工具，详见表 2、表 3。MBTI 将性格特质归纳为四个维度，每个维度分别包含两个相反的方向，两两组合产生十六种类型。而四个维度在每个人身上会有不同的比重，进而导致不同的表现，见表 3。

表 2　MBTI 类型指标

维度	类型	类型英文及缩写	类型	类型英文缩写
注意力方向 （精力来源）	外倾（外向）	E(Extrovert)	内倾（内向）	I(Introvert)
认知方式 （如何搜集信息）	实感（感觉）	S(Sensing)	直觉（直觉）	N(iNtuition)

---

① 《MBTI（迈尔斯-布里格斯类型指标）测试》，载 16 人格官网，https://www.16personalities.com/personality-types，访问日期：2023 年 8 月 12 日。

(续表)

维度	类型	类型英文及缩写	类型	类型英文缩写
判断方式（如何做决定）	思维(理性)	T(Thinking)	情感(感性)	F(Feeling)
生活方式（如何应对外部世界）	判断(主观)	J(Judgment)	知觉(客观)	P(Perceiving)

表3　MBTI测评结果分析②

性格类型	性格特质	适合职业(不完全举例)
INTJ 建筑师	有想象力、善于规划、思维严谨、较为严肃	知识产权律师、证券投资和金融分析员
INTP 逻辑学家	有创造力、渴求知识、思维宽广、较为理性	律师、科研人员
ENTJ 指挥官	有想象力、领导力强、做事果断、较为强势	法官、非诉律师
ENTP 辩论家	才思敏捷、有逻辑性、警觉性强、追求竞争	投资顾问、公务员
INFJ 提倡者	重视合作、乐于助人、充满热情、敏感保守	律师、科研人员
INFP 调停者	关心他人、善于观察、全神贯注、苛求完美	法律调解员、人力资源
ENFJ 主人公	领导力强、谈吐亲切、有创造力、较理想化	私人法律顾问、大学教授
ENFP 竞选者	充满热情、渴求自由、有想象力、过分扩展	咨询师、设计师
ISTJ 物流师	踏实可靠、有逻辑性、注意细节、刻板保守	律师、公司法务
ISFJ 守卫者	慷慨宽容、认同他人、注重承诺、较为谨慎	律师助理、行政助理
ESTJ 总经理	善于管理、坦率直言、友善合群、决策较快	项目经理、证券投资和金融分析员
ESFJ 执政官	有同情心、关心体贴、传统尽责、拒绝批评	劳动关系调解员、公司法务
ISTP 鉴赏家	精通工具、有逻辑性、务实谦逊、较为独立	警察、证券分析员
ISFP 探险家	友好谦虚、善于探索、温柔平静、高度敏感	产品销售、医生
ESTP 企业家	精力充沛、善于感知、遵守规则、注重自我	警察、管理顾问
ESFP 表演者	精力充沛、善于观察、随机应变、缺乏耐心	法治传媒、投资顾问

---

② 《人格类型》，载16人格官网，https://www.16personalities.com/personality-types，访问日期：2023年8月12日。

(二)霍兰德职业兴趣测评③

霍兰德职业兴趣测评(Self-Directed Search,简称 SDS)倾向于由兴趣出发分析适合的职业。根据兴趣的不同,性格可分为研究型(I)、艺术型(A)、社会型(S)、企业型(E)、常规型(C)、实用型(R)六个类型。但六个类型不是并列的,以六边形为例,存在相邻关系(例如 RI)、相隔关系(例如 RA)、相对关系(例如 RS),见图1。

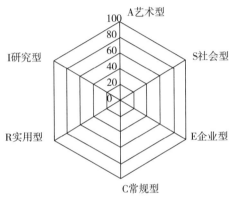

图1 霍兰德职业兴趣测评

测评结果便以得分高低依次居前三的类型字母组合而成(例如 RCA),见表4。

表4 霍兰德职业兴趣测评结果分析④

性格类型	性格特质	适合职业(不完全举例)
实际型(R)	做事保守、较为谦虚、关注细节、不喜竞争、踏实稳重、诚实可靠	专利代理人、警察、计算机硬件人员

---

③ A Real Me:《霍兰德职业倾向测试》,载 A Real Me 官网,https://www.arealme.com/holland-code-career-test/cn/,访问日期:2023年8月12日。

④ A Real Me:《霍兰德职业倾向测试》,载 A Real Me 官网,https://www.arealme.com/holland-code-career-test/cn/,访问日期:2023年8月12日。

(续表)

性格类型	性格特质	适合职业(不完全举例)
研究型(I)	善于思考、抽象思维、求知欲强、做事保守、喜欢钻研、领导力弱	法学科研人员、大学教师
艺术型(A)	想象力强、强调个性、追求完美、依靠直觉、不重实际、较为冲动	法治传媒工作者、影视编导
社会型(S)	善于言谈、擅长社交、乐于助人、擅长合作、为人友好、动手能力弱	非营利组织运营、大学教师、社工
企业型(E)	领导力强、热爱竞争、为人务实、精力充沛、以利益作为得失	法官、律师、公务员、公证员、仲裁员
常规型(C)	服从规律、实际稳重、效率较高、谨慎自控、想象力弱、有耐心	公司法务、律师助理、投资分析员

除了上述两大知名的职业性格测试之外,同学们还可以通过DISC性格测评、九型人格等工具多维度了解自身特质、核验不同测试结果的准确度。

三、知我探索的工具箱

"职业性格测试作为标准化的模型,可以作为认识自己的相对客观的辅助。但知我探索的过程不可避免地需要与个人的经历、背景、思考相结合,从而实现'个性化定制'。接下来,我会和同学们分享私藏的自我解剖工具箱,希望大家能拿出纸笔、放空大脑、清除杂念,专注于和自己的对话。"魔法师接着说。

(一)价值排序法

梭罗曾说:"做减法比做加法让灵魂成长得更快。"价值排序法,就是罗列自己最看重的一系列价值观关键词,再逐一删除最不重要者,从而对价值观进行排序,还原最真实的自己。下面我们来共同探索自己内心深处的职业价值观。

步骤1:以下表为辅助,在白纸上写下自己最看重的7个价值观关键词;如果你的脑海里闪现出表5之外的关键词,请毫不犹豫地将它记下来。

表5 价值观关键词及释义

关键词	释义
财富	工作能使自己的财务状况明显提升或明显高于同龄人平均水平,乃至实现财务自由
名声	工作能使自己出人头地、为人所知,雁过留声

(续表)

关键词	释义
权力	工作能使自己拥有话事权,以作为或不作为的方式影响或控制他人的行为或状态
地位	工作能使自己受到他人的尊重或重视
兴趣	工作能与自己的爱好、特长相结合,拒绝做自己不喜欢、不擅长的工作
自由	工作比较有弹性,不受太多的约束,可以充分掌握自己的时间和行动
正直	工作不必使自己为权贵折腰、卑躬屈膝,免于游走在灰色地带
意义	工作对于社会而言有价值,能够实现自我价值
成长	工作提供较多培训、锻炼的机会,能快速积累自己的经验与阅历
社交	工作能接触到各类人士,建立比较广泛的社会联系,乃至结识名流
健康	工作能够免于危险、过度劳累,免于焦虑和较大压力,保持身心健康
生活	工作强度允许保持生活平衡,下班时间有空兼顾家庭和/或自身
稳定	工作的人员流动率不高,不必担心时不时裁员或辞退,免于被动找工作,收入有保障
舒适	工作环境舒适宜人,不存在较大的挑战
新意	工作内容不单调枯燥或一成不变,有创造性,不做机器人可以轻易取代的工作

步骤2:从7个关键词中删除最不重要者,留下6个。例如,假设选择删除"生活",则至少在未来十年里,你将很难兼顾工作和家庭,可能每天孤身一人奋战到凌晨,可能大龄未婚(而非主动选择不婚),可能婚姻变故,可能无法见证孩子的成长……假设选择删除"健康",则至少在未来十年里,你可能会因为工作上的事情心力交瘁、疲于奔命,可能会视力度数加深、脱发,可能会患上颈椎病、肩周炎、抑郁症……想象删除关键词的后果,反复体验内心感受,确认自己能否接受后果,再确认删除。

步骤3:从6个关键词中删除最不重要者,留下5个。

步骤4:重复上述步骤,直至留下最后1个关键词。想象删除关键词的后果可能会令你感到痛苦,但是不要逃避,直面后果,做出选择。最后,按照被删除的先后顺序,将关键词从下往上重新写在白纸上,则对你而言,每一价值观的重要性将自上而下从高到低排序。

步骤5:尝试将价值观关键词的排序套用于你目前所处的职业状态,解释每一个关键词与现实选择的对应关系,考虑自己应采取的行动。

> **小 D 的知我探索**
>
> 　　小 D 细细揣摩着自己在纸上写下的价值观关键词,自上而下分别为:正直、成长、兴趣、社交、健康、自由和财富。在小 D 看来,自己还是一个涉世未深的在校生,应当以积累实务经验为主,"财富"固然重要,却成了第一个被删除的关键词。小 D 希望拥有自由弹性的工作时间,但假如工作时间安排得确实比较紧凑,拥有健康的身体才能作为保障,因此"健康"排在"自由"之前。在职业初期,熬夜加班虽伤身,但预计仍在自己可接受的范围内,而小 D 比较外向,希望在工作中能积累人脉,社交圈最好能符合自己的爱好,因此继"健康"之后,依次被删除的是"社交"和"兴趣"。在剩下的两个关键词中,小 D 认为积累经验的前提是树立良好的职业道德,因此"正直"排列在"成长"之前。
>
> 　　最近一周,小 D 正好同时收到三家律所的实习岗位录用通知。面对接连而来的"橄榄枝",他决定将自己的价值观关键词与三个选项相对应。第一家律所的团队业务量尚不饱和,时间安排非常灵活,加班也比较少,符合自己对于健康与自由的需求,但实习期间的成长可能不足;第二家律所中的团队在业内具有较好声誉,同时也有较为完整的实习生培训机制且工作内容多样、项目质量较高,但工作强度据说为"九九六";第三家律所提供的实习补贴较为丰厚,但小 D 对于团队从事的业务领域不太感兴趣。结合自己对于关键词的排序,正直、成长、兴趣在前,健康、自由与财富在后,小 D 决定把握第二家律所的实习机会。

(二) 思维记录法

　　思维记录法,就是对自己在工作中产生的积极心理和/或消极心理加以记录,并进行复盘分析,从而加深对自己的了解。这是心理学认知行为疗法中应用较为广泛的一种方法,有利于提升工作中的幸福感,也有助于判断"幸福"的职业方向。

　　一方面,留心记录自己心情愉悦、精神饱满、有工作干劲的时刻,分析使自己产生积极心理时背后的相关要素或原因,考虑在职业发展中如何为自己创造更多的正向激励,见表 6。

表 6　积极心理的思维记录示例

步骤 1	记录场景	实习所在内资律所团队律师对于自己提交的协议英文翻译稿进行复盘。律师对于翻译稿的质量给予了认可,并且耐心地就该文件中的法律问题进行延伸培训。复盘后,心情愉悦,对于后续的工作也充满了期待

(续表)

步骤2	分析因素	心情愉悦且充满工作动力的主要原因： 1. 翻译成果质量相对较高，没有出现细节错误； 2. 工作成果得到了上级的认可； 3. 延伸培训有助于"做中学"，收获了能力提升
步骤3	我的特质	1. 细心、英文水平较好，适合文书工作； 2. 喜欢与人交流互动，需要他人的正向反馈； 3. 有事业心、上进心，重视职业成长性

另一方面，冷静记录自己在工作中焦虑、烦躁、难过、懈怠的时刻，提炼出使自己产生消极心理时背后的相关要素或原因，最后总结自己应该避免怎样的工作，见表7。

表7 消极心理的思维记录示例

步骤1	记录场景	实习所在外资律所的合伙人是外国人，能和客户用中文口头交流，但对内要求所有中文文件翻译成英文才能审阅。傍晚时，中国客户紧急要求更新中文的法律备忘录，在中文版更新完毕时已是半夜零点，但由于上级的偏好只能继续熬夜加班进行英文翻译。此时感到非常烦躁
步骤2	分析因素	产生烦躁情绪的主要原因： a.熬夜加班； b.认为翻译环节效率低、不必要、没有意义； c.欠缺话事权
步骤3	我的特质	a.重视健康、工作与生活的平衡； b.追求工作内容的合理性与价值感； c.看重在工作环境中的主动权、话语权

(三) 密友对比法

所谓密友对比法，不是将自己与密友进行比较，而是请密友帮忙解析自己的特质，挖掘自己在职业发展中的优劣势，从而归纳出自己合适的行业或职业，见表8。

表8 密友对比法步骤

步骤1	分析评价	A与B(A指自己，也可以邀请多位朋友参与)分别拿纸笔，不经过讨论独自思考写下对于A的了解与观察，其中包括与职业发展相关的五项最明显的优势、五项最明显的劣势
步骤2	交换笔记	A公布自我认知的优缺点，B公布自己对于A的评价，对比两份评价之间的相同点与不同点
步骤3	相同点总结	勾出两份评价之间的相同点，共同总结成多个关键词，即为A的特质

（续表）

步骤4	职涯探索	A 与 B 一起头脑风暴,将总结后的关键词匹配到适合的职业和行业(不限于法律专业对口的职业或行业)

（四）个人陈述法

考虑留学深造的同学们应该都知道,个人陈述是留学申请中必不可少且至关重要的一份文书。个人陈述法,在某种程度上是借鉴留学申请时的思考方法,但不同的是,思考时并不需要实际展开文书写作,也不需要考虑他人的喜好,只需要呈现最真实的自己。

请大家闭上眼睛,放松,尝试回想并串联自己从幼时至今的经历,寻找在你生命中重要的时刻(例如最快乐的时刻、最痛苦的时刻、最骄傲的时刻),回顾你在每一个重要十字路口的选择,尝试解析这些时刻和选择背后的驱动因素、体现的决策方式或喜好、个人优势,尝试拎出一条一以贯之的主线,挖掘你区别于他人的特征,以及你曾在这个世界生活过的独一无二的证明。

你是一个什么样的人？你希望成为怎样的自己？为了成为更好的自己,你应该怎么做？个人陈述法的思考过程可能会花费较多的时间,但它有助于厘清对你而言最重要的事项,进而帮助判断面临的职业选择。建议每一位同学在课后都能抽空体验。

小 D 速记

积极心理学的关键词是"幸福"。亚里士多德曾说:"幸福是生命的意义和目的,是人类生存的终极目标。"

每个人对"幸福"的关注点和界定是不同的。择业的出发点是了解你自己(Know yourself)。

先通过相对成熟的模型和标准化的测试(例如 MBTI 测评、SDS 测评或其他测试)来了解或验证自己的职业性格,再考虑个人特质与职业的匹配程度。

知我探索的工具箱包括:价值排序法、思维记录法、密友对比法和个人陈述法。

MPS 导航：你适合哪种职业生涯？[*]

"上节课咱们介绍了知我探索的工具箱，希望大家都能抽空向内挖掘自身的特质。"魔法师不紧不慢地说道。"这节课咱们再从个人特质出发，向外摸索与特质匹配的职业生涯。还记得积极心理学的关键词是什么吗？"

"幸福。"小 D 不假思索地脱口而出。

魔法师赞许地点点头："对，这节课要介绍的方法，以及所有的讨论，仍然指向幸福。"

一、通往幸福工作的路径——MPS 方法

在迈入职场之前及之后的若干年里，每个人都可能会思考这样的问题：自己究竟想要一份怎样的工作？此时，不妨借助"意义-快乐-擅长"（Meaning, Pleasure, Strength，简称 MPS）方法来辨明方向。使用 MPS 方法不一定能帮助我们找到薪水最高的工作，却可以帮助我们找到幸福感更高的工作。

在使用这种方法前，你应当先给自己营造一个安静的环境，而后拿出事先准备好的纸笔，在空白纸张的最上方依次写下"意义"（Meaning）、"快乐"（Pleasure）和"擅长"（Strength），借此将这张白纸分为三大版块。在不同的版块中，你需要回答不同的问题，分别为：

（1）意义（Meaning）。哪些事情就算没有任何报酬和回报，我也愿意做？

（2）快乐（Pleasure）。过去当我感到快乐的时候，我都在做什么？

（3）擅长（Strength）。有什么事情是我感觉轻松，但别人却觉得困难的？

在对每个问题进行作答时，你应当认真思索，在纸上用心写下每个问题的答案，切忌胡乱作答。如果对于第三个问题你无法客观评价自身，可以考虑和

---

[*] 本部分公益导师：郑丹妮，美国哈佛大学、上海交通大学法学硕士，中山大学法学学士，哈佛华南校友会副会长，先后任职于知名外所、内所，在法院、英美律所、券商、世界银行均有实务经历。社会企业"缔璞"创始人、缔璞法律奖学金发起人，旗下运营知名法律职业生涯教育平台"D 调魔法学园"，笔名 D 调魔法师，曾主持"哈佛法律人"职业发展系列公益访谈。

志愿者：沈悦，上海交通大学法律硕士（法科特班）、中南财经政法大学法学学士，现任职于金杜律师事务所上海分所，曾先后在三个诉讼团队实习。

身边的朋友讨论,以帮助回答这一问题。同时,每个问题的答案应当尽量具体化,想到了答案就即时写下,不去评判和纠结对错。最后,在写完所有的答案后,你应当仔细观察各答案,找出答案中的交集,这样的工作就是能使你感到幸福的工作。

通过这个方法,可以帮助你在最宏观的层面(你生命里的使命是什么)以及最微观的层面(你希望每日的生活应该是怎样的)找到你的方向及使命感。虽然它们联系紧密,但是宏观层面的改变是需要很大勇气的,比如离开目前的公司或者放弃现有的人生道路;而微观层面的改变相对比较容易,比如每星期花两小时做自己爱做的事。这些改变都将帮助你获得更多的幸福感。每个人的职业生涯都很漫长,不一定在刚起步时就能找到为之奋斗终生的职业,上述方法可能帮助你在宏观或微观方面做出新的选择,而这些改变都将引导你在职业中收获更多幸福感。

"工作可以且应该成为我们体验积极情绪的地方,一个能让你感到幸福的工作才是你应当去追求和探索的。"魔法师意味深长地说。

二、寻找适合你的法律职业

法律人一定要从事法律职业么?当然不是,毕竟绝大多数同学在高考填写志愿时对法学学科及法律职业的认识有限,法学甚至未必是第一志愿。但不可否认,多数大学生会优先物色专业对口的工作。因此,我们首先来看看常见特质可能适合的法律职业。

这里要提醒同学们:法律职业导图中的每一步判断依据的是市场普遍情况,大家在求职中应对目标进行尽可能充分的"尽职调查",以考虑特殊情况并做出因地制宜的判断,见图1。

另外,不同职业对地域的要求不同,例如外资律所、外资企业、国际组织主要集中在国内一线城市乃至国外。我个人建议大家优先根据导图中的考虑因素判断自己可能适合的法律职业类型,勇敢追梦,正所谓"山不过来,你就过去"。地域不应当成为影响职业选择的因素,但可以作为适合自己的职业类型下多个职位机会取舍的判断因素。

每个人的性格不同,生活态度不同,擅长的事项不同,导致对职业的需求也不尽相同。个人的职业道路,需要自己做出决定。职业选择并无对错之分,更应关注的是该选择是否符合当下自身所需。你需要做的,是了解自己的特质,从而做出你的职业选择。

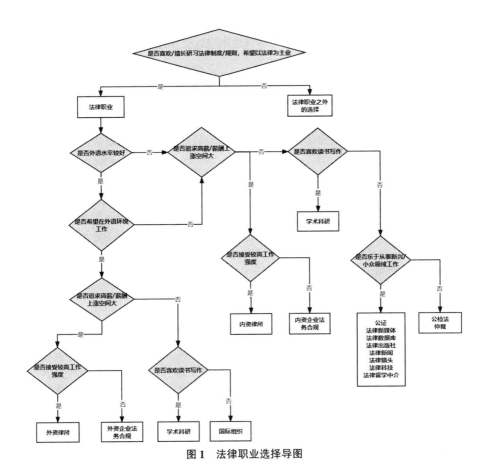

图 1 法律职业选择导图

三、法律职业之外的选择

作为法科学子,大家在就业时其实大可不必拘泥于法律职业,有时将目光投向法律职业之外的选择,可能有更适合自己的意想不到的机会。由于法律之外的职业可能性无穷无尽,且在学期初已有专门一节课介绍法律职业新天地,这里我只再次简要提及常见的其他职业选择。

首先是非法律专业对口的公务员岗位,例如办公室文秘工作、海关岗位。在依法治国的大环境下,法学院毕业生在校期间习得的法学知识和思维都将有助于日常工作;若具备较好的文书写作能力、口头表达能力、人际交往能力,在公务员岗位上也能发光发热。公务员岗位比较适合具有公共服务精神、对薪资要求不高、追求稳定性的人士。

其次是企业中的非法务合规岗位,例如投资经理、证券研究员、管培生。这可能要求求职者具有较好的闯劲、学习能力、应变能力、团队协作能力、领导力,乃至额外的技能证书(例如投行、会计师事务所看重的注册会计师证书)。尽管法学知识技能只能作为锦上添花,只要个人特质契合,从事这类岗位也有非常好的发展前景。

法律人的职业选择从来不是只有一种,而是有多种。除了上述比较大众化的选择,还有非常多的职业等待你的探索,诸如创业、公益事业、教师、翻译、设计师等。这些职业可能和在校期间所学的法学知识毫无关联,但大学期间培养的思维和能力都将有助于你在新的行业中快速站稳脚跟。你所需要的只是去探索自己真正热爱和感兴趣的事业,并在作出选择之后为之不懈努力,最终成长为自己理想中的模样。

四、实践与落地

常言道,"纸上得来终觉浅,绝知此事要躬行"。在了解自身特质、限缩可能适合的职业范围之后,更重要的是通过实践去最终确定适合自己的职业。建议同学们在校期间多多尝试不同的实习,了解行业生态,挖掘自己的兴趣点和潜能,以找到自己热爱的事业。对于很多初入职场的法律人而言,头几年都是探索期;尽量接触不同的领域,无论学什么你都会有所收获。记得及时复盘、反思自身,梳理自己的想法,尽快明确自己想做的领域,逐步积累经验技能,从而成长为优秀的专业化人才。

希望大家能够灵活运用 MPS 方法,让自己的工作充满幸福感。找到自己钟爱的事业,提升个人能力并为之坚持奋斗一生,是寻求幸福的应有之路。

小 D 速记

使用"意义-快乐-擅长"(Meaning, Pleasure, Strength, 简称 MPS)方法不一定能帮助我们找到薪水最高的工作,却可以帮助我们找到幸福感更高的工作。

工作可以且应该成为体验积极情绪的地方,一个能让人感到幸福的工作才是应当去追求和探索的。

不同特质可能适合的法律职业不同。求职时应对目标进行尽可能充分的"尽职调查",以考虑特殊情况并做出因地制宜的判断。

地域不应当成为影响职业选择的因素,但可以作为适合自己的职业类型下多个职位机会取舍的判断因素。

在校期间多多尝试不同的实习,了解行业生态,挖掘自己的兴趣点和潜能,探索自己真正热爱和感兴趣的事业,并在作出选择之后为之不懈努力,最终成长为自己理想中的模样。

时光别溜:简历意识与在校规划[*]

"同学们好,不知不觉我们迎来了本学期课程的倒数第三节课,真正进入倒计时模式。"听到魔法师的开场白,讲台下开始嗡嗡嗡地碎语。魔法师敲了敲黑板,教室又安静下来。

时光飞逝。大家都知道,《钢铁是怎样炼成的》一书中有这样一句名言:生命属于我们只有一次;人的一生应当这样度过:当回忆往事的时候,不为虚度年华而痛悔,也不为碌碌无为而羞愧。那么,怎样才能不虚度宝贵的大学在校时光呢?

一、简历意识

大学生活丰富多彩,如果不加选择地参与,样样投入巨大精力,必然顾此失彼。曾经我也和在座的不少同学一样,纯粹凭着感觉进行选择。起初,在学业之余,我看到有机会都会积极尝试,也试图踏出自己的舒适区;但因为参加的课余活动太多,导致学业成绩下滑。后来,一堂关于简历的课程点醒了我。因此,我想借这个机会,和大家分享在校时间规划的诀窍,那便是简历意识。

谈到简历,大家的第一个联想通常是求职。但是,简历意识还可以对一个人的时间管理起到提纲挈领的指导作用。在校时光稍纵即逝,每天除了预习、上课、完成作业、备考,同学们通常还有各种业余安排,比如在团委或学生会担任学生干部、组织或参与社团活动、校友会,比赛各式各样、不同级别,实习、兼职,发展兴趣爱好等。但是,每个人的时间精力都是有限的,在某项事情上倾注了心血,就意味着舍弃了另一个机会或将其置于劣后地位。这就是所谓的机会

---

[*] 本部分公益导师:郑丹妮,美国哈佛大学、上海交通大学法学硕士,中山大学法学学士,现任哈佛华南校友会副会长,先后任职于知名外所、内所,在法院、英美律所、券商、世界银行均有实务经历。社会企业"缔璞"创始人,缔璞法律奖学金发起人,旗下运营知名法律职业生涯教育平台"D调魔法学园",笔名D调魔法师,曾主持"哈佛法律人"职业发展系列公益访谈。

志愿者:余丽缘,北京大学法学院博士研究生、英国伦敦政治学院法学硕士、武汉大学法学学士,在法院、律所均有实务经历。

成本。如何避免顾此失彼？简历意识可以派上用场。

在我看来，简历意识有三大作用：

第一，查漏补缺。在你尚未明确自己未来想从事的方向时，简历意识可以起到查漏补缺的作用。趁年轻、来得及，赶紧补齐自己的"短板"，这样无论将来想境内或境外升学还是工作，无论是否选择专业对口的工作还是在专业领域内从事何种工作，都不会在竞争中有明显的劣势。

第二，探索自我。你可以参考简历中经常出现的项目，有意识地敦促自己尝试不同的可能性，探索自我、认识自我。你的价值观是怎样的？对你而言，哪些是最重要的？你喜欢做什么样的事情？你擅长做什么样的事情？有没有可能把它们结合，成为未来几十年投身的领域，哪怕专业不对口？这些我们都已在前面两节课讨论过。

第三，减少机会成本。在面临机会进行抉择时，你可以比较含金量、合并同类项，在同一类中择优，给自己接触不同类别活动或工作的机会，最大限度地减少机会成本，因为你抓住了众多机会中最难得的那些。

咱们这门课是面向法学院在读的所有本科生和研究生开放的。对于大一学生，我建议尽量将眼界放宽、各种机会试试无妨，比如参加自己喜欢的社团、加入学生会、参加各类比赛等，查漏补缺、探索自己的兴趣所在。但是，对于大二及以上年级的同学，建议尽早开始运用简历意识，规划自己的在校时光。这样，在潜移默化中，哪怕你对未来的规划尚不明晰，你的竞争力也在日益提升、简历中的血肉也会自然而然地日渐充实。

二、在校时间安排的优先级项目

从简历视角来看，可以将在校时间安排的优先级项目分成三项：基础项、常规项、加分项。下面我会逐一展开。

（一）基础项

认真学习、丰富专业知识、积累功底，是每一个学生的本分。高考和志愿决定了一个人的本科学校，在此前提下，你要严于律己，力争上游。虽然绩点本身并不起到决定性作用，但无论从学校或学院的资源分配而言（包括但不限于奖学金、交换项目、保研机会），还是从升学目标院校或雇主的角度而言，绩点都是第一指标。清楚游戏规则，给自己争取更多的主动权，才不会让自己后悔。如果对自己的高考发挥水平不满意，大家也可以在境内或境外升学时进一步提升自己的教育背景。

除了研读专业教科书,我建议对于每门学科,大家至少阅读一本经典著作来提升自己的法学素养。比如民法可选读王泽鉴老师的《民法思维:请求权基础理论体系》,刑法可选读贝卡利亚的《论犯罪与刑罚》,法理学可选读萨伯的《洞穴奇案》。经典著作可以帮助我们对法学有更深厚的理解,无论之后从事学术研究还是实务工作,专业知识的底蕴尤为重要。同时,建议大家平时涉猎一些法律实务的书籍,例如君合律师事务所撰写的《律师之道:新律师的必修课》。

此外,大家可以根据自己的兴趣涉猎其他学科。法学作为一门社会学科,与其他学科都存在交汇点。因此,可以考虑旁听或者辅修其他学科课程,根据喜好阅读书籍。在学有余力时,还可以尝试修读双学位,比如金融、会计、工商管理、政务管理等。无论是何种选择,都要首先考虑好自己的实际情况,学会分析和总结,找到适合自己的学习方式。

(二)常规项

常规项,是指大多数学生都有机会充实自己的项目,包括考证、学生工作、志愿者活动、科研、比赛、实习。这些所列项目受地域因素的影响逐渐增强,从而也涉及如何突破地域限制、提升竞争实力的问题。因为如果你对一些相对更稀缺的法律职业感兴趣(比如顶级内所、外所、世界500强企业、国际组织等,而非本地就有的公检法、小规模律所或企业等),或者,如果你有考虑境内外升学,那么你要提前认识到,将来与你竞争的同龄人都有怎样的标配,如果达不到标配,这就会成为你的短板。

1. 考证

对于考证,普通标配是法考、英语四六级,如果未来有出国交换或攻读学位的打算,或对金融、投行感兴趣,托福、雅思、证券从业资格证、基金从业资格证、注册会计师(CPA)证书、注册金融分析师(CFA)证书都可以抽时间考一下,因为这些证书在不同情形下也是标配。如果想转商科的话,可以考美国研究生入学考试(GRE)或研究生管理专业入学考试(GMAT)、商务英语证书(BEC)、托业(TOEIC)。

我个人认为,计算机证书没必要考,除非你打算转型码农,不然在法律人常见的去向中,大部分人的水平都差不多,也用不上这个证书,但常用的编程语言可以尝试学习。法律英语证书(LEC)的适用面也不广,如果想借助考证来敦促自己学英语,倒不如刷出更高的托福或雅思成绩,比如托福110分以上、雅思8分以上。如果家庭经济状况许可,能负担得起至少150万元的美国三年JD费用,还可以报考美国法学院入学考试(LSAT),锻炼自己的逻辑思维能力和英语阅读能力、写作速度,如果能上 170 分则可以申请美国 T14 JD,多一条路径可走。对于法科学子,提高法律英语能力主要依靠在实习或者工作中翻译法律文件、英文邮件往来、参与英文电话会议等。

2. 学生工作

学生工作也是常见标配。在校学生一般都或多或少参加校级/院级学生会/团委、社团、校友会等,所以部员本身不太能说明问题。从简历角度而言,至少要担任部长以上职务,或担任班长、团支书,才能证明参与程度和组织能力;主席团或同等级别的职务最佳。

特别提示:如果自己特别感兴趣,也可以自发创立一个社团组织、校友会或老乡会,体验从零到一的过程,同时培养自己的责任心与领导力。此外,还可以尝试主持或广播机会。对于学生工作,建议大家视自己的兴趣和时间予以取舍,不必强求。

3. 志愿者活动

志愿者活动不一定会在简历中出现,但我认为是值得体验和参加的,也是同学们唾手可得的机会。怀着纯粹的初衷,尝试回馈社会,而不是为了一纸证明或综合测评加分,这些志愿经历本身能让人快乐,也是一个探索自我的过程。常见的志愿者活动包括法律援助、普法活动、支教、高考专业咨询等。

4. 科研

法律专业的科研包括调研项目、征文比赛、学术论坛、论文发表等。对于求学地域不占优势的学生而言,我觉得科研是一个很好的既修身养性又能提高竞争实力的好途径。多博览群书、汲取养分、提升写作功底,无论之后想进入公务员系统、律所、企业、走学术,还是升学,都有帮助。因此,建议大家从大一开始就认真对待每一篇论文,在撰写论文的时候,既可以提高自己的法律检索能力及文字表达能力,也可以探索自己对于学术的兴趣。

国家级大学生创新训练项目、"挑战杯"全国大学生课外学术科技作品竞赛,都是比较有代表性又受认可的科研项目。大家也可以积极参加其他调研项目、征文比赛和学术论坛,尝试将优秀论文向学术期刊投稿。不要羞怯于向老师请教,有宝贵的专业指导意见对于论文写作及专业水准的提高极具帮助。

这里提醒一下大家:虽然科研这一大类本身是相对容易实现的常规项,但发表论文并不是常规,而是锦上添花;不要为了发论文而买论文或买版面,如果你的作品发表在众所周知的所谓垃圾期刊上,只会留下不光彩的一笔,甚至在某个重要时刻起到负面作用。

5. 比赛

法学专业的学生通常参加的比赛包括辩论赛、演讲比赛、模拟法庭、模拟联合国等，商科比赛也可以参加。

建议大家在大学期间至少参加一次演讲活动或比赛。通过这种方式，你不仅能够有效提升胆量和自信心，还能锻炼自己的口才思辨能力和应变能力，一举多得。法律界比较大型的比赛包括理律杯、杰赛普（Jessup）国际法模拟法庭、威廉维斯（Willem C. Vis）国际模拟商事仲裁竞赛、国际刑事法院（ICC）模拟审判竞赛、红十字国际人道法模拟法庭、亚太地区企业并购模拟竞赛、国际投资（FDI）模拟仲裁庭竞赛、世界贸易组织（WTO）模拟法庭、普莱斯（Price）国际传媒法模拟法庭、曼弗雷德·拉克斯空间法模拟法庭等。

对于眼花缭乱的众多比赛，建议通过级别和主办方识别含金量，避免疲于奔命。你的时间有限，与其白白浪费时间及提升实力的机会，不如挑选最负盛名或最有可能突出重围的比赛机会，全力以赴。在比赛中，不要一味地追求结果，而忽视了享受过程，与战友共进退的情谊是非常可贵的。如果已在省级以上比赛拿到较好成绩，则同类比赛无须多次参加，除非某一领域确实是自己的兴趣所在。

当然，对于全国性的比赛，参赛本身就可能受到学校的限制，备赛过程和结果也在很大程度上受地域资源的限制。这就要求发挥主观能动性，比如学生可以积极推动学校或学院组队参赛，这样的做法有若干先例可循。

6. 实习

常规项的最后一项是实习。建议大家利用在校生的身份，通过多样化的实习经历来判断适合自己的路径，而确定路径以后，也可以多体验该路径上的不同雇主。我们在这门课中已花了绝大部分时间介绍不同的职业路径，这里不再展开。除非家庭经济困难，否则，不建议兼职赚外快，而应当将零散时间用于长远来看更有益处的地方。

实习经历的含金量很大程度上取决于雇主声誉和工作内容。在京沪以外的城市，大家更常见的是去公检法机关实习，顶多去本地规模较大的律所实习。但是，据我所知，在北京、上海，上游学生的标配一般是知名头部内资律所，有些去了外所并留用，也有的能到最高人民法院、最高人民检察院、世界 500 强企业或国际组织实习。在求职和升学时，实习经历的差距就会被放大。

如何缩小在实习方面的差距？在家庭条件许可的情况下，建议大家不要将目光局限在本地或本省;"山不过来,你就过去",大胆争取优质的实习机会。此外,基本上每个法学院校都有自己的法律诊所,这也可以作为提升实务经验的好途径。

(三) 加分项

加分项,也就是并非标配而是锦上添花的事项,主要包括爱好特长、语言、评奖、交换或交流项目。

1. 爱好特长

培养爱好特长,不仅能让自己的人生增色,还能帮助缓解压力。大学校园里有各式各样的兴趣爱好社团,大家可以选择自己喜欢的社团,坚持培养爱好,或许便能发展成特长、有所造诣。

有些爱好特长是能让人眼前一亮的,属于能力证明,比如辩论、主持、演讲、记者、乐器、舞蹈、运动等,这些能力都是在业余的一个个选择中塑就的,不需要刻意而为。如果你对这些不感兴趣,只是纯粹地喜欢听音乐、看电影、阅读、旅游、烹饪等,没什么不好。

2. 语言

除标配的普通话和英语之外,如果你能掌握商务常见语言,比如粤语、上海话、日语、韩语,都有机会派上用场。有志于读博的同学,还可以考虑学习德语、意大利语。如果你对国际组织感兴趣,建议将法语、西班牙语提上学习日程。

3. 评奖

评奖是指各类荣誉称号(比如校园十大人物)、江平奖学金、知名律所奖学金等。不过,知名律所奖学金也在很大程度上受地域因素的影响,我们在介绍律所路径时已提及。

评奖,其实是水到渠成的事情。比如,认真对待学业、获得优异成绩,那么评选奖学金时自然存在优势;在学生工作中尽职尽责,勇于挑起大梁,那么评选荣誉称号时大家自然会念及。不过,记得留心相关评奖的通知,避免错失宝贵的参评机会。

4. 交换或交流项目

境内外的交换或交流项目机会,也非常值得大家把握。哪怕只是交流一个月,或交换一学期,都能开阔你的眼界,带来新的启发,积累人生阅历。感兴趣的同学应密切关注校级网站或者学院官网发布的项目公告。此外,也可以密切关注意向学校的官网公告,或许能在无合作项目的情况下自行申请交换。国家留学基金委提供出境留学的奖学金赞助机会,有需要的同学可以留意。

"最后,虽然与简历意识无关,也未必能规划,但如果大家在大学中幸运地遇到合适的人,也可以谈恋爱,缘起学生时代的感情是令人艳羡的。情投意合的两个人相伴前行,共同进步,顺境中相互分享,逆境中相互扶持,稳定的感情对于事业来说也算是加分项。"魔法师俏皮地眨眨眼说道。

本节课所列举的每一项安排都有其意义与价值,大家不妨每一类都尝试,再根据自己的特质与规划调整时间分配的比例。在校时光很漫长,提供了低成本试错的机会;但在校时光也很短暂,要珍惜每一次的尝试,这些都将成为自己青春时光里最美好的回忆。

小 D 速记

大学生活丰富多彩;如果不加选择地参与,样样投入巨大精力,必然顾此失彼。简历意识可以对时间管理起到提纲挈领的指导作用。

简历的三大作用:查漏补缺、探索自我、减少机会成本。

从简历视角来看,可以将在校时间安排的优先级分成三项:基础项(学业)、常规项(考证、学生工作、志愿者活动、科研、比赛、实习)、加分项(爱好特长、语言、评奖、交换或交流项目)。

境外深造:读万卷书,行万里路*

上课的铃声响了,魔法师一如往常地大步迈上讲台。"同学们好!这节课是我们这门课的倒数第二节课。在之前的课程里,我们的视角聚焦于境内,今天我们来放眼境外。"

如今,越来越多的法学院学生选择在本科应届时就赴境外攻读硕士学位,也有不少人选择在境内攻读硕士学位期间或境内硕士毕业后再拿下境外的第二个法学硕士学位,还有一些人在工作若干年后仍会赴境外深造。那么,境外求学有哪些选项?能否获得境外律师执业资格或留在境外工作?这些都是本节课要讨论的内容。

一、国际视野

在全球化的今天,跨境交易与涉外纠纷越来越多,了解境外法律的重要性逐渐凸显。境外读书不仅有助于同学们打开自身眼界、拓展交际圈,也能使人更容易寻找到感兴趣的方向。虽然陌生的教学方式和全新的知识体系对大家来说是巨大挑战,却也可以帮助同学们快速转变思维方式,增强抗压能力,提高时间管理能力和快速学习能力。

绝大多数情况下,境外深造能让外语能力得到显著提高。置身于全外语的环境中,学生们被要求开口说外语,各项学习任务包括课堂展示、小组讨论、写作训练等,都能全方位锻炼法律听说读写能力。就目前的求职市场而言,即使雇主没有硬性要求应聘者必须具有境外学习或工作经验,外语要求的门槛也日渐抬高。通过实战训练,学生们的外语往往能更上一层楼,也能更好地应对求职市场的竞争。此外,境外学习期间有机会参与法律诊所等实践课程乃至校外实习,毕业后有机会在境外工作,对于丰富职业履历及人生阅历均有益处。

是否去留学?这主要取决于申请者的财力和对未来的规划。一方面,出国

---

* 本部分公益导师:徐萌杉,美国宾夕法尼亚大学职业法律博士(JD)、法学硕士(LLM),上海交通大学法学学士,美国纽约州执业律师。

志愿者:连旌,美国康奈尔大学法学硕士、南京大学法学学士,现任职于某中资所。

留学开销不小，一年十几万至六十万元不等，而奖学金机会有限。因此，建议同学们三思而后行，在确定自己及家庭有能力承担后再勇敢追梦。另一方面，不建议因逃避境内升学或求职的压力而选择赴境外深造，而应想清自己留学的目的，结合职业规划做决定。

什么时候去留学？申请时间早晚各有优点。海外法学硕士（Master of Laws，LLM）学制通常为1年。本科生应届留学，有助于保持学习惯性、尽早工作积累经验，与在境内升学的同龄人相比有工作的年资上的优势，这一优势在逐年晋升的律所中体现得较为明显。在美国，申请法学博士（Doctor of Judicial Science，简称SJD）学位的前提是已攻读LLM学位，有志于学术道路的同学也建议尽早考虑留学选项。同学们也可以选择攻读境外的法律本科（Bachelor of Laws，简称LLB）或职业法律博士（Juris Doctor，JD）学位，学制通常为2~3年。对于有工作经验的申请者，优势在于更清楚自己的职业方向，在法学院课程选择方面会更有的放矢，能够为课堂讨论贡献来自中国的实务视角，也有更高的机率在境外找到对口工作。

不同的学校对申请者有不同偏好：有的对应届生更为友好，有的几乎只向"工作党"敞开大门，有的要求前置学位等。建议大家在申请之前先做好梦校的功课，仔细研究学校的要求以及往年入学者的背景信息。若在毕业时有理想的雇主抛出橄榄枝，可与留学的机会进行比较，有时也可先行就业。

除了出境攻读学位，还有其他学习项目可以拓展国际视野吗？当然有。首先，在学期间，同学们可以参加学校或学院与境外高校合作的交换项目。在境外高校交换、生活半年至一年，不仅对自己的适应能力有更好的判断，对境外求学也会更加理智；表现突出的有机会获得推荐信，有助于未来的升学或求职。其次，在寒暑假期间，可以参加一些境外高校举办的短期游学项目，例如牛津大学的冬令营、斯坦福大学的夏令营。

二、境外深造

（一）目的地选择

美国、英国、欧洲大陆和中国香港是法科生选择继续深造的主流目的地，会作为本节课的重点予以介绍。此外，澳洲、加拿大、新加坡、日本、中国台湾也是法学学生会选择继续深造的国家和地区，大家在课后也不妨再多加了解。

美国是最主要的留学国家之一，为很多留学申请者所青睐。其法律属于英美法系，因而其教学以判例法为主；同时，由于美国法律教育有其特殊的职业教育属性,法学院的课程更侧重实务与技能。美国不存在法学本科学位,JD 即为第一个法学学位,LLM 是面向已在美国境内外获得第一个法学学位的申请者的高阶学位,SJD 则是侧重学术科研的法学博士学位,通常要求申请者正在攻读或已获得 LLM 学位。美国留学的支出较高,法学院一年的学费普遍在 6 万美金以上,加上生活费大约 50-60 万元,经济负担大于其他留学目的地。US News 的排名为当前认可度最高的美国法学院排名,分为综合排名和专业排名,见表 1。就综合排名而言,众所周知的"分水岭"是 Top 3、Top 6 及 Top 14 法学院。

表1 2023 US News T14 法学院综合排名②

排名	学校
No. 1	Yale University
No. 2	Stanford University
No. 3	University of Chicago
No. 4	Columbia University
	Harvard University
No. 6	University of Pennsylvania
No. 7	New York University
No. 8	University of Virginia
No. 9	University of California, Berkeley
No. 10	University of Michigan, Ann Arbor
No. 11	Duke University
No. 12	Cornell University
No. 13	Northwestern University
No. 14	Georgetown University

英国法律也隶属于英美法系,以判例法为主。与美国法律教育体系最大的不同在于,英国法律教育以法律本科为第一学位,即 LLB,为期三年。英国法学

---

② 排名情况详见 US News 官网:https://www.usnews.com/best-graduate-schools/top-law-schools/law-rankings,访问日期:2022 年 5 月 29 日。

院的其他项目更多为研究性或专精性,并非意在职业化教育。英国虽已脱欧,但欧盟法仍深刻地影响了英国法渊源及多领域的立法趋势,其课程往往大量涉及对欧盟法的探讨,具有较多的比较法思维和视角。此外,英国特殊的地理位置和紧密的对外交流使英国各大学在欧盟法、国际商法与商事仲裁、海商法等领域有着得天独厚的优势和特色。英国的留学费用较美国经济许多,通常一年约30万元人民币。[③] 英国排名较前的5所法学院统称为"G5",即为牛津大学法学院(University of Oxford)、剑桥大学法学院(University of Cambridge)、伦敦政治经济学院法学院(The London School of Economics and Political Science)、伦敦大学学院法学院(University College London)、伦敦国王学院法学院(King's College London)。

在欧洲大陆,中国法学生主要分布在荷兰、德国和法国。这些国家的法学院在世界闻名遐迩,各有其擅长的学科。在荷兰,著名的莱顿大学(Leiden University)、阿姆斯特丹大学(University of Amsterdam)、马斯特里赫特大学(Maastricht University)、乌得勒支大学(Utrecht University)、鹿特丹大学(Erasmus University Rotterdam)等高等名校在国际法方面实力雄厚。德国则有法兰克福大学(Goethe University Frankfurt)、明斯特大学(Westfälische Wilhelms-Universität Münste)、慕尼黑大学(Ludwig-Maximilians-Universität)、海德堡大学(Ruprecht-Karls-Universität Heidelberg)、柏林洪堡大学(Humboldt-Universität zu Berlin)等。法国的领先高校有巴黎第一大学(Université Paris 1 Panthéon-Sorbonne)、巴黎第二大学(Université Paris 2 Panthéon-Assas)、巴黎政治学院(Science Po)等。这些国家的法学院均提供英文授课项目,但若申请其学士或博士项目,仍需满足其语言要求。欧洲大陆法学院的每年学费与生活费开销远低于美国和英国,为广大想要出国学习却不愿让家庭背负过重经济负担的法学生的较优选择。对于一些想获得永居资格的学生来说,拿到欧洲大陆国家的永居难度也远低于美国、英国两国,大多只须在当地工作数年并缴纳社保便可获得。

香港作为亚洲经济中心城市,其独一无二的商业化环境吸引着很多来自内地的学生。目前,香港地区仅有香港大学、香港中文大学和香港城市大学开设法学院。这三所学校的法学实力非常雄厚,在世界法学的排名也十分可观。总

[③] 余心朵、刘紫薇:《普通法故乡的回响(上):英国法学教育学制和职业化培养》,载微信公众号"D调魔法学园",https://mp.weixin.qq.com/s/cGpwjUDh2phtzCPtOhJbCQ,访问日期:2022年5月28日。

体来说,香港大学毋庸置疑成为三大法学院龙头老大的存在,在师资力量、教学资源、教学水平、毕业出路等方面都很好。香港中文大学的法学院相对另外两所大学而言成立较晚,显著的特色就是其出于便于接触法律实践的考虑而将研究生院设立在港岛金钟的写字楼里,商业化氛围颇浓。香港城市大学虽然整体上稍显弱势,但其毕业生在香港就业市场中也很受欢迎。求学香港的费用也非常经济实惠,一年为20-22万元人民币。此外,内地人士在香港学习、工作满七年可获香港永居资格,享受香港居民的社会福利政策,包括医疗、教育、住房等各方面政策。④

(二)学位项目概览

1. 硕士项目

表2 各国家(地区)硕士项目

国家/地区	项目介绍	是否有机会获得当地律师执业资格
美国	LLM在美国为法律第二学位。除了普遍设置的general LLM项目,许多学校还设有specialized LLM项目,有的细分了课程方向,有的提供与其他高校合作的双学位,有的分不同的项目时长。	是
英国	英国的硕士主要分为LLM、MSc和MPhil。 LLM是建立在本科法律学习的基础之上的,类似于中国法学硕士教育,为期一年,其特点在于领域更为细分,因而课程的选择相对局限。⑤ MSc为非法学相关专业的法律硕士学位,同时接受法学及相关交叉学科背景的申请人申请。 MPhil作为研究型硕士,学制一般为两年,通常通过MPhil学位的考核才能正式转为PhD候选人。	是

---

④ Azul、QZY:《维港风情——香港LLM、JD、PCLL及就业》,载微信公众号"D调魔法学园",https://mp.weixin.qq.com/s/OlkTb89LjkJVqSL_smUpHA,访问日期:2022年5月28日。

⑤ 余心朵、刘紫薇:《普通法故乡的回响(下):英国LLM项目解读》,载微信公众号"D调魔法学园",https://mp.weixin.qq.com/s/kl-eLlQCTOom1lGiS8wpzw,访问日期:2022年5月28日。

（续表）

国家/地区	项目介绍	是否有机会获得当地律师执业资格
荷兰	荷兰众多高等院校的 LLM 专业设置比较符合中国留学生国际化和商业化的申请需求，一般为国际商法、国际税法、国际公法、民商法与劳动法、国际法与人权法等，有些学校还会开设特色专业，如莱顿大学的国际航空法等。⑥	否
德国	德国的 LLM 学位仅面向已经取得法学本科的同学，如果非法学本科申请则需要达到一定数量的和法学有关的学分。部分大学的 LLM 学位对于相关领域的工作经历也有要求，例如慕尼黑知识产权法中心（MIPLC）要求申请者需要具备本科毕业后 1-2 年的专业工作经验。 德国 LLM 项目分为德语教学和英语教学。英语授课的 LLM 基本不教授德国本土法学，侧重点在于国际法、欧洲领域内的法学、比较法学以及经济学。德语授课 LLM 可以学习的方向有德国刑法、民法、公法等，还可以选修欧盟法、经济法等，申请时德语水平一般需要达到 DAF（德福）4x4 或者 DHS2 的水平，部分大学甚至要求学生达到 DAF18 分或 DSH3。⑦	否
法国	法国的 LLM 学位分为法语和英语项目。 法语项目涵盖了法国传统法学教育的各个方面，专业众多，学制为 2 年，要求申请人有较好的法语能力，通常要达到欧标（C1/C2）或同等水平。 法国部分高校面向国际学生开设了英语授课的 1 年制项目，授课方向以商法、欧盟法、国际法为主。特别留意：有些学校开设的 LLM 的项目颁发的是该大学的结课证书，而不是硕士学位；只有部分 LLM 项目的结课证书可以被认证。 此外，法国的硕士学位会区分为研究型（recherche）和职业型（professionnel），两种类型的硕士课程设置和毕业文凭不同，均可申请博士。⑧	是，法语项目毕业后须进入律师学院学习

---

⑥ 黄姗、杨文惠：《欧洲西北部的"明珠"——荷兰 LLM 及北欧特别项目介绍》，载微信公众号"D 调魔法学园"，https://mp.weixin.qq.com/s/NYeXGNP7jmGstvAsVM_XaQ，访问日期：2022 年 5 月 28 日。

⑦ 黄雯嬬：《欧洲的十字路口——走近德国留学》，载微信公众号"D 调魔法学园"，https://mp.weixin.qq.com/s/llboU1I-JolVMayv--TwpA，访问日期：2022 年 5 月 28 日。

⑧ 刘国畅：《法兰西的别样浪漫——法国法律留学导览》，载微信公众号"D 调魔法学园"，https://mp.weixin.qq.com/s/F5i_FrjQ7OkfYnPLEqzd3w，访问日期：2022 年 5 月 28 日。

(续表)

国家/地区	项目介绍	是否有机会获得当地律师执业资格
香港	香港法律专业的研究生学位主要分为研究型(research)和授课型(taught)两类，前者针对有志于从事法律研究和法学教育的人群，后者偏向实务。两类均采用英文授课。研究类课程主要为研究型硕士学位，即 MPhil in Law。授课型课程是法学硕士，即 LLM，有 General LLM 和 Specialized LLM 两种类型。LLM 的学制通常为一年。⑨	否

2. 职业型博士

表3　职业型博士项目

国家/地区	项目介绍	是否有机会获得当地律师执业资格
美国	美国的 JD 一般为3年，相当于美国法律的基础教育和第一学位，因而只要求申请者具有学士学位，并无具体学科的要求，但申请者通常需要提交 LSAT(Law School Admission Test)成绩作为其学习能力的证明。另外，不少法学院提供转学名额，对 JD 第一年的 GPA 要求较高。个别法学院提供两年制 JD 项目。	是
香港	香港 JD 为授课型学位，学制一般为两年。此外，香港中文大学法学院也提供学制为42个月的 JD Part-time 项目，需要修习同样的学分。⑩	是，在 JD 毕业后需要完成一年的 Postgraduate Certificate in Laws(PCLL)

3. 学术型博士(部分国家)

表4　部分国家学术型博士项目

国家	项目介绍
美国	SJD,有的学校也写作 Doctor of Science of Law,J.S.D)，偏向法学学术，要求学生毕业论文达到一定的学术性和创新性；一些学校 SJD 学位的申请以 LLM 为前置条件，且大多数法学院倾向于优先录取本校 LLM。

---

⑨　Azul、QZY:《维港风情——香港 LLM、JD、PCLL 及就业》,载微信公众号"D 调魔法学园",https://mp.weixin.qq.com/s/OlkTb89LjkJVqSL_smUpHA,访问日期:2022年5月28日。
⑩　同注8。

(续表)

国家	项目介绍
英国	在英国,学术型法学博士被称为 Doctor of Philosophy(PhD)。但在成为正式英国 PhD 候选人以前,有些学校会先向申请者发放 MPhil offer,顺利度过 MPhil 阶段后才能转为正式的 PhD 候选人。
法国	法国的博士学位学制理论上为 3 年,要求在一位导师的指导下完成对某一领域的研究,用法语写成博士论文并通过答辩。法国的法学博士通常较难毕业,留学生拿到该学位一般需要学习 4-5 年。大部分法国法学博士在读期间需要上 TD 课(Travaux Dirigés,即选修的 Tutorial 课)。此外,通常从博士入学第三年起,学院会要求博士生书写中期报告;如果评审委员会认为这项研究没有实质结果,则可能需重新开题撰写博士论文。⑪

(三)学位项目特色

美国法学院对 LLM、JD 和 SJD 的课程和项目设置有各自的创新,以便不同类型的申请者选择最符合自身需求的项目。例如,针对 LLM,许多学校推出了 Specialized LLM 项目。第一,就方向来说,大多数法学院均设置公司法、环境法、知识产权法、税法、国际经济法等方向的特殊 LLM 项目。第二,就地域及合作学位来说,乔治城法律中心提供与巴黎政治学院合作的双硕士项目,有机会一学期在华盛顿、另一学期在伦敦。第三,就授课形式来说,哥伦比亚大学、加州大学伯克利分校、西北大学均提供线上与线下相结合的 Executive LLM 项目,而 Executive LLM 所获学位与传统 LLM 相同。⑫ 又如,针对 JD,西北大学、埃默里大学、爱荷华大学、亚利桑那州立大学均提供两年制 JD 项目。此外,LLM、JD 与 SJD 学位均可能有交换机会。

英国法律教育以小班教学为特色,特别注重理论探讨、与欧盟法的比较、案例法发展脉络的梳理,通常不直接训练学生的实务技能(但剑桥的 MCL 项目以突出的实践导向为主要特色)。英国法学院课程一般以每周 Lecture 加 Tutorial 或 Seminar 的形式组成。Lecture 是由教授等讲员主讲的大课;根据 Lecture 所讲的内容和相应的课前 Reading List 的内容,进行进一步的探讨,每门课 1 周有 1-2 节 Tutorial/Seminar。每几周或每一学期一般会有阶段性论文(Formative

---

⑪ 同注 7。
⑫ Lisa Bi:《美国 T14 特殊 LLM 介绍》,载微信公众号"D 调魔法学园",https://mp.weixin.qq.com/s/SLC6eXFqrV2ZqmvzdzGXNg,访问日期:2022 年 5 月 28 日。

Essay)考核,由教授或助教出题并由助教批改。[13] 英国以法学学士(LLB)为核心,为期三年。英国 LLM 为一年制,一般只选择四门课,且课程的选择相对局限,一般不会提供合同法等核心法律课程,因为这些课程都在 LLB 阶段提供。本科生与研究生通常独立授课。[14]

在欧洲大陆,荷兰 LLM 的学制为一年。德国 LLM 学制一般也为一年,并且有半年的时间可以用来撰写论文。德国大学的考试较为严格,包括笔试、课程论文及口试,并且有 3 次不合格即退学的制度,如果在同一门科目上连续三次不及格,便不能在德国境内就读同一个专业。[15] 在法国,传统公立大学法学院的 LLM 项目基本为两年制法语授课,需要完成 M1 和 M2 两个阶段;由于法国会在 M1 升 M2 期间完成法学本科到研究生的选拔,通常需于 M1 毕业后申请 M2(巴黎政治学院除外)。如果希望在法国成为执业律师,则需要在完成 M2 学位后参加入学考试并进入律师学院学习,最后通过法国律师职业资格考试。[16]

香港的 3 所法学院均有法学学士(LLB)、法学硕士(LLM)、职业型博士(JD)和研究型博士(PhD)等学位供申请者选择;LLM 均提供了不同方向的学位,供申请者根据需求进行选择。

(四)奖学金等经济支持

美国各个学校有不同的 Financial Aid 体系。大部分学校的 Financial Aid 页面中包含 Scholarship、Grant、Loan 和 Work Study,少数学校没有包含 Scholarships。美国奖学金体系区分了一般美国学生和国际学生。国际学生无法申请 federal loan,但一般能够申请 Merit-based Scholarships 和商业贷款(即 Private Loan)。美国法学院为 LLM 提供奖学金的名额比较稀少,金额一般为几千美金,较少全奖(纽约大学法学院的 Hauser Global Scholarship、杜克大学法学院的 Global Leaders Scholarship 可为 LLM 提供全奖)。JD 学生获得奖学金的几率更

---

[13] 余心朵、刘紫薇:《普通法故乡的回响(上):英国法学教育学制和职业化培养》,载微信公众号"D 调魔法学园",https://mp.weixin.qq.com/s/cGpwjUDh2phtzCPtOhJbCQ,访问日期:2022 年 5 月 28 日。

[14] 余心朵、刘紫薇:《普通法故乡的回响(下):英国 LLM 项目解读》,载微信公众号"D 调魔法学园",https://mp.weixin.qq.com/s/kl-eLlQCTOom1lGiS8wpzw,访问日期:2022 年 5 月 28 日。

[15] 同注 6。

[16] 同注 7。

高,一般60%以上的JD学生都会获得奖学金资助。T14学校给予JD申请者的奖学金中位数均在15,000美元以上。⑰ SJD申请者通常会获得奖学金的资助,其中:有些学校会给予全额奖学金,例如耶鲁大学、芝加哥大学、康奈尔大学;有些法学院虽不提供奖学金,但SJD设置的学费比LLM和JD低不少,例如宾大SJD的学费,第一年仅为LLM的20%,之后逐年递减。⑱

英国各大高校均有校级或书院级奖学金供申请者选择。例如,剑桥法学院开专门开设了公司法方向的硕士(The Master's Degree in Corporate Law,简称MCL),Herbert Smith Freehills律所为该项目中来自非洲和亚洲国家的候选人提供总额£30,000的奖学金和为期一周的在其伦敦办公室的实习机会。LSE的奖学金分为Needs-based和Merit-based,中国学生可以申请前者(Graduate Support Scheme,简称GSS),其数额为£5000至全额奖学金,需要申请者在拿到conditional offer后自主申请。英国法学博士的学费虽然较美国更高,但大多提供全额或部分奖学金的机会。牛津大学面向中国学生最大规模的奖学金项目是China Oxford Scholarship Fund,需要单独递交申请材料并接受面试。⑲ 牛津大学还设有罗德奖学金(Rhodes Scholarships),素有"全球本科生诺贝尔奖"的美誉。⑳ 此外,英国政府自1983年起创设英国志奋领奖学金(Chevening Scholarship),其资助对象包括即将在英国高等教育机构进行为期一年的硕士课程学习或研究的中国公民,且不限制申请人的职业;奖学金覆盖学费和生活费,其中学费的最高资助额度为£12,000,并包含一张国际往返机票和其他相关费用。㉑

欧洲大陆提供奖学金的机会也较多。荷兰政府推出了针对中国留学生的"橙色郁金香奖学金"(OTS),有20所荷兰高等院校和院系参与该奖学金项目,为56名中国留学生提供从半奖到全奖不等的资金资助,其中包括34个硕士项目名额(涵盖法律领域),但所有项目只开放给秋季入学的申请者。荷兰政府还提供Holland Scholarship。荷兰莱顿大学、阿姆斯特丹大学、马斯特里赫特

---

⑰ 大山:《T20 JD费用及奖学金攻略》,载微信公众号"D调魔法学园",https://mp.weixin.qq.com/s/ER-1UtdPzMiH5ho2LZfTUg,访问日期:2022年5月28日。

⑱ LTJ:《美国S.J.D和Ph.D详解(上)》,载微信公众号"D调魔法学园",https://mp.weixin.qq.com/s/x0kdMkK5siAKVypjEjrG5A,访问日期:2022年5月28日。

⑲ 同注13。

⑳ 详情可见罗德奖学金官网:https://www.rhodeshouse.ox.ac.uk/scholarships/the-rhodes-scholarship/,访问日期:2022年5月29日。

㉑ 详情可见志奋领奖学金官网:https://www.chevening.org,访问日期:2022年5月29日。

大学等高校也提供了丰厚的奖学金。

香港三所高校均提供面向 LLM、JD 和 PhD 的奖学金。香港大学提供 Wong Family Scholarships,该奖学金项目面向香港大学的 LLM 学生,但只针对 LLM 人权项目的申请者;HKU JD Scholarship 面向香港大学的 JD 学生,可以覆盖 JD 全额学费,申请时须提供财务证明。香港中文大学面向 JD 与 LLM 提供新生奖学金及在读生奖学金。香港城市大学为 JD 新生提供"JD 奖学金","LLM 奖学金"则包括 1 名全额奖学金(约 12 万港元)、3 名半奖(约 6 万港元)与 7 个 3 万元奖学金名额。㉒

我国的国家留学基金委员会(China Scholarship Council,CSC)也会向出国留学的中国学生提供赞助。其提供的奖学金一般为一次往返国际旅费和资助期间的补贴,包括伙食费、住宿费、注册费、交通费、电话费、书籍资料费、医疗保险费、交际费等,优秀的学生甚至会获得全奖资助,即包括学费的补贴。虽然 CSC 目前取消了公派硕士研究生项目,但博士申请者仍可进行申请。CSC 申报材料和初选过程一般从 3 月开始,申请者需要根据最新政策将材料提交至学校或者省级教育厅。如果仅申请生活费补助,则只须在提交材料后等待;如果申请全奖,还需要进行全外语面试。CSC 要求录取者毕业后一年内回国,并留在中国国内至少 2 年作为服务期。㉓

三、境外求职

(一)就业机会

美国 JD 及有工作经验的 LLM 有机会留在美国工作。很多学校的就业指导办公室会提供简历修改、模拟面试的服务。JD 学生通常于一年级暑假或者二年级开学初(一般为 8 月底 9 月初)在学校参加校园招聘(On-Campus Interview,简称 OCI)。根据不同的雇主类型,一般分为律所 OCI 和公共事务 OCI,但美国的政府机关和大多数 NGO 岗位,由于涉及保密信息,并不向外国人开放。经过二年级暑期实习,通常可确定能否留用。对 LLM 来说,最重要的求职机会即为每年年初于纽约举办的招聘会(Job Fair),参与的雇主不乏领先的外所及内所、亚投行等国际组织。美国法学院毕业生在毕业时可获得一年的

㉒ 同注 8。

㉓ Jacob J. Zhu:《勇往直前——LLM 斩获留基委全奖的全历程》,载微信公众号"D 调魔法学园",https://mp.weixin.qq.com/s/M8nzy_sQntvq0MPqIiZCVA,访问日期:2022 年 5 月 28 日。

OPT(Optional Practical Training)签证,用于从事专业对口的工作;OPT 签证期满前需抽签获得 H1B 签证,方可继续在美国工作。

英国的各大法学院均提供了较好的求职资源支持。除了各个法学院提供的就业指导、简历修改和模拟面试服务,还有每个学校特殊的招聘活动。[24]英国 LLM 毕业后,通常返回中国内地或赴香港工作。截至目前,由于绝大多数留学于英国 LLM 的中国学生未攻读 GDL(Graduate Diploma in Law)、LPC(Legal Practice Course),无法获得传统的实习律师合约(Trainee Contract),也未通过 SQE(Solicitors Qualifying Examination)考取英国律师执业资格,因此在求职时的定位与毕业于中国境内大学的法学硕士研究生无太大差异。

欧洲大陆的 LLM 学位在回国求职时也与国内法学硕士研究生无太大差异。不过,若同学们有意愿留在欧洲工作,较之英、美两国更为容易。荷兰政府支持中国等国际留学生毕业后留荷工作,学生都可以申请一年的 Search Year 用于求职。德国新通过的《技术移民法》不仅取消了对本国劳动者的优先录取、审核制度,还规定具备一定德语水平的外国人将能够在德国工作。法国政府也推出了吸引人才的规定:自 2019 年 3 月起,外国留法学生从获得毕业文凭日期算起的 4 年内,可申请一年居留签证,用于重返法国求职或创业。[25]

香港高校的毕业生可以申请 Immigration Arrangement for Non-Local Graduate(IANG)签证,凭此签证可以在香港逗留一年时间,用于求职;IANG 签证可以申请续签,在香港留满 7 年可以申请永久居民身份。每年 10-11 月,三大高校会在湾仔会展中心举办面向 LLM 学生的法律招聘会。香港 LLM 完成学业后,一部分会选择留在香港,其中大多数都是成为 paralegal(律师助理),起薪相当于内地领先律所的薪资水平。由于香港 LLM 无法获得香港律师执业资格,大多数 paralegal 会在工作一定时间后选择回到内地顶尖律所或者到美国进修 LLM,在获得美国律师资格后转回香港做注册外地律师。香港 JD 学生若想获得香港律师执业资格,还须进一步修读 PCLL,选择做 barrister 的需要经过

---

[24] 例如,剑桥大学法学院经常举办招聘会和宣讲活动,MCL 更设有在职律师顾问委员会,由多位来自英国魔圈所的资深律师组成。牛津大学法学院拥有独立的工作资源数据库,面向学生开放,并于每年举办固定的招聘会。LSE 在入学后的第三周左右举办大型招聘会。每年伦敦的"魔圈所"和"精品所"以及诉讼律师协会都会在 10-11 月份到 UCL 开展招聘会及宣讲活动。KCL 法学院每年举办法律周,提供各类职业咨询信息和校友资源,期间还举办连续三日的招聘会。

[25] 同注 7。

一年的 trainee,想要成为 solicitor 则需要两年。㉖ 如果想要在香港的国际律所工作,香港 JD 相较于 LLM 而言是一条更好的路径。

(二)律师资格

1. 美国

美国每一个州都是独立的司法单位,没有国家统一的法律职业资格考试,每一个州都会独立设置考试的报考条件和通过标准。但美国有统一的律师考试(Uniform Bar Examination,简称 UBE),UBE 由律师资格考试考官全国大会(National Conference of Bar Examiners,简称 NCBE)进行统筹协调,由各 UBE 管辖区(采纳 UBE 考试的州)统一权限管理、分级和评分,考分可以转换到其他 UBE 管辖区。各 UBE 管辖区可自主决定及格分数。

经过美国律师协会(American Bar Association,简称 ABA)认证的法学院毕业生中,JD(包括两年制与三年制)可以参加任何州的 Bar Exam,而 LLM 学生只能在美国的 11 个州报考,包括纽约州和加州。未在美国法学院攻读学位的海外执业律师,亦可报考加州 Bar。如果申请者拥有英美法系 LLB 学位,则无须另行攻读美国学位亦可直接报考纽约 Bar。

中国学生考取纽约州执业资格与加州执业资格的较多。纽约州执业律师的条件为通过 UBE、律师职业道德考试 MPRE(Multistate Responsibility Examination)、纽约州州法考试 NYLE(New York Law Exam)、法律公益服务 Pro Bono(要求 50 小时)、技能素质要求(Skills Competency Requirement)以及美国本土宣誓。㉗ 类似地,加州执业律师资格的取得也须考生通过 MPRE,但不参加 UBE 或州法考试,而是参加加州法律执业考试。㉘

2. 英国

英国执业律师分为 Barrister 和 Solicitor,前者可翻译为出庭律师、诉讼律师或大律师,后者可翻译为事务律师。Barrister 提供在诉讼领域专业的辩护和咨询服务,出席庭审;Solicitor 在律所工作,往往团队作业,是客户需要法律意见时第一时间联络的群体,他们与客户直接接触,准备相关法律文件,提供多领域的

㉖ 同注 8。

㉗ 陈大慈:《纽约 Bar,等你来 Pick》,载微信公众号"D 调魔法学园",https://mp.weixin.qq.com/s/5N-6sHB9VTZ098Wd61saEg,访问日期:2022 年 5 月 28 日。

㉘ 陈思:《让人"又爱又恨"的加州律考》,载微信公众号"D 调魔法学园",https://mp.weixin.qq.com/s/8ZxavIsmj2NfiMsS3kxf5w,访问日期:2022 年 5 月 28 日。

法律建议。

中国留学生中鲜有人成为英国 Barrister。对有志于成为 Solicitor 的申请者,2021 年 9 月英国律师监管局(Solicitors Regulation Authority,简称 SRA)正式改革了原本的 Solicitors Qualifying Examination(简称 SQE),从此以后所有 Solicitor 资格申请者都需要完成以下几个步骤:第一,获得一个学士学位(无论学科、无论地域)。第二,通过 SRA 安排的两次集中考试。SQE1 为 Functioning Legal Knowledge,为闭卷考试,主要考察申请人对英国普通法知识的掌握程度,均为选择题;SQE2 为 Legal Skills Assessment,主要考察申请者的法律技能和实操能力,包括口试和笔试,SQE1 和 SQE2 每六年内有 3 次考试机会。第三,申请人必须具有两年的合格工作经验,工作内容必须与法律服务相关,不限制获得的地域,但必须在申请正式执业前获得;值得注意的是,如果拥有海外的律师执照,则此要求可豁免。第四,须通过 character and suitability requirements,此项更多是程序性、与律师执业道德相关,几乎没有难度。

3. 中国香港

与英国类似,香港也区分 Barrister 和 Solicitor。若想成为香港 Solicitor,有两条路径:实习律师(Trainee Solicitor)和海外律师(Overseas Lawyer)。外地律师必须通过 OLQE 考试,报考要求为具有海外执业资格,并在普通法法域执业 2 年或在非普通法法域执业 5 年。实习律师路径是香港本地法律市场中相对"正统"的选择,在这一路径中,申请人(通常为英联邦 LLB 和 JD,不包括 LLM)必须通过法学专业证书课程(Postgraduate Certificate in Laws,简称 PCLL)课程以及完成实习律师合约(Trainee Contract),才有可能最终获得律师执业资格。㉙

此外,海外律师也可以"注册外地律师"的身份在香港执业,但不能执香港法,只能执其牌照对应法域的法律。

四、职业发展

经过前面的介绍,相信同学们至少对美国、英国、欧洲大陆和中国香港的求学机会有了宏观了解。虽然难以面面俱到且各地政策及学校要求可能不时变动,但感兴趣的同学可以本节课的介绍为基础,进一步检索相关官网及公开信息,评估境外求学选项是否符合自己的职业规划。

㉙ 同注 8。

在境外求学和求职，必须具有优秀的外语听说读写能力。有志于此的同学应当努力突破语言壁垒，更主动地参与社交活动，融入当地环境，并通过招聘会、教授推荐、前雇主推荐、海投等方式争取心仪的工作机会。即使最终选择归国发展，境外深造的经历也会成为人生中的宝贵财富与美好回忆。

正所谓"读万卷书，行万里路"，身体和灵魂，总要有一个在路上。魔法师笑眯眯地总结道。

小 D 速记

通过出境继续深造能有效扩充法律知识，提高英语水平，获得更多求职机会，但应有成熟、细致的规划。

美国法学院排名以 US News 各年出具的为主，以前 14 位、前 20 位为"分水岭"；英国法学院中 G5 较为著名；欧洲大陆的主要留学地为荷兰、德国和法国；中国香港地区仅有三校开设法学院。

美国、英国为英美法系；欧洲大陆为大陆法系。英国法学院和欧洲大陆法学院的国际法较为著名。

美国法学院项目分为 LLM、JD 和 JSD 三类。LLM 为期一年，根据方向分为 general LLM 与 specialized LLM 两种；不同学校对申请者背景（应届/有工作经验）有不同偏好。JD 为期三年，为美国本土法学教育学位，需要 LSAT 成绩，申请者需要具备学士学位。JSD 为期三年，学术性质突出，一般需要申请者具备本校或美国本土 LLM 学位。

美国 LLM 学生可以考取纽约州和加州律师执照；JD 学生则没有州别限制。

美国各大法学院为 JD 和 LLM 组织了不同的招聘会，流程各自独立，方式并不相同。

英国法学院有法学学士（LLB）、授课型法学硕士（LLM）、研究型法学硕士（MPhil）、法学博士（PhD）和法律与其他专业结合学位（MSc）。法学学士为期三年，为英国基础法学教育学位，可以考取律师执照。各类硕士为期一年，均不能考 Bar。

英国法律职业分为 Barrister 和 Solicitor 两种，各自有不同的考试方式和执业途径。

欧洲大陆国家法学院提供法学学士（LLB）、法学硕士（LLM）和法学博士（PhD）项目，项目时长与考取律师执照限制与英国相同。留学生在当地就业或移民该国较为容易。

香港法学院项目设置与英国相似，但增加了 JD 学位。JD 为期两年，第三年为 PCLL 课程。

成为香港律师有实习律师和海外律师两条途径可走。前者需要完成 PCLL 课程，并实习两年(trainee solicitor)，只向 LLB 和 JD 开放。

各国家和地区法学院均为学生提供就业指导，协助修改简历和模拟面试；各国家和地区推出不同的 Job Fair，供雇主和学生参加；均推出就业签证，延长毕业后合法逗留时间。

申请者可向法学院或当地政府申请奖学金和贷款。另外，罗德奖学金、志奋领奖学金和国家留学基金委奖学金供申请者申请。

求职者需要有优秀的外语能力、扎实的法律基础和积极社交的心态，才能在境外找到心仪的工作。

启航指南:法律求职简历与求职信*

"铃铃铃——"上课铃声响起,同学们百感交集地望着魔法师迈上讲台的身影。时光飞快,期末在即,这是最后一节课了。

"同学们好!"魔法师一如既往地笑眯眯地说。"转眼就来到第20周了,大家的五份课后研讨心得准备得怎么样了呢?本学期,我们首先宏观讲解了法律职业,紧接着是24节实务交流课,再回归人生视角探讨职业规划。如果说之前讲授的是'道',那么今天聚焦的就是'术'。如何叩开心仪招聘方的大门?必备道具就是求职简历与求职信。

"假如运用好简历意识,规划好在校时光,那么充实简历和求职信的内容的过程,便是一个水到渠成的过程。最后这节课上,我会侧重介绍法律常见招聘方对简历及求职信的形式上的期待。大家可以结合讲义后的附录所列格式模板来学习。"

一、概览

法律人常见的就业去向主要包括公务员(包括公检法、外交部、商务部、税务部门等)、企业业务岗(比如投行、管培生)、企业法务合规岗(国企、民企、外企)、律所(包括内所和外所、大所和小所)。国际组织虽然不常见,但确实存在这样一种可能性及若干先例,在国际组织任职其实也是担任国际公务员。此外还可以走学术研究道路。鉴于本节课主要介绍实务领域的简历和求职信,对学术研究感兴趣的同学可以参考国内外法学院师资的公开履历,这类简历通常没有篇幅限制,侧重教育、教学经历,以及科研成果。

单就公务员的简历而言,一般是填表,或者在系统申报,通常会披露私人信息,比如政治面貌、生日、婚姻状况、宗教信仰、家庭关系等,需要简要并准确地

---

* 本部分公益导师:郑丹妮,美国哈佛大学、上海交通大学法学硕士,中山大学法学学士,现任哈佛华南校友会副会长,先后任职于知名外所、内所,在法院、英美律所、券商、世界银行均有实务经历。社会企业"缔璞"创始人,缔璞法律奖学金发起人,旗下运营知名法律职业生涯教育平台"D调魔法学园",笔名D调魔法师,曾主持"哈佛法律人"职业发展系列公益访谈。

列出自高中起的学习经历和全职工作单位和职务,比较简单。

应聘企业业务岗的简历则五花八门,在网络上可以搜索到各式各样的模板,以求标新立异、令人事专员(HR)印象深刻。在我看来,虽然没有固定模板,但简洁不花哨是基本原则。可以添加招聘方的标识(logo)、采用招聘方的主题色,根据岗位职能描述选取最相关的经历,以体现自己与岗位的契合度。但说到底,是简历的内容以及背后相关的实力,决定了你能否过关斩将并最终被录用。对商业感兴趣的同学,可以检索一下国外商学院的公开简历范本,你会发现和国外律所的喜好大同小异,因此附录中的格式模板也能适用。

对于企业法务合规岗、律所岗,中文简历中虽然也没有固定模板,但英文简历却是有惯例的。内所喜欢有外所工作经验的人,企业法务合规岗又喜欢有律所工作经验的人,而外所中美所以及受美国法律教育的人占多数。因此,我认为美国法律界通行的简历格式可以作为范本,中文简历虽然不必与英文简历一一对应,大框架也建议最好对应。这也是我为大家准备的附录模板的背后逻辑。

国际组织原本就以西方文化占主导,根据我的观察及经验,美国法学院所倡导的简历格式也是适用的。国际组织的工作氛围和文化也与外所相似。

至于求职信,无论选择何种就业方向,附录模板的逻辑框架均能适用。

二、原则

求职简历、求职信的目的都是获得笔面试的机会,而非获得工作机会。从宏观角度,求职简历的制作有五大原则。

第一,简洁不花哨。至多是在应聘企业业务岗时采用企业的 logo 或主题色,但通常情况下建议采用法律职场的通用格式,在微软文书软件(Microsoft Word)或类似文档中用表格形式制作(填充内容后隐去框线),全文字号不小于五号,中文采用宋体,英文采用新罗马字体(Times New Roman),固定行距,方便简历接收人在 30 秒内快速浏览。对于应届生和少于五年全职工作经历的人士,求职简历不超过一页 A4 纸。用于境内升学与境外升学的简历侧重点亦不同,见表 1。特别注意:在页数上,求职简历与升学简历存在不同——升学简历通常不超过一页 A4 纸,特殊情况下不超过两页 A4 纸。

表 1　境内外升学简历异同

类别	侧重点	共通点
境内升学	科研经历、学习力	教育背景、法律赛事、英语水平
境外升学	实务经历、领导力	

第二，用事实和数据说话。描述某一荣誉或经历时，角度客观，实事求是，不可夸大。但是也要用客观的数据显示每一项经历的含金量及体现的价值。

第三，有舍有得，量体裁衣。突出与应聘职位有关的经历和信息，无关经历和信息可略写或不写；如果确实欠缺直接对口的经历，则应突出具备与应聘职位有关的技能和特质；如果简历体现出来的个人经历、兴趣、规划与目标岗位契合，更有机会通过简历筛选环节，吸引 HR 安排面试，面试时也有破冰点，方便开启话题。

第四，无低级错误。在制作简历的尾声，应当检查语法语病、打字错误、标点符号、常识性错误等。

第五，格式统一、固定排版。例如，在描述实务经历时，有些人喜欢采用列点的形式，有些人喜欢采用一段话陈述，这两种格式都没有问题，但需要保持简历中同一层级的格式一致。关于固定排版，电子版求职简历通常应提交可移植文档格式（PDF），而非采用 Microsoft Word、PPT 或图片格式，除非招聘方另有明确要求。此外，简历的 PDF 文件命名应遵循招聘方的格式要求，若无特别要求，则命名为"应聘职位-地点-姓名-学校-毕业时间/到岗时间"；若将求职简历打印为纸质版，应优先选择重磅纸，注意检查打印质量。

对于求职信，可以参照简历的上述原则准备。对于中文办公的招聘方，求职信一般指投递简历时的邮件正文，无须单独作为附件；对于英文办公的招聘方（例如外资律所、国际组织），求职信（Cover Letter）一般与求职简历并列作为附件上传至应聘系统，若以邮件形式投递简历，还须将正文复制至邮件正文。段首顶格，段与段之间空一行。注意：邮件主题和附件命名须遵循招聘方的明确要求；若无明确要求，则和简历类似，采用"应聘职位-地点-姓名-学校-毕业时间/到岗时间"。

三、法律求职简历要点

"下面,请大家将讲义翻至附录的格式模板。我会逐一提示求职简历与求职信的制作要点。"魔法师说道。

(一)基本信息

☞ 求职简历内容中,统一不出现"简历"二字,在第一行写上姓名,加粗居中,字号可略大于正文。

☞ 求职简历第二行列明地址、电话、邮箱。邮箱应稍显正式,邮箱域名建议为所在学校的域名等,邮箱前缀建议设置为姓名拼音,例如,name.surname@university.edu。

☞ 英文简历一律不放照片,中文简历可以放专门拍摄的职业照。

☞ 不建议在求职简历中提供个人微信号或公众号二维码,除非个人运营的公众号内容为与应聘职位密切相关的内容。

☞ 除非招聘方特意要求,否则,无须在简历正文注明求职目标、应聘职位、政治面貌、生日、身高、性别、籍贯、民族、健康状况、婚育情况等。

(二)教育背景

☞ 列明学校全称、地点、专业、毕业时间,绩点和/或排名若比较亮眼可列出(例如年级或班级前10%以内)。

☞ 对于奖学金、个人荣誉、比赛获奖、学生活动,应视简历其他部分内容的充实程度及应聘职位的需求,确定罗列范围;如果有较丰富的实务经历,哪怕本部分可列内容较多,也应依据级别(国际级、国家级、省级、校级、院级)及荣誉等级,同类只列一两项,能说明个人实力、足以吸引招聘方兴趣即可。

☞ 对于学期/学年交换、寒暑期交流经历,视对方学校的声誉及简历其他部分内容的充实程度,既可与颁发学位的学校并列、单独成行,也可与学生活动等并列、纳入颁发学位学校的教育经历之下,或省略。

(三)实务经历

☞ 以时间上由近及远的顺序,列明招聘方全称、地点、职位名称、起止年月、主要工作内容。实习/工作经历较多时,与应聘职位无关的经历可省略;但对于自毕业后的全职工作经历,起止时间应能合理衔接。

☞ 主要工作内容应列点描述,无须主语,描述角度应尽可能体现与应聘职位的联系、尽可能具体;除非为公开项目或案件,否则,一般不点明具体的服务客户名称,但可简单描述客户画像(例如,某一行业的国企/知名民企/跨国公司)。取决于实习/工作经历与应聘职位的关联度,每一招聘方下的主要工作内容的描述一般占2-5行。

☞ 如果欠缺全职工作或实习的经历,法律诊所、科研项目的经历可纳入本部分。科研项目的罗列取舍亦应依据级别(国际级、国家级、省级、校级、院级)及成果荣誉等级确定。

☞ 学生干部经历、志愿者活动原则上属于教育背景下的学生活动,除非实在欠缺上述可纳入实务经历的内容,否则,一般不纳入实务经历板块或展开描述。当然,如果应聘高校行政职位或类似职位,学生干部经历可视为对口经历而展开描述。

(四) 其他信息

☞ 资质证照:法律职业资格证(若司法考试分数较高可列分数)、律师证、证券从业资格证、基金从业资格证、CPA/CFA等;除非招聘方要求,否则一般不列驾照、计算机等级考试。

☞ 语言能力:英语(托福100分以上、雅思7分以上可列出总分,若单项分数出彩亦可列出;若无托福或雅思成绩,而六级600分以上,可列六级总分;若因特殊情况还通过英语专业八级,也可注明;若以上均不符合,一般只注明通过英语六级/四级)、其他语种(例如法语、德语、西班牙语、日语、韩语等)和地方方言(例如粤语、上海话等)。

☞ 论文发表或书籍出版:视简历其他部分内容的充实程度及与应聘职位的关联度,既可一行概括,亦可逐项列出;若发表在核心期刊,可特别注明,忌垃圾期刊。

☞ 爱好特长:视简历其他部分内容的充实程度,可列可不列;有特长者入职后有助于招聘方组织年会、团建,例如主持、乐器、舞蹈等,属于加分项;爱好则一般列具体的运动项目或与众不同者或省略。

☞ 一般不列自我评价、性格描述等,表明兴趣或决心的话可放在求职信(Cover Letter)。

四、法律求职信要点

与求职简历相比,求职信的注意事项相对较少。只简要按框架顺序予以介绍。

☞ 在Microsoft Word或类似文档中,采用与求职简历相同的表头,包括姓名、地址、电话、邮箱;全文字号不小于五号,中文宋体,英文 Times New Roman,固定行距;全文不超过一页 A4 纸,提交 PDF 版本。

☞ 尽可能明确求职信抬头,即简历接收人的称谓,以示诚意与尊重;若无法或不便明确具体的简历接收人,抬头可采用"尊敬的 HR"或"Dear HR Manager"。中英文均用分号。

☞ 正文应简洁、礼貌。注意变换主语,避免每句话均以"我/本人/I"开头。

☞ 首段表明教育背景、感兴趣的实习/工作职位和地点、从何处得知空缺;如有内部推荐人或认识的人,可在此处提及。

☞ 第二段描述自己与应聘职位的契合度,最好能与职位描述和人选要求对应,用论据说话。对于论据,只写与应聘职位有关的经历和信息;如果欠缺直接对口的经历,则应突出具备与应聘职位有关的技能和特质。此处应能突显自己与众不同之处,给阅读者留下印象。若以英文写作,可适当分段,稍加描述具体经历;若以中文写作,可列点,无须展开。

☞ 第三段表明为何对该特定招聘方感兴趣(如地域、行业、业余领域、声誉)。

☞ 末段表达面谈意愿及致谢。

☞ 最后是祝颂语及署名。

五、职涯启航

在求职过程中,最为常见的文件是求职简历、求职信,但在特定情况下,招聘方可能会要求提供其他文件,或求职者也可以主动提供相关文件,例如以下三项:

第一,项目清单(Deal List)。若求职者的全职工作经验丰富,可在简历之外另页附加项目清单(常见于律所),列明执业领域、客户名称或画像、项目内容;项目清单应采用与求职简历相同的表头,包括姓名、地址、电话、邮箱。

第二,推荐人名录(Reference List)。应招聘方的要求,可在简历之外另页附加推荐人名录。2-3 名推荐人即可,通常为高校指导老师、实习/工作的直属上级或更高职位的同事。在提供推荐人名录之前,求职者应先征求推荐人的明确同意(建议将简历一并提供给推荐人存档)。推荐人名录中,列明推荐人的姓名、雇主、职位、工作地址、联系电话、电子邮箱,并简要说明求职者与推荐人的关系。推荐人名录应采用与求职简历相同的表头,包括姓名、地址、电话、邮箱。

第三,写作样品(Writing Sample)。应招聘方的要求(通常为英文办公的外资律所、国际组织),可在简历之外单独附加写作样品。写作样品应能体现法律分析写作能力,一般5-7页。通常应在PDF版本的首页另附简要说明(Cover Sheet)以介绍写作背景,首页应采用与求职简历相同的表头,包括姓名、地址、电话、邮箱。

  说到这里,魔法师停下来,推了推眼镜。教室里很安静,同学们都在聚精会神地听着。

  "同学们——"魔法师的语速放缓,略带伤感却又饱含温情,"本课程至此将告一段落了,感谢大家对我和实务嘉宾们的大力支持和认真聆听。由于课时有限,我们仅深入介绍了法律职业的16种热门选择。然而,我在第一节课上曾说,法科生的职业有N种可能。相信大家现在都已能理解背后的深意。很高兴有机会与大家分享我们对法律职业的观察。接下来,你们就要扬帆启航了。衷心祝愿同学们在职涯中一帆风顺、大展宏图!"

附录1 法律求职简历模板

一、中文简历

姓名
地址 • 电话号码 • 电子邮箱

| 职业照 |

教育背景

某某大学法学院,国家城市,硕士学位　　　　　　　　　年　月至　年　月
绩点:4.00(排名 1/100)
荣誉:奖学金(如必要可简要描述)
　　　个人荣誉(如必要可简要描述)
活动:模拟法庭或其他竞赛,奖项
　　　学生组织,职位
交换:国内/外大学法学院,国家城市　　　　　　　　　　　年　月至　年　月

某某大学法学院,国家城市,学士学位　　　　　　　　　年　月至　年　月
绩点:4.00(排名 1/100)
荣誉:奖学金(如必要可简要描述)
　　　个人荣誉(如必要可简要描述)
活动:模拟法庭或其他竞赛,奖项
　　　学生组织,职位

实务经历

雇主名称,国家城市,职位　　　　　　　　　　　　　　年　月至　年　月
- 使用简洁有力的动词来说明工作经验和职责,而不是用名词开头
- 如果雇主不太常见,可予以简要介绍
- 侧重与目标雇主相关的产业、客户群体或技能
- 实事求是地介绍个人在项目或案件中扮演的角色,突出增值内容
- 提供数据和必要的细节,以使工作成果更加具象、富有识别度

雇主名称,国家城市,职位　　　　　　　　　　　　　　年　月至　年　月
- 展示目标雇主重视的技能,例如:书面与口头表达能力、研究能力、谈判能力、客户管理能力
- 润色经历,吸引目标雇主邀请面谈以求进一步了解
- 条理清晰、详略得当,避免低级错误,包括语法语病、打字错误、标点符号等

其他

执业资格:中华人民共和国法律职业资格/中华人民共和国律师执业资格、美国纽约州/加州律师执业资格
论文发表:已公开发表 N 篇学术论文(含 CSSCI 期刊)
语言能力:英语(流利,托福 110 分/雅思 8 分)、普通话(母语)、粤语(日常交流)
特长爱好:如主持、钢琴十级,在校期间担任校级篮球队队长、院级辩论队主力成员

二、英文简历

Your Name
Address • Phone Number • Email Address

EDUCATION
ABC University School of Law, City, Country
Master of Laws Candidate, Month Year
GPA: 4.00 (*Ranking 1/100*)
Honors: Scholarships (*Description of criteria if necessary*)
　　　　Personal Awards (*Description of criteria if necessary*)
Activities: Moot Courts or Competitions, *Award*
　　　　　Student Groups, *Position*
Exchange: OPQ University School of Law, City, Country, Month Year-Month Year

XYZ University School of Law, City, Country
Bachelor of Laws, Month Year
GPA: 4.00 (*Ranking 1/100*)
Honors: Scholarships (*Description of criteria if necessary*)
　　　　Personal Awards (*Description of criteria if necessary*)
Activities: Moot Courts or Competitions, *Award*
　　　　　Student Groups, *Position*

EXPERIENCE
Employer, City, Country, *Position*　　　　　　　　　　　Month Year-Month Year
- Describe job functions using strong action verbs.
- Use past tense (unless you are currently employed in this position) and active voice.
- If an organization may be unfamiliar to readers, incorporate a description.
- Be succinct, but use enough details to distinguish your experience and achievements.
- Focus on any industry sectors, client groups, or skills relevant to your prospective employer.

Employer, City, Country, *Position*　　　　　　　　　　　Month Year- Month Year
- Show skills employers value, e.g. written and oral communication, research, negotiation, client management.
- Make your experience sound interesting so that the employer wants to meet you and learn more.
- Demonstrate how you added value to a project, law firm, company or organization.

PROFESSIONAL MEMBERSHIP
PRC Bar Qualification (Year) / Member of the PRC Bar (Year)
Member of the New York/California State Bar (Year)

ADDITIONAL INFORMATION
Languages: English (fluent: TOEFL 110 / IELTS 8), Mandarin (native), Cantonese (conversational)
Interests:　Describe special skills or interests. Add relevant awards if applicable.

附录2　法律求职信模板

一、中文求职信

发件人：name.surname@university.edu
收件人：hr@employer.com
主题：应聘职位-地点-姓名-学校-毕业时间/到岗时间

尊敬的HR：

您好！我是【姓名】，今年6月即将从【学校】【学位（含专业方向，如有）】毕业。我是【籍贯】，希望在【地点】长期发展，对【行业或业务领域】很感兴趣，留意到【贵所/司官网】发布的招聘信息，因此诚心应聘贵所/司的【职位】。

我与该职位的契合点在于：
1. 学习能力强，【具体论据】；
2. 能以英文为工作语言，【具体论据】；
3.【与职位描述和人选要求对应，建议加上具体论据】。

贵所/司【简要表明为何对该特定招聘方感兴趣】。我非常认同贵所/司的理念和定位，希望有机会加盟。

随附请见我的中英文简历，供贵所/司考虑。期待有机会面谈，谢谢！

顺颂商祺，

【署名】

二、英文求职信

Your Name
Address • Phone Number • Email Address

[Date]
[Recipient's Name]
[Recipient's Position]
[Recipient's Employer]
[Recipient's Address]

Dear Mr./Ms. [Surname]:

I am an LL.M. Candidate at [University], expecting to graduate in [Month] [Year]. I am writing to apply for [position] at [Employer's Name] because I am particularly interested in [practice area] and your firm's strength in this area is well established.

In addition to my academic accomplishments and research and analysis skills, my strongest characteristics are my ability to simultaneously handle multiple important responsibilities and to succeed under pressure. [Elaborate concrete facts rather than listing accomplishments.]

I also believe that my [advantage] will allow me to contribute effectively to [Employer's Name]'s [international environment or other feature]. [Elaborate concrete facts rather than listing accomplishments.]

Enclosed please find my resume for your review. I would appreciate the opportunity to meet with you to further discuss my interest in your firm. Thank you for your time and consideration.

Sincerely,

[Your name]

附录3 英文简历动词参考表

accelerated	caused	delivered	figured
accomplished	chaired	demonstrated	filed
achieved	changed	derived	filled
acquired	clarified	described	financed
activated	cleared	designed	focused
adapted	coded	detailed	forecasted
addressed	collaborated	detected	formed
adjusted	collected	determined	formulated
administered	compared	developed	fostered
advised	compiled	devised	founded
allocated	completed	diagnosed	functioned
analyzed	composed	directed	gathered
annotated	computed	discovered	generated
answered	conceived	distributed	governed
anticipated	conceptualized	doubled	graded
appeared	condensed	drafted	granted
applied	conducted	drew up	grouped
appointed	considered	earned	guided
appraised	consolidated	edited	handled
approved	constructed	educated	headed
arbitrated	consulted	effected	helped
arranged	contacted	elicited	identified
articulated	continued	eliminated	illustrated
assembled	contracted	encouraged	immunized
assessed	contributed	engineered	implemented
assigned	controlled	entered	improved
assured	convened	established	incorporated

附录 3　英文简历动词参考表

attained	converted	estimated	increased
audited	conveyed	evaluated	influenced
authored	coordinated	examined	informed
awarded	corrected	executed	initiated
balanced	corresponded	exhibited	innovated
bought	counseled	expanded	inspired
briefed	counted	expedited	installed
brought	created	experienced	instituted
budgeted	credited	experimented	instructed
built	critiqued	explained	interpreted
canceled	dealt	explored	interviewed
carried out	decided	expressed	introduced
catalogued	defined	extended	invented
categorized	delegated	facilitated	investigated
judged	raised	taught	
launched	recommended	tested	
led	recorded	trained	
lectured	recruited	translated	
listened	reduced	tutored	
maintained	reinforced	updated	
managed	rendered	utilized	
marketed	reorganized	verified	
mastered	repaired	wrote	
measured	reported	taught	
mediated	represented	tested	
modeled	reproduced	trained	
modified	researched	translated	
molded	resolved	tutored	
monitored	responded	updated	
motivated	restored	utilized	
named	retained	verified	
negotiated	retrieved	wrote	

observed	revamped
obtained	reviewed
operated	revised
ordered	rewrote
organized	routed
originated	scheduled
outlined	searched
oversaw	selected
participated	served
perceived	set up
performed	shaped
persuaded	shared
pinpointed	showed
planned	simplified
planted	solicited
presented	solved
presided	specified
printed	spoke
produced	stimulated
programmed	structured
proposed	studied
protected	supervised
provided	supported
publicized	synthesized
questioned	targeted

跋

关于《法科生的明天：16+N 种职业可能》一书的诞生，心愿已久，历经考验，时隔四年，终于修成正果。

本书的缘起、组织、完稿均与社会企业"缔璞"旗下的法律职业生涯教育平台"D 调魔法学园"密切相关。2015 年 9 月，我作为研究生三年级的应届生，受母校上海交通大学凯原法学院的全额资助，赴世界银行集团美国华盛顿特区总部担任为期三个月的短期临时雇员。在那之前，我于广州的中山大学完成了法学本科的学业，保研至上海交通大学主修民商法学，先后赴中国政法大学交换半年，赴台湾政治大学暑期交流，又赴美国杜克大学交换半年。基于我个人在不同地域求学、实习的见闻，切身体会到法学专业领域信息不对称、资源高度聚集的现状。2015 年恰值微信公众号兴起的元年，我便以个人名义注册了微信公众号"D 调魔法学园"，以"D 调魔法师"为笔名，于世界银行工作期间启动运营，希望能帮助年轻法律人打破地域限制、视野限制，解决同样资质的学生的职业发展可能性不同的问题。

2018 年 9 月，"D 调魔法学园"曾将运营三年里组织撰写的系列原创文章集结成微信帖《法律职业启航》，作为国内首份全方位的法律择业参考读物。① 《法律职业启航》共八章，涵盖了法律职业发展导览、国际组织、外资律所、内资律所、法务合规、公共事业、学术科研、职业发展的无限可能，附录中还有法律竞赛、法律留学、法律考试三大原创系列。这些系列文章汇聚了来自五湖四海的法学专业学生志愿者的共同努力，亦得益于从事各行各业的法律前辈的鼎力支持。

《法律职业启航》便是本书的前身。其实，早在 2018 年 4 月，我便开始接洽出版社，探讨以书籍形式出版法律择业参考读物的可能性。其中，时任法律出版社法学学术对外出版社分社社长助理的高山老师曾给予不少宝贵建议。彼时，我还在一家英国"魔圈所"的香港办公室工作，不久后离职赴美国哈佛大学

---

① 缔璞：《法律职业启航｜国内首份全方位的法律择业参考读物》，载微信公众号"D 调魔法学园"，https://mp.weixin.qq.com/s/aKV4iI68Jj8tDz_krR7ltg，访问日期：2022 年 5 月 31 日。

攻读第二个法学硕士学位，希望往社会创新方向转型。经过与出版社的探讨，我意识到从已有的原创文章进阶为可出版的书籍仍须经历漫长的道路，这将是一个全新的写书过程，便在哈佛期间先行以微信帖的形式集结发布已有成果。

2019年6月，我留学归国后注册了"D调魔法学园"的法人实体"缔璞"，从一开始便将其定位为社会企业。"缔璞"的口号是"每一块璞玉都值得被缔就成器"，致力于探索可持续的模式，促进职业生涯领域的教育公平、机会平等（Deliver Equal and Endless Possibilities），英文名为"DEEP Career"。2019年9月，针对拟出版的书籍，我们通过"D调魔法学园"开展了市场需求调研，根据调研结果调整了全书框架及目录。2019年10月，"D调魔法学园"正式发布了"DEEP Lab招贤令"，邀请30位法律前辈作为公益导师和30位在校法科生作为志愿者，以"1+1"配对的创新模式开展书籍内容共创的实验。

之所以采用"1+1"模式，是因为一本全方位的法律择业参考书难以凭借一人之力或寥寥数人的经验便可完成。公益导师具有实务经验，但缺乏时间精力，哪怕乐于分享，往往心有余而力不足；志愿者能从在校学生视角挖掘择业时关注的信息，有更多的资料整理、思考写作的时间和精力，但缺乏实务经验，难以甄别公开信息的可靠性及确保写作深度。因此，在"1+1"模式下，除个别文稿由我作为主编独立撰写之外，本书的各篇文章均由志愿者起草初稿，由公益导师提供指导意见，再结合主编及副主编的意见予以修改完善。与"1+1"模式相对应，也考虑到各公益导师的参与程度不同，本书各篇文章均不区分第一作者、第二作者。

本书的两位副主编均为"D调魔法学园"工作室成员。其中，副主编赖斐然主管的内容为第一部分的"内资律所的两个半球""内资律所之发展路径""外资律所之进入与发展路径""企业法务与合规"，及第二部分关于律师事务所的各篇文章（除由我作为公益导师的"英国律所：英伦范儿的本地化"外）、关于法律交叉领域的各篇文章，合计主管16篇文章；副主编何思萌主管第二部分关于公共事业单位、企业法务合规的各篇文章，及第三部分的"境外深造：读万卷书，行万里路"，合计主管12篇文章；我则直接主管并实质修改由我作为公益导师的8篇文章，作为主编独立撰写"序：梦回启航楼""启航指南：法律求职简历与求职信""附录""跋"，并对副主编主管的文章予以进一步审校核稿。

如果说"招贤令"是这场写书马拉松的开跑发令枪，我必须承认，在开跑时我是过于乐观的，未能预见这将成为历时四年的耐力跑。"招贤令"发出后，学生志愿者踊跃报名,很快就确定了入围人选。然而,担任公益导师的法律前辈却不那么容易确定。我尽自己的最大努力逐一邀请了有交集的法律前辈,通过邮件、熟人引荐的方式邀请了原先并无交集的资深法律人士;一个月后,个别主题实在联系不上合适的公益导师,只能进一步调整全书架构。以此为基础,通过学生志愿者填报志愿的方式完成"1+1"配对。至此,绝大多数学生志愿者都匹配到前五的志愿,所有学生志愿者都从三十多个主题中匹配到前十的志愿。

2020年2月初,我和两位学生志愿者率先完成了"外资律所在华发展面面观""英国律所:英伦范儿的本地化"的文章作为例文;其余主题文章这才正式启动撰写。最初,我们计划于2020年6月底将全书定稿。据此时间表倒推,2020年2月底进行第一阶段的问卷评估后,我们根据部分导师和同学的提议,举行了全员的线上碰头会,并传阅了部分初稿;一个月后,我们又进行了第二阶段的问卷评估,以跟进各篇文章的进展。为了推进在出版社的立项,我们采用了关于文章场景化、提升可读性的建议,引入"小D"和"魔法师"的角色营造课程氛围,并于4月初传阅了"序:梦回启航楼"作为全书背景框架,以及经改写的例文。根据4月底第三阶段的问卷评估,我们又组织了非全员的线上碰头会。5月底,大部分主题已完成初稿,但仍有若干主题未完成初稿,我们便未再开展问卷评估或碰头会,而是转为直接与公益导师及学生志愿者对接后续的修改事宜。

书稿先行,立项在后。经高山老师的引荐,我们终于在2020年12月与北京大学出版社签约,在时任北京大学出版社责任编辑的刘文科老师的帮助下完成了出版立项。然而,由于全体人员(除主编、副主编3人外,共24名公益导师、34名志愿者)均为贡献自己的业余时间参与DEEP Lab,书稿的后续进展非常缓慢,随着时间的推移也愈发艰难。期间,有几篇文章的公益导师因所在单位的政策等原因不得不中途退出,或表示无法以实名署名,学生志愿者也陆续毕业工作,更难协调时间。因此,个别文章的公益导师、学生志愿者存在变更或补充的情况。另外,关于法院、公安、公证的三篇文章不得不将公益导师的简介予以匿名处理。由于我在律所的全职工作较忙,生活中也经历了结婚生子的人生过程,直至2022年4月才决心在产假期间完成未竟书稿。2022年6月初,我们如释重负地将全书成稿交付给北京大学出版社的杨玉洁老师。经过漫长的三审三校,2023年8月初收到了杨玉洁老师和潘菁琪老师反馈的清样稿及修改意见稿。在将书稿再度分发予以更新定稿的同时,我们顺利邀请到了刘大群法官、刘思达教授、徐景德律师、周欣如女士分别作为公共事业/国际组织、学术科研、律所、企业法务合规及法律交叉领域的代表，为书稿提供推荐语。囿于全书数据量庞大，而团队成员的业余时间精力有限，我们在确信不影响读者对市场情况的宏观认识的前提下，仅仅对各篇文章中的数据信息进行了必要更新，除正文或脚注另有说明外，所有数据的统计时间截至 2022 年 6 月。所幸，在大家的齐心协力下，全书终于在 2023 年 12 月付梓，也算了却一桩心事。

本书承载了很多人的心愿和期望。当前，中国高校的职业生涯教育仍处于初级水平，大多数法学院重在教授知识，却未对法科生的择业指导和人生规划配以足够资源。国内各区域的法律职业发展机会不均衡，法科生在求职时往往面临和高考填志愿时类似的困惑，既未能知彼，也未能知己。我在邀请公益导师时，便有不少法律前辈表示这样一本全景式的法律择业参考读物正是他们曾期待看到的，也一直希望能做成的。

DEEP Lab 本身也是社会创新模式的一次有益探索。正如我们于"招贤令"中向公益导师、学生志愿者作出的承诺，本书出版后，书籍收入将纳入奖学金向学生发放。2021 年 9 月，我们发起设立了一年一度的面向全国法科学子的"缔璞法律奖学金"，以激励职业发展路上的有心人。"缔璞法律奖学金"并非助学金性质，看重的不是学业成绩，不是学校出身，也不限于境内外升学这一时间点，而是看重个人上进心与职业发展潜力。我们希冀"缔璞法律奖学金"能成为法律专业领域内受全国范围乃至海外高校认可的奖学金，也热切期待见证获奖者们的后续发展（包括升学、求职等）。正如这项奖学金的名称一样，我们希望在璞玉已初露头角而尚未完全放出光芒时，给予适当鼓励，帮助高校、雇主识别并共同缔就璞玉，实现平等的无限可能。2022 年，"社创星"旗下的社会企业服务平台（CSECC）正式将"缔璞"认定为教育与培训领域的社会企业，中国社会企业与影响力投资论坛则将缔璞纳入《2022 向光奖向善企业名录》，我本人亦有幸获评"社企青年 U35"。这些都充分表明"缔璞"在社会创新领域持之以恒的努力与影响力正在获得越来越多的业内权威机构的认可。

最后，我想借此机会由衷感谢曾为本书的诞生付诸心血、提供大力支持的每一个人。副主编赖斐然、何思萌帮忙分担了审稿、改稿、催稿的很多压力，公益导师、学生志愿者都在力所能及的范围内为全书的内容贡献了智慧与经验，"D 调魔法学园"工作室成员朱霁康、宁婧参与了碰头会和问卷评估的组织工作，王心诚、刘睿思则分别参与了书稿的撰写与拆分工作，出版过程中高山老师、刘文科老师、杨玉洁老师、方尔埼老师、潘菁琪老师、高思帅老师都曾为本书的框架思路、样稿确定、出版立项、修改定稿、封面设计等提供了指导与帮助，还有负责本书的编辑、排版、推广等环节的诸多未曾谋面的老师……此外,特别感谢我的家人尤其是我的父母及丈夫郑志凡,没有他们的支持,我难以在工作之余、在产假期间完成这项浩大且持久的写书工程。

  囿于能力、精力有限,本书未能尽善尽美。惟愿能助力有梦之人,以更宽广的视野、更全面的认知,勇敢逐梦!

主编 郑丹妮
2023 年 12 月于深圳

图书在版编目(CIP)数据

法科生的明天：16+N 种职业可能 / 郑丹妮主编. —北京: 北京大学出版社, 2023.12
ISBN 978-7-301-34596-2

Ⅰ.①法… Ⅱ.①郑… Ⅲ.①法学—专业—大学生—职业选择 Ⅳ.①G647.38; D90

中国国家版本馆 CIP 数据核字(2023)第 212111 号

书　　　名	法科生的明天：16+N 种职业可能 FAKESHENG DE MINGTIAN：16+N ZHONG ZHIYE KENENG
著作责任者	郑丹妮　主编
责 任 编 辑	潘菁琪　方尔埼
标 准 书 号	ISBN 978-7-301-34596-2
出 版 发 行	北京大学出版社
地　　　址	北京市海淀区成府路 205 号　100871
网　　　址	http://www.pup.cn　http://www.yandayuanzhao.com
电 子 邮 箱	编辑部 yandayuanzhao@pup.cn　总编室 zpup@pup.cn
新 浪 微 博	@北京大学出版社　@北大出版社燕大元照法律图书
电　　　话	邮购部 010-62752015　发行部 010-62750672 编辑部 010-62117788
印 　刷 　者	涿州市星河印刷有限公司
经 销 者	新华书店
	880 毫米×1230 毫米　A5　14.375 印张　481 千字 2023 年 12 月第 1 版　2023 年 12 月第 1 次印刷
定　　　价	69.00 元

未经许可，不得以任何方式复制或抄袭本书之部分或全部内容。
版权所有，侵权必究
举报电话: 010-62752024　电子邮箱: fd@pup.cn
图书如有印装质量问题，请与出版部联系，电话: 010-62756370